PONS

Reisewörterbuch

Französisch

bearbeitet von
Gérard Hérin

Ernst Klett Verlag für Wissen und Bildung
Stuttgart · Dresden

Bildquellen
Air France, Stuttgart 54; B. Huter, Stuttgart: 159; IfA, Stuttgart: 23, 43, 70, 107, 127, 130, 191; U. Linke, Denkendorf: 156; Mairs Geographischer Verlag, Ostfildern: 74/75; Mauritius (Hackenberg), Stuttgart: 175; RATP, Paris: 71; G. u. R. Reinboth, Stuttgart: 20, 35, 64, 77, 109, 114, 116, 119, 125, 141; J. Ribière, Paris: 164, 168; M. Sucha, Frankfurt: 11, 39, 91, 135, 139

PONS Reisewörterbuch
Bearbeitet von:
Gérard Hérin

Redaktion:
Barbara Pflüger
Regina Reinboth

Die Deutsche Bibliothek – CIP-Einheitsaufnahme
Pons-Reisewörterbuch. – Stuttgart; Dresden:
Klett-Verlag für Wissen und Bildung
NE: Reisewörterbuch
Französisch.
[Hauptw.]. Bearb. von Gérard Hérin. – [Neuausg.], 1. Aufl. – 1992
ISBN 3-12-518621-8
NE: Hérin, Gérard

Gedruckt auf chlorfrei gebleichtem Papier

1. Auflage 1992

Umschlaggestaltung: BSS, Sachse und Partner GmbH, Bietigheim-Bissingen
Fotosatz: Fotosatz Kaufmann, Stuttgart
Reproduktionen: Günther Piltz, Esslingen
Druck: Konkordia Druck GmbH, Bühl/Baden
Printed in Germany.

ISBN 3-12-518621-8

Inhalt

Vorwort

Das PONS Reisewörterbuch Französisch ist ein „Verständigungsführer“. Mit ihm lernen Sie nicht nur einzelne Wörter, sondern wie Sie sich tatsächlich im Ausland verständigen können.

Für Alltagssituationen, in die Sie bei Ihrer Reise geraten, sind die gebräuchlichsten Redewendungen aufgeführt. Diese sind dialogisch aufgebaut, so daß Sie nicht nur wissen, was Sie zu sagen haben, sondern auch die entsprechenden Antworten verstehen können.
Beachten Sie die blauen Punkte. Sie markieren Äußerungen oder Sätze, mit denen Sie auf Ihrer Auslandsreise am häufigsten konfrontiert werden.

Das PONS Reisewörterbuch Französisch ist in 11 Themenbereiche gegliedert. Es begleitet Sie auf allen Etappen Ihrer Auslandsreise: auf der Anreise oder bei der Ankunft im Hotel, am Strand genauso wie bei einem Treffen mit Geschäftsfreunden.
Zu jedem dieser Themenbereiche finden Sie die wichtigsten Redewendungen mit thematisch geordneten Wortlisten. In ihnen sind die wichtigsten Begriffe aufgeführt, die in den jeweiligen Situationen vorkommen können.
Mit Hilfe dieser Wortlisten sowie des zusätzlichen Wörterbuchteils am Ende des Buches können Sie die aufgeführten Beispielsätze den konkreten Situationen individuell anpassen.

Darüber hinaus sind alle französischen Begriffe und Redewendungen in Lautschrift angegeben. Die Kurzgrammatik hilft Ihnen, sich rasch über den Aufbau der französischen Sprache zu orientieren.

Bilder und nützliche Tips informieren Sie und stimmen Sie auf kulturelle Besonderheiten und die landschaftlichen Reize Frankreichs ein.

Aussprache

[:]	bedeutet, daß der vorhergehende Laut lang zu sprechen ist.	
‿	zwischen zwei Wörtern bedeutet, daß man den letzten Buchstaben des ersten Wortes zum nächsten Wort hinüberzieht.	
Vokale		
[a]	wie das deutsche *a*	m**a**d**a**me, l**a** s**a**lle, l**à**
[e]	geschlossenes *e*, etwa wie in *geben*	caf**é**, mang**er**, regard**ez**
[ɛ]	offenes *ä*, etwa wie in *Ärger*	l**ai**t, il m**et**, il **est**, m**e**rci
[i]	geschlossener als das deutsche *i*	**i**l, l'am**i**e, l**y**cée
[ɔ]	offenes *o*, offener als in *Pforte*	la p**o**rte, P**au**l, al**o**rs
[o]	geschlossenes *o*, wie in *Rose*	m**o**t, all**ô**, **au**ssi, **eau**
[ø]	geschlossenes *ö*; etwa wie in *böse*	un p**eu**, d**eux**
[œ]	offenes *ö*, bei kurzem Vokal, etwa wie in *Röcke*	n**eu**f, s**œu**r
[ə]	der Laut liegt zwischen [œ] und [ø], näher bei [ø]	l**e**, m**e**lon
[u]	geschlossenes *u*, etwa wie in *Ufer*	**ou**, **où**, bonj**ou**r
[y]	ähnlich dem deutschen *ü* in *Tür*	t**u**, r**u**e, sal**u**t
[ɛ̃]	nasales [ɛ], offener als das deutsche [ɛ̃] in *Cousin*	enf**in**, f**aim**, pl**ein**, bi**en**, **un**
[õ]	nasales [o], etwa wie in *Bonbon*	b**on**, m**on**tre, il t**om**be
[ɑ̃]	nasales [a], etwa wie in *Restaurant*	d**an**s, je pr**en**ds
Halbkonsonanten		
[j]	weicher als das deutsche *j*	fam**ille**, trav**ail**, pied, **y**eux
[w]	flüchtiger [u]-Laut, bildet keine Silbe, gehört zum folgenden Vokal	**ou**i, voilà
[ɥ]	flüchtiger [y]-Laut, gehört zum folgenden Vokal	c**u**isine, je s**u**is, h**u**it

Konsonanten		
[f]	wie das deutsche *f* in *Fibel, Philosophie* etc.	frère, **ph**oto
[v]	wie das deutsche *w* in *werden*	con**v**ersation, il arri**v**e
[s]	stimmloses, d.h. hartes *s*, wie z.B. in *Los*	**s**œur, Pa**s**cal, **c**'est, **ç**a, ta**ss**e, atten**t**ion
[z]	stimmhaftes, d.h. weiches *s*, wie in *summen*	mai**s**on, chai**s**e, **z**éro
[ʃ]	stimmloses *sch* wie in *schön*	**ch**aise, je **ch**er**ch**e
[ʒ]	stimmhaftes *sch* wie in *Journalist*	**j**e, bon**j**our, **g**énie
[ɲ]	etwa wie in *Kognak*	co**gn**ac, il ga**gn**e
[ŋ]	in Wörtern aus dem Englischen, z. B.:	camp**ing**, park**ing**

Die nicht erwähnten Konsonanten sind den deutschen sehr ähnlich.

Allgemeine Abkürzungen

ACF	Automobile Club de France	Französischer Automobilclub
AFP	Agence France Presse	Französische Presseagentur
Av.J.-C.	avant Jésus-Christ	vor Christus
Bac	Baccalauréat	Abitur
CEE	Communauté Economique Européenne	EG
EDF	Electricité de France	Elektrische Werke Frankreich
etc.	et cetera	usw.
GDF	Gaz de France	Gaswerke Frankreich
HLM	Habitation à loyer modéré	Sozialwohnung
LR	lettre recommandée	Einschreibebrief
M.	Monsieur	Herr
Mlle	Mademoiselle	Fräulein
Mme	Madame	Frau
MM.	Messieurs	Herren
p.	page	Seite
p.ex.	par exemple	zum Beispiel
P.R.	poste restante	postlagernd
P.S.	Post-scriptum	Postscriptum, Nachschrift
PTT	Télécommunications, Télématique	Telecom
PVD	Paquet avec valeur déclarée	Päckchen mit Wertangabe
SA	Société anonyme	Aktiengesellschaft
SARL	Société à responsabilité limitée	Gesellschaft mit beschränkter Haftung
SNCF	Société Nationale des Chemins de Fer Français	Französische Eisenbahn
s.t.p.	s'il te plaît	bitte (Du)
s.v.p.	s'il vous plaît	bitte (Sie)
TVA	Taxe à la valeur ajoutée	Mehrwertsteuer

Abkürzungen im Reisewörterbuch

abst	abstrakt	abstrait
adj	Adjektiv	adjectif
adv	Adverb	adverbe
akust	Akustik	acoustique
art	Artikel	article
conj	Konjunktion	conjonction
el	Elektrizität	électricité
etw	etwas	quelque chose
f	weiblich	féminin
jdm	jemandem	à quelqu'un
jdn	jemanden	quelqu'un
konk	konkret	concret
m	männlich	masculin
M.	Herr	Monsieur
Mlle	Fräulein	Mademoiselle
Mme	Frau	Madame
n°	Nummer	numéro
pers prn	Personalpronomen	pronom personnel
pl	Plural	pluriel
poss prn	Possessivpronomen	pronom possessif
prn	Pronomen	pronom
prp	Präposition	préposition
qc	etwas	quelque chose
qn	jemanden	quelqu'un
rel	Religion	religion
s.t.p.	s'il te plaît	bitte (Du)
superl	Superlativ	superlatif
s.v.p.	s'il vous plaît	bitte (Sie)
tele	Telefon, Telegraf	téléphone, télégraphe

Das Alphabet

A	a	[a]	J	j	[ʒi]	S	s	[ɛs]
B	b	[be]	K	k	[ka]	T	t	[te]
C	c	[se]	L	l	[ɛl]	U	u	[y]
D	d	[de]	M	m	[ɛm]	V	v	[ve]
E	e	[ə]	N	n	[ɛn]	W	w	[dubləve]
F	f	[ɛf]	O	o	[o]	X	x	[iks]
G	g	[ʒe]	P	p	[pe]	Y	y	[igrɛk]
H	h	[aʃ]	Q	q	[ky]	Z	z	[zɛd]
I	i	[i]	R	r	[ɛ:r]			

1 Auf einen Blick
En un coup d'œil

Oft gesagt und oft gehört

On le dit souvent, on l'entend souvent

Ja.	Oui. [wi]
Nein.	Non. [nɔ̃]
Bitte.	S'il vous plaît/S'il te plaît [sil vu plɛ/sil tə plɛ]; *(als Antwort auf „Danke!")* De rien! [də rjɛ̃]
Danke!	Merci! [mɛrsi]
Wie bitte?	Comment? [kɔmɑ̃]
Selbstverständlich!	Naturellement! [natyrɛlmɑ̃] Bien entendu! [bjɛ̃n‿ɑ̃tɑ̃dy]
Einverstanden!	D'accord! [dakɔr]
Okay!	O.K. [ɔkɛ]
In Ordnung!	Entendu! [ɑ̃tɑ̃dy]
Verzeihung!	Pardon! [pardɔ̃]
Einen Augenblick, bitte!	Un instant, s'il vous plaît/s'il te plaît! [ɛ̃nɛ̃stɑ̃ sil vu plɛ/sil tə plɛ]
Genug!	Ça suffit! [sa syfi]
Hilfe!	Au secours! [o skur], A l'aide! [a lɛd]
Wer?	Qui? [ki]
Was?	Quoi? [kwa]
Welcher/Welche/Welches?	Lequel/Laquelle/Lesquels/Lesquelles? [ləkɛl/lakɛl/lekɛl/lekɛl]
Wem?	A qui? [aki]
Wen?	Qui [ki]
Wo?	Où? [u]
Wo ist/Wo sind ...?	Où est/Où sont ...? [u ɛ/u sɔ̃]
Woher?	D'où? [du]
Wohin?	Où? [u]
Warum?	Pourquoi? [purkwa]
Weshalb?	Pour quelle raison? [pur kɛl rezɔ̃]
Wofür?	Pour quoi faire? [pur kwa fɛr]
Wozu?	Dans quel but? [dɑ̃ kɛl by]
Wie?	Comment? [kɔmɑ̃]
Wieviel?	Combien? [kɔ̃bjɛ̃]

Wie viele?	Combien? [kõbjɛ̃]
Wie lange?	Combien de temps? [kõbjɛ̃d tɑ̃]
Wann?	Quand? [kɑ̃], A quelle heure? [a kɛl‿œr]
Ich möchte...	Je voudrais ... [ʒə vudrɛ] J'aimerais ... [ʒɛmrɛ]
Gibt es ...?	Il y a ...? [il‿ja] Est-ce qu'il y a ...? [ɛs‿kil‿ja]

Zahlen/Maße/Gewichte

Les nombres/Les mesures/Les poids

0	zéro [zero]
1	un [ɛ̃]
2	deux [dø]
3	trois [trwa]
4	quatre [katr]
5	cinq [sɛ̃k]
6	six [sis]
7	sept [sɛt]
8	huit [ɥit]
9	neuf [nœf]
10	dix [dis]
11	onze [õz]
12	douze [duz]
13	treize [trɛz]
14	quatorze [katɔrz]
15	quinze [kɛ̃z]
16	seize [sɛz]
17	dix-sept [disɛt]
18	dix-huit [dizɥit]
19	dix-neuf [diznœf]
20	vingt [vɛ̃]
21	vingt et un [vɛ̃t‿e ɛ̃]
22	vingt-deux [vɛ̃t dø]
23	vingt-trois [vɛ̃t trwa]
24	vingt-quatre [vɛ̃t katr]
25	vingt-cinq [vɛ̃t sɛ̃k]
26	vingt-six [vɛ̃t sis]
27	vingt-sept [vɛ̃t sɛt]
28	vingt-huit [vɛ̃t‿ɥit]
29	vingt-neuf [vɛ̃t nœf]

25	vingt-cinq [vɛ̃t sɛ̃k]
26	vingt-six [vɛ̃t sis]
27	vingt-sept [vɛ̃t sɛt]
28	vingt-huit [vɛ̃t‿ɥit]
29	vingt-neuf [vɛ̃t nœf]
30	trente [trɑ̃t]
31	trente et un [trɑ̃t‿e ɛ̃]
32	trente-deux [trɑ̃t dø]
40	quarante [karɑ̃t]
50	cinquante [sɛ̃kɑ̃t]
60	soixante [swasɑ̃t]
70	soixante-dix [swasɑ̃t dis]
80	quatre-vingts [katrə vɛ̃]
90	quatre-vingt-dix [katrə vɛ̃ dis]
100	cent [sɑ̃]
101	cent un [sɑ̃ ɛ̃]
200	deux cents [dø sɑ̃]
300	trois cents [trwa sɑ̃]
1000	mille [mil]
2000	deux mille [dø mil]
3000	trois mille [trwa mil]
10000	dix mille [di mil]
100000	cent mille [sɑ̃ mil]
1000000	un million [ɛ̃ miljõ]
1.	premier/première [prəmje/prəmjɛr]
2.	deuxième [døzjɛm], second(e) [səgõ(d)]
3.	troisième [trwazjɛm]
4.	quatrième [katrjɛm]
5.	cinquième [sɛ̃kjɛm]
6.	sixième [sizjɛm]
7.	septième [sɛtjɛm]
8.	huitième [ɥitjɛm]
9.	neuvième [nœvjɛm]
10.	dixième [dizjɛm]
1/2	un demi [ɛ̃ dmi]
1/3	un tiers [ɛ̃ tjɛr]
1/4	un quart [ɛ̃ kar]
3/4	trois quarts [trwa kar]
3,5 %	trois virgule cinq pour cent [trwa virgyl sɛ̃k pur sɑ̃]

27 °C	vingt-sept degrés [vɛ̃t sɛt dəgre]
–5 °C	moins cinq [mwɛ̃ sɛ̃k]
1992	mille neuf cent quatre-vingt douze [mil nœf sɑ̃ katrəvɛ̃duz]
Millimeter	le millimètre [lə milimɛtr]
Zentimeter	le centimètre [lə sɑ̃timɛtr]
Meter	le mètre [lə mɛtr]
Kilometer	le kilomètre [lə kilɔmɛtr]
Meile	la lieue [la ljø]
Seemeile	le mille marin [lə mil marɛ̃]
Quadratmeter	le mètre carré [lə mɛtrə kare]
Quadratkilometer	le kilomètre carré [lə kilɔmɛtrə kare]
Ar	l'are *m* [lar]
Hektar	l'hectare *m* [lɛktar]
Liter	le litre [lə litr]
Gramm	le gramme [lə gram]
Pfund	la livre [la livr]
Kilogramm	le kilogramme, le kilo [lə kilɔgram, lə kilo]
Dutzend	la douzaine [la duzɛn]

Zeitangaben

Le temps qui passe

Uhrzeit — L'heure

Wieviel Uhr ist es?	Quelle heure est-il? [kɛl‿œr ɛt‿il]
Können Sie mir bitte sagen, wie spät es ist?	Vous avez l'heure, s'il vous plaît? [vuz‿ave lœr sil vu plɛ]
Es ist (genau/ungefähr) ...	Il est (exactement/environ) ... [il‿ɛt(‿ɛgzaktəmɑ̃/ɑ̃virõ)]
3 Uhr.	trois heures. [trwaz‿œr]
5 nach 3.	trois heures cinq. [trwaz‿œr sɛ̃k]
3 Uhr 10.	trois heures dix. [trwaz‿œr dis]
Viertel nach 3.	trois heures et quart. [trwaz‿œr e kar]
halb 4.	trois heures et demie. [trwaz‿œr e dmi]
Viertel vor 4.	quatre heures moins le quart. [katr‿œr mwɛ̃l kar]
5 vor 4.	quatre heures moins cinq. [katr‿œr mwɛ̃ sɛ̃k]
12 Uhr mittag/Mitternacht.	midi/minuit. [midi/minɥi]

Geht diese Uhr richtig?	Est-ce que cette horloge est à l'heure? [ɛs‿kə sɛt‿ɔrlɔʒ ɛt‿a lœr]
Sie geht vor/nach.	Elle avance/retarde. [ɛl‿avɑ̃s/rətard]
Es ist spät/zu früh.	Il est tard/trop tôt. [il‿ɛ tar/tro to]
Um wieviel Uhr?/Wann?	A quelle heure?/Quand? [a kɛl‿œr/kɑ̃]
Um 1 Uhr.	A une heure. [a yn‿œr]
Um 2 Uhr.	A deux heures. [a døz‿œr]
Gegen 4 Uhr.	Vers quatre heures. [vɛr katr‿œr]
In einer Stunde.	Dans une heure. [dɑ̃z‿yn‿œr]
In zwei Stunden.	Dans deux heures. [dɑ̃ døz‿œr]
Nicht vor 9 Uhr morgens.	Pas avant neuf heures du matin. [pa avɑ̃ nœv‿œr dy matɛ̃]
Nach 8 Uhr abends.	Après huit heures du soir. [aprɛ ɥit‿œr dy swar]
Zwischen 3 und 4.	Entre trois heures et quatre heures. [ɑ̃trə trwaz‿œr e katr‿œr]
Wie lange?	Combien de temps? [kɔ̃bjɛ̃d tɑ̃]
Zwei Stunden (lang).	Deux heures. [døz‿œr]
Von 10 bis 11.	De dix à onze. [də dis a ɔ̃z]
Bis 5 Uhr.	Jusqu'à/Avant cinq heures. [ʒyska/avɑ̃ sɛ̃k‿œr]
Seit wann?	Depuis quelle heure? [dəpɥi kɛl‿œr]
Seit 8 Uhr morgens.	Depuis huit heures du matin. [dəpɥi ɥit‿œr dy matɛ̃]
Seit einer halben Stunde.	Depuis une demi-heure. [dəpɥi yn dəmijœr]
Seit acht Tagen.	Depuis huit jours. [dəpɥi ɥi ʒur]

Sonstige Zeitangaben — Le temps qui passe (suite)

abends	le soir [lə swar]
alle halbe Stunde	toutes les demi-heures [tut le dəmijœr]
alle zwei Tage	tous les deux jours [tu le dø ʒur]
am Sonntag	dimanche [dimɑ̃ʃ]

am Wochenende	ce week-end [sə wikɛnd]
bald	bientôt [bjɛ̃to]
diese Woche	cette semaine [sɛt səmɛn]
gegen Mittag	vers midi [vɛr midi]
gestern	hier [jɛr]
heute	aujourd'hui [ɔʒurdɥi]
heute morgen/abend	ce matin/ce soir [sə matɛ̃/sə swar]
in 14 Tagen	dans quinze jours [dɑ̃ kɛ̃z ʒur]
innerhalb einer Woche	en une semaine [ɑ̃n‿yn səmɛn]
jeden Tag	tous les jours [tu le ʒur]
jetzt	maintenant [mɛ̃tnɑ̃]
kürzlich	l'autre jour [lotrə ʒur]
letzten Montag	lundi dernier [lɛ̃di dɛrnje]
manchmal	quelquefois [kɛlkəfwa]
mittags	le midi [lə midi]
morgen	demain [dəmɛ̃]
morgen früh/abend	demain matin/soir [dəmɛ̃ matɛ̃/swar]
morgens	le matin [lə matɛ̃]
nachmittags	dans l'après-midi [dɑ̃ laprɛmidi]
nächstes Jahr	l'année prochaine [lane prɔʃɛn]
nachts	de nuit [də nɥi]
stündlich	par heure [par‿œr]
täglich	par jour [par ʒur]
tagsüber	pendant la journée [pɑ̃dɑ̃ la ʒurne]
übermorgen	après-demain [aprɛ dmɛ̃]
um diese Zeit	à cette heure-ci [a sɛt‿œr si]
von Zeit zu Zeit	de temps en temps [də tɑ̃z‿ɑ̃ tɑ̃]
vor zehn Minuten	il y a dix minutes [il‿ja di minyt]
vorgestern	avant-hier [avɑ̃t‿jɛr]
vormittags	dans la matinée [dɑ̃ la matine]

Wochentage	Les jours de la semaine
Montag	lundi [lɛ̃di]
Dienstag	mardi [mardi]
Mittwoch	mercredi [mɛrkrədi]
Donnerstag	jeudi [ʒœdi]
Freitag	vendredi [vɑ̃drədi]
Samstag	samedi [samdi]
Sonntag	dimanche [dimɑ̃ʃ]

Monate	Les mois de l'année
Januar	janvier [ʒɑ̃vje]
Februar	février [fevrije]
März	mars [mars]
April	avril [avril]
Mai	mai [mɛ]
Juni	juin [ʒɥɛ̃]
Juli	juillet [ʒɥijɛ]
August	août [u(t)]
September	septembre [sɛptɑ̃br]
Oktober	octobre [ɔktɔbr]
November	novembre [nɔvɑ̃br]
Dezember	décembre [desɑ̃br]

Jahreszeiten	Les saisons
Frühling	le printemps [lə prɛ̃tɑ̃]
Sommer	l'été *m* [lete]
Herbst	l'automne *m* [lotɔn]
Winter	l'hiver *m* [livɛr]

Feiertage	Les jours fériés
Neujahr	le Nouvel An [lə nuvɛl‿ɑ̃]
Dreikönigstag	la Fête des Rois [la fɛt de rwa] l'Epiphanie [lepifani]
Karneval	le carnaval [lə karnaval]
Fastnachtsdienstag	le mardi gras [lə mardi gra]
Aschermittwoch	le mercredi des cendres [lə mɛrkrədi de sɑ̃dr]
Karfreitag	le vendredi saint [lə vɛ̃drədi sɛ̃]

Karfreitag	le vendredi saint [lə vɛ̃drədi sɛ̃]
Ostern	Pâques *f* [pak]
Ostermontag	le lundi de Pâques [lə lɛ̃did pak]
1. Mai	la Fête du Travail [la fɛt dy travaj]
Christi Himmelfahrt	l'Ascension *f* [lasɑ̃sjõ]
Pfingsten	la Pentecôte [la pɑ̃tkot]
Pfingstmontag	le lundi de Pentecôte [lə lɛ̃did pɑ̃tkot]
Fronleichnam	la Fête-Dieu [la fɛt djø]
Nationalfeiertag *(F)* (14. Juli)	le quatorze juillet [lə katɔrz ʒɥijɛ]
Maria Himmelfahrt	l'Assomption *f* [lasõpsjõ]
Allerheiligen (1. Nov.)	la Toussaint [la tusɛ̃]
Waffenstillstandstag (*von 1918*, 11. November)	l'Armistice *m* [larmistis]
Heiliger Abend	la veille de Noël [la vɛj də nɔɛl]
Weihnachten	Noël [nɔɛl]
Silvesterabend	la Saint-Sylvestre [la sɛ̃ silvɛstr]

Datum — La date

Den Wievielten haben wir heute?	On est le combien aujourd'hui? [õn‿ɛl kõbjɛ̃ oʒurdɥi]
Heute ist der 1. Mai.	Aujourd'hui, c'est le 1er mai. [oʒurdɥi sɛl prəmje mɛ]

Wetter

Le temps qu'il fait

Wie wird das Wetter heute?	Qu'est-ce qu'il va faire comme temps, aujourd'hui? [kɛs‿kil va fɛr kɔm tɑ̃ oʒurdɥi]
Wir bekommen …	On va avoir … [õ va avwar]
schönes Wetter.	du beau temps. [dy bo tɑ̃]
schlechtes Wetter.	du mauvais temps. [dy movɛ tɑ̃]
unbeständiges Wetter.	un temps variable. [ɛ̃ tɑ̃ varjabl]
Es bleibt schön/schlecht.	Le temps restera au beau./Le mauvais temps persistera. [lə tɑ̃ rɛstəra o bo/lə movɛ tɑ̃ pɛrsistəra]
Es wird wärmer/kälter.	Le temps va se radoucir/se rafraîchir. [lə tɑ̃ va sə radusir/sə rafrɛʃir]

Mont-Blanc-Massiv

Es wird regnen/schneien.	Il va pleuvoir/neiger. [il va pløvwar/nɛʒe]
Es ist kalt/heiß/schwül.	Il fait froid/chaud/lourd. [il fɛ frwa/ʃo/lur]
Es zieht ein Gewitter auf.	Un orage se prépare./Il va faire de l'orage. [ɛ̃n ɔraʒ sə prepar/il va fɛr də lɔraʒ]
Es ist neblig/windig.	Il y a du brouillard./Il fait du vent. [il‿ja dy brujar/il fɛ dy vɑ̃]
Die Sonne scheint.	Le soleil brille. [lə sɔlɛj brij]
Der Himmel ist wolkenlos/bedeckt.	Le ciel est dégagé/couvert. [lə sjɛl ɛ degage/kuvɛr]
Wieviel Grad haben wir heute?	Quelle température fait-il, aujourd'hui? [kɛl tɑ̃peratyr fɛt‿il oʒurdɥi]
Es ist 20 Grad.	Il fait vingt degrés. [il fɛ vɛ̃ dəgre]
Wie ist der Straßenzustand in den Vogesen?	Quel est l'état des routes dans les Vosges? [kɛl‿ɛ leta de rut dɑ̃ le voʒ]
Die Straßen sind glatt.	Les routes sont verglacées. [le rut sɔ̃ vɛrglase]
Die Sicht beträgt nur 20 m/weniger als 50 m.	La visibilité n'est que de vingt mètres/est de moins de cinquante mètres. [la vizibilite nɛ kə də vɛ̃ mɛtr/ɛ də mwɛ̃ də sɛ̃kɑ̃t mɛtr]

Schneeketten sind erforderlich.	Il va falloir mettre des chaînes. [il va falwar mɛtrə de ʃɛn]

Wortliste Wetter

Barometer	le baromètre [lə barɔmɛtr]
bewölkt	nuageux [nyaʒø]
Blitz	l'éclair *m* [leklɛr]
Bö	la rafale [la rafal]
Dämmerung	*(am Morgen)* l'aube *f* [lob]
	(am Abend) le crépuscule [lə krepyskyl]
diesig	brumeux [brymø]
Donner	le tonnerre [lə tɔnɛr]
Ebbe	la marée basse [la mare bas]
Eis	la glace [la glas]
feucht-kühl	frais et humide [frɛ e ymid]
Flaute	le calme [lə kalm]
Flut	la marée haute [la mare ot]
Frost	le gel [lə ʒɛl]
Glatteis	le verglas [lə vɛrgla]
Graupel	le grésil [lə grezil]
Hagel	la grêle [la grɛl]
heiß	très chaud [trɛ ʃo]
Hitze	la chaleur [la ʃalœr]
~welle	la canicule [la kanikyl]
	la vague de chaleur [la vag də ʃalœr]
Hoch	la zone de haute pression [la zon də ot prɛsjõ]
kalt	froid [frwa]
Klima	le climat [lə klima]
Luft	l'air *m* [lɛr]
~druck	la pression atmosphérique [la prɛsjõ atmɔsferik]
naß	humide [ymid]
Nebel	le brouillard [lə brujar]
Niederschlag	les précipitations *f* [le presipitasjõ]
Nieselregen	la bruine [la brɥin]
Pulverschnee	la (neige) poudreuse [la (nɛʒ) pudrøz]
Regen	la pluie [la plɥi]
~schauer	l'averse *f* [lavɛrs]
regnerisch	pluvieux [plyvjø]
Schnee	la neige [la nɛʒ]
~sturm	la tempête de neige [la tɑ̃pɛt də nɛʒ]
schwül	lourd [lur]

Sonne	le soleil [lə sɔlɛj]
Sonnen|aufgang	le lever du soleil [lə ləve dy sɔlɛj]
~untergang	le coucher du soleil [lə kuʃe dy sɔlɛj]
sonnig	ensoleillé [ɑ̃sɔlɛje]
sternenklar	étoilé [etwale]
Tauwetter	le dégel [lə deʒɛl]
Temperatur	la température [la tɑ̃peratyr]
Tief	la zone de basse pression [la zon də bas prɛsjɔ̃]
Trockenheit	la sécheresse [la sɛʃrɛs]
Überschwemmung	l'inondation *f* [linɔ̃dasjɔ̃]
warm	chaud [ʃo]
wechselhaft	variable [varjabl]
Wetter|bericht	le bulletin météorologique, la météo [lə byltɛ̃ meteɔrɔlɔʒik, la meteo]
~vorhersage	les prévisions *f* météorologiques [le previzjɔ̃ meteɔrɔlɔʒik]
Wind	le vent [lə vɑ̃]
~stärke	la force du vent [la fɔrs dy vɑ̃]
Wolke	le nuage [lə nyaʒ]
Wolkenbruch	la pluie torrentielle [la plɥi tɔrɑ̃sjɛl]

Wortliste Farben

beige	beige [bɛʒ]
blau	bleu [blø]
braun	marron [marɔ̃]
farbig	de couleur [də kulœr]
ein~	uni [yni]
gelb	jaune [ʒon]
golden	couleur or [kulœr ɔr]
grau	gris [gri]
grün	vert [vɛr]
lila	lilas, mauve [lila, mov]
orange	orange [ɔrɑ̃ʒ]
rosa	rose [roz]
rot	rouge [ruʒ]
schwarz	noir [nwar]
silbern	couleur argent [kulœr arʒɑ̃]
türkisfarben	turquoise [tyrkwaz]
violett	violet [vjɔlɛ]
weiß	blanc [blɑ̃]
hell …	… clair [klɛr]
dunkel …	… foncé [fɔ̃se]

2 Kontakte
Contacts

Begrüßung/Vorstellung/Bekanntschaft
Salutations/Présentations/Rencontre

Guten Morgen!	Bonjour! [bõʒur]
Guten Tag!	Bonjour! [bõʒur]
Guten Abend!	Bonsoir! [bõswar]
Hallo!/Grüß dich!	Salut! [saly]
Wie ist Ihr Name, bitte?	Comment vous appelez-vous? [kɔmɑ̃ vuz‿aple vu]
Wie heißt du?	Comment tu t'appelles? [kɔmɑ̃ ty tapɛl]
Mein Name ist .../Ich heiße ...	Je m'appelle ... [ʒə mapɛl ...]
Darf ich bekannt machen? Das ist ...	Puis-je faire les présentations? [pɥiʒ fɛr le prezɑ̃tasjø]
Frau X.	Madame X. [madam]
Fräulein X.	Mademoiselle X. [madmwazɛl]
Herr X.	Monsieur X. [məsjø]
mein Mann.	Mon mari. [mõ mari]
meine Frau.	Ma femme. [ma fam]
mein Sohn.	Mon fils. [mõ fis]
meine Tochter.	Ma fille. [ma fij]
mein Bruder/meine Schwester.	Mon frère/Ma sœur. [mõ frɛr/ma sœr]
mein Freund/meine Freundin.	Mon ami/Mon amie. [mõn‿ami/mõn‿ami]
mein Kollege/meine Kollegin.	Un collègue/Une collègue. [ɛ̃ kɔlɛg/yn kɔlɛg]
Wie geht es Ihnen/dir?	Comment allez-vous/vas-tu? [kɔmɑ̃t‿ale vu/va ty]
Wie geht's?	(Comment) Ça va? [(kɔmɑ̃) sa va]
Danke. Und Ihnen/dir?	Bien, merci. Et vous-même/toi? [bjɛ̃ mɛrsi e vu mɛm/twa]
Woher kommen Sie/kommst du?	D'où êtes-vous?/Tu es d'où? [du ɛt vu/ty ɛ du]
Ich bin aus Hamburg/Essen.	Je suis de Hambourg/d'Essen. [ʒə sɥi də ɑ̃bur/dɛsən]

Sind Sie/Bist du schon lange hier?	Vous êtes/Tu es à ... depuis longtemps? [vuz‿ɛt/ty ɛ a ... dəpɥi lõtɑ̃]
Ich bin seit ... hier.	Je suis là depuis ... [ʒə sɥi la dəpɥi]
Wie lange bleiben Sie/bleibst du?	Vous allez/Tu vas rester combien de temps? [vuz‿ale/ty va rɛste kõbjɛ̃d tɑ̃]
Sind Sie/Bist du zum ersten Mal hier?	C'est la première fois que vous venez/que tu viens à ...? [sɛ la prəmjɛr fwa kvu vnɛ/kty vjɛ̃ a]
Sind Sie/Bist du allein?	Vous êtes/Tu es seul/e? [vuz‿ɛt/ty ɛ sœl]
Nein, ich bin mit meiner Familie/mit Freunden hier.	Non, je suis ici avec ma famille/des amis. [nõ ʒə sɥiz‿isi avɛk ma famij/dez‿ami]
Sind Sie/Bist du im Hotel Astoria/auf dem Campingplatz?	Vous êtes/Tu es à l'hôtel Astoria/au camping? [vuz‿ɛt/ty ɛ a lotɛl astɔrja/ o kɑ̃ping]

Alleine unterwegs/Verabredung

Quand on voyage seul/Rendez-vous

Warten Sie/Wartest du auf jemanden?	Vous attendez/Tu attends quelqu'un? [vuz‿atɑ̃de/ty atɑ̃ kɛlkɛ̃]
Haben Sie/Hast du für morgen schon etwas vor?	Vous avez/Tu as des projets pour demain? [vuz‿ave/ty a de prɔʒɛ pur dəmɛ̃]
Wollen wir zusammen hingehen?	On peut y aller ensemble, si vous voulez/tu veux. [õ pø i ale ɑ̃sɑ̃bl si vu vule/ty vø]
Wollen wir heute abend miteinander ausgehen?	On sort ensemble ce soir? [õ sɔr ɑ̃sɑ̃bl sə swar]
Darf ich Sie/dich zum Essen einladen?	Est-ce que je peux vous inviter/t'inviter à manger? [ɛs‿kəʒ pø vuz‿ɛ̃vite/tɛ̃vite a mɑ̃ʒe]
Wann treffen wir uns?	On se voit à quelle heure? [õs vwa a kɛl‿œr]
Darf ich Sie/dich abholen?	Je peux passer vous/te prendre, si vous voulez/tu veux. [zpø pase vu/tə prɑ̃dr si vu vule/ty vø]

Wann soll ich kommen?	Je viens à quelle heure? [zvjɛ̃ a kɛl‿œr]
Treffen wir uns um 9 Uhr …	On se retrouve à 9 heures … [õs rətruv a nœv‿œr]
vor dem Kino.	devant le cinéma. [dəvɑ̃l sinema]
auf dem … Platz.	sur la place … [syr la plas]
im Café.	au café. [o kafe]
Sind Sie verheiratet?	Vous êtes marié/e? [vuz‿ɛt marje]
Hast du einen Freund/eine Freundin?	Tu as un petit ami/une petite amie? [ty a ɛ̃ ptit‿ami/yn pətit‿ami]
Darf ich Sie/dich nach Hause bringen?	Je vous/Je te raccompagne? [ʒvu/ʒtə rakõpaɲ]
Ich bringe Sie/dich noch zum Bahnhof/zur Bushaltestelle.	Je vais vous/te conduire à la gare/à l'arrêt de bus. [ʒvɛ vu/tə kõdɥir a la gar/a larɛd bys]
Kann ich Sie/dich wiedersehen?	Est-ce que je peux vous/te revoir? [ɛs‿kəʒ pø vu/tə rəvwar]
Ich hoffe, Sie/dich bald wiederzusehen.	J'espère vous/te revoir bientôt. [ʒɛspɛr vu/tə rəvwar bjɛ̃to]
Vielen Dank für den netten Abend.	Merci beaucoup pour cette agréable soirée. [mɛrsi boku pur sɛt‿agreablə sware]
Lassen Sie mich bitte in Ruhe!	Laissez-moi tranquille, je vous prie! [lese mwa trɑ̃kil ʒə vu pri]

Besuch

Une visite

Entschuldigen Sie, wohnt hier Herr/Frau/Fräulein X?	Pardon, Mme/Mlle/M., c'est bien ici qu'habite M./Mme/Mlle X? [pardõ madam/madmwazɛl/məsjø sɛ bjɛ̃n‿isi kabit məsjø/madam/madmwazɛl]
Nein, er/sie ist umgezogen.	Non, il/elle a déménagé. [nõ il/ɛl‿a demenaʒe]
Wissen Sie, wo er/sie jetzt wohnt?	Vous savez où il/elle habite maintenant? [vu save u il/ɛl‿abit mɛ̃tnɑ̃]

Kann ich mit Herrn/Frau/Fräulein X sprechen?	Est-ce que je pourrais parler à M./Mme/Mlle X? [ɛs‿kəʒ purɛ parle a məsjø/madam/madəmwazɛ̃l]
Wann ist er/sie zu Hause?	Quand est-ce qu'il/elle sera à la maison? [kɑ̃t‿ɛs‿kil/kɛl səra a la mɛzõ]
Kann ich eine Nachricht hinterlassen?	Est-ce que je peux laisser un message? [ɛs‿kəʒ pø lese ɛ̃ mɛsaʒ]
Ich komme später noch einmal vorbei.	Je repasserai. [ʒər pasrɛ]
Kommen Sie/Komm herein.	Entrez./Entre. [ɑ̃tre/ɑ̃tr]
Nehmen Sie/Nimm bitte Platz.	Asseyez-vous./Assieds-toi. [aseje vu/asjɛ twa]
Ich soll Sie/dich von Paul grüßen.	J'ai le bonjour à vous/te donner de la part de Paul. [ʒɛl bõʒur a vu/tə dɔne də la par də pɔl]
Was darf ich Ihnen/dir zu trinken anbieten?	Qu'est-ce que je vous offre?/Qu'est-ce que tu veux boire? [kɛs‿kəʒ vuz‿ɔfr/kɛs‿kə ty vø bwar]
Auf Ihr/dein Wohl!	A votre santé!/A la vôtre!/A ta santé!/A la tienne! [a vɔtrə sɑ̃te/a la votr/a ta sɑ̃te/a la tjɛn]
Können Sie/Kannst du nicht zum Mittagessen/Abendessen bleiben?	Vous pouvez/Tu peux rester à déjeuner/à dîner, si vous voulez/tu veux. [vu puve/ty pø rɛste a deʒœne/a dine si vu vule/ty vø]
Vielen Dank! Ich bleibe gern, wenn ich nicht störe.	Merci beaucoup! Je veux bien rester, mais à condition que cela ne vous dérange pas. [mɛrsi boku ʒvø bjɛ̃ rɛste mɛ a kõdisjõ kə səlan vu derɑ̃ʒ pa]
Es tut mir leid, aber ich muß jetzt gehen.	Je regrette, mais il faut que je m'en aille. [ʒə rəgrɛt mɛ il fo kəʒ mɑ̃n‿aj]

Abschied
Départ

Auf Wiedersehen!	Au revoir! [o rəvwar]
Bis bald!	A bientôt! [a bjɛ̃to]
Bis später!	A tout à l'heure! [a tut‿a lœr]
Bis morgen!	A demain! [a dmɛ̃]
Gute Nacht!	Bonne nuit! [bɔn nɥi]
Tschüß!	Salut! [saly]
Viel Vergnügen!	Amusez-vous/Amuse-toi bien! [amyze vu/amyz twa bjɛ̃]
Gute Reise!	Bon voyage! [bõ vwajaʒ]
Ich lasse von mir hören.	Je vous donnerai de mes nouvelles. [ʒvu dɔnrɛd me nuvɛl]
Grüßen Sie/Grüß ... von mir.	Bien des choses à ... [bjɛ̃ de ʃoz a] Donnez/Donne bien le bonjour à ... de ma part. [dɔne/dɔn bjɛ̃l bõʒur a ... də ma par]

Bitte und Dank
Demandes et remerciements

Ja, bitte.	Oui, je veux bien. [wi ʒvø bjɛ̃]
Nein, danke!	Non, merci! [nõ mɛrsi]
Darf ich Sie um einen Gefallen bitten?	Est-ce que je peux vous demander un petit service? [ɛs‿kəʒ pø vu dmɑ̃de ɛ̃ pti sɛrvis]
Gestatten Sie?	Vous permettez? [vu pɛrmete]

Können Sie mir bitte helfen?	Vous pouvez m'aider, s.v.p.? [vu puve mede sil vu plɛ]
Danke!	Merci! [mɛrsi]
Vielen Dank!	Merci beaucoup! [mɛrsi boku]
Danke, sehr gern!	Merci, bien volontiers! [mɛrsi bjɛ̃ vɔlõtje]
Danke, gleichfalls!	Merci, vous de même/vous aussi! [mɛrsi vud mɛm/vu osi]
Das ist nett, danke.	C'est gentil à vous/toi, merci! [sɛ ʒɑ̃ti a vu/twa mɛrsi]
Vielen Dank für Ihre Hilfe/Mühe!	Merci beaucoup de votre aide/obligeance! [mɛrsi boku də vɔtr ɛd/ɔbliʒɑ̃s]
Bitte sehr./Gern geschehen.	Mais, je vous en prie./De rien. [mɛ ʒvuz‿ɑ̃ pri/də rjɛ̃]

Entschuldigung/Bedauern

Excuses/Regret

Entschuldigung!	Excusez-moi/Excuse-moi. [ɛkskyze mwa/ɛkskyz mwa]
Ich muß mich entschuldigen.	Je vous/Je te dois des excuses. [ʒvu/ʒtə dwa dez‿ɛkskyz]
Es tut mir leid.	Je suis navré/désolé. [ʒə sɥi navre/dezɔle]
Es war nicht so gemeint.	Ce n'est pas ce que j'ai voulu dire. [snɛ pa skə ʒe vuly dir]
Schade!	Dommage! [dɔmaʒ]
Es ist leider nicht möglich.	C'est malheureusement impossible. [sɛ malœrøzmɑ̃t‿ɛ̃pɔsibl]
Vielleicht ein andermal.	Une autre fois, peut-être. [yn‿otrə fwa pøtɛtr]

Glückwunsch

Vœux/Félicitations

Herzlichen Glückwunsch!	Toutes mes félicitations! [tut me felisitasjõ]
Alles Gute zum Geburtstag/Namenstag!	Bon anniversaire!/Bonne fête! [bɔn‿anivɛrsɛr/bɔn fɛt]
Viel Erfolg!	Bonne chance! [bɔn ʃɑ̃s]
Viel Glück!	Bonne chance! [bɔn ʃɑ̃s]
Hals- und Beinbruch!	Merde à la puissance treize! [mɛrd a la pɥisɑ̃s trɛz]
Gute Besserung!	Je vous/Je te souhaite un prompt rétablissement. [ʒvu/ʒtə suɛt ɛ̃ prõ retablismɑ̃]
Schöne Feiertage!	Passez/Passe de bonnes fêtes! [pase/pas də bɔn fɛt]

Verständigungsschwierigkeiten

Difficultés de compréhension

Wie bitte?	Comment? [kɔmɑ̃]
Ich verstehe Sie/dich nicht. Bitte, wiederholen Sie/wiederhole es.	Je ne comprends pas. Vous pouvez/Tu peux répéter, s'il vous plaît/s'il te plaît? [ʒən kõprɑ̃ pa vu puve/ty pø repete sil vu plɛ/sil tə plɛ]
Bitte sprechen Sie/sprich etwas langsamer/lauter.	Vous pourriez/Tu pourrais parler un peu plus lentement/fort, s.v.p./s.t.p.? [vu purje/ty purɛ parle ɛ̃ pø ply lɑ̃tmɑ̃/fɔr sil vu plɛ/sil tə plɛ]
Ich verstehe/habe verstanden.	Je comprends/J'ai compris. [ʒkõprɑ̃/ʒe kõpri]
Sprechen Sie/Sprichst du …	Vous parlez/Tu parles … [vu parle/ty parl]
Deutsch?	allemand? [almɑ̃]
Englisch?	anglais? [ɑ̃glɛ]
Französisch?	français? [frɑ̃sɛ]

Ich spreche nur wenig …	Je parle un tout petit peu … [ʒparl ɛ̃ tu pti pø]
Was heißt … auf französisch?	Comment dit-on … en français? [kɔmɑ̃ dit‿ɔ̃ … ɑ̃ frɑ̃sɛ]
Was bedeutet das?	Qu'est-ce que ça veut dire? [kɛs‿kə sa vø dir]
Wie spricht man dieses Wort aus?	Comment prononce-t-on ce mot? [kɔmɑ̃ prɔnɔ̃stɔ̃ sə mo]
Schreiben Sie/Schreibe es mir bitte auf!	Vous pouvez/Tu peux me l'écrire, s.v.p./s.t.p.? [vu puve/ty pøm lekrir sil vu plɛ/sil tə plɛ]
Buchstabieren Sie/Buchstabiere es bitte!	Vous pouvez/Tu peux me l'épeler, s.v.p./s.t.p.? [vu puve/ty pøm leple sil vu plɛ/sil tə plɛ]

Meinungsäußerung

Donner son avis

Das gefällt mir (nicht).	Ça me plaît/Ça ne me plaît pas. [sam plɛ/san mə plɛ pa]
Ich möchte lieber …	J'aimerais mieux/Je préférerais … [ʒɛmrɛ mjø/ʒpreferrɛ]
Am liebsten wäre mir …	Ce qui me plairait le plus, ce serait de … [skim plɛrɛ lə plys sə srɛ də]
Das wäre nett!	Ce serait chouette! [sə srɛ ʃwɛt]
Mit Vergnügen!	Avec plaisir! [avɛk plezir]
Prima!	Parfait! [parfɛ]
Ich habe keine Lust dazu.	Je n'ai pas envie. [ʒnɛ pa ɑ̃vi]
Ich will nicht.	Je ne veux pas. [ʒən vø pa]
Das kommt nicht in Frage!	Il n'en est pas question! [il nɑ̃ nɛ pa kɛstjɔ̃]
Auf gar keinen Fall!	En aucun cas! [ɑ̃n‿okɛ̃ ka]
Ich weiß noch nicht.	Je ne sais pas encore. [ʒən sɛ paz‿ɑ̃kɔr]
Vielleicht.	Peut-être. [pøtɛtr]
Wahrscheinlich.	Probablement. [prɔbabləmɑ̃]

Angaben zur Person

Parler de soi

Alter	L'âge
Wie alt sind Sie/bist du?	Quel âge avez-vous/Tu as quel âge? [kɛl‿aʒ ave vu/ty a kɛl aʒ]
Ich bin 39.	J'ai 39 ans. [ʒɛ trɑ̃tnœvɑ̃]
Wann haben Sie/hast du Geburtstag?	C'est quand votre/ton anniversaire? [sɛ kɑ̃ vɔtr/tɔ̃n‿anivɛrsɛr]
Ich bin am 12. April 1954 geboren.	Je suis né/e le 12 avril 1954. [ʒə sɥi ne lə duz‿avril milnœfsɑ̃sɛ̃kɑ̃tkatr]

Beruf/Studium/Ausbildung	Profession/Études/Formation
Was machen Sie/machst du beruflich?	Qu'est-ce que vous faites/tu fais comme métier? [kɛs‿kə vu fɛt/ty fɛ kɔm metje]
Ich bin Arbeiter/in.	Je suis ouvrier/ouvrière. [ʒə sɥiz‿uvrije/uvrijɛr]
Ich bin Angestellte/r.	Je suis employé/e. [ʒə sɥiz‿ɑ̃plwaje]
Ich bin Beamter/Beamtin.	Je suis fonctionnaire. [ʒə sɥi fɔ̃ksjɔnɛr]
Ich bin Freiberufler.	J'exerce une profession libérale. [ʒɛgzɛrs yn prɔfɛsjɔ̃ liberal]
Ich bin Rentner/in.	Je suis retraité/e. [ʒə sɥi rətrɛte]
Ich bin arbeitslos.	Je suis au chômage. [ʒə sɥiz‿o ʃomaʒ]
Ich arbeite bei ...	Je travaille chez ... [ʒtravaj ʃe]
Ich gehe noch zur Schule.	Je vais encore à l'école. [ʒvɛ ɑ̃kɔr a lekɔl]
Ich gehe ins Gymnasium.	Je vais au lycée. [ʒvɛ o lise]
Ich bin Student/in.	Je suis étudiant/étudiante. [ʒə sɥiz‿etydjɑ̃/etydjɑ̃t]
Wo studieren Sie/studierst du?	Où est-ce que vous faites vos études/tu fais tes études? [u ɛs‿kə vu fɛt voz‿etyd/ty fɛ tez‿etyd]
Was studieren Sie/studierst du?	Qu'est-ce que vous faites/tu fais comme études? [kɛs‿kə vu fɛt/ty fɛ kɔm‿etyd]
Ich studiere ... in München.	Je fais des études de ... à Munich. [ʒfɛ dez‿etyd də ... a mynik]
Was für Hobbies haben Sie/hast du?	Quels sont vos/tes hobbies? [kɛl sɔ̃ vo/te ɔbi]

Wortliste Berufe/Studium/Ausbildung

Altenpfleger/in	l'infirmier/l'infirmière pour personnes âgées [lɛ̃firmje/lɛfirmjɛr pur pɛrsɔnz‿aʒe]
Angestellte/r	l'employé/e [lɑ̃plwaje]
Anglistik	les études *f* d'anglais [lez‿etyd dɑ̃glɛ]
Apotheker/in	le pharmacien/la pharmacienne [lə farmasjɛ̃/la farmasjɛn]
Arbeiter/in	l'ouvrier/l'ouvrière [luvrije/luvrijɛr]
Archäologie	l'archéologie *f* [larkeɔlɔʒi]
Architekt/in	l'architecte *m* [larʃitɛkt]
Architektur	l'architecture *f* [larʃitɛktyr]
Arzt/Ärztin	le médecin [lə medsɛ̃]
Arzthelferin	la secrétaire médicale [la skretɛr medikal]
Auszubildende/r	l'apprenti/e [laprɑ̃ti]
Automechaniker	le mécanicien auto [lə mekanisjɛ̃ ɔto]
Bäcker/in	le boulanger/la boulangère [lə bulɑ̃ʒe/la bulɑ̃ʒɛr]
Beamter/Beamtin	le fonctionnaire [lə fɔ̃ksjɔnɛr]
Berufsschule	l'école *f* professionnelle [lekɔl prɔfɛsjɔnɛl]
Betriebswirt/in	le/la diplômé/e d'une école supérieure de commerce [lə/la diplome dyn‿ekɔl syperjœr də kɔmɛrs]
Betriebswirtschaft	la gestion des entreprises [la ʒɛstjɔ̃ dez‿ɑ̃trəpriz]
Bibliothekar/in	le/la bibliothécaire [lə/la bibliɔtekɛr]
Biologe/in	le/la biologiste [lə/la bjɔlɔʒist]
Biologie	la biologie [la bjɔlɔʒi]
Briefträger/in	le facteur [lə faktœr]
Buchhalter/in	le comptable [lə kɔ̃tabl]
Buchhändler/in	le/la libraire [lə/la librɛr]
Chemie	la chimie [la ʃimi]
Chemiker/in	le/la chimiste [lə/la ʃimist]
Dachdecker/in	le couvreur [lə kuvrœr]
Datentypist/in	l'opérateur-pupitreur/l'opératrice-pupitreuse [lɔperatœrpypitrœr/lɔperatrispypitrøz]
Dekorateur/in	le décorateur/la décoratrice [lə dekɔratœr/la dekɔratris]
Designer/in	le designer [lə dizainər]
Dolmetscher/in	l'interprète *m/f* [lɛ̃tɛrprɛt]
Drogist/in	le/la droguiste [lə/la drɔgist]
EDV-Fachmann/frau	l'informaticien/l'informaticienne [lɛ̃fɔrmatisjɛ̃/lɛ̃fɔrmatisjɛn]
Eisenbahner	l'employé *m* de chemin de fer [lɑ̃plwajed ʃəmɛ̃d fɛr]

Elektriker/in	l'électricien/l'électricienne [lelɛktrisjɛ̃/lelɛktrisjɛn]
Erzieher/in	l'éducateur/l'éducatrice spécialisé/e [ledykatœr/ledykatris spesjalize]
Facharbeiter/in	l'ouvrier/l'ouvrière qualifié/e [luvrije/luvrijɛr kalifje]
Fahrlehrer/in	le moniteur/la monitrice d'auto-école [lə mɔnitœr/la mɔnitris dɔtoekɔl]
Fischer/in	le pêcheur [lə pɛʃœr]
Florist/in	le/la fleuriste [lə/la flœrist]
Förster/in	le garde forestier [lə gard fɔrestje]
Fotograf/in	le/la photographe [lə/la fɔtɔgraf]
Friseur, Friseuse	le coiffeur/la coiffeuse [lə kwafœr/la kwaføz]
Gärtner/in	le jardinier [lə ʒardinje]
Gastwirt/in	le restaurateur/la restauratrice [lə rɛstɔratœr/la rɛstɔratris]
	l'hôtelier/l'hôtelière [lotalje/lotaljɛr]
Geographie	la géographie [la ʒeɔgrafi]
Geologie	la géologie [la ʒeɔlɔʒi]
Germanistik	les études *f* d'allemand [lez‿etyd dalmɑ̃]
Geschichte	l'histoire *f* [listwar]
Glaser	le vitrier [lə vitrije]
Handelsschule	l'école *f* de commerce [lekɔl də kɔmɛrs]
Handwerker/in	l'artisan *m* [lartizɑ̃]
Haus|frau	la ménagère [la menaʒɛr]
~meister/in	le/la concierge [lə/la kõsjɛrʒ]
Hebamme	la sage-femme [la saʒfam]
Heilpraktiker/in	le guérisseur/la guérisseuse [lə gerisœr/la gerisøz]
Hochschule	l'établissement *m* d'enseignement supérieur [letablismɑ̃ dɑ̃sɛɲəmɑ̃ syperjœr]
Informatik	l'informatique *f* [lɛ̃fɔrmatik]
Ingenieur/in	l'ingénieur *m* [lɛ̃ʒenjœr]
Installateur/in	le plombier [lə plõbje]
Institut	l'institut *m* [lɛ̃stity]
Journalist/in	le/la journaliste [lə/la ʒurnalist]
Jura	le droit [lə drwa]
Juwelier	le bijoutier/la bijoutière [lə biʒutje/la biʒutjɛr]
Kassierer/in	le caissier/la caissière [lə kɛsje/la kɛsjɛr]
Kaufmann/frau	l'employé/e de commerce [lɑ̃plwajed kɔmɛrs]
Kellner/in	le garçon/la serveuse [lə garsõ/la sɛrvøz]
Koch/Köchin	le cuisinier/la cuisinière [lə kɥizinje/la kɥizinjɛr]

Konditor/in	le pâtissier/la pâtissière [lə patisje/la patisjɛr]
Kraftfahr|er	le chauffeur [lə ʃofœr], le conducteur/la conductrice [lə kõdyktœr/la kõdyktris]
~zeugmechaniker/in	le mécanicien auto [lə mekanisjɛ̃ ɔto]
Kranken|gymnast/in	le/la kinésithérapeute [lə/la kineziterapøt]
~pfleger	l'infirmier *m* [lɛ̃firmje]
~schwester	l'infirmière *f* [lɛ̃firmjɛr]
Künstler/in	l'artiste *m/f* [lartist]
Kunst|akademie	l'école *f* des beaux-arts [lekɔl de boz‿ar]
~geschichte	l'histoire *f* de l'art [listwar də lar]
Laborant/in	le laborantin/la laborantine [lə labɔrɑ̃tɛ̃/la labɔrɑ̃tin]
Landwirt/in	l'agriculteur *m* [lagrikyltœr]
Lehrer/in	*(Gym)* le professeur [lə prɔfɛsœr] *(Grundschule)* l'instituteur/l'institutrice [lɛ̃stitytœr/lɛ̃stitytris]
Lehrling	l'apprenti/e [laprɑ̃ti]
Leiter/in	le directeur/la directrice [lə dirɛktœr/la direktris]
Makler/in	l'agent *m* immobilier [laʒɑ̃ imɔbilje]
Maler/in	le peintre [lə pɛ̃tr]

Maler am Montmartre, Paris

Mannequin	le mannequin [lə mankɛ̃]
Maschinenbau	les constructions *f* mécaniques [le kɔ̃stryksjɔ̃ mekanik]
Masseur/in	le masseur/la masseuse [lə masœr/la masøz]
Mathematik	les mathématiques *f* [le matematik]
Matrose	le matelot [lə matlo]
Maurer	le maçon [lə masɔ̃]
Mechaniker/in	le mécanicien [lə mekanisjɛ̃]
Medizin	la médecine [la medsin]
Meteorologe/in	le/la météorologiste [lə/la meteɔrɔlɔʒist]
Metzger/in	le boucher/la bouchère [lə buʃe/la buʃɛr]
Monteur	le monteur [lə mɔ̃tœr]
Musik	la musique [la mysik]
Musiker/in	le musicien/la musicienne [lə myzisjɛ̃/la myzisjɛn]
Notar/in	le notaire [lə nɔtɛr]
Optiker/in	l'opticien/l'opticienne [lɔptisjɛ̃/lɔptisjɛn]
Pfarrer/in	*(kath.)* le curé [lə kyre] *(ev.)* le pasteur [lə pastœr]
Pförtner/in	le portier [lə pɔrtje] le/la concierge [lə/la kɔ̃sjɛrʒ]
Pharmazie	la pharmacie [la farmasi]
Philosophie	la philosophie [la filɔzɔfi]
Physik	la physique [la fizik]
Physiker/in	le physicien/la physicienne [lə fizisjɛ̃/la fizisjɛn]
Pilot/in	le pilote [lə pilɔt]
Politikwissenschaft	les sciences *f* politiques [le sjɑ̃s pɔlitik]
Polizist/in	l'agent *m* de police [laʒɑ̃d pɔlis]
Postbeamter/beamtin	le postier/la postière [lə pɔstje/la pɔstjɛr]
Professor/in	le professeur de faculté [lə prɔfɛsœr də fakylte]
Psychologe/in	le/la psychologue [lə/la psikɔlɔg]
Psychologie	la psychologie [la psikɔlɔʒi]
Rechtsanwalt/anwältin	l'avocat/e [lavɔka/lavɔkat]
Redakteur/in	le rédacteur/la rédactrice [lə redaktœr/la redaktris]
Reiseleiter/in	le guide (de voyages) [lə gid (də vwajaʒ)]
Rentner/in	le/la retraité/e [lə/la rətrɛte]
Restaurator/in	le restaurateur/la restauratrice [lə rɛstɔratœr/la rɛstɔratris]
Richter/in	le juge [lə ʒyʒ]
Romanistik	les études *f* de français [lez‿etyd də frɑ̃sɛ]

Sachbearbeiter/in	l'employé/e de bureau [lɑ̃plwajed byro]
Schauspieler/in	l'acteur/l'actrice [laktœr/laktris] le comédien/la comédienne [lə kɔmedjɛ̃/la kɔmedjɛn]
Schlosser/in	le serrurier [lə seryrje]
Schneider/in	le tailleur/la couturière [lə tajœr/la kutyrjɛr]
Schreiner/in	le menuisier [lə mənɥizje]
Schriftsteller/in	l'écrivain *m* [lekrivɛ̃]
Schuhmacher/in	le cordonnier [lə kɔrdɔnje]
Schule	l'école *f* [lekɔl]
Gesamtschule	*(etwa)* le collège [lə kɔlɛʒ]
Grundschule	l'école *f* élémentaire/primaire [lekɔl elemɑ̃tɛr/primɛr]
Gymnasium	le lycée [lə lise] *(Schweiz)* le gymnase [lə ʒimnaz]
Hauptschule	*(früher)* l'école *f* primaire supérieure [lekɔl primɛr syperjœr]
Realschule	*(früher)* le collège d'enseignement général (C.E.G.) [lə kɔlɛʒ dɑ̃sɛɲəmɑ̃ ʒeneral (se ə ʒe)]
Sekundarstufe I/II	le premier cycle/le second cycle [lə prəmje sikl/lə sgɔ̃ sikl]
Schüler/in	l'écolier/l'écolière [lekɔlje/lekɔljɛr] le collégien/la collégienne [lə kɔleʒjɛ̃/la kɔleʒjɛn] le lycéen/la lycéenne [lə liseɛ̃/la liseɛn]
Sekretär/in	le/la secrétaire [lə/la skretɛr]
Slawistik	l'étude *f* des langues slaves [letyd de lɑ̃g slav]
Sozialarbeiter/in	le travailleur/la travailleuse social/e [lə travajœr/la travajøz sɔsjal]
Soziologie	la sociologie [la sɔsjɔlɔʒi]
Steuerberater/in	le conseiller/la conseillère fiscal/e [lə kɔ̃seje/la kɔ̃sejɛr fiskal]
Steward/ess	le steward/l'hôtesse *f* de l'air [lə stiward/lotɛs də lɛr]
Student/in	l'étudiant/e [letydjɑ̃/letydjɑ̃t]
Studienfach	la matière [la matjɛr] la discipline [la disiplin]
Studium	les études *f* [lez‿etyd]
Taxifahrer/in	le chauffeur de taxi [lə ʃofœr də taksi]
Techniker/in	le technicien/la technicienne [lə tɛknisjɛ̃/la tɛknisjɛn]

Technische Hochschule	l'école *f* supérieure d'enseignement technique [lekɔl syperiœr dɑ̃sɛɲəmɑ̃ tɛknik]
Technische(r) Zeichner/in	le dessinateur/la dessinatrice industriel/le [lə desinatœr/la desinatris ɛ̃dystrijɛl]
Theaterwissenschaft	l'art *m* dramatique [lar dramatik]
Theologie	la théologie [la teɔlɔʒi]
Therapeut/in	le/la thérapeute [lə/la terapøt]
Tierarzt/ärztin	le vétérinaire [lə veterinɛr]
Übersetzer/in	le traducteur/la traductrice [lə tradyktœr/la tradyktris]
Uhrmacher/in	l'horloger *m* [lɔrlɔʒe]
Umweltbeauftragte/r	l'environnementaliste *m/f* [lɑ̃virɔnmõtalist]
Universität	l'université *f* [lynivɛrsite]
Verkäufer/in	le vendeur/la vendeuse [lə vɑ̃dœr/la vɑ̃døz]
Vertreter/in	le représentant [lə rəprezɑ̃tɑ̃]
Vorlesungen	les conférences *f* [le kõferɑ̃s] les cours *m* [le kur]
Werkzeugmacher/in	l'outilleur *m* [lutijœr]
Wirtschafts|prüfer/in	l'expert-comptable *m* [lɛkspɛrkõtabl]
~wissenschaftler/in	l'économiste *m/f* [lekɔnɔmist]
Wissenschaftler/in	le scientifique [lə sjɑ̃tifik]
Zahnarzt/ärztin	le dentiste [lə dɑ̃tist]
Zahntechniker/in	le mécanicien-dentiste [lə mekanisjɛ̃dɑ̃tist] la prothésiste [la prɔtezist]
Zimmermann	le charpentier [lə ʃarpɑ̃tje]

3 Unterwegs
En route

Ortsangaben

Comment exprimer le lieu

links	à gauche [a goʃ]
rechts	à droite [a drwat]
geradeaus	tout droit [tu drwa]
vor	devant [dəvɑ̃]
hinter	derrière [dɛrjɛr]
neben	à côté de [a kɔte də]
gegenüber	en face de [ɑ̃ fas də]
hier	ici [isi]
dort	là, là-bas [la, laba]
nah	près [prɛ]
weit	loin [lwɛ̃]
nach	à, vers, en direction de [a, vɛr, ɑ̃ dirɛksjɔ̃ də]
Straße	la rue [la ry]
Kreuzung	le carrefour [lə karfur]
Kurve	le virage [lə viraʒ]

Auto/Motorrad/Fahrrad

Voiture/Moto/Vélo

Auskunft	**Renseignements**
Entschuldigung, wie komme ich bitte nach …?	Pour aller à …, s'il vous plaît? [pur‿ale a sil vu plɛ]
Können Sie mir bitte die Strecke auf der Karte zeigen?	Vous pouvez me montrer l'itinéraire sur la carte? [vu puvem mɔ̃tre litinerɛr syr la kart]
Wie weit ist das?	C'est à combien de kilomètres d'ici? [sɛt‿a kɔ̃bjɛ̃d kilɔmɛtrə disi]
Bitte, ist das die Straße nach …?	Pardon, Mme/Mlle/M., je suis bien sur la route de …? [pardɔ̃ madam/madmwazɛl/məsjø ʒə sɥi bjɛ̃ sur la rut də]

Wie komme ich zur Autobahn nach ...?	Pour rejoindre l'autoroute de ..., s.v.p.? [pur rəʒwɛ̃dr lɔtorut də ... sil vu plɛ]
• Immer geradeaus bis ...	Vous allez tout droit jusqu'à ... [vuz‿ale tu drwa ʒyska]
• Dann bei der Ampel links/rechts abbiegen.	Ensuite, vous tournez à gauche/à droite, au feu. [ɑ̃sɥit vu turne a goʃ/a drwat o fø]
• Dann nehmen Sie die erste Straße links/rechts.	Ensuite, vous prenez la première rue à gauche/à droite. [ɑ̃sɥit vu prəne la prəmjɛr ry a goʃ/a drwat]
• Folgen Sie den Schildern.	Vous suivez les panneaux. [vu sɥive le pano]
Gibt es auch eine wenig befahrene Straße nach ...?	Est-ce qu'il y a également une route peu fréquentée en direction de ...? [ɛs‿kil‿ja egalmɑ̃ yn rut pø frekɑ̃te ɑ̃ dirɛksjø də ...]
• Sie sind hier falsch. Sie müssen zurückfahren bis ...	Vous n'êtes pas sur la bonne route. Il faut retourner à ... [vu nɛt pa syr la bɔn rut il fo rəturne a]

An der Tankstelle — A la station-service

Wo ist bitte die nächste Tankstelle?	Pardon, Mme/Mlle/M., où est la station-service la plus proche, s.v.p.? [pardõ madam/madmwazɛl/məsjø u ɛ la stasjõ sɛrvis la ply prɔʃ sil vu plɛ]
Ich möchte ... Liter	... litres, s'il vous plaît. [litrə sil vu plɛ]
Normalbenzin.	De l'ordinaire. [də lɔrdinɛr]
Super.	Du super. [dy sypɛr]
Diesel.	Du gas-oil. [dy gazwal]
Gemisch.	Du mélange. [dy melɑ̃ʒ]
bleifrei/mit ... Oktan.	Du sans-plomb/... octanes. [dy sɑ̃ plõ/ ... ɔktan]

Der ADAC gibt jährlich eine Karte der Bleifreitankstellen in Frankreich heraus.

Super bitte, für 200 Francs.	Du super, s.v.p., pour 200 francs. [dy sypɛr sil vu plɛ pur dø sɑ̃ frɑ̃]
Volltanken, bitte.	Le plein, s.v.p. [lə plɛ̃ sil vu plɛ]

Prüfen Sie bitte den Ölstand/den Reifendruck.	Vérifiez le niveau d'huile/la pression des pneus, s.v.p. [verifje lə nivo dɥil/la prɛsjõ de pnø sil vu plɛ]
Könnten Sie mir einen Ölwechsel machen?	Vous pourriez me faire une vidange, s.v.p.? [vu purjem fɛr yn vidɑ̃ʒ sil vu plɛ]
Ich möchte den Wagen waschen lassen.	Vous pouvez me laver la voiture, s.v.p.? [vu puvem lave la vwatyr sil vu plɛ]
Ich möchte eine Straßenkarte dieser Gegend, bitte.	Je voudrais une carte routière de la région. [ʒvudrɛ yn kart rutjɛr də la reʒjõ]
Wo sind bitte die Toiletten?	Où sont les W.-C., s.v.p.? [u sõ le vese sil vu plɛ]

Parken — Le stationnement

Gibt es hier in der Nähe eine Parkmöglichkeit?	Pardon, Mme/Mlle/M., est-ce qu'il y a un parking près d'ici, s.v.p.? [pardõ madam/madmwazɛl/məsjø ɛs‿kil‿ja ɛ̃ parkiŋ prɛ disi sil vu plɛ]
Kann ich den Wagen hier abstellen?	Je peux garer ma voiture ici? [ʒpø gare ma vwatyr‿isi]
Könnten Sie mir wohl Geld für die Parkuhr wechseln?	Vous pourriez me faire de la monnaie? C'est pour l'horodateur. [vu purje mə fɛr də la mɔnɛ sɛ pur lɔrodatœr]
Ist der Parkplatz bewacht?	Est-ce que le parking est gardé? [ɛs‿kə lə parkiŋ ɛ garde]
• Wir sind leider voll besetzt.	Non, malheureusement, c'est complet. [nõ malœrøzmɑ̃ sɛ kõplɛ]
Wie lange kann ich hier parken?	Je peux stationner combien de temps ici? [ʒpø stasjɔne kõbjɛ̃d tɑ̃ isi]
Wie hoch ist die Parkgebühr pro ...	Quel est le tarif pour ... [kɛl‿ɛl tarif pur]
Stunde?	une heure? [yn‿œr]
Tag?	une journée? [yn ʒurne]
Nacht?	une nuit? [yn nɥi]
Ist das Parkhaus die ganze Nacht geöffnet?	Est-ce que le parking est ouvert toute la nuit? [ɛs‿kə lə parkiŋ ɛt‿uvɛr tut la nɥi]

Col du Tourmalet, Pyrenäen

Eine Panne	Une panne
Ich habe eine Panne/einen Platten.	Je suis en panne./J'ai un pneu crevé. [ʒə sɥiz‿ɑ̃ pan/ʒɛ ɛ̃ pnø krəve]
Würden Sie bitte den Pannendienst anrufen?	Vous pourriez téléphoner pour moi au service de dépannage, s.v.p.? [vu purje telefɔne pur mwa o sɛrvis də depanaʒ sil vu plɛ]
Meine Auto-/Motorradnummer ist …	Mon numéro minéralogique, c'est … [mɔ̃ nymero mineralɔʒik sɛ]
Würden Sie mir bitte einen Mechaniker/einen Abschleppwagen schicken?	Est-ce que vous pouvez m'envoyer un mécanicien/une dépanneuse, s.v.p. [ɛs‿kə vu puve mɑ̃vwaje ɛ̃ mekanisjɛ/yn depanøz sil vu plɛ]
Könnten Sie mir mit Benzin aushelfen?	Vous pourriez me donner un peu d'essence, s.v.p.? [vu purjem dɔne ɛ̃ pø desɑ̃s sil vu plɛ]
Könnten Sie mir beim Reifenwechsel helfen?	Vous pourriez m'aider à changer la roue, s.v.p. [vu purje mede a ʃɑ̃ʒe la ru sil vu plɛ]
Würden Sie mich bis zur nächsten Werkstatt/Tankstelle abschleppen/mitnehmen?	Est-ce que vous pouvez me remorquer/m'emmener jusqu'au prochain garage/jusqu'à la prochaine station-service? [ɛs‿kə vu puve mə rəmɔrke/mɑ̃mne ʒysko prɔʃɛ̃ garaʒ/ʒyska la prɔʃɛn stasjɔ̃ sɛrvis]

In der Werkstatt | Au garage

Wo ist hier in der Nähe eine Werkstatt?	Pardon, Mme/Mlle/M., est-ce qu'il y a un garage près d'ici, s.v.p.? [pardõ madam/madmwazɛl/məsjø ɛs‿kil‿ja ɛ̃ garaʒ prɛ disi sil vu plɛ]
Mein Wagen springt nicht an.	Ma voiture ne démarre pas. [ma vwatyr nə demar pa]
Ich weiß nicht, woran es liegt.	Je ne sais pas à quoi ça tient. [ʒən sɛ pa a kwa sa tjɛ̃]
Können Sie mit mir kommen/mich abschleppen?	Vous pouvez venir avec moi/me remorquer, s.v.p.? [vu puve vnir avɛk mwa/mə rəmɔrke sil vu plɛ]
Mit dem Motor stimmt was nicht.	J'ai des ennuis de moteur. [ʒɛ dez‿ɑ̃nɥid mɔtœr]
Die Bremsen funktionieren nicht.	Mes freins ne répondent pas bien. [me frɛ̃ nə repõd pa bjɛ̃]
... ist/sind defekt.	... est/sont défectueux/défectueuse(s). [... ɛ/sõ defɛktyø/defɛktyøz]
Der Wagen verliert Öl.	Il y a une fuite d'huile. [il‿ja yn fɥit dɥil]
Können Sie mal nachsehen?	Vous pouvez jeter un coup d'œil, s.v.p.? [vu puve ʒte ɛ̃ ku dœj sil vu plɛ]
Wechseln Sie bitte die Zündkerzen aus.	Changez les bougies, s.v.p. [ʃɑ̃ʒe le buʒi sil vu plɛ]
Haben Sie Ersatzteile für diesen Wagen?	Vous avez des pièces de rechange pour ce genre de voiture? [vuz‿ave de pjɛs də rəʃɑ̃ʒ pur sə ʒɑ̃r də vwatyr]
Machen Sie bitte nur die nötigsten Reparaturen.	Ne faites que les réparations absolument nécessaires. [nə fɛt kə le reparasjõ apsɔlymɑ̃ nesesɛr]
Wann ist der Wagen/das Motorrad fertig?	Quand est-ce que ma voiture/ma moto sera prête? [kɑ̃t‿ɛs‿kə ma vwatyr/ma mɔto səra prɛt]
Was wird es kosten?	Ca va me coûter combien? [sa vam kute kõbjɛ̃]

Verkehrsunfall — L'accident

Es ist ein Unfall passiert.	Il y a un accident. [il‿ja ɛ̃n‿aksidɑ̃]
Rufen Sie bitte schnell ... einen Krankenwagen. die Polizei. die Feuerwehr.	Appelez vite ... [aple vit] une ambulance. [yn‿ɑ̃bylɑ̃s] la police. [la pɔlis] les pompiers. [le pɔ̃pje]
Können Sie sich um die Verletzten kümmern?	Vous pouvez vous occuper des blessés? [vu puve vuz‿ɔkype de blese]
Haben Sie Verbandszeug?	Vous avez une trousse de secours? [vuz‿ave yn trus də skur]
Es war meine/Ihre Schuld.	C'est moi qui suis/vous qui êtes en tort. [sɛ mwa ki sɥi/vu ki ɛtz‿ɑ̃ tɔr]
Sie haben ... die Vorfahrt nicht beachtet. die Kurve geschnitten. die Fahrspur gewechselt, ohne zu blinken.	Vous ... [vu] n'avez pas respecté la priorite. [nave pa rɛspɛkte la prijɔrite] avez coupé le virage. [‿zave kupel viraʒ] avez changé de file sans clignoter. [‿zave ʃɑ̃ʒed fil sɑ̃ kliɲɔte]
Sie sind ... zu schnell gefahren. zu dicht aufgefahren. bei Rot über die Kreuzung.	Vous ... [vu] rouliez trop vite. [rulje tro vit] rouliez trop près. [rulje tro prɛ] avez brûlé un feu rouge. [‿zave bryle ɛ̃ fø ruʒ]
Ich bin ... km/h gefahren.	Je roulais à ... km/h. [ʒə rulɛ a ... kilɔmɛtr a lœr]
Ich gebe Ihnen meine Anschrift und Versicherungsnummer.	Je vais vous donner mon adresse et le numéro de ma police d'assurance. [ʒvɛ vu dɔne mõn‿adrɛ̃s el nymero də ma pɔlis dasyrɑ̃s]
Geben Sie mir bitte Ihren Namen und Ihre Anschrift/Namen und Anschrift Ihrer Versicherung.	Vous pouvez me donner votre nom et votre adresse/le nom et l'adresse de votre compagnie d'assurances. [vu puve mə dɔne vɔtrə nõ e vɔtr‿adrɛs/lə nõ e ladrɛs də vɔtrə kõpaɲi dasyrɑ̃s]
Können Sie für mich Zeuge sein?	Est-ce que vous pourriez me servir de témoin? [ɛs‿kə vu purje mə sɛrvir də temwɛ̃]
Vielen Dank für Ihre Hilfe.	Je vous remercie beaucoup de votre aide. [ʒə vu rəmɛrsi boku də vɔtr‿ɛd]

Verkehrszeichen

Parken nur mit Parkscheibe gestattet

I: Parken verboten auf der linken Straßenseite (in Fahrtrichtung) an ungeraden Tagen

II: Parken verboten auf der rechten Straßenseite an geraden Tagen

Steht auf dem Schild statt I und II 1–15 und 16–31, so gilt das Parkverbot auf der linken Seite vom 1. bis 15. und auf der rechten Seite vom 16.–31. des Monats.

Beginn der „Zone Bleue" (Blaue Zone). Hier ist das Parken nur mit Parkscheibe gestattet.

Ende der „Zone Bleue".

Hinweise und Informationen

Arrêt interdit	Halten verboten
Attention	Achtung
Chaussée déformée	Schlechte Fahrbahn
Danger	Gefahr
Dérapage	Schleudergefahr
Descente dangereuse	Starkes Gefälle
Déviation	Umleitung
Ecole	auf Schulkinder achten
Entrée interdite	Einfahrt verboten
Fin d'interdiction de staionner	Ende des Parkverbots
Gravillons	Rollsplitt
Haute tension	Hochspannung
Hôpital	Krankenhaus
La flèche verte n'est pas prioritaire.	Der grüne Pfeil bedeutet keine Vorfahrt.
Poids lourds	Lastwagen
Priorité à droite	Rechtsvorfahrt
Prudence	Vorsicht
Ralentir	Langsamer fahren
Rappel	Erinnerung an ein vorausgegangenes Gebots- oder Verbotsschild
Secours routier français	Pannenhilfe, Straßenwacht
Serrer à droite (à gauche)	Rechts (Links) fahren
Sortie d'autoroute	Autobahnausfahrt
Sortie d'usine	Werksausfahrt
Sortie de véhicules	Ausfahrt freihalten
Stationnement interdit	Parken verboten
Trous en formation	Schlechte Fahrbahn
Virage dangereux	Gefährliche Kurve
Voie de dégagement	Umgehungsstraße
Zone à stationnement réglementé	Kurzparkzone

Auto/Motorrad/Fahrradvermietung	**Location d'une voiture/d'une moto/d'un vélo**
Ich möchte für zwei Tage/eine Woche ... mieten.	Je voudrais louer pour deux jours/une semaine ... [ʒvudrɛ lue pur dø ʒur/yn səmɛn]
einen (Gelände-)Wagen	une voiture (tous terrains). [yn vwatyr (tu tɛrɛ̃)]
ein Motorrad	une moto. [yn mɔto]
einen Motorroller	un scooter. [ɛ̃ skutɛr]
ein Moped	une mobylette. [yn mɔbilɛt]
ein Mofa	un cyclomoteur. [ɛ̃ siklomɔtœr]
ein Fahrrad	un vélo. [ɛ̃ velo]
Wie hoch ist die Tages-/Wochenpauschale?	Quel est le tarif à la journée/à la semaine? [kɛl‿ɛl tarif a la ʒurne/a la smɛn]
Wieviel verlangen Sie pro gefahrenen km?	Quel est le prix au km? [kɛl‿ɛl pri o kilɔmɛtr]
Wieviel muß ich als Kaution hinterlegen?	Quel est le montant de la caution? [kɛl‿ɛl mõtɑ̃ dla kosjõ]
Ich nehme den ... / das ...	Je vais prendre la ... /le ... [ʒvɛ prɑ̃drə la/lə]
• Möchten Sie eine Zusatzversicherung?	Vous désirez une assurance complémentaire? [vu dezire yn‿asyrɑ̃s kõplemɑ̃tɛr]
Ist das Fahrzeug vollkaskoversichert?	Est-ce que le véhicule est assuré tous risques? [ɛs‿kə lə veikyl ɛt‿asyre tu risk]
• Darf ich Ihren Führerschein sehen?	Est-ce que je peux voir votre permis de conduire, s.v.p.? [ɛs‿kə ʒpø vwar vɔtrə pɛrmid kõdɥir sil vu plɛ]
Kann ich den Wagen gleich mitnehmen?	Je peux prendre la voiture tout de suite? [ʒpø prɑ̃drə la vwatyr tut‿sɥit]
Ist es möglich, das Fahrzeug in ... abzugeben?	Est-ce qu'il est possible de rendre le véhicule à ...? [ɛs‿kil‿ɛ pɔsibl də rɑ̃drə lə veikyl a]

Wortliste Auto/Motorrad/Fahrrad

abbiegen	tourner [turne]
abblenden	se mettre en code [sə mɛtr ɑ̃ kɔd]
Abblendlicht	le phare code [lə far kɔd]
Abschleppdienst	le service de dépannage [lə servis də depanaʒ]
abschleppen	remorquer [rəmɔrke]
Abschlepp|seil	le câble de remorquage [lə kablə də rəmɔrkaʒ]
~wagen	la dépanneuse [la depanøz]
Achse	l'axe *m* [laks]
Hinter~	le pont arrière [lə pɔ̃ arjɛr]
Vorder~	l'axe *m* avant [laks avɑ̃]
Alarmanlage	le système d'alarme [lə sistɛm dalarm]
Allradantrieb	les quatre roues motrices [lə katrə ru mɔtris]
Ampel	le feu (de circulation) [lə fø (də sirkylasjɔ̃)]
Anhänger	la remorque [la rəmɔrk]
Anlasser	le démarreur [lə demarœr]
auskuppeln	débrayer [debreje]
Auspuff	le tuyau d'échappement [lə tɥijo deʃapmɑ̃]
Autobahn	l'autoroute *f* [lɔtorut]
~gebühren	le péage [lə peaʒ]
Automatik(getriebe)	le changement de vitesse automatique [lə ʃɑ̃ʒmɑ̃d vitɛs ɔtomatik]
Autoreifen	le pneu [lə pnø]
Baustelle	le chantier [lə ʃɑ̃tje]
Benzin	l'essence *m* [lɛsɑ̃s]
~kanister	le jerrycan [lə ʒerikan]
~pumpe	la pompe à essence [la pɔ̃p‿a ɛsɑ̃s]
blenden	éblouir [ebluir]
Blinker	le clignotant [lə kliɲɔtɑ̃]
Bremsbelag	la garniture de frein [la garnityr də frɛ̃]
Bremse	le frein [lə frɛ̃]
bremsen	freiner [frene]
Brems|flüssigkeit	le liquide de frein [lə likid dfrɛ̃]
~hebel	le levier de frein [lə ləvjed frɛ̃]
~lichter	les stops *m* [le stɔp]
Bußgeld	l'amende *f* [lamɑ̃d]
Defekt	le défaut [lə defo], le dommage [lə dɔmaʒ]
Dichtung	le joint [lə ʒwɛ̃]
Düse	le gicleur [lə ʒiklœr]

Einspritzpumpe	la pompe à injection [la pɔ̃p‿ɑ̃ ɛ̃ʒɛksjɔ̃]
Ersatz|rad	la roue de secours [la rud səkur]
~teile	les pièces *f* de rechange [le pjɛs də rʃɑ̃ʒ]
Fahrrad	le vélo [lə velo]
	la bicyclette [la bisiklɛt]
Drei-/Zehngangrad	le vélo à trois/dix vitesses [lə velo a trwa/di vitɛs]
Rennrad	le vélo de course [lə velod kurs]
Fahrradweg	la piste cyclable [la pistə siklabl]
Fahrspur	la voie [la vwa]
	la file [la fil]
Federung	la suspension [la syspɑ̃sjɔ̃]
Fehlzündung	l'allumage *m* défectueux [lalymaʒ defɛktyø]
Felge	la jante [la ʒɑ̃t]
Fernlicht	les feux *m* de route [le fød rut]
Flickzeug	le nécessaire de réparation des pneus [lə nesesɛr də reparasjɔ̃ de pnø]
Frostschutzmittel	l'antigel *m* [lɑ̃tiʒɛl]
Führerschein	le permis de conduire [lə pɛrmid kɔ̃dɥir]
Fußbremse	la pédale de frein [la pedal də frɛ̃]
Gang	la vitesse [la vitɛs]
erster ~	la première [la prəmjɛr]
Leerlauf	le point mort [lə pwɛ̃ mɔr]
Rückwärts~	la marche arrière [la marʃ arjɛr]
Gangschaltung	le changement de vitesses [lə ʃɑ̃ʒmɑ̃d vitɛs]
	(Fahrrad) le dérailleur [lə derajœr]
Gas geben	appuyer sur l'accélérateur [apɥije syr lakseleratœr]
Gaspedal	l'accélérateur *m* [lakseleratœr]
Gebläse	le ventilateur [lə vɑ̃tilatœr]
gebrochen	cassé [kase]
Gepäckträger	*(Fahrrad)* le porte-bagages [lə pɔrtbagaʒ]
	(Auto) la galerie de toit [la galrid twa]
Getriebe	la boîte de vitesses [la bwat də vitɛs]
Handbremse	le frein à main [lə frɛ̃ a mɛ̃]
Hebel	le levier [lə ləvje]
	(kleiner) la manette [la manɛt]
Heizung	le chauffage [lə ʃofaʒ]
Hinterrad	la roue arrière [la ru arjɛr]
~antrieb	la traction arrière [la traksjɔ̃ arjɛr]
Hupe	le klaxon [lə klaksɔn]
Licht~	l'appel *m* de phares [lapɛl də far]
Kabel	le câble [lə kabl]

Karosserie	la carrosserie [la karɔsri]
Keilriemen	la courroie [la kurwa]
Kette	la chaîne [la ʃɛn]
Klingel	le timbre [lə tɛ̃br]
	la sonnette [la sɔnɛt]
klopfen *(Motor)*	cogner [kɔɲe]
Kofferraum	le coffre [lə kɔfr]
Kolben	le piston [lə pistõ]
Kotflügel	l'aile *f* [lɛl]
Kugellager	le roulement à billes [lə rulmɑ̃ a bij]
Kühler	le radiateur [lə radjatœr]
Kühlwasser	l'eau *f* de refroidissement [lod rəfrwadismɑ̃]
Kupplung	l'embrayage *m* [lɑ̃brɛjaʒ]
Kupplungshebel	le levier d'embrayage [lə ləvje dɑ̃brɛjaʒ]
Kurzschluß	le court-circuit [lə kursirkɥi]
Landstraße	la route nationale [la rut nasjɔnal]
Lastwagen	le camion [lə kamjõ]
Lenker *(Zweirad)*	le guidon [lə gidõ]
Lenkrad	le volant [lə vɔlɑ̃]
Lichtmaschine	la dynamo [la dinamo]
Luft|filter	le filtre à air [lə filtr a ɛr]
~pumpe	la pompe à air [la põp‿aɛr]
Mantel *(Reifen)*	le pneu [lə pnø]
Mofa	le cyclomoteur [lə siklomɔtœr]
Moped	la mobylette [la mɔbilɛt]
Motor	le moteur [lə mɔtœr]
~haube	le capot [lə kapo]
~rad	la moto [la mɔto]
~roller	le scooter [lə skutɛr]
Mountain bike	le V.T.T. (vélo tous terrains) [lə ve te te (velo tu tɛrɛ̃)]
Nabe	le moyeu [lə mwajø]
Nierengurt	la ceinture de moto [la sɛ̃tyr də mɔtɔ]
Notrufsäule	le téléphone de secours [lə telefɔn də skur]
Nummernschild	la plaque d'immatriculation [la plak dimatrikylasjõ]
Oktanzahl	le chiffre d'octane [lə ʃifrə dɔktan]
Öl	l'huile *f* [lɥil]
~meßstab	la jauge de niveau d'huile [la ʒoʒ də nivo dɥil]
~wechsel	la vidange [la vidɑ̃ʒ]
Packtasche	la sacoche [la sakɔʃ]

Panne	la panne [la pan]
Pannendienst	le service de dépannage [lə sɛrvis də depanaʒ]
Papiere	les papiers *m* [le papje]
Park|haus	le parking couvert [lə parkiŋ kuvɛr]
~platz	la place de parking [la plas də parkiŋ]
~scheibe	le disque de stationnement [lə diskə də stasjɔnmɑ̃]
~uhr	l'horodateur *m* [lɔrodatœr]
Pedal	la pédale [la pedal]
Plattfuß	le pneu à plat [lə pnø a pla]
Promille	le taux d'alcoolémie [lə to dalkɔlemi]
PS	CV, chevaux-vapeurs [se ve, ʃəvo vapœr]
Rad	la roue [la ru]
Radarkontrolle	le contrôle radar [lə kɔ̃trol radar]
Raststätte	l'aire *f* de repos [lɛr də rəpo] l'aire *f* de service [lɛr də servis]
Reflektor	le réflecteur [lə reflɛktœr] le cataphote [lə katafɔt]
Regenkombi	la combinaison imperméable [la kɔ̃binɛzɔ̃ ɛ̃pɛrmeabl]
Reifen	le pneu [lə pnø]
Reserverad	la roue de secours [la rud səkur]
Rück|licht	les feux *m* arrière [le fø arjɛr]
~spiegel	le rétroviseur [lə retrɔvizœr]
~tritt *(Fahrrad)*	le rétropédalage [lə retropedalaʒ]
Sattel	la selle [la sɛl]
Schalthebel	le levier du changement de vitesses [lə ləvje dy ʃɑ̃ʒmɑ̃d vitɛs]
Scheibenwischer	l'essuie-glace *m* [lesɥi glas]
Scheinwerfer	le phare [lə far]
Schiebedach	le toit ouvrant [lə twa uvrɑ̃]
Schlauch *(Reifen)*	la chambre à air [la ʃɑ̃br‿a ɛr]
schmieren	graisser [grese]
Schmirgelpapier	le papier émeri [lə papje emri]
Schnellstraße	la voie de dégagement [la vwad degaʒmɑ̃]
Schraube	la vis [la vis]
Schrauben|mutter	l'écrou *m* [lekru]
~schlüssel	la clé anglaise [la kle ɑ̃glɛz]
~zieher	le tournevis [lə turnəvis]
Schutzblech	le garde-boue [lə gardə‿bu]
Sicherheitsgurt	la ceinture de sécurité [la sɛ̃tyr də sekyrite]
Sicherung	le fusible [lə fyzibl]
Speiche	le rayon [lə rɛjɔ̃]

<table>
<tr><td>Ständer</td><td>le pied d'appui [lə pje dapɥi]</td></tr>
<tr><td>Standlicht</td><td>les feux *m* de position [le fød pozisjõ]</td></tr>
<tr><td>Stau</td><td>l'embouteillage *m* [lɑ̃butɛjaʒ]</td></tr>
<tr><td>Steckschlüssel</td><td>la clé en tube [la kle ɑ̃ tyb]</td></tr>
<tr><td>Stoß|dämpfer</td><td>l'amortisseur *m* [lamɔrtisœr]</td></tr>
<tr><td>~stange</td><td>le pare-chocs [lə parʃɔk]</td></tr>
<tr><td>Straßen|benutzungsgebühr</td><td>le péage [lə peaʒ]</td></tr>
<tr><td>~karte</td><td>la carte routière [la kart rutjɛr]</td></tr>
<tr><td>Sturzhelm</td><td>le casque de moto [lə kaskə də mɔto]</td></tr>
<tr><td>Tachometer</td><td>le compteur [lə kõtœr]</td></tr>
<tr><td>Tank</td><td>le réservoir [lə rɛzɛrvwar]</td></tr>
<tr><td>~stelle</td><td>la station-service [la stasjõsɛrvis]</td></tr>
<tr><td>Teilkasko</td><td>l'assurance *f* au tiers [lasyrɑ̃s o tjɛr]</td></tr>
<tr><td>trampen</td><td>faire de l'auto-stop [fɛr də lɔtostɔp]</td></tr>
<tr><td>Tramper</td><td>l'auto-stoppeur/l'auto-stoppeuse [lɔtostɔpœr/lɔtostɔpøz]</td></tr>
<tr><td>Tretlager</td><td>le pédalier [lə pedalje]</td></tr>
<tr><td>Umleitung</td><td>la déviation [la devjasjõ]</td></tr>
<tr><td>Ventil</td><td>la soupape [la supap]</td></tr>
<tr><td>Vergaser</td><td>le carburateur [lə karbyratœr]</td></tr>
<tr><td>Versicherungskarte, grüne</td><td>la carte verte [la kartə vɛrt]</td></tr>
<tr><td>Verteiler</td><td>le delco [lə dɛlko]</td></tr>
<tr><td>vierspurig</td><td>à quatre voies [a katrə vwa]</td></tr>
<tr><td>Vollkasko</td><td>(l'assurance *f*) tous risques [(lasyrɑ̃s) tu risk]</td></tr>
<tr><td>Vorder|licht</td><td>les phares *m* [le far]</td></tr>
<tr><td>~rad</td><td>la roue avant [la ru avɑ̃]</td></tr>
<tr><td>~radantrieb</td><td>la traction avant [la traksjõ avɑ̃]</td></tr>
<tr><td>Wagen|heber</td><td>la cric [lə kri]</td></tr>
<tr><td>~wäsche</td><td>le lavage [lə lavaʒ]</td></tr>
<tr><td>Warn|blinker</td><td>le signal de détresse [lə siɲal də detrɛs]</td></tr>
<tr><td>~dreieck</td><td>le triangle de présignalisation [lə trijɑ̃gl də presiɲalizasjõ]</td></tr>
<tr><td>Wegweiser</td><td>le poteau indicateur [lə pɔto ɛ̃dikatœr]</td></tr>
<tr><td>Werk|statt</td><td>l'atelier *m* [latəlje]</td></tr>
<tr><td>~zeug</td><td>l'outil *m* [luti]</td></tr>
<tr><td>Windschutzscheibe</td><td>le pare-brise [lə parbriz]</td></tr>
<tr><td>Winterreifen</td><td>le pneu neige [lə pnø nɛʒ]</td></tr>
<tr><td>Zünd|kerze</td><td>la bougie [la buʒi]</td></tr>
<tr><td>~schloß</td><td>le contact [lə kõtakt]</td></tr>
<tr><td>~schlüssel</td><td>la clé de contact [la kled kõtakt]</td></tr>
<tr><td>Zündung</td><td>l'allumage *m* [lalymaʒ]</td></tr>
<tr><td>Zylinder</td><td>le cylindre [lə silɛ̃dr]</td></tr>
<tr><td>~kopf</td><td>la culasse [la kylas]</td></tr>
</table>

AIR FRANCE

Flugzeug

Avion

Im Reisebüro/ Am Flughafen	A l'agence de voyages/A l'aéroport
Wo ist der Schalter der ...-Fluggesellschaft?	Où se trouve le guichet de la compagnie ...? [us truv lə giʃɛ də la kõpaɲi]
Wann fliegt die nächste Maschine nach ...?	Quand part le prochain avion pour ...? [kɑ̃ par lə prɔʃɛn‿avjõ pur]
Ich möchte einen einfachen Flug/Hin- und Rückflug nach ... buchen.	Je voudrais un billet d'avion pour ..., aller simple/aller-retour. [ʒvudrɛ ɛ̃ bijɛ davjõ pur ... ale sɛ̃pl/ale rtur]
Sind noch Plätze frei?	Est-ce qu'il y a encore des places de libres? [ɛs‿kil‿ja ɑ̃kɔr de plas də libr]
Gibt es auch Charterflüge?	Est-ce qu'il y a également des vols par charters? [ɛs‿kil‿ja egalmɑ̃ de vɔl par ʃartɛr]
Was kostet der Flug Touristenklasse/1. Klasse?	Combien coûte le vol en classe touristes/première classe? [kõbjɛ̃ kut lə vɔl ɑ̃ klas turist/prəmiɛr klas]
Wieviel Gepäck ist frei?	Quelle est la franchise pour les bagages? [kɛl‿ɛ la frɑ̃ʃiz pur le bagaʒ]
Was kostet das Kilo Übergepäck?	Quel est le tarif du kilo d'excédents? [kɛl‿ɛl tarif dy kilo dɛksedɑ̃]
Ich möchte diesen Flug stornieren/umbuchen.	Je voudrais annuler/modifier ce vol. [ʒə vudrɛ anylɛ/mɔdifje sə vɔl]
Wann muß ich am Flughafen sein?	A quelle heure est-ce que je dois être à l'aéroport? [a kɛl‿œr ɛs‿kəʒ dwa ɛtr‿a laerɔpɔr]
Wo ist der Informationsschalter/Warteraum?	Où est le guichet des renseignements/la salle d'attente, s.v.p.? [u ɛ lə giʃɛ de rɑ̃sɛɲəmɑ̃/la sal datɑ̃t sil vu plɛ]
Kann ich das als Handgepäck mitnehmen?	Est-ce que je peux prendre cela en bagage à main? [ɛs‿kəʒ pø prɑ̃dr sla ɑ̃ bagaʒ a mɛ̃]
Hat die Maschine nach ... Verspätung?	Est-ce que l'avion pour ... a du retard? [ɛs‿kə lavjõ pur ... a dyr tar]

Wieviel Verspätung hat sie?	Il a combien de retard? [il a kõbjɛ̃d rətar]
Ist die Maschine aus ... schon gelandet?	Est-ce que l'avion de ... a atterri? [ɛs‿kə lavjõ də ... a ateri]
• Letzter Aufruf. Die Passagiere nach ..., Flug-Nr. ..., werden gebeten, sich zum Ausgang ... zu begeben.	Dernier rappel. Les passagers du vol nº ... à destination de ... sont priés de se rendre à la porte d'embarquement nº ... [dɛrnje rapɛl le pasaʒe dy vɔl nymero ... a dɛstinasjõ də ... sõ prie də sə rɑ̃dr a la pɔrt dɑ̃barkəmɑ̃ nymero ...]

An Bord — A bord de l'appareil

• Bitte das Rauchen einstellen! Anschnallen, bitte!	Veuillez attacher vos ceintures et éteindre vos cigarettes. [vœje ataʃe vo sɛ̃tyr e etɛ̃drə vo sigarɛt]
Was ist das für ein Fluß/See?	Quel est le nom de cette rivière/de ce lac? [kɛl‿ɛ lə nõ də sɛt rivjɛr/də sə lak]
Was ist das für ein Gebirge?	Comment s'appelle cette montagne? [kɔmɑ̃ sapɛl sɛt mõtaɲ]
Wo sind wir jetzt?	Où est-ce qu'on est? [uɛs‿kõn‿ɛ]
Wann landen wir in ...?	A quelle heure est-ce que nous allons atterrir à ...? [a kɛl‿œr ɛs‿kə nuz‿alõ aterir a]
• Wir landen in etwa ... Minuten.	Nous allons atterrir dans ... minutes environ. [nuz‿alõ aterir dɑ̃ ... minyt ɑ̃virõ]
Wie ist das Wetter in ...?	Quel temps fait-il à ...? [kɛl tɑ̃ fɛt‿il a]

Ankunft — L'arrivée

▶ **auch Kap. 9 – Fundbüro**

Ich finde mein Gepäck/meinen Koffer nicht.	Je ne trouve pas mes bagages/ma valise. [ʒən truv pa me bagaʒ/ma valiz]
Mein Gepäck ist verlorengegangen.	Mes bagages ont été égarés. [me bagaʒ õt‿ete egare]
Mein Koffer ist beschädigt worden.	Ma valise est abîmée. [ma valiz ɛt‿abime]
An wen kann ich mich wenden?	A qui est-ce que je dois m'adresser? [a ki ɛs‿kəʒ dwa madrɛse]
Von wo fährt der Bus zum Air Terminal ab?	Où est le départ des bus pour l'aérogare? [u ɛl depar de bys pur laerogar]

Wortliste Flugzeug

► auch Wortliste Eisenbahn

Abflug	le départ [lə depar] le décollage [lə dekɔlaʒ]
Air Terminal	l'aérogare *f* [laerɔgar]
Anflug	l'arrivée *f* [larive] l'atterissage *m* [laterisaʒ]
Anhänger *(am Koffer)*	l'étiquette *f* [letikɛt]
Ankunft	l'arrivée *f* [larive]
Ankunftszeit	l'heure *f* d'arrivée [lœr darive]
Anschluß	la correspondance [la kɔrɛspɔ̃dɑ̃s]
anschnallen, sich	attacher sa ceinture [ataʃe sa sɛ̃tyr]
Anschnallgurt	la ceinture [la sɛ̃tyr]
auschecken	faire les formalités *f* de débarquement [fɛr le fɔrmalite də debarkəmɑ̃]
Auslandsflug	le vol international [lə vɔl ɛ̃tɛrnasjɔnal]
Besatzung	l'équipage *m* [lekipaʒ]
an Bord	à bord (de l'appareil) [a bɔr (də laparɛj)]
Bordkarte	la carte d'embarquement [la kartə dɑ̃barkəmɑ̃]
buchen	réserver [resɛrve]
Buchung	la réservation [la resɛrvasjɔ̃]
Business class	la classe affaires [la klas afɛr]
Chartermaschine	le charter [lə ʃartɛr]
Direktflug	le vol direct [lə vɔl dirɛkt]
Düsenmaschine	l'avion *m* à réaction [lavjɔ̃ a reaksjɔ̃]
Economy class	la classe économique [la klas ekɔnɔmik]
einchecken	faire les formalités *f* d'embarquement [fɛr le fɔrmalite dɑ̃barkəmɑ̃]
Fenstersitz	le coin-hublot [lə kwɛ̃ yblo]
Flug	le vol [lə vɔl]
~gast	le passager [lə pasaʒe]
~gesellschaft	la compagnie aérienne [la kɔ̃paɲi aerjɛn]
~hafen	l'aéroport *m* [laerɔpɔr]
~hafenbus	le bus desservant l'aéroport [lə bys desɛrvɑ̃ laerɔpɔr]
~hafengebühr	les droits *m* d'aéroport [le drwa daerɔpɔr]
~plan	l'horaire *m* des vols [lɔrɛr de vɔl]
~schein	le billet d'avion [lə bijɛ davjɔ̃]
~steig	l'aire *f* d'embarquement [lɛr dɑ̃barkəmɑ̃]
~strecke	la route aérienne[la rut aerjɛn]

Gang	le couloir [lə kulwar]
Gepäck	les bagages *m* [le bagaʒ]
~abfertigung	l'enregistrement *m* des bagages [lɑ̃rʒistrəmɑ̃ de bagaʒ]
~ausgabe	la récupération des bagages [la rekyperasjõ də bagaʒ]
Handgepäck	les bagages *m* à main [le bagaʒ a mɛ̃]
Heck	l'arrière *m* [larjɛr]
	la queue [la kø]
Hubschrauber	l'hélicoptère *m* [lelikɔptɛr]
Inlandsflug	le vol intérieur [lə vɔl ɛ̃terjœr]
Kapitän	le commandant [lə kɔmɑ̃dɑ̃]
Kofferkuli	le chariot à bagages [lə ʃarjo a bagaʒ]
landen	atterrir [aterir]
Landung	l'atterrissage *m* [laterisaʒ]
Linienmaschine	l'avion *m* de ligne [lavjõ də liɲ]
Luftsicherheitsgebühr	la taxe de sécurité aérienne [la taks də sekyrite aerjɛn]
Nichtraucher	non-fumeurs [nõ fymœr]
Not|ausgang	la sortie de secours [la sɔrtid səkur]
~landung	l'atterrissage *m* forcé [laterisaʒ fɔrse]
~rutsche	le toboggan d'évacuation [lə tɔbɔgɑ̃ devakyasjõ]
Passagier	le passager/la passagère [lə pasaʒe/la pasaʒɛr]
Pilot	le pilote [lə pilɔt]
planmäßiger Abflug	le décollage prévu [lə dekɔlaʒ prevy]
Raucher	fumeurs [fymœr]
Reiseziel	la destination [la dɛstinasjõ]
Rollfeld	la piste [la pist]
Schalter	le guichet [lə giʃɛ]
Schwimmweste	le gilet de sauvetage [lə ʒilɛd sovtaʒ]
Sicherheitskontrolle	le contrôle de sécurité [lə kõtrol də sekyrite]
Steward/eß	le steward/l'hôtesse *f* de l'air [lə stiward/lotɛs də lɛr]
stornieren	annuler [anyle]
umbuchen	modifier [mɔdifje]
Verspätung	le retard [lə rətar]
zollfreier Laden	la freeshop [la friʃɔp]
	la boutique franche [la butik frɑ̃ʃ]
Zwischenlandung	l'escale *f* [lɛskal]

Eisenbahn

Chemin de fer

Im Reisebüro/Auf dem Bahnhof — A l'agence de voyages/A la gare

Eine einfache Fahrt 2. Klasse/1. Klasse nach ..., bitte.	Un aller deuxième/première classe pour ..., s.v.p. [ɛ̃n‿ale døzjɛm/prəmjɛr klas pur ... sil vu plɛ]
Zweimal ... hin und zurück, bitte.	Deux aller-retour pour ..., s'il vous plaît. [døz‿ale rtur pur ... sil vu plɛ]
Gibt es eine Ermäßigung für Kinder/kinderreiche Familien/Studenten?	Est-ce qu'il y a des réductions pour les enfants/les familles nombreuses/les étudiants? [ɛs‿kil‿ja de redyksjõ pur lez‿ɑ̃fɑ̃/le famij nõbrøz/lez‿etydjɑ̃]
Bitte eine Platzkarte für den Zug um ... Uhr nach ...	Je voudrais réserver une place dans le train de ... heures pour ... [ʒvudrɛ rezɛrve yn plas dɑ̃ lə trɛ̃ də ... œr pur]
• Einen Fensterplatz?	Un coin-fenêtre? [ɛ̃ kwɛ̃ fnɛtr]
Ich möchte einen Liegewagenplatz/Schlafwagenplatz für den Zug um 20 Uhr nach ...	Je voudrais réserver une couchette/une place en wagon-lit dans le train de 20 heures pour ... [ʒvudrɛ rezɛrve yn kuʃɛt/yn plas ɑ̃ vagõ li dɑ̃ lə trɛ̃ də vɛ̃t‿œr pur]
Gibt es einen Autoreisezug nach ...?	Est-ce qu'il y a un train autos-couchettes/autos-jour pour ...? [ɛs‿kil‿ja ɛ̃ trɛ̃ ɔtokuʃɛt/ɔtoʒur pur]
Was kostet das für ein Auto mit vier Personen?	Pour une voiture et quatre personnes, ça fait combien? [pur‿yn vwatyr e katrə pɛrsɔn sa fɛ kõbjɛ̃]
Ich möchte diesen Koffer als Reisegepäck aufgeben.	Je voudrais faire enregistrer ma valise en bagage accompagné. [ʒvudrɛ fɛr ɑ̃rʒistre ma valiz ɑ̃ bagaʒ akõpaɲe]
Wo kann ich mein Fahrrad aufgeben?	Pour les vélos, c'est quel guichet? [pur le velo sɛ kɛl giʃɛ]
• Wollen Sie Ihr Gepäck versichern?	Vous voulez une assurance-bagages? [vu vule yn‿asyrɑ̃s bagaʒ]

Geht das Gepäck mit dem ... Uhr-Zug ab?	Est-ce que mes bagages vont partir par le train de ... heures? [ɛs‿kə me bagaʒ vō partir par lə trɛ̃ də ... œr]
Wann kommt es in ... an?	Quand est-ce qu'ils vont arriver à ...? [kɑ̃t‿ɛs‿kil vō arive a]
Hat der Zug aus ... Verspätung?	Est-ce que le train de ... a du retard? [ɛs‿kə lə trɛ̃ də ... a dy rtar]
Habe ich in ... Anschluß nach ...?	Est-ce que j'ai une correspondance pour ..., à ...? [ɛs‿kəʒe yn kɔrɛspōdɑ̃s pur ... a]
Habe ich in ... Anschluß an die Fähre?	Est-ce que je peux prendre le ferry-boat à ...? [ɛs‿kəʒ pø prɑ̃drə lə feri bot a]
(Wo) Muß ich umsteigen?	(Où) Est-ce que je dois changer? [(u) ɛs‿kəʒ dwa ʃɑ̃ʒe]
Von welchem Gleis fährt der Zug nach ... ab?	Le train pour ... part à quelle voie, s'il vous plaît? [lə trɛ̃ pur ... par a kɛl vwa sil vu plɛ]
• Der Zug Nr. ... aus ... nach ... fährt auf Gleis 1 ein.	Le train nº ..., en provenance de ... et à destination de ... est annoncé à la voie nº 1. [lə trɛ̃ nymero ... ɑ̃ prɔvənɑ̃s də ... e a dɛstinasjō də ... ɛt‿anōse a la vwa nymero ɛ̃]
• Der Zug Nr. ... aus ... hat 10 Minuten Verspätung.	Le train nº ..., en provenance de ... est annoncé avec dix minutes de retard. [lə trɛ̃ nymero ... ɑ̃ prɔvənɑ̃s də ... ɛt‿anōse avɛk di minyt də rətard]
• Achtung, Reisende nach ...! Bitte einsteigen und die Türen schließen.	Le train à destination de ... va partir. Attention au départ et à la fermeture automatique des portes! [lə trɛ̃ a dɛstinasjō də ... va partir atɑ̃sjō o depar e a la fɛrmətyr ɔtomatik də pɔrt]

Vor der Abreise (sowohl bei der Hin- als auch bei der Rückfahrt und bei Fahrtunterbrechung) muß die Fahrkarte an den orangefarbenen Entwertern gestempelt werden.

Im Zug	Dans le train
Verzeihung, ist dieser Platz noch frei?	Pardon, Mme/Mlle/M., est-ce que cette place est libre, s.v.p.? [pardõ madam/madmwazɛl/məsjø ɛs‿kə sɛt plas‿ɛ libr sil vu plɛ]
Können Sie mir bitte helfen?	Vous pouvez m'aider, s.v.p.? [vu puve mede sil vu plɛ]
Darf ich das Fenster öffnen/schließen?	Est-ce que je peux baisser/remonter la glace, s.v.p.? [ɛs‿kəʒ pø bɛse/rəmõte la glas sil vu plɛ]
Entschuldigen Sie, bitte. Dies ist ein Nichtraucherabteil.	Je suis désolé/e, Mme/Mlle/M., mais nous sommes ici dans un compartiment «non-fumeurs». [ʒə sɥi dezɔle madam/madmwazɛl/məsjø mɛ nu sɔm z‿isi dɑ̃s‿ɛ̃ kõpartimɑ̃ nõ fymœr]
Entschuldigen Sie, das ist mein Platz. Ich habe eine Platzkarte.	Je suis désolé/e, Mme/Mlle/M., mais cette place est réservée. Voilà mon ticket de réservation. [ʒə sɥi dezɔle madam/madmwazɛl/məsjø mɛ sɛt plas ɛ resɛrve vwala mõ tikɛd resɛrvasjõ]
● Die Fahrkarten, bitte.	Les billets, s'il vous plaît. [lə bijɛ sil vu plɛ]
Hält dieser Zug in ...?	Est-ce que le train s'arrête à ...? [ɛs‿kə lə trɛ̃ sarɛt a]
Wo sind wir jetzt?	Où est-ce qu'on est? [uɛs‿kõn‿ɛ]
Wie lange haben wir hier Aufenthalt?	Le train s'arrête combien de temps, s.v.p.? [lə trɛ̃ sarɛt kõbjɛ̃d tɑ̃ sil vu plɛ]
Kommen wir pünktlich an?	Est-ce que nous allons arriver à l'heure? [ɛs‿kə nuz‿alõ arive a lœr]

Hinweise und Informationen

Accès aux quais	Zu den Bahnsteigen
Arrivée	Ankunft
Buffet	Erfrischungen
Chef de gare	Stationsvorsteher, Bahnhofsvorstand
Eau non potable	kein Trinwasser
Fumeurs	Raucher
Horaire des trains	Fahrplan
Lavabo	Waschraum
Libre	Frei
Messieurs	Herren
Non-fumeurs	Nichtraucher
Occupé	Besetzt
Passage souterrain	Unterführung
Passerelle	Übergang
Quai/Voie	Bahnsteig/Gleis
Renseignements	Auskunft
Salle d'attente	Wartesaal
Signal d'alarme	Notbremse
Sortie	Ausgang
Toilettes	Toiletten
Voiture-couchettes	Liegewagen
W.-C.	Toilette
Wagon-lit	Schlafwagen
Wagon-restaurant	Speisewagen

Wortliste Eisenbahn

▶ auch Wortliste Flugzeug

Abfahrt	le départ [lə depar]
Abfahrtszeit	l'heure *f* de départ [lœr də depar]
Abteil	le compartiment [lə kõpartimɑ̃]
ankommen	arriver [arive]
Aufenthalt	l'arrêt *m* (en gare) [larɛ (ɑ̃ gar)]
aussteigen	descendre [desɑ̃dr]
Autoreisezug	le train autos-couchettes/autos-jour [lə trɛ̃ ɔtokuʃɛt/ɔtoʒur]
Bahn|hof	la gare [la gar]
~hofsrestaurant	le buffet de la gare [lə byfɛd la gar]
besetzt	occupé [ɔkype]
D-Zug	le rapide [lə rapid]
EC (Eurocity)	l'Euro-Cités *m* [lørosite]
Eilzug	le train direct [lə trɛ̃ dirɛkt]
einsteigen	monter (dans le train) [mõte (dɑ̃l trɛ̃)]
Eisenbahnfähre	le ferry-boat [lə feri bot]
Ermäßigung	la réduction [la redyksjõ]
Fahr|karte	le billet [lə bijɛ]
~kartenkontrolle	le contrôle des billets [lə kõtrol de bijɛ]
~kartenschalter	le guichet des billets [lə giʃɛ de bijɛ]
~plan	l'horaire *m* (de chemin de fer) [lɔrɛr (də ʃəmɛd fɛr)]
~preis	le prix du billet [lə pri dy bijɛ]
Fensterplatz	le coin-fenêtre [lə kwɛ̃ fnɛtr]
frei	libre [libr]
Gang	le couloir [lə kulwar]
Gepäck	les bagages *m* [le bagaʒ]
~aufbewahrung	la consigne [la kõsiɲ]
~schalter	le guichet des bagages [lə giʃɛ de bagaʒ]
~schein	le bulletin de consigne [lə byltɛ̃d kõsiɲ]
~schließfach	l'armoire-consigne *f* automatique [larmwar kõsiɲ ɔtomatik]
~wagen	le chariot à bagages [lə ʃarjo a bagaʒ]
Gleis	la voie [la vwa]
Großraumwagen	le wagon sans compartiments [lə vagõ sɑ̃ kõpartimɑ̃]
Hauptbahnhof	la gare principale [la gar prɛ̃sipal]
Hochgeschwindigkeits-zug	le T.G.V. (le train à grande vitesse) [lə te ʒe ve (lə trɛ̃ a grɑ̃d vitɛs)]

IC (Intercity)	*(Schweiz)* l'Inter-Cités *m* [lɛ̃tɛrsite]
ICE (Intercity Expreß)	*(Schweiz)* l'Inter-Cités *m* express [lɛ̃tɛrsite ekspres]
Interrail	Interrail [ɛ̃tɛrraj]
Kinderfahrkarte	le billet demi-tarif [lə bijɛ dmitarif]
Kurswagen	la voiture directe [la vwatyr dirɛkt]
Liegewagenkarte	la voiture-couchettes [la vwatyr kuʃɛt]
Lokomotive	la locomotive [la lɔkɔmɔtiv]
Nichtraucherabteil	le compartiment «non-fumeurs» [lə kõpartimɑ̃ nõ fymœr]
Notbremse	le signal d'alarme [lə siɲal dalarm]
Platzkarte	le ticket de réservation [lə tikɛ də rezɛrvasjõ]
Raucherabteil	le compartiment «fumeurs» [lə kõpartimɑ̃ fymœr]
Reservierung	la réservation [la rezɛrvasjõ]
Rückfahrkarte	le billet aller-retour [lə bijɛ ale rtur]
Sammelfahrschein	le billet de groupe [lə bijɛd grup]
Schlafwagenkarte	le supplément wagon-lit [lə syplemɑ̃ vagõli]
Schnellzug	le rapide [lə rapid]
Speisewagen	le wagon-restaurant [lə vagõ rɛstɔrɑ̃]
Toilette	les toilettes *f* [le twalɛt]
Wagennummer	le numéro de la voiture [lə nymero də la vwatyr]
Wartesaal	la salle d'attente [la sal datɑ̃t]
Waschraum	les lavabos *m* [le lavabo]
Zug	le train [lə trɛ̃]
Zuschlag	le supplément [lə syplemɑ̃]
zuschlagpflichtig	avec supplément [avɛk syplemɑ̃]

Schiff

Bateau

Auskunft — Renseignements

Welche ist die beste Schiffsverbindung nach ...?	Je voudrais aller à ... par bateau. Quel est le meilleur itinéraire? [ʒvudrɛ ale a ... par bato kɛl ɛ lə mejœr itinerɛr]
Wo/Wann fährt das nächste Schiff/die nächste Fähre nach ... ab?	D'où/A quelle heure part le prochain bateau/le prochain ferry-boat pour ...? [du/a kɛl œr par lə prɔʃɛ̃ bato/lə prɔʃɛ̃ feribot pur]
Wie lange dauert die Überfahrt?	La traversée dure combien de temps? [la travɛrse dyr kõbjɛ̃d tɑ̃]
Welche Häfen werden angelaufen?	Dans quels ports est-ce qu'on fait escale? [dɑ̃ kɛl pɔr ɛs‿kõ fɛ eskal]
Wann legen wir in ... an?	Quand est-ce qu'on arrive à ...? [kɑ̃t‿ɛs kõn‿ariv a]
Wie lange haben wir Aufenthalt in ...?	L'escale à ... dure combien de temps? [leskal a ... dyr kõbjɛ̃d tɑ̃]

Ich möchte eine Schiffskarte nach ...	Je voudrais un billet pour ... [ʒvudrɛ ɛ̃ bijɛ pur]
1. Klasse	en première classe [ɑ̃ prəmjɛr klas]
Touristenklasse	en classe touristes [ɑ̃ klas turist]
eine Einzelkabine	une cabine pour une personne [yn kabin pur yn pɛrsɔn]
eine Zweibettkabine	une cabine pour deux personnes [yn kabin pur dø pɛrsɔn]
Ich möchte eine Karte für die Rundfahrt um ... Uhr.	Je voudrais un billet pour le départ de ... heures. [ʒvudrɛ ɛ̃ bijɛ pur lə depar də ... œr]

An Bord — A bord du bateau

Bitte, ich suche Kabine Nr. ...	Pardon, Mme/Mlle/M., je cherche la cabine n° ... [pardõ madam/madmwazɛl/məsjø ʒə ʃɛrʃ la kabin nymero]
Kann ich eine andere Kabine haben?	Est-ce que je pourrais changer de cabine? [ɛs‿kəʒ purɛ ʃɑ̃ʒed kabin]
Wo ist mein Koffer/mein Gepäck?	Où est ma valise/Où sont mes bagages? [u ɛ ma valiz/u sõ me bagaʒ]
Wo ist der Speisesaal/der Aufenthaltsraum?	Où est la salle à manger/le salon? [u ɛ la sal‿a mɑ̃ʒe/lə salõ]
Wann wird gegessen?	Les repas sont à quelle heure, s.v.p.? [le rpa sõt‿a kɛl‿œr sil vu plɛ]
Steward, bringen Sie mir bitte ...	Garçon/Monsieur, apportez-moi ..., s.v.p. [garsõ/məsjø apɔrte mwa ... sil vu plɛ]
Ich fühle mich nicht wohl.	Je ne me sens pas très bien. [ʒən mə sɑ̃ pa trɛ bjɛ̃]
Rufen Sie bitte den Schiffsarzt!	Appelez le médecin de bord, s.v.p. [aple lə medsɛ̃d bɔr sil vu plɛ]
Geben Sie mir bitte ein Mittel gegen Seekrankheit.	Donnez-moi un médicament contre le mal de mer, s.v.p. [dɔne mwa ɛ̃ medikamɑ̃ kõtrə lə mal də mɛr sil vu plɛ]

Wortliste Schiff

▶ auch Wortlisten Flugzeug, Eisenbahn

Anker	l'ancre *f* [lɑ̃kr]
anlaufen	entrer dans le port [ɑ̃tre dɑ̃l pɔr]
anlegen in	faire escale à [fer ɛskal a]
Anlegeplatz	l'embarcadère *m* [lɑ̃barkadɛr]
auslaufen	quitter le port [kite lə pɔr]
ausschiffen	débarquer [debarke]
Backbord	bâbord *m* [babɔr]
an Bord	à bord (du bateau) [a bɔr (dy bato)]
Buchung	la réservation [la resɛrvasjɔ̃]
Bug	la proue [la pru]
Dampfer	le vapeur [lə vapœr]
Deck	le pont [lə pɔ̃]
einschiffen	embarquer [ɑ̃barke]
Fähre	le bac [lə bak], le ferry-boat [lə fɛribot]
Auto~	le bac [lə bak]
Eisenbahn~	le ferry-boat [lə fɛribot]
Fahrkarte	le billet [lə bijɛ]
Festland	la terre ferme [la tɛr fɛrm]
	le continent [lə kɔ̃tinɑ̃]
Hafen	le port [lə pɔr]
~gebühr	les droits *m* de port [lə drwad pɔr]
Heck	la poupe [la pup]
Jacht	le yacht [lə jɔt]
Kabine	la cabine [la kabin]
Außen~	la cabine extérieure [la kabin ɛksterjœr]
Innen~	la cabine intérieure [la kabin ɛ̃terjœr]
Kai	le quai [lə kɛ]
Kajüte	la cabine [la kabin]
Kapitän	le commandant [lə kɔmɑ̃dɑ̃]
Knoten	le nœud [lə nø]
Kreuzfahrt	la croisière [la krwazjɛr]
Kurs	le cap [lə kap]
Küste	la côte [la kot]
Landausflug	l'excursion *f* à terre [lɛkskyrsjɔ̃ a tɛr]
Landesteg	l'embarcadère *m* [lɑ̃barkadɛr]
Leuchtturm	le phare [lə far]
Luftkissenboot	l'hovercraft *m* [lɔvœrkraft]
	l'aéroglisseur *m* [laeroglisœr]
Mannschaft	l'équipage *m* [lekipaʒ]
Matrose	le matelot [lə matlo]
Motorboot	le canot automobile [lə kano ɔtomɔbil]
Promenadendeck	le pont supérieur [lə pɔ̃ syperjœr]

Rettungs|boot	le canot de sauvetage [lə kanod sovtaʒ]
~ring	la bouée de sauvetage [la bued sovtaʒ]
Ruder	la rame [la ram]
~boot	la barque (à rames) [la bark (a ram)] le canot (à rames) [lə kano (a ram)]
Rundfahrt	le circuit [lə sirkɥi]
Schwimmweste	le gilet de sauvetage [lə ʒilɛd sovtaʒ]
Seegang	l'état *m* de la mer [letad la mɛr]
seekrank sein	avoir le mal de mer [avwar lə mal də mɛr]
Segelboot	le bateau à voiles [lə bato a vwal]
Sonnendeck	le sun-deck [lə sœndɛk]
Steuerbord	tribord *m* [tribɔr]
Steward	le steward [lə stivward]
Überfahrt	la traversée [la travɛrse]
Ufer	le rivage [lə rivaʒ]
Welle	la vague [la vag]
Zwischendeck	l'entrepont *m* [lɑ̃trəpɔ̃]

An der Grenze

A la frontière

Paßkontrolle — Contrôle des passeports

● Ihren Paß, bitte!	Votre passeport, s'il vous plaît. [vɔtrə paspɔr sil vu plɛ]
● Ihr Paß ist abgelaufen.	Votre passeport est périmé. [vɔtrə paspɔr ɛ perime]
Ich gehöre zu der Reisegesellschaft aus …	Je suis avec le voyage organisé, là. [ʒə sɥiz‿avɛk lə vwajaʒ ɔrganize la]
● Könnte ich bitte das amtstierärztliche Gesundheitszeugnis/die Tollwutimpfbescheinigung für Ihren Hund/Ihre Katze sehen?	Est-ce que vous pouvez me présenter le certificat de santé/le certificat de vaccination contre la rage pour votre chien/votre chat, s.v.p.? [ɛs‿kə vu puve mə prezɑ̃te lə sɛrtifika də sɑ̃te/lə sɛrtifika də vaksinasjɔ̃ kɔ̃tr la raʒ pur vɔtre ʃjɛ̃/vɔtrə ʃa sil vu plɛ]
● Haben Sie ein Visum?	Vous avez un visa? [vuz ave ɛ̃ viza]
Kann ich das Visum hier bekommen?	Est-ce que je peux obtenir le visa ici? [ɛs‿kəʒ pø ɔbtənir lə viza isi]

Zollkontrolle — Douane

Zollkontrolle	Douane
• Haben Sie nichts zu verzollen?	Vous n'avez rien à déclarer? [vu nave rjɛ̃n‿a deklare]
Nein, ich habe nur ein paar Geschenke.	Non, j'ai seulement deux ou trois cadeaux. [nõ ʒe sœlmɑ̃ døzu trwa kado]
• Fahren Sie bitte rechts/links heran.	Rangez-vous sur la droite/la gauche, s.v.p. [rɑ̃ʒe vu syr la drwat/la goʃ sil vu plɛ]
• Öffnen Sie bitte den Kofferraum/diesen Koffer.	Ouvrez votre coffre/cette valise, s.v.p. [uvre vɔtrə kɔfr/sɛt valiz sil vu plɛ]
Muß ich das verzollen?	Il faut le déclarer, ça? [il fol deklare sa]
Wieviel Zoll muß ich bezahlen?	Combien est-ce que je dois payer de droits là-dessus? [kõbjɛ̃ ɛs‿kə ʒə dwa peje də drwa ladsy]

Wortliste Grenze

Ausfuhr	l'exportation *f* [lɛkspɔrtasjõ]
Ausreise	la sortie [la sɔrti]
Bestimmungen	les prescriptions *f* [le prɛskripsjõ]
Einfuhr	l'importation *f* [lɛ̃pɔrtasjõ]
Einreise	l'entrée *f* [lɑ̃tre]
Familien|name	le nom de famille [lə nõd famij]
~stand	la situation de famille [la sityasjõd famij]
ledig	célibataire [selibatɛr]
verheiratet	marié [marje]
verwitwet	*(Mann)* veuf [vœf]; *(Frau)* veuve [vœv]
Führerschein	le permis de conduire [lə pɛrmid kõdɥir]
Geburts|datum	la date de naissance [la dat də nɛsɑ̃s]
~name	le nom de jeune fille [lə nõd jœn fij]
~ort	le lieu de naissance [lə ljød nɛsɑ̃s]
Grenzübergang	le poste frontière [lə pɔstə frõtjɛr]
grüne Versicherungskarte	la carte verte [la kartə vɛrt]
gültig	valable [valabl]
internationaler Impfpaß	le carnet international de vaccination [le karnɛ ɛ̃tɛrnasjɔnal də vaksinasjõ]
Nationalitätskennzeichen	la plaque de nationalité [la plak də nasjɔnalite]
Nummernschild	la plaque d'immatriculation [la plak dimatrikylasjõ]

Paßkontrole	le contrôle des passeports [lə kõtrol de paspɔr]
Personalausweis	la pièce d'identité [la pjɛs idɑ̃tite]
Reisepaß	le passeport [lə paspɔr]
Staatsangehörigkeit	la nationalité [la nasjɔnalite]
Tollwut	la rage [la raʒ]
Visum	le visa [lə viza]
Vorname	le prénom [lə prenõ]
Wohnort	le domicile [lə dɔmisil]
Zoll	la douane [la duan]
~amt	le bureau de douane [lə byrod duan]
~beamter	le douanier [lə duanje]
~frei	exempt de droits de douane [ɛgzɑ̃ də drwad duan]
~gebühren	les droits de douane [le drwad duan]
~kontrolle	le contrôle douanier [lə kõtrol dwanje]
~pflichtig	soumis aux droits de douane [sumi o drwad duan]

Nahverkehrsmittel

Transports en commun

Welcher Bus/Welche Straßenbahn/Welche U-Bahnlinie fährt nach ...?	Quel bus/Quel tram/Quelle ligne de métro faut-il prendre pour aller à ...? [kɛl bys/kɛl tram/kɛl liɲə də metro fot‿il prɑ̃dr pur‿ale a]
Bitte, wo ist die nächste ...	Où se trouve ... [us truv]
Bushaltestelle?	l'arrêt de bus le plus proche? [larɛd bys lə ply prɔʃ]
Straßenbahnhaltestelle?	l'arrêt de tram le plus proche? [larɛd tram lə ply prɔʃ]
U-Bahnstation?	la station de métro la plus proche? [la stasjõd metro la ply prɔʃ]
Welche Linie fährt nach ...?	C'est quelle ligne pour ..., s.v.p.? [sɛ kɛl liɲ pur ... sil vu plɛ]
Ist dies der richtige Bus nach ...?	C'est bien le bus pour ...? [sɛ bjɛ̃ lə bys pur]
Wann/Wo fährt der Bus ab?	A quelle heure/D'où part le bus? [a kɛl œr/du par lə bys]

Wann fährt die erste/letzte U-Bahn nach ...?
Le premier/dernier métro pour ... est à quelle heure?
[lə prəmje/dɛrnje metro pur ... ɛt‿a kɛl œr]

In welche Richtung muß ich fahren?
Je dois aller dans quelle direction?
[ʒdwa ale dɑ̃ kɛl dirɛksjɔ̃]

Wieviele Haltestellen sind es?
Il y a combien d'arrêts d'ici à ...?
[ilja kɔ̃bjɛ̃ darɛ disi a]

Wo muß ich aussteigen/umsteigen?
A quel arrêt est-ce que je dois descendre/changer? [a kɛl‿arɛ ɛs kəʒ dwa desɑ̃dr/ʃɑ̃ʒe]

Loire-Brücke, Langeais

Geben Sie mir bitte Bescheid, wenn ich aussteigen muß.
Vous pourrez me faire signe quand je devrai descendre?
[vu purem fɛr siɲ kɑ̃ʒ dəvrɛ desɑ̃dr]

Wo kann ich den Fahrschein kaufen?
Où est-ce que je peux prendre mon billet? [u ɛs‿kəʒ pø prɑ̃drə mɔ̃ bijɛ]

Bitte, einen Fahrschein nach ...
Un billet pour ..., s.v.p.
[ɛ̃ bijɛ pur ... sil vu plɛ]

Gibt es auch Wochenkarten/Monatskarten?
Est-ce qu'il y a également des cartes hebdomadaires/mensuelles? [ɛs‿kil‿ja egalmɑ̃ de kartəz‿ɛbdɔmadɛr/mɑ̃syɛl]

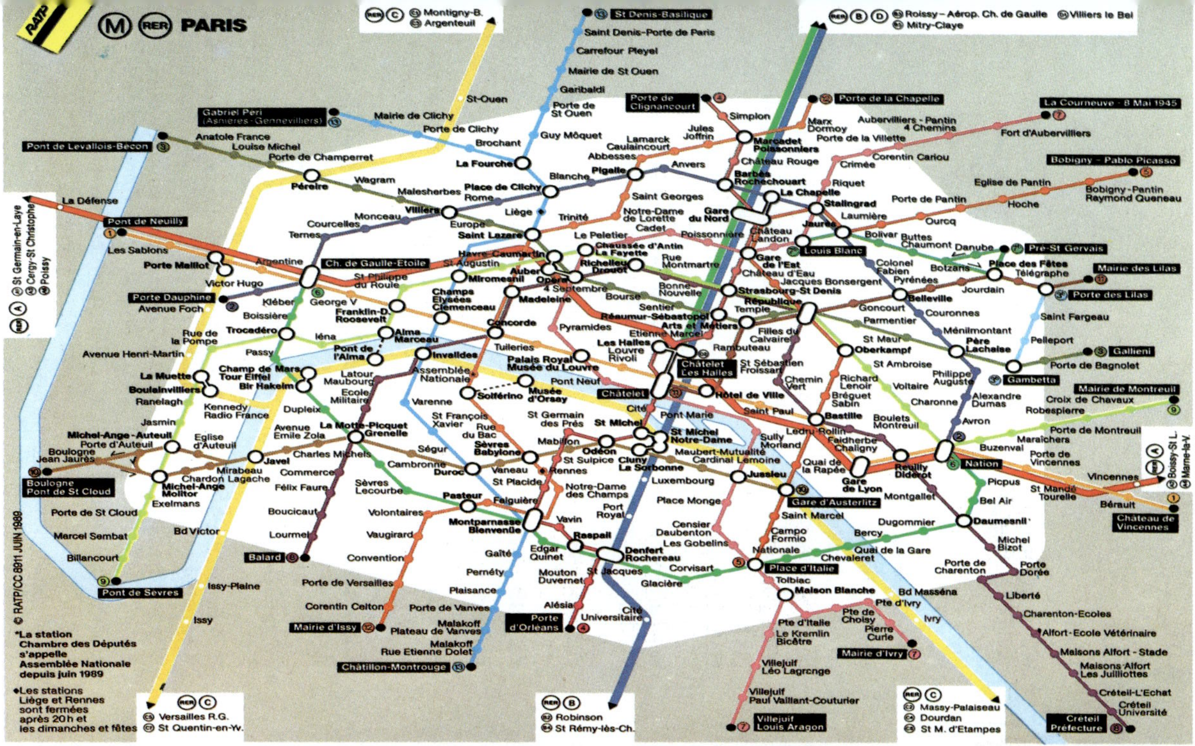
RATP
M RER PARIS
RER C Montigny-B. Argenteuil
St Denis-Basilique
Saint Denis-Porte de Paris
Carrefour Pleyel
Mairie de St Ouen
Garibaldi
Porte de St Ouen
Guy Môquet
RER B D Roissy - Aérop. Ch. de Gaulle Villiers le Bel Mitry-Claye
Porte de Clignancourt
Simplon
Porte de la Chapelle
Marx Dormoy
La Courneuve - 8 Mai 1945
Aubervilliers - Pantin 4 Chemins
Fort d'Aubervilliers
Porte de la Villette
Corentin Cariou
Crimée
Riquet
Bobigny - Pablo Picasso
Bobigny-Pantin Raymond Queneau
Eglise de Pantin
Hoche
Porte de Pantin
Ourcq
Laumière
Stalingrad
Jaurès
Bolivar
Buttes Chaumont
Danube
Pré-St Gervais
Place des Fêtes
Mairie des Lilas
Télégraphe
Porte des Lilas
Saint Fargeau
Pelleport
Gallieni
Porte de Bagnolet
Gambetta
Mairie de Montreuil
Croix de Chavaux
Robespierre
Porte de Montreuil
Maraîchers
Buzenval
Porte de Vincennes
Vincennes
RER A Boissy-St L. Marne-la-V.
Bérault
Château de Vincennes
St Mandé Tourelle
Nation
Picpus
Bel Air
Daumesnil
Michel Bizot
Porte Dorée
Liberté
Charenton-Ecoles
Alfort-Ecole Vétérinaire
Maisons Alfort - Stade
Maisons Alfort Les Juilliottes
Créteil-L'Echat
Créteil Université
Créteil Préfecture
RER C Massy-Palaiseau Dourdan St M. d'Etampes
Porte de Charenton
Bd Masséna
Ivry
Pte d'Ivry
Pte de Choisy
Pierre Curie
Mairie d'Ivry
Pte d'Italie
Le Kremlin Bicêtre
Villejuif Léo Lagrange
Villejuif Paul Vaillant-Couturier
Villejuif Louis Aragon
Maison Blanche
Tolbiac
Place d'Italie
Corvisart
Glacière
Nationale
Chevaleret
Quai de la Gare
Bercy
Dugommier
Montgallet
Reuilly Diderot
Gare de Lyon
Gare d'Austerlitz
Saint Marcel
Campo Formio
Les Gobelins
Censier Daubenton
Place Monge
Jussieu
Quai de la Rapée
Sully Morland
Pont Marie
Bastille
Faidherbe Chaligny
Ledru-Rollin
Saint Paul
Hôtel de Ville
Châtelet
Châtelet Les Halles
Les Halles
Louvre Rivoli
Etienne Marcel
Rambuteau
Arts et Métiers
Réaumur-Sébastopol
Strasbourg-St Denis
République
Temple
Filles du Calvaire
St Sébastien Froissart
Chemin Vert
Richard Lenoir
Bréguet Sabin
Oberkampf
St Maur
Parmentier
Goncourt
Belleville
Couronnes
Ménilmontant
Père Lachaise
St Ambroise
Voltaire
Philippe Auguste
Alexandre Dumas
Charonne
Boulets Montreuil
Avron
Colonel Fabien
Pyrénées
Jourdain
Botzaris
Louis Blanc
Château Landon
Gare de l'Est
Château d'Eau
Jacques Bonsergent
Gare du Nord
La Chapelle
Barbès Rochechouart
Château Rouge
Marcadet Poissonniers
Jules Joffrin
Lamarck Caulaincourt
Abbesses
Anvers
Pigalle
Blanche
Saint Georges
Notre-Dame de Lorette
Cadet
Poissonnière
Le Peletier
Chaussée d'Antin La Fayette
Richelieu Drouot
Rue Montmartre
Bonne Nouvelle
Sentier
Bourse
4 Septembre
Opéra
Auber
Havre-Caumartin
Trinité
Liège
Saint Lazare
Europe
Rome
Place de Clichy
La Fourche
Brochant
Porte de Clichy
Mairie de Clichy
St-Ouen
Gabriel Péri (Asnières-Gennevilliers)
Anatole France
Louise Michel
Pont de Levallois-Bécon
Porte de Champerret
Pereire
Wagram
Malesherbes
Villiers
Monceau
Courcelles
Ternes
Ch. de Gaulle-Etoile
Argentine
Pont de Neuilly
La Défense
Les Sablons
Porte Maillot
Victor Hugo
Porte Dauphine
Avenue Foch
Kléber
Boissière
George V
St Philippe du Roule
St Augustin
Miromesnil
Madeleine
Champs Elysées Clemenceau
Franklin-D. Roosevelt
Concorde
Pyramides
Tuileries
Palais Royal Musée du Louvre
Pont Neuf
Musée d'Orsay
Solférino
Assemblée Nationale
Invalides
Alma Marceau
Pont de l'Alma
Iéna
Trocadéro
Passy
Rue de la Pompe
Avenue Henri-Martin
La Muette
Boulainvilliers
Champ de Mars Tour Eiffel
Bir Hakeim
Ranelagh
Kennedy Radio France
Jasmin
Michel-Ange-Auteuil
Eglise d'Auteuil
Porte d'Auteuil
Boulogne Jean Jaurès
Boulogne Pont de St Cloud
Michel-Ange Molitor
Chardon Lagache
Mirabeau
Exelmans
Porte de St Cloud
Marcel Sembat
Billancourt
Pont de Sèvres
Bd Victor
Issy-Plaine
Issy
RER C Versailles R.G. St Quentin-en-Yv.
Javel
Charles Michels
Avenue Emile Zola
Dupleix
La Motte-Picquet Grenelle
Latour Maubourg
Ecole Militaire
Varenne
St François Xavier
Rue du Bac
Sèvres Babylone
Ségur
Cambronne
Commerce
Félix Faure
Sèvres Lecourbe
Boucicaut
Lourmel
Balard
Volontaires
Vaugirard
Convention
Porte de Versailles
Corentin Celton
Mairie d'Issy
Porte de Vanves
Plateau de Vanves
Malakoff
Malakoff Rue Etienne Dolet
Châtillon-Montrouge
Plaisance
Pernety
Gaîté
Pasteur
Falguière
Duroc
Vaneau
St Placide
Montparnasse Bienvenüe
Edgar Quinet
Vavin
Raspail
Mouton Duvernet
Alésia
Porte d'Orléans
Denfert Rochereau
St Jacques
Cité Universitaire
RER B Robinson St Rémy-lès-Ch.
Port Royal
Notre-Dame des Champs
Rennes
St Sulpice
Mabillon
St Germain des Prés
Odéon
St Michel
Cité
St Michel Notre-Dame
Cluny La Sorbonne
Maubert-Mutualité
Cardinal Lemoine
Luxembourg
RER A St Germain-en-Laye Cergy-St Christophe Poissy
© RATP/CC 8911 JUIN 1989
*La station Chambre des Députés s'appelle Assemblée Nationale depuis juin 1989
♦Les stations Liège et Rennes sont fermées après 20h et les dimanches et fêtes

Taxi

Taxi

Wo ist der nächste Taxistand?	Pardon, Mme/Mlle/M., vous pourriez m'indiquer la station de taxis la plus proche, s.v.p. [pardõ madam/madmwazɛl/məsjø vu purje mɛ̃dike la stasjõ də taksi la ply prɔʃ sil vu plɛ]
Zum Bahnhof.	A la gare. [a la gar]
Zum ... Hotel.	A l'hôtel ... [a lotɛl]
In die ...-Straße.	Rue ... [ry]
Nach ..., bitte.	A ..., s'il vous plaît [a ... sil vu plɛ]
Wieviel kostet es nach ...?	Il faut compter combien pour aller à ... [il fo kõte kõbjɛ̃ pur‿ale a]
Halten Sie bitte hier.	Vous vous arrêtez ici, s.v.p. [vu vuz arete isi sil vu plɛ]
Warten Sie bitte. Ich bin in 5 Minuten zurück.	Attendez un instant. Je serai de retour dans cinq minutes. [atɑ̃de ɛ̃n‿ɛstɑ̃ ʒə sərɛ də rətur dɑ̃ sɛ̃ minyt]
Das ist für Sie.	Voilà pour vous. [vwala pur vu]

Zu Fuß

A pied

Bitte, wo ist ...?	Pardon, Mme/Mlle/M., où se trouve ..., s.v.p.? [pardõ madam/madmwazɛl/məsjø us truv ... sil vu plɛ]
Können Sie mir sagen, wie ich nach ... komme?	Pardon, Mme/Mlle/M., pour aller à ..., s.v.p.? [pardõ madam/madmwazɛl/məsjø pur‿ale a ... sil vu plɛ]
• Tut mir leid, das weiß ich nicht.	Je suis désolé, je ne sais pas. [ʒə sɥi dezɔle ʒən sɛ pa]
Welches ist der kürzeste Weg nach/zu ...?	Quel est le chemin le plus court pour aller à ...? [kɛl‿ɛl ʃəmɛ̃ lə ply kur pur ale a]
Wie weit ist es zum/zur ...?	Le/La/Les ..., c'est à combien d'ici, à pied? [lə/la/le ... sɛt‿a kõbjɛ̃ disi a pje]
• Es ist (nicht) weit.	C'est loin/Ce n'est pas loin. [sɛ lwɛ̃/snɛ pa lwɛ̃]
• Es ist ganz in der Nähe.	C'est tout près d'ici. [sɛ tu prɛ disi]

• Gehen Sie geradeaus/ nach links/nach rechts.	Vous allez tout droit./Vous prenez à gauche/à droite. [vuz ale tu drwa/vu prəne a goʃ/a drwat]
• Erste/Zweite Straße links/rechts.	La première/deuxième rue à gauche/à droite. [la prəmjɛr/døzjɛm ry a goʃ/a drwat]
• Überqueren Sie ...	Vous traversez ... [vu travɛrse]
die Brücke.	le pont. [lə põ]
den Platz./die Straße.	la place./la rue. [la plas/la ry]
• Dann fragen Sie noch einmal.	Une fois là-bas, vous redemanderez. [yn fwa la ba vu rdəmɑ̃dre]
• Sie können es nicht verfehlen.	Vous ne pouvez pas vous tromper. [vun puve pa vu trõpe]
• Sie können ... nehmen.	Vous pouvez prendre ... [vu puve prɑ̃dr]
den Bus/den Obus	le bus./le trolley. [lə bys/lə trɔlɛ]
die Straßenbahn	le tram. [lə tram]
die U-Bahn	le métro. [lə metro]

Wortliste Unterwegs in der Stadt

abfahren	partir [partir]
Abfahrt	le départ [lə depar]
ausrufen	faire une annonce par haut-parleur [fɛr yn‿anõs par oparlœr]
aussteigen	descendre [desɑ̃dr]
Bus	le bus [lə bys]
~bahnhof	la gare des bus/des cars [la gar de bys/de kar]
einsteigen	monter [mõte]
Endstation	le terminus [lə tɛrminys]
entwerten	composter [kõpɔste]
Fahr|er	le conducteur [lə kõdyktœr]
~kartenautomat	la billetterie [la bijɛtri]
~plan	l'horaire *m* des bus/du métro/des trolleys [lɔrɛr de bys/dy metro/de trɔlɛ]
~preis	le prix du billet [lə pri dy bijɛ]
~schein	le billet [lə bijɛ]
~scheinentwerter	le composteur [lə kõpɔstœr]
Fußgängerzone	la zone piétonne [la zɔn pjetɔn]
Gasse	la ruelle [la ryɛl]
Gebäude	le bâtiment [lə batimɑ̃]
Gehsteig	le trottoir [lə trɔtwar]

500 m
A
B
C
1
2
3
4
5
Parc Monceau
Musée Camondo
Conservatoire de Musique
Gare St-Lazare
St-Ferdinand
Salle Wagram
Salle Pleyel
Musée Jacquemart-André
St-Augustin
Arc de Triomphe de l'Etoile
Charles de Gaulle
Salle Gaveau
St-Philippe-d.-R.
Min. de l'Intérieur
Ste-Madeleine
Centre de Conférences Internationales
Palais de l'Elysée
Théâtre Marigny
Théâtre du Rond Point
Rond-Point des Champs-Elysées
Place de la Concorde
Musée de l'Impress.
Orangerie
Jardin des
Musée Guimet
Hôtel Galliéra
Théâtre des Champs-Elysées
Grand Palais
Petit Palais
Botschaft der Bundesrepublik Deutschland
Cours la Reine
Place d'Iéna
Palais de Tokyo
Seine
Palais de Chaillot
Pl. de la Résistance
Österreich. Botschaft
Gare des Invalides Air Terminal
Min. des Aff. Etrang.
Chambre des Dep.
Palais Bourbon
Min. du Commerce Extérieur
Min. de la Défense
Mus. d'Orsay
Schweizer Botschaft
Institut Géogr.
Ste-Clotilde
Min. d'Educ.
Ministère de l'Equipement
Tour Eiffel
Champ de Mars
Pl. des Invalides
Hôtel des Invalides
Min. de l'Industrie et de l'Agriculture
Musée Rodin
École Militaire
Min. d. I. Santé et d. I. Famille
St-Léon
Unesco
St-François-Xavier
Secretariat d'Outre-Mer
Place de Breteuil
Pl. Henri Queuille
MONTPARNASSE
Place du 18 Juin 1940
Tour Montparnasse
Gare Montparnasse
Institut Pasteur
Square St Lambert
Boulevard de Courcelles
Rue de Prony
Avenue de Villiers
Boul. des Batignolles
Rue de Rome
Rue de Léningrad
Rue Pierre Demours
Av. de Wagram
Rue de Courcelles
Av. Niel
Rue des Ternes
Pl. des Ternes
Rue du Faubourg Saint Honoré
Boulevard Haussmann
Av. de la Gr. Armée
Avenue Foch
Av. V. Hugo
Av. de Friedland
Avenue des Champs-Elysées
Rue de Ponthieu
Rue La Boétie
Av. Franklin D. Roosevelt
Boulevard Malesherbes
Rue Lauriston
Av. Kléber
Avenue d'Iéna
Avenue Marceau
Avenue George V
Avenue Montaigne
Av. de Marigny
Avenue Gabriel
R. Royale
Avenue de New York
Pont de l'Alma
Pont d'Iéna
Pont Alex. III
Pont de la Concorde
Pt. de Solférino
Quai d'Orsay
Quai des Tuileries
Quai Anatole France
Quai Branly
Rue de l'Université
Rue Saint Dominique
Rue de Grenelle
Avenue Bosquet
Boulevard Saint-Germain
Avenue de la Bourdonnais
Avenue de Suffren
Avenue de la Motte Picquet
Avenue de Tourville
Boule. de la Tour-Maubourg
Boulevard des Invalides
Rue de Varenne
Rue de Babylone
Avenue de Lowendal
Avenue de Ségur
Avenue de Breteuil
Rue de Sèvres
Rue du Cherche Midi
Boulevard de Grenelle
Boulevard Garibaldi
Rue Fondary
Avenue Emile Zola
Rue du Commerce
Rue du Théâtre
Rue de la Croix-Nivert
Rue Cambronne
Rue Lecourbe
R. des Entrepreneurs
Rue de Vaugirard
Boulevard Pasteur
Boulevard du Montparnasse
Avenue du Maine
Boul. Edgar Quinet

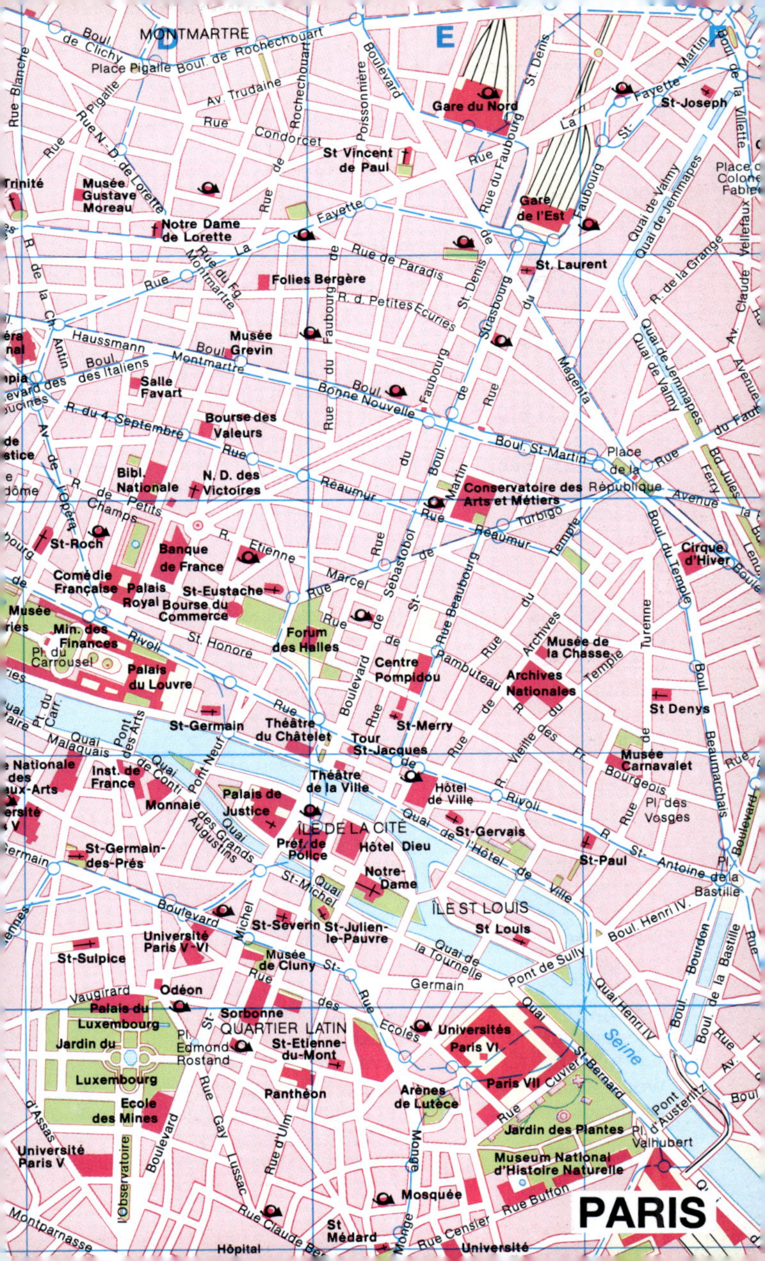

PARIS
MONTMARTRE
D
E
F
Place Pigalle
Boul. de Clichy
Boul. de Rochechouart
Gare du Nord
St-Joseph
St Vincent de Paul
Trinité
Musée Gustave Moreau
Notre Dame de Lorette
Gare de l'Est
St. Laurent
Folies Bergère
Musée Grevin
Boul. Haussmann
Salle Favart
Bourse des Valeurs
Boul. Bonne Nouvelle
Boul. St-Martin
Place de la République
Bibl. Nationale
N. D. des Victoires
Conservatoire des Arts et Métiers
St-Roch
Banque de France
Comédie Française
Palais Royal
St-Eustache
Bourse du Commerce
Cirque d'Hiver
Musée
Min. des Finances
Forum des Halles
Centre Pompidou
Musée de la Chasse
Archives Nationales
Pl. du Carrousel
Palais du Louvre
St Denys
St-Germain
Théâtre du Châtelet
St-Merry
Tour St-Jacques
Musée Carnavalet
Inst. de France
Théâtre de la Ville
Hôtel de Ville
Pl. des Vosges
Monnaie
Palais de Justice
ÎLE DE LA CITÉ
Préf. de Police
Hôtel Dieu
St-Gervais
St-Germain-des-Prés
St-Paul
Notre-Dame
ÎLE ST LOUIS
Bastille
St-Severin
St-Julien-le-Pauvre
St Louis
Université Paris V-VI
St-Sulpice
Musée de Cluny
Odéon
Palais du Luxembourg
Sorbonne
QUARTIER LATIN
Universités Paris VI
Jardin du Luxembourg
Pl. Edmond Rostand
St-Etienne-du-Mont
Panthéon
Paris VII
Seine
Arènes de Lutèce
Ecole des Mines
Jardin des Plantes
Pl. Valhubert
Université Paris V
Museum National d'Histoire Naturelle
Mosquée
St Médard
Université
Rue de Rivoli
Quai de Valmy
Quai de Jemmapes
Boul. de Sébastopol
Rue Réaumur
Rue de Turbigo
Rue Beaubourg
Rue de Rambuteau
Rue St-Antoine
Boul. St-Michel
Boul. St-Germain
Quai de la Tournelle
Pont de Sully
Quai Henri IV
Pont d'Austerlitz
Boul. Beaumarchais
Boul. du Temple
Rue Monge
Rue Gay Lussac
Rue d'Ulm
Rue Cuvier
Rue Buffon
Rue Censier
Rue des Ecoles
Pont Neuf
Pont des Arts
Quai Malaquais
Quai de Conti
Quai des Grands Augustins
Boul. Montparnasse
Rue Vaugirard
Rue St. Honoré
Av. de l'Opéra
Rue du 4. Septembre
Rue La Fayette
Rue de Paradis
Boul. Magenta
Rue Montmartre
Boul. Henri IV
Boul. Bourdon
Rue Vieille du Temple
Rue des Francs Bourgeois

halten	s'arrêter [sarete]
Haltestelle	l'arrêt *m* [larɛ]
	la station [la stasjõ]
Hauptstraße	la rue principale [la ry prɛ̃sipal]
Haus	la maison [la mɛzõ]
	l'immeuble *m* [limœbl]
~nummer	le numéro de la maison/de l'immeuble [lə nymerod la mɛzõ/də limœbl]
Innenstadt	le centre-ville [lə sɑ̃trə vil]
Kilometerpreis	le prix au kilomètre [lə pri o kilɔmɛtr]
Kirche	*(kath.)* l'église *f* [legliz]
	(ev.) le temple [lə tɑ̃pl]
Knopf drücken	appuyer sur le bouton [apɥije syr lə butõ]
Kontrolleur	le contrôleur [lə kõtrolœr]
lösen *(Fahrschein)*	prendre (son billet) [prɑ̃drə (sõ bijɛ)]
Nahverkehrszug	le train de banlieue [lə trɛ̃d bɑ̃ljø]
Nebenstraße	la rue adjacente [la ry adʒasɑ̃t]
Obus	le trolley [lə trɔlɛ]
Park	le parc [lə park]
	le jardin public [lə ʒardɛ̃ pyblik]
Pauschalpreis	le prix forfaitaire [lə pri fɔrfɛtɛr]
Quittung	le reçu [lə rəsy]
Richtung	la direction [la dirɛksjõ]
S-Bahn	le métro [lə metro]
Schaffner	le contrôleur [lə kõtrolœr]
Stadt|bus	le bus [lə bys]
~rundfahrt	le tour de ville (en car) [lə tur də vil (ɑ̃ kar)]
~teil	le quartier [lə kartje]
~zentrum	le centre-ville [lə sɑ̃trə vil]
Straße	la rue [la ry]
Straßenbahn	le tram [lə tram]
Tageskarte	le billet pour une journée [lə bijɛ pur yn ʒurne]
Taxi|fahrer	le chauffeur de taxi [lə ʃofœr də taksi]
~stand	la station de taxis [la stasjõ də taksi]
Trinkgeld	le pourboire [lə purbwar]
U-Bahn	le métro [lə metrɔ]
Überlandbus	le car [lə kar]
Vorort	la ville de banlieue [la vil də bɑ̃ljø]
Wochenkarte	la carte hebdomadaire [la kart ɛbdɔmadɛr]
Zahnradbahn	le chemin de fer à crémaillère [lə ʃmɛ̃d fɛr a kremajɛr]
Zeitkarte	la carte d'abonnement [la kartə dabɔnmɑ̃]

4 Unterkunft
Hébergement

Auskunft

Renseignements

Können Sie mir bitte ... empfehlen?	Pardon, Mme/Mlle/M., vous pourriez m'indiquer ...? [pardõ madam/madmwazɛl/məsjø vu purje mɛ̃dike]
ein gutes Hotel	un bon hôtel [ɛ̃ bɔn‿otɛl]
ein einfaches Hotel	un hôtel pas trop cher [ɛ̃n‿otɛl pa tro ʃɛr]
eine Pension	une pension de famille [yn pɑ̃sjõd famij]
ein Privatzimmer	une chambre chez l'habitant [yn ʃɑ̃brə ʃe labitɑ̃]
Ist es zentral/ruhig/in Strandnähe gelegen?	Est-ce qu'il/qu'elle est dans le centre/dans un quartier tranquille/près de la plage? [ɛs‿kil/kɛ̃l ɛ dɑ̃l sɑ̃tr/dɑ̃z‿ɛ̃kartje trɑ̃kil/prɛd la plaʒ]
Was wird eine Übernachtung etwa kosten?	Vous avez une idée du prix de la chambre? [vuz‿ave yn‿ide dy prid la ʃɑ̃br]
Gibt es hier eine Jugendherberge/einen Campingplatz?	Est-ce qu'il y a une auberge de jeunesse/un terrain de camping ici? [ɛs‿kil‿ja yn‿obɛrʒ də ʒœnɛs/ɛ̃ tɛrɛ̃d kɑ̃piŋ isi]

Hotel/Pension/Privatzimmer

Hôtel/Pension de famille/Chambre chez l'habitant

An der Rezeption — A la réception

Ich habe bei Ihnen ein Zimmer reserviert. Mein Name ist ...	J'ai réservé une chambre chez vous. Je m'appelle ... [ʒɛ resɛrve yn ʃɑ̃brə ʃe vu ʒə mapɛl]
Haben Sie noch Zimmer frei?	Est-ce que vous avez encore des chambres de libres? [ɛs‿kə vuz‿ave ɑ̃kɔr de ʃɑ̃brə də libr]
... für eine Nacht.	... pour une nuit. [pyr yn nɥi]
... für zwei Tage/eine Woche.	... pour deux jours/une semaine. [pur dø ʒur/yn səmɛn]

• Nein, wir sind leider vollständig belegt.	Non, Mme/Mlle/M. Malheureusement, nous sommes »complet«. [nõ madam/madmwazel/məsjø malœrøzmɑ̃ nu sɔm kõplɛ]
• Ja, was für ein Zimmer wünschen Sie?	Oui, qu'est-ce que vous désirez comme chambre? [wi kɛs‿kə vu dezire kɔm ʃɑ̃br]
ein Einzelzimmer	une chambre pour une personne [yn ʃɑ̃br pur yn pɛrsɔn]
ein Zweibettzimmer	une chambre pour deux personnes [yn ʃɑ̃br pur dø pɛrsɔn] une chambre double [yn ʃɑ̃brə dubl]
ein Zweibettzimmer, aber bitte nicht mit einem französischen Bett	une chambre double, mais avec lits séparés [yn ʃɑ̃brə dubl mɛ avɛk li separe]
ein ruhiges Zimmer	une chambre calme [yn ʃɑ̃brə kalm]
ein sonniges Zimmer	une chambre ensoleillée [yn ʃɑ̃br‿ɑ̃sɔlɛje]
mit Dusche	avec douche [avɛk duʃ]
mit Bad	avec salle de bains [avɛk sal də bɛ̃]
mit Balkon/Terrasse	avec un balcon/une terrasse [avɛk ɛ̃ balkõ/yn tɛras]
mit Blick aufs Meer	avec vue sur la mer [avɛk vy syr la mɛr]
straßenseitig gelegen	qui donne sur la rue [ki dɔn syr la ry]
hofseitig gelegen	qui donne sur la cour [ki dɔn syr la kur]
Kann ich das Zimmer ansehen?	Est-ce que je peux voir la chambre? [ɛs‿kəʒ pø vwar la ʃɑ̃br]
Dieses Zimmer gefällt mir nicht. Zeigen Sie mir bitte ein anderes.	Cette chambre ne me plaît pas. Vous pouvez m'en montrer une autre, s.v.p.? [sɛt ʃɑ̃brə nə mə plɛ pa vu puve mɑ̃ mõtre yn‿otr sil vu plɛ]
Dieses Zimmer ist sehr hübsch. Ich nehme es.	Cette chambre est très jolie. Je la prends. [sɛt ʃɑ̃br ɛ trɛ ʒɔli. ʒə la prɑ̃]
Können Sie noch ein drittes Bett/Kinderbett dazustellen?	Est-ce que vous pouvez installer un troisième lit/un lit pour enfant? [ɛs‿kə vu puve ɛ̃stale ɛ̃ trwazjɛm li/ɛ̃ li pur ɑ̃fɑ̃]
Was kostet das Zimmer mit …	Quel est le prix de la chambre, … [kɛl‿ɛ lə prid la ʃɑ̃br]
Frühstück?	petit déjeuner compris? [pti deʒœne kõpri]
Halbpension?	en demi-pension? [ɑ̃ dmi pɑ̃sjõ]
Vollpension?	en pension complète? [ɑ̃ pɑ̃sjõ kõplɛt]

• Wollen Sie bitte den Anmeldeschein ausfüllen?	Veuillez remplir cette fiche, s.v.p. [vœje rɑ̃plir sɛt fiʃ sil vu plɛ]
• Darf ich Ihren Reisepaß/Personalausweis sehen?	Vous avez votre passeport/votre carte d'identité, s.v.p.? [vuz‿ave vɔtrə paspɔr/vɔtrə kart didɑ̃tite sil vu plɛ]
Bitte lassen Sie das Gepäck auf mein Zimmer bringen.	Vous voulez faire monter mes bagages, s.v.p.? [vu vule fɛr mõte me bagaʒ sil vu plɛ]
Wo kann ich den Wagen abstellen?	Où est-ce que je peux garer ma voiture? [u ɛs‿kəʒ pø gare ma vwatyr]
• In unserer Garage./Auf unserem Parkplatz.	Nous avons un garage/un parking. [nuz‿avõ ɛ̃ garaʒ/ɛ̃ parkiŋ]
Hat das Hotel ein Schwimmbad/einen eigenen Strand?	Est-ce que l'hôtel a une piscine/une plage privée? [ɛs kə lotɛl a yn pisin/yn plaʒ prive]

Gespräche mit dem Hotelpersonal / Quand on s'adresse aux employés de l'hôtel

Ab wann gibt es Frühstück?	Le petit déjeuner, c'est à partir de quelle heure? [lə pti deʒœne sɛt‿a partir də kɛl‿œr]
Wann sind die Essenszeiten?	Quelles sont les heures des repas? [kɛl sõ le‿zœr der pa]
Wo ist der Speisesaal?	Où est la salle à manger? [u ɛ la sal a mɑ̃ʒe]
Wo kann man frühstücken?	Où est-ce qu'on peut prendre le petit déjeuner? [u ɛs‿kõ pø prɑ̃drə lə pti deʒœne]
Eine Treppe tiefer.	A l'étage au-dessous. [a letaʒ odsu]
• Sollen wir Ihnen das Frühstück aufs Zimmer schicken?	Est-ce que vous prendrez votre petit déjeuner dans votre chambre? [ɛs‿kə vu prɑ̃dre vɔtrə pəti deʒœne dɑ̃ vɔtre ʃɑ̃br]
Schicken Sie mir bitte das Frühstück um ... Uhr aufs Zimmer.	Faites-moi monter le petit déjeuner à ... heures, s.v.p. [fɛt mwa mõte lə pti deʒœne a ... œr sil vu plɛ]

Zum Frühstück nehme ich ...	Au petit déjeuner, je prends ... [o pti deʒœne ʒə prɑ̃]
schwarzen Kaffee.	du café noir. [dy kafe nwar]
Kaffee mit Milch.	du café au lait. [dy kafe o lɛ]
koffeinfreien Kaffee.	du décaféiné. [dy dekafeine]
Tee mit Milch/Zitrone.	du thé au lait/au citron. [dy te o lɛ/o sitrɔ̃]
einen Kräutertee.	de la tisane. [də la tizan]
Schokolade.	du chocolat. [dy ʃɔkɔla]
einen Fruchtsaft.	un jus de fruit. [ɛ̃ ʒyd frɥi]
ein weiches Ei.	un œuf mollet. [ɛ̃n‿œf mɔlɛ]
Rühreier.	des œufs brouillés. [dez‿ø bruje]
Eier mit Speck.	des œufs au plat avec du lard. [dez‿ø o pla avɛk dy lar]
Brot/Brötchen/Toast.	du pain/des petits pains/des toasts. [dy pɛ̃/de pti pɛ̃/de tost]
ein Hörnchen.	un croissant. [ɛ̃ krwasɑ̃]
Butter.	du beurre. [dy bœr]
Käse.	du fromage. [dy frɔmaʒ]
Wurst.	de la charcuterie. [dla ʃarkytri]
Schinken.	du jambon. [dy ʒɑ̃bɔ̃]
Honig.	du miel. [dy mjɛl]
Marmelade.	de la confiture. [dla kɔ̃fityr]
ein Müsli.	du musli. [dy mysli] des céréales au lait. [de sereal o lɛ]
ein Joghurt.	un yaourt. [ɛ̃ jaurt]
etwas Obst.	des fruits. [de frɥi]
Wecken Sie mich bitte morgen früh um ... Uhr.	Réveillez-moi à ... heures, demain matin, s.v.p. [reveje mwa a ... œr dəmɛ̃ matɛ̃ sil vu plɛ]
Würden Sie mir bitte ... bringen?	Est-ce que je pourrais avoir ... [ɛs‿kəʒ purɛ avwar]
noch ein Handtuch	une serviette de toilette en plus? [yn sɛrvjɛt də twalɛt ɑ̃ plys]
ein Stück Seife	une savonnette? [yn savɔnɛt]
einige Kleiderbügel	des cintres? [de sɛ̃tr]
Wie funktioniert ...?	Comment fonctionne ...? [kɔmɑ̃ fɔ̃ksjɔn]
Bitte meinen Schlüssel.	Ma clé, s.v.p. [ma kle sil vu plɛ]
Hat jemand nach mir gefragt?	Est-ce que quelqu'un m'a demandé/e? [ɛs‿kə kɛlkɛ̃ ma dmɑ̃de]

Ist Post für mich da?	Est-ce qu'il y a du courrier pour moi? [ɛs‿kil‿ja dy kurje pur mwa]
Haben Sie Ansichtskarten/Briefmarken?	Vous avez des cartes postales/des timbres? [vuz‿ave de kart pɔstal/de tɛ̃br]
Wo kann ich …	Où est-ce que je peux … [u ɛs‿kəʒ pø]
diesen Brief einwerfen?	poster cette lettre? [pɔste sɛt lɛtr]
… mieten?	louer …? [lue]
telefonieren?	téléphoner? [telefɔne]
Kann ich meine Wertsachen bei Ihnen in den Safe geben?	Est-ce que je peux déposer mes objets de valeur dans votre coffre-fort? [ɛs‿kəʒ pø depoze mɛz‿ɔbʒɛd valœr dɑ̃ vɔtrə kɔfrəfɔr]
Kann ich meine Sachen hier lassen, bis ich wiederkomme?	Est-ce que je peux laisser mes affaires ici, en attendant? [ɛs kəʒ pø lese mez‿afɛr isi ɑ̃n‿atɑ̃dɑ̃]

Beanstandungen — Réclamations

Das Zimmer ist nicht gereinigt worden.	Ma chambre n'a pas été nettoyée. [ma ʃɑ̃br na paz‿ete netwaje]
Die Dusche …	La douche … [la duʃ]
Die Spülung …	La chasse d'eau … [la ʃas do]
Die Heizung …	Le chauffage … [lə ʃofaʒ]
Das Licht …	L'éclairage … [leklɛraʒ]
Das Radio …	La radio … [la radjø]
Der Fernseher …	Le téléviseur … [lə televizœr]
funktioniert nicht.	ne fonctionne pas. [nə fɔ̃ksjɔn pa]
Der Wasserhahn tropft.	Le robinet fuit. [lə rɔbinɛ fɥi]
Es kommt kein (warmes) Wasser.	Il n'y a pas d'eau (chaude). [il nja pa do (ʃod)]
Die Toilette/Das Waschbecken ist verstopft.	Les W.-C. sont bouchés/Le lavabo est bouché. [le vese sɔ̃ buʃe/lə lavabo ɛ buʃe]
Das Fenster schließt nicht/geht nicht auf.	Je n'arrive pas à fermer/ouvrir la fenêtre. [ʒə nariv pa a fɛrme/uvrir la fnɛtr]
Der Schlüssel paßt nicht.	Ce n'est pas la bonne clé. [snɛ pa la bɔn kle]

Abreise — Le départ

Ich reise heute abend/morgen um ... Uhr ab.	Je pars ce soir/demain à ... heures. [ʒə par sə swar/dəmɛ̃ a ... œr]
Bis wann muß ich das Zimmer räumen?	Je peux occuper la chambre jusqu'à quelle heure? [ʒpø ɔkype la ʃɑ̃br ʒyska kɛl‿œr]
Machen Sie bitte die Rechnung fertig.	Est-ce que vous pouvez préparer ma note, s.v.p.? [ɛs‿kə vu puve prepare ma nɔt sil vu plɛ]
Getrennte Rechnungen bitte.	Faites des notes séparées, s.v.p. [fɛt de nɔt separe sil vu plɛ]
Nehmen Sie deutsches Geld/Euroschecks?	Est-ce que vous prenez l'argent allemand/les eurochèques? [ɛs‿kə vu prəne larʒɑ̃ almɑ̃/lez‿ørɔʃɛk]
Bitte senden Sie noch ankommende Post an diese Adresse nach.	Faites suivre mon courrier à cette adresse, s.v.p. [fɛt sɥivrə mɔ̃ kurje a sɛt‿adrɛs sil vu plɛ]
Lassen Sie bitte mein Gepäck herunterbringen.	Vous pourriez faire descendre mes bagages, s.v.p.? [vu purje fɛr desɑ̃dr me bagaʒ sil vu plɛ]
Lassen Sie bitte mein Gepäck zum Bahnhof/zum Air Terminal bringen.	Est-ce que vous pourriez faire porter mes bagages à la gare/à l'aérogare, s.v.p.? [ɛs‿kə vu purje fɛr pɔrte me bagaʒ a la gar/a laerɔgar sil vu plɛ]
Rufen Sie mir bitte ein Taxi.	Vous pourriez m'appeler un taxi, s.v.p.? [vu purje maple ɛ̃ taksi sil vu plɛ]
Vielen Dank für alles! Auf Wiedersehen!	Merci pour tout! Au revoir! [mɛrsi pur tu o rvwar]

Wortliste Hotel/Pension/Privatzimmer

Abendessen	le dîner [lə dine]
Animationsprogramm	l'animation *f* [lanimasjɔ̃]
Anmeldung	la réception [la resɛpsjɔ̃]
Aschenbecher	le cendrier [lə sɑ̃drije]
Aufenthaltsraum	le salon [lə salɔ̃]
Aufzug	l'ascenseur *m* [lasɑ̃sœr]
Bade|wanne	la baignoire [la bɛɲwar]
~zimmer	la salle de bains [la sal də bɛ̃]

Balkon	le balcon [lə balkõ]
Bett	le lit [lə li]
~decke	la couverture [la kuvɛrtyr]
~laken	le drap [lə dra]
~wäsche	la literie [la litri]
Bidet	le bidet [lə bidɛ]
Cafeteria	la cafétéria [la kafeterja]
Dusche	la douche [la duʃ]
Empfangshalle	le hall [lə ol]
Etage	l'étage *m* [letaʒ]
Fenster	la fenêtre [la fənɛtr]
Fernseher	le téléviseur [lə televizœr]
Fernsehraum	la salle de télévision [la sal də televizjõ]
Frühstück	le petit déjeuner [lə pti deʒœne]
Frühstücks|büfett	le buffet de petit déjeuner [lə byfɛ də pti deʒœne]
~raum	la salle de petit déjeuner [la sal də pti deʒœne]
Grillabend	la soirée grillades [la sware grijad]
Halbpension	la demi-pension [la dmipɑ̃sjõ]
Handtuch	la serviette de toilette [la sɛrvjɛt də twalɛt]
Hauptsaison	la pleine saison [la plɛn sɛzõ]
Hausbar	le bar [lə bar]
Heizung	le chauffage [lə ʃofaʒ]
Kategorie	la catégorie [la kategɔri]
Kinder|betreuung	la garderie [la gardəri]
~bett	le lit d'enfant [lə li dɑ̃fɑ̃]
~spielplatz	le terrain de jeux pour les enfants [lə tɛrɛ̃ ʒø pur les‿ɑ̃fɑ̃]
Kleiderbügel	le cintre [lə sɛ̃tr]
Klimaanlage	l'air *m* conditionné [lɛr kõdisjɔne]
Kopfkissen	l'oreiller *m* [lɔreje]
Kost und Logis	le logement et la nourriture [lə lɔʒmɑ̃ e la nurityr]
Lampe	la lampe [la lɑ̃p]
Lichtschalter	l'interrupteur *m* [lɛ̃teryptœr]
Matratze	le matelas [lə matla]
Minibar	le minibar [lə minibar]
Mittagessen	le déjeuner [lə deʒœne]
Motel	le motel [lə mɔtɛl]
Nachsaison	l'arrière-saison *f* [larjɛrsɛzõ]
Nachttisch	la table de nuit [la tablə də nɥi]
~lampe	la lampe de chevet [la lɑ̃p də ʃvɛ]

Nackenrolle	le traversin [lə travɛrsɛ̃]
Papierkorb	la corbeille à papier [la kɔrbɛj a papje]
Pension	la pension de famille [la pɑ̃sjɔ̃ famij]
Planschbecken	la pataugeoire [la patoʒwar]
Poolbar	le bar de la piscine [lə bar də la pisin]
Portier	le portier [lə pɔrtje]
	le/la concierge [lə/la kɔ̃sjɛrʒ]
Radio	la radio [la radjo]
reinigen	nettoyer [netwaje]
Reservierung	la réservation [la rezɛrvasjɔ̃]
Rezeption	la réception [la resɛpsjɔ̃]
Safe	le coffre-fort [lə kɔfrəfɔr]
Schlüssel	la clé [la kle]
Schrank	l'armoire *f* [larmwar]
Sessel	le fauteuil [lə fotœj]
Speisesaal	la salle à manger [la sal a mɑ̃ʒe]
Spiegel	la glace [la glas]
Steckdose	la prise (femelle) [la priz (fəmɛl)]
Stecker	la prise (mâle) [la priz (mal)]
Terrasse	la terrasse [la tɛras]
Toilette	les toilettes *f* [le twalɛt]
Toilettenpapier	le papier hygiénique [lə papje iʒjenik]
Transferbus	le car/le minibus hôtel-aéroport [lə kar/lə minibys otɛl aerɔpɔr]
Übernachtung	la nuitée [la nɥite]
Ventilator	le ventilateur [lə vɑ̃tilatœr]
Verlängerungs|schnur	la rallonge [la ralɔ̃ʒ]
~woche	la semaine supplémentaire [la smɛn syplemɑ̃tɛr]
Vollpension	la pension complète [la pɑ̃sjɔ̃ kɔ̃plɛt]
Vorsaison	l'avant-saison *f* [lavɑ̃sɛzɔ̃]
Waschbecken	le lavabo [lə lavabo]
Wäschewechsel	le changement de literie [lə ʃɑ̃ʒmɑ̃d litri]
Wasser	l'eau *f* [lo]
kaltes ~	l'eau froide [lo frwad]
warmes ~	l'eau chaude [lo ʃod]
~glas	le verre à eau [lə vɛr a o]
~hahn	le robinet [lə rɔbinɛ]
Wolldecke	la couverture de laine [la kuvɛrtyr də lɛn]
Zimmer	la chambre [la ʃɑ̃br]
~mädchen	la femme de chambre [la fam də ʃɑ̃br]
~telefon	le téléphone (de la chambre) [lə telefɔn (də la ʃɑ̃br)]
Zwischenstecker	la prise multiple [la priz myltipl]

Ferienhäuser/Ferienwohnungen

Maisons et appartements de vacances

Ist der Strom-/Wasserverbrauch im Mietpreis enthalten?	Est-ce que l'eau et l'électricité sont comprises dans le loyer? [ɛs‿kə lo e lelɛktrisite sõ kõpriz dɑ̃l lwaje]
Sind Haustiere erlaubt?	Est-ce que les animaux domestiques sont admis? [ɛs‿kə lez‿animo dɔmɛstik sõt‿admi]
Wo bekommen wir die Schlüssel für das Haus/die Wohnung?	A qui faut-il s'adresser pour avoir la clé de la maison/de l'appartement? [a ki fot‿il sadrese pur avwar la kled la mɛzõ/lapartəmɑ̃]
Müssen wir sie dort auch wieder abgeben?	C'est la également qu'il faudra la rendre? [sə la egalmɑ̃ kil fodra la rɑ̃dr]
Wo befinden sich die Mülltonnen?	Où se trouvent les poubelles? [us truv le pubɛl]
Müssen wir die Endreinigung selbst übernehmen?	Est-ce que nous devons faire nous-mêmes le nettoyage de fin de séjour? [ɛs‿kə nu dvõ fɛr numɛm lə netwajaʒ də fɛ̃d seʒur]

Wortliste Ferienhäuser/Ferienwohnungen

▶ **auch Wortliste Hotel/Pension/Privatzimmer**

Anreisetag	le jour de l'arrivée [lə ʒur də larive]
Appartement	l'appartement *m* [lapartəmɑ̃]
Bungalow	le bungalow [lə bɛ̃galo]
Endreinigung	le nettoyage de fin de séjour [lə netwajaʒ də fɛ̃d seʒur]
Eßecke	le coin-repas [lə kwɛ̃rəpa]
Etagenbett	le lit à étages [lə li a etaʒ]
Ferien|anlage	le village de vacances [lə vilaʒ də vakɑ̃s]
~haus	la maison de vacances/de campagne [la mɛzõd vakɑ̃s/kɑ̃paɲ]
Geschirr|handtuch	le torchon [lə tɔrʃõ]
~spülmaschine	le lave-vaisselle [lə lavvɛsɛl]
Hausbesitzer	le propriétaire (de la maison) [lə prɔprijetɛr (də la mɛzõ)]

Haustiere	les animaux *m* domestiques [lez‿animo dɔmɛstik]
Herd	la cuisinière [la kɥizinjɛr]
Elektro~	la cuisinière électrique [la kɥizinjɛr elɛktrik]
Gas~	la cuisinière à gaz [la kɥizinjɛr a gaz]
Kaffeemaschine	la machine à café [la maʃin a kafe]
Kochnische	le coin-cuisine [lə kwɛ̃kɥizin]
Kühlschrank	le réfrigérateur [lə refriʒeratœr]
	le frigo [lə frigo]
Miete	la location [la lɔkasjõ]
	le loyer [lə lwaje]
Müll	les ordures *f* [les‿ɔrdyr]
Nebenkosten	les charges *f* [le ʃarʒ]
Prospekt	le prospectus [lə prɔspɛktys]
Schlaf|couch	la banquette-lit [la bɑ̃kɛtli]
~zimmer	la chambre à coucher [la ʃɑ̃br a kuʃe]
Schlüsselübergabe	la remise des clés [la rəmiz de kle]
Strom	le courant (électrique) [lə kurɑ̃ elɛktrik]
~pauschale	la somme forfaitaire pour l'électricité [la sɔm fɔrfɛtɛr pur lelɛktrisite]
~spannung	le voltage [lə vɔltaʒ]
Studio	le studio [lə stydjo]
Toaster	le toasteur [lə tostœr]
	le grille-pain [lə grijpɛ̃]
vermieten	louer [lue]
Waschmaschine	la machine à laver [la maʃin‿a lave]
Wasserverbrauch	la consommation d'eau [la kõsɔmasjõ do]
Wohnzimmer	la salle de séjour [la sal də seʒur]
Zentralheizung	le chauffage central [lə ʃofaʒ sɑ̃tral]

Camping

Camping

Gibt es in der Nähe einen Campingplatz?	Est-ce qu'il y a un terrain de camping par ici? [ɛs‿kil‿ja ɛ̃ tɛrɛ̃d kɑ̃piŋ par isi]
Haben Sie noch Platz für einen Wohnwagen/ein Zelt?	Est-ce que vous avez encore de la place pour une caravane/une tente? [ɛs‿kə vuz‿ave ɑ̃kɔr də la plas pur yn karavan/yn tɑ̃t]
Wie hoch ist die Gebühr pro Tag und Person?	Quel est le tarif par jour et par personne? [kɛl‿ɛl tarif par ʒur e par pɛrsɔn]

Wie hoch ist die Gebühr für ...	Quel est le tarif pour ... [kɛl‿ɛl tarif pur]
das Auto?	les voitures? [lə vwatyr]
den Wohnwagen?	les caravanes? [le karavan]
das Wohnmobil?	les camping-cars? [le kɑ̃piŋkar]
das Zelt?	les tentes? [lə tɑ̃t]
Vermieten Sie Ferienhäuser/Wohnwagen?	Est-ce que vous louez des bungalows/des caravanes? [ɛs‿kə vu lue de bɛ̃galo/de karavan]
Wo kann ich meinen Wohnwagen aufstellen/mein Zelt aufschlagen?	Où est-ce que je peux installer ma caravane/monter ma tente? [u ɛs‿kəʒ pø ɛ̃stale ma karavan/mɔ̃te ma tɑ̃t]
Wir bleiben ... Tage/Wochen.	Nous pensons rester ... jours/semaines. [nu pɑ̃sɔ̃ rɛste ... ʒur/smɛn]
Gibt es hier ein Lebensmittelgeschäft?	Est-ce qu'il y a une épicerie? [ɛs‿kil‿ja yn‿episri]
Wo sind ...	Où sont ... [u sɔ̃]
die Toiletten?	les W.-C.? [le vese]
die Waschräume?	les lavabos? [lə lavabo]
die Duschen?	les douches? [lə duʃ]
Gibt es hier Stromanschluß?	Est-ce qu'il y a des prises de courant dans le camp? [ɛs‿kil‿ja de priz də kurɑ̃ dɑ̃l kɑ̃]
Wo kann ich Gasflaschen umtauschen?	Où est-ce qu'on peut changer les bouteilles de gaz? [u ɛs‿kɔ̃ pø ʃɑ̃ʒe le butɛj də gaz]
Ist der Campingplatz bei Nacht bewacht?	Est-ce que le camp est gardé, la nuit? [ɛs‿kəl kɑ̃ ɛ garde la nɥi]
Gibt es hier einen Kinderspielplatz?	Est-ce qu'il y a un terrain de jeux pour les enfants? [ɛs‿kil‿ja ɛ̃ tɛrɛ̃d jø pur lez‿ɑ̃fɑ̃]
Können Sie mir bitte ... leihen?	Vous pourriez me prêter ...? [vu purjem prɛte]

Jugendherberge

Auberge de jeunesse

Kann ich bei Ihnen Bettwäsche/einen Schlafsack leihen?	Est-ce que vous pouvez me louer des draps/un sac de couchage? [ɛs‿kə vu puvem lue de dra/ɛ̃ sak də kuʃaʒ]
• Die Eingangstür wird um 24 Uhr abgeschlossen.	La porte d'entrée est fermée à partir de minuit. [la pɔrtə dɑ̃tre ɛ fɛrme a partir də minɥi]

Wortliste Camping/Jugendherberge

Bauernhof	la ferme [la fɛrm]
Benutzungsgebühr	le tarif d'utilisation [lə tarif dytilizasjõ]
Camping	le camping [lə kɑ̃piŋ]
~ausweis	la licence camping [la lisɑ̃s kɑ̃piŋ]
~führer	le guide de camping – caravaning [lə gid də kɑ̃piŋ karavaniŋ]
~platz	le (terrain de) camping [lə (tɛrɛ̃ də) kɑ̃piŋ]
Gas|flasche	la bouteille de gaz [la butɛj də gaz]
~kartusche	la cartouche de gaz [la kartuʃ də gaz]
~kocher	le réchaud à gaz [lə reʃo a gaz]
Gemeinschaftsraum	la salle commune [la sal kɔmyn] le foyer [lə fwaje]
Geschirrspülbecken	le lavabo pour la vaisselle [lə lavabo pur la vɛsɛl]
Herbergseltern	la direction de l'auberge de jeunesse [la dirɛksjõ də lobɛrʒ də ʒœnɛs]
Hering	le piquet [lə pikɛ]
Jugendgruppe	le groupe de jeunes [lə grup də ʒœn]
Jugendherberge	l'auberge *f* de jeunesse [lobɛrʒ də ʒœnɛs]
Jugendherbergs|ausweis	la carte des auberges de jeunesse [la kart dez‿obɛrʒ də ʒœnɛs]
~führer	le guide des auberges de jeunesse [lə gid dez‿obɛrʒ də ʒœnɛs]
Kinderspielplatz	le terrain de jeux pour les enfants [lə tɛrɛ̃d ʒø pur lez‿ɑ̃fɑ̃]
Kocher	le réchaud [lə reʃo]
leihen	louer [lue]
Leihgebühr	le tarif de location [lə tarif də lɔkasjõ]

Mehrbettzimmer	la chambre à plusieurs lits [la ʃɑ̃br a plyzjœr li]
Mitgliedskarte	la carte de membre [la kart də mɑ̃br]
Petroleumlampe	la lampe à pétrole [la lɑ̃p a petrɔl]
Propangas	le propane [lə prɔpan]
Schlaf|saal	le dortoir [lə dɔrtwar]
~sack	le sac de couchage [lə sak də kuʃaʒ]
Steckdose	la prise (femelle) [la priz (fəmɛl)]
Stecker	la prise (mâle) [la priz (mal)]
Strom	le courant (électrique) [lə kurɑ̃ (elɛktrik)]
~anschluß	la prise de courant [la priz də kurɑ̃]
Studentenwohnheim	la cité universitaire [la site ynivɛrsitɛr]
Tagesraum	la salle commune [la sal kɔmyn] le foyer [lə fwaje]
Trinkwasser	l'eau *f* potable [lo pɔtabl]
Voranmeldung	la réservation [la rezɛrvasjɔ̃]
Waschraum	les lavabos *m* [le lavabo]
Wäschetrockner	le séchoir [lə sɛʃwar]
Wasser	l'eau *f* [lo]
~kanister	le jerrycan [lə ʒerikan]
Wohn|mobil	le camping-car [lə kɑ̃piŋkar]
~wagen	la caravane [la karavan]
Zelt	la tente [la tɑ̃t]
zelten	camper [kɑ̃pe]
Zelt|schnur	la corde [la kɔrd]
~stange	le mât [lə ma]

5 Gastronomie
Gastronomie

Essen gehen

Aller au restaurant

Wo gibt es hier …	Vous pourriez m'indiquer… [vu purje mɛ̃dike]
ein gutes Restaurant?	un bon restaurant? [ɛ̃ bɔ̃ rɛstɔrɑ̃]
ein chinesisches/italienisches Restaurant?	un restaurant chinois/italien? [ɛ̃ rɛstɔrɑ̃ ʃinwa/italjɛ̃]
ein nicht zu teures Restaurant?	un restaurant pas trop cher? [ɛ̃ rɛstɔrɑ̃ pa tro ʃɛr]
einen Schnellimbiß?	un snack/un fast food? [ɛ̃ snak/ɛ̃ fast fud]
Wo kann man hier in der Nähe gut/preiswert essen?	Où peut-on bien manger/manger pour pas cher, dans le quartier? [u pøt‿ɔ̃ bjɛ̃ mɑ̃ʒe/mɑ̃ʒe pur pa ʃɛr dɑ̃l kartje]

Bezeichnung französischer Gaststätten

salon de thé *entspricht etwa dem deutschen Café.*
Das französische ***café*** *ist hingegen ein Lokal, in dem man – entweder an der Theke oder an Tischen – Getränke und „sandwiches", aber auch Croissants bekommt.*

Das ***café-restaurant*** *ist ein größeres* ***café****, in dem man mittags und abends auch Mahlzeiten einnehmen kann.*

Ein ***bar-tabac*** *bietet Getränke und „sandwiches" wie das französische Café, gleichzeitig ist es aber ein Tabakgeschäft, in dem man auch Briefmarken kaufen kann.*

Ein ***bistrot*** *ist ein kleines Lokal, das außer Getränken und „sandwiches" auch kleine warme Gerichte anbietet – manchmal sind es feine Spezialitäten!*

Eine ***brasserie*** *ist ursprünglich ein Bierlokal. Heute versteht man darunter ein großes* ***café-restaurant****, mitunter mit elsässischen Spezialitäten.*

Im Restaurant

Au restaurant

Im Restaurant läßt der Herr der Dame den Vortritt.

Reservieren Sie uns bitte für heute abend einen Tisch für 4 Personen.	Je voudrais retenir une table pour ce soir, pour quatre personnes. [ʒvudrɛ rətnir yn tablə pur sə swar pur kat pɛrsɔn]
Bis wann kann man bei Ihnen warm essen?	Vous servez des repas chauds jusqu'à quelle heure? [vu sɛrve de rpa ʃo ʒyska kɛl‿œr]
Ist dieser Tisch/Platz noch frei?	Est-ce que cette table/cette place est libre, s.v.p.? [ɛs‿kə sɛt tabl/sɛt plas ɛ libr sil vu plɛ]
Einen Tisch für 2/3 Personen, bitte.	Je voudrais une table pour deux/trois personnes. [ʒvudrɛ yn tablə pur dø/trwa pɛrsɔn]
Wo sind bitte die Toiletten?	Où sont les W.-C., s.v.p.? [u sõ le vese sil vu plɛ]
● Bitte hier entlang.	C'est par ici. [sɛ par isi]

Bestellung

Frühstück: ▶ auch Kap. 4

Commande

Herr Ober/Bedienung,	Garçon (Monsieur)/Madame (Mademoiselle), [garsõ (məsjø)/madam (madmwazɛl)]
die Speisekarte,	la carte, [la kart]
die Weinkarte, bitte.	la carte des vins, s.v.p. [la kartə de vɛ̃ sil vu plɛ]
Was können Sie mir empfehlen?	Qu'est-ce que vous me conseillez? [kɛs‿kə vum kõsɛje]
Haben Sie vegetarische Gerichte/Diätkost?	Vous faites des plats végétariens/des repas diététiques? [vu fɛt de pla veʒetarjɛ̃/de rpa djetetik]
Gibt es auch Kinderportionen?	Vous faites des demi-portions pour les enfants? [vu fɛt de dmipɔrsjõ pur lez‿ɑ̃fɑ̃]

• Haben Sie schon gewählt?	Vous avez choisi? [vuz‿ave ʃwazi]
• Was nehmen Sie als Vorspeise/Nachtisch?	Qu'est-ce que vous prendrez comme hors-d'œuvre/dessert? [kɛs‿kə vu prɑ̃dre kɔm ɔrdœvr/desɛr]
Ich nehme …	Je prendrai … [ʒə prɑ̃drɛ]
Als Vorspeise/Nachtisch/Hauptgericht nehme ich …	Comme hors-d'œuvre/dessert/plat principal, je prendrai … [kɔm ɔrdœvr/desɛr/pla prɛ̃sipal ʒə prɑ̃drɛ]
Ich möchte keine Vorspeise, danke.	Je ne veux pas de hors-d'œuvre, merci. [ʒən vø pa də ɔrdœvr mɛrsi]
• Wir haben leider kein/e … (mehr).	Nous n'avons malheureusement pas/plus de … [nu navɔ̃ malœrøzmɑ̃ pa/ply də]
• Dieses Gericht servieren wir nur auf Bestellung.	Ce plat, nous ne le servons que sur commande. [sə pla nun lə sɛrvɔ̃ kə syr kɔmɑ̃d]
Könnte ich statt … … haben?	Est-ce qu'à la place de … je pourrais avoir …? [ɛs‿ka la plas də … ʒə purɛ avwar]
Ich vertrage kein/e … Könnten Sie das Gericht ohne … zubereiten?	Je n'aime pas le/la/les … Est-ce que vous pourriez préparer ce plat sans …? [ʒə nɛm pa lə/la/le … ɛs‿kə vu purje prepare sə pla sɑ̃]
• Wie möchten Sie Ihr Steak haben?	Comment voulez-vous votre bifteck? [kɔmɑ̃ vule vu vɔtrə biftek]
gut durch	bien cuit [bjɛ̃ kɥi]
halbdurch	à point [a pwɛ̃]
englisch	saignant [sɛɲɑ̃]
• Was wollen Sie trinken?	Qu'est-ce que vous désirez comme boisson(s)? [kɛs‿kə vu dezire kɔm bwasɔ̃]
Bitte ein Glas …	Un verre de …, s.v.p. [ɛ̃ vɛr də … sil vu plɛ]
Bitte eine Flasche/eine halbe Flasche …	Une bouteille/Une demi-bouteille de …, s.v.p. [yn butɛj/yn dəmibutɛj də … sil vu plɛ]
Mit Eis, bitte.	Avec de la glace, s.v.p. [avɛk də la glas sil vu plɛ]
• Guten Appetit!	Bon appétit! [bɔn‿apeti]
• Haben Sie noch einen Wunsch?	Vous désirez encore quelque chose? [vu dezire ɑ̃kɔr kɛlkə ʃoz]

Bitte bringen Sie uns ...	Apportez-nous ..., s.v.p. [apɔrtenu ... sil vu plɛ]
Könnten wir noch etwas Brot/Wasser/Wein bekommen?	Est-ce que vous pourriez nous apporter encore un peu de pain/un peu d'eau/un peu de vin, s.v.p.? [ɛs‿kə vu purje nuz‿apɔrte ɑ̃kɔr ɛ̃ pød pɛ̃/ɛ̃ pø do/ɛ̃ pød vɛ̃ sil vu plɛ]

Beanstandungen
Réclamations

Hier fehlt ein/e ...	Je n'ai pas de ... [ʒnɛ pad ...]
Haben Sie mein/e ... vergessen?	Vous pensez à mon/ma/mes ..., n'est-ce pas? [vu pɑ̃se a mɔ̃/ma/me ... nɛs‿pa]
Das habe ich nicht bestellt.	Ce n'est pas ce que j'ai commandé. [snɛ pa skə ʒɛ kɔmɑ̃de]
Das Huhn ist kalt/versalzen.	Le poulet est froid/trop salé. [lə pulɛ ɛ frwa/tro sale]
Das Fleisch ist zäh/zu fett.	Cette viande est dure/trop grasse. [sɛt viɑ̃d‿ɛ dyr/tro gras]
Der Fisch ist nicht frisch.	Le poisson n'est pas frais. [lə pwasɔ̃ nɛ pa frɛ]
Nehmen Sie es bitte zurück.	Ecoutez, vous pouvez remporter cela. [ekute vu puve rɑ̃pɔrte sla]
Holen Sie bitte den Chef.	Allez chercher le patron, je vous prie. [ale ʃɛrʃel patrɔ̃ ʒə vu pri]

Die Rechnung
L'addition

Bezahlen, bitte.	L'addition, s.v.p. [ladisjɔ̃ sil vu plɛ]
Die Rechnung, bitte. Wir haben es eilig.	L'addition, s.v.p. Nous sommes pressé(e)s. [ladisjɔ̃ sil vu plɛ nu sɔm prɛse]
Bitte alles zusammen.	Je paie le tout. [ʒə pɛ lə tu]
Getrennte Rechnungen, bitte.	Vous faites des notes séparées, s.v.p. [vu fɛt de nɔt separe sil vu plɛ]
Ist die Bedienung inklusive?	Le service est compris? [lə sɛrvis ɛ kɔ̃pri]

Die Rechnung scheint mir nicht zu stimmen.	Je crois qu'il y a une erreur dans l'addition. [ʒə krwa kil‿ja yn‿ɛrœr dɑ̃ ladisjɔ̃]
Das habe ich nicht gehabt. Ich hatte …	Je n'ai pas pris de … J'ai pris … [ʒnɛ pa pri də … ʒɛ pri]
• Hat es geschmeckt?	C'était bon? [setɛ bɔ̃]
Das Essen war ausgezeichnet.	Le repas était excellent. [lə rəpa etɛt‿ɛksɛlɑ̃]
Das ist für Sie.	Voilà pour vous. [vwala pur vu]
Es stimmt so.	C'est bon, vous gardez tout. [sɛ bɔ̃ vu garde tu]

Einladung zum Essen/Essen in Gesellschaft

Invitation à manger/Manger en compagnie

Vielen Dank für die Einladung!	Merci pour l'invitation! [mɛrsi pur lɛ̃vitasjɔ̃]
• Greifen Sie zu!	Servez-vous. [serve vu]
Auf Ihr Wohl!	A votre santé/A la vôtre. [a vɔtr sɑ̃te/a la votr]
Können Sie mir bitte … reichen?	Vous pouvez me passer …, s.v.p. [vu puvem pase … sil vu plɛ]
• Noch etwas …?	Encore un peu de …? [ɑ̃kɔr ɛ̃ pød]
Danke, es war reichlich.	Non, merci. C'est trop. [nɔ̃ mɛrsi sɛ tro]
Ich bin satt, danke.	Non, merci. Je n'ai plus faim. [nɔ̃ mɛrsi ʒnɛ ply fɛ̃]
Darf ich rauchen?	Je peux fumer? [ʒpø fyme]

Wortliste Gastronomie

▶ auch Kap. 8, Wortliste Lebensmittel

Abendessen	le dîner [lə dine]
alkoholfrei	sans alcool [sɑ̃z‿alkɔl]
anmachen *(Salat)*	assaisonner [asɛzɔne]
Aschenbecher	le cendrier [lə sɑ̃drije]
bedienen, sich	se servir [sə sɛrvir]
Besteck	les couverts *m* [le kuvɛr]
bestellen	commander [kɔmɑ̃de]
Bestellung	la commande [la kɔmɑ̃d]

Bier	la bière [la bjɛr]
Brot	le pain [lə pɛ̃]
Butter	le beurre [lə bœr]
Diabetiker	le diabétique [lə djabetik]
Dressing	l'assaisonnement *m* [lasɛzɔnmɑ̃]
durchgebraten	bien cuit/e [bjɛ̃ kɥi/kɥit]
Eierbecher	le coquetier [lə kɔktje]
entkorken	déboucher [debuʃe]
Essig	le vinaigre [lə vinɛgr]
Faß, vom	pression [prɛsjõ]
fett	gras/grasse [gra/gras]
Fleck	la tache [la taʃ]
frisch	frais/fraîche [frɛ/frɛʃ]
Frühstück	le petit déjeuner [lə pti deʒœne]
Füllung	la farce [la fars]
Gabel	la fourchette [la furʃɛt]
Gang	le plat [lə pla]
gar	bien cuit/e [bjɛ̃ kɥi/kɥit]
gebacken	frit/e [fri/frit]
gebraten	rôti/e [rɔti]
am Spieß	à la broche [a la brɔʃ]
vom Grill	sur le gril [syr lə gril]
in der Pfanne	à la poêle [a la pwal]
gedämpft	à l'étouffée [a lətufe]
Gedeck	le couvert [lə kuvɛr]
gedünstet	à l'étuvée [a letyve]
gefüllt	farci/e [farsi]
gekocht	bouilli/e [buji]
geräuchert	fumé/e [fyme]
Gericht	le plat [lə pla]
geröstet	*(Kartoffeln)* rissolées [risɔle]
Geschmack	le goût [lə gu]
geschmort	en daube [ɑ̃ dob]
Getränk	la boisson [la bwasõ]
	la consommation [la kõsɔmasjõ]
Gewürz	l'épice *f* [lepis]
Glas	le verre [lə vɛr]
Wasser~	le verre à eau [lə vɛr a o]
Wein~	le verre à vin [lə vɛr a vɛ̃]
Gräte	l'arête *f* [larɛt]
hart	dur/e [dyr]
Hauptspeise	le plat de résistance [lə plad rezistɑ̃s]
hausgemacht	(fait/e) maison [(fɛ/fɛt) mɛzõ]
heiß	très chaud/e [trɛ ʃo/ʃod]

hungrig sein	avoir faim [avwar fɛ̃]
Kaffeekanne	la cafetière [la kaftjɛr]
kalt	froid/e [frwa/frwad]
Karaffe	la carafe [la karaf]
Kartoffeln	les pommes *f* de terre [le pɔm də tɛr]
Kellner/in	le garçon/la serveuse [lə garsɔ̃/la sɛrvøz]
Ketchup	le ketchup [lə kɛtʃəp]
Kinderteller	la portion pour enfants [la pɔrsjɔ̃ pur‿ɑ̃fɑ̃]
Knoblauch	l'ail *m* [laj]
Knochen	l'os *m* [lɔs]
Koch	le cuisinier/la cuisinière [lə kɥizinje/la kɥizinjɛr]
kochen	faire cuire [fɛr kɥir]
	(Wasser) bouillir [bujir]
Korkenzieher	le tire-bouchon [lə tirbuʃɔ̃]
Kräuter	les herbes *f* [lez‿ɛrb]
Kümmel	le cumin [lə kymɛ̃]
Löffel	la cuillère [la kɥijɛr]
Tee~	la cuillère à thé [la kɥijɛr a te]
Lorbeer	le laurier [lə lɔrje]
mager	maigre [mɛgr]
Mayonnaise	la mayonnaise [la majɔnɛz]
Menü	le menu [lə məny]
Messer	le couteau [lə kuto]
Mittagessen	le déjeuner [lə deʒœne]
Muskatnuß	la muscade [la myskad]
Nachtisch	le dessert [lə desɛr]
Nelken	les clous *m* de girofle [le klud ʒirɔfl]
Nudeln	les nouilles *f* [le nuj]
Ober	le garçon [lə garsɔ̃]; *(Anrede)* Garçon!/ Monsieur! [garsɔ̃/məsjø]
Öl	l'huile *f* [lɥil]
Oliven	les olives *f* [lez‿ɔliv]
~öl	l'huile *f* d'olive [lɥil dɔliv]
Paprika	le paprika [lə paprika]
Petersilie	le persil [lə pɛrsi]
Pfannengericht	le plat fait à la poêle [lə pla fɛ a la pwɛl]
Pfeffer	le poivre [lə pwavr]
~streuer	la poivrière [la pwavrijɛr]
Pommes frites	les frites *f* [le frit]
Portion	la portion [la pɔrsjɔ̃]
probieren	goûter [gute]
Reis	le riz [lə ri]
roh	cru/e [kry]

Rost	le gril [lə gril]
saftig	juteux/juteuse [ʒytø/ʒytøz]
Salat	la salade [la salad]
~büfett	le buffet de salades [lə byfɛd salad]
Salz	le sel [lə sɛl]
~streuer	la salière [la saljɛr]
sauer	aigre [ɛgr]
scharf	fort/e [fɔr/fɔrt]
Scheibe	la tranche [la trɑ̃ʃ]
Schonkost	la cuisine diététique [la kɥizin djetetik]
Schüssel	le plat [lə pla]
Senf	la moutarde [la mutard]
Serviette	la serviette [la sɛrvjɛt]
Soße	la sauce [la sos]
Speise	les mets *m* [le mɛ]
~karte	la carte [la kart]
Spezialität	la spécialité [la spesjalite]
Strohhalm	la paille [la paj]
Suppe	la soupe [la sup], le potage [lə pɔtaʒ]
Suppenteller	l'assiette *f* creuse [lasjɛt krøz]
süß	doux/douce [du/dus]
Süßstoff	les sucrettes *f* [le sykrɛt]
Tages|gericht	le plat du jour [lə pla dy ʒur]
~menü	le menu du jour [lə məny dy ʒur]
Tasse	la tasse [la tas]
Unter~	la soucoupe [la sukup]
Teekanne	la théière [la tejɛr]
Teller	l'assiette *f* [lasjɛt]
Tischtuch	la nappe [la nap]
Trinkgeld	le pourboire [lə purbwar]
trocken *(Wein)*	sec [sɛk]
überbacken	gratiné/e [gratine]
vegetarisch	végétarien/végétarienne [veʒetarjɛ̃/veʒetarjɛn]
Vorspeise	le hors-d'œuvre [lə ɔrdœvr]
Wasser	l'eau *f* [lo]
weich	*(Ei)* mollet [mɔlɛ]
Wein	le vin [lə vɛ̃]
würzen	assaisonner [asɛzɔne]
zäh	dur/e [dyr]
Zahnstocher	le cure-dents [lə kyrdɑ̃]
zart	tendre [tɑ̃dr]
Zitrone	le citron [la sitrɔ̃]
Zucker	le sucre [lə sykr]
Zwiebel	l'oignon *m* [lɔɲɔ̃]

Carte

Speisekarte

Potages et soupes	Suppen
bisque d'écrevisses [bisk dekrəvis]	Krebssuppe
bouillabaisse [bujabɛs]	südfranzösische Fischsuppe, scharf gewürzt
consommé de poulet [kõsɔmed pulɛ]	Hühnersuppe
potage au cresson [pɔtaʒ‿o kresõ]	Kressesuppe
soupe à l'oignon [sup a lɔɲõ]	Zwiebelsuppe
soupe de poisson [sup də pwasõ]	Fischsuppe
soupe à la tortue [sup a la tɔrty]	Schildkrötensuppe
velouté d'asperges [vəlute daspɛrʒ]	Spargelcremesuppe

Hors-d'œuvre	Kalte Vorspeisen
asperges à la crème [aspɛrʒ a la krɛm]	Spargel mit Rahmsoße
avocat vinaigrette [avɔka vinɛgrɛt]	Avocadohälfte mit Sauce Vinaigrette
cœurs d'artichauts [kœr dartiʃo]	Artischockenherzen
crudités variées [krydite varje]	Salatteller
filets de harengs [filɛ də arã]	Heringsfilets
jambon cru [ʒãbõ kry]	roher Schinken
jambon fumé [ʒãbõ fyme]	geräucherter Schinken
melon au porto [məlõ o pɔrto]	Melone mit Portwein
pâté de campagne [pated kãpaɲ]	Bauernpastete
pâté de foie [pated fwa]	Leberpastete
pissenlits au lard [pisãli o lar]	Löwenzahnsalat mit Speck
rillettes [rijɛt]	Schweinefleischpastete
salade niçoise [salad niswaz]	grüner Salat, Tomaten, Ei, Käse, Oliven

salade russe [salad rys]	Russischer Salat
sardines à l'huile [sardin a lɥil]	Ölsardinen
saumon fumé [somõ fyme]	Räucherlachs
terrine de canard [tɛrin də kanar]	Ententerrine
terrine de saumon [tɛrin də somõ]	Lachsterrine

Entrées — Warme Vorspeisen

bouchées à la reine [buʃe a la rɛn]	Königinpastete
cuisses de grenouilles [kɥis də grənuj]	Froschschenkel
escargots à la bourguignonne [ɛskargo a la burgiɲɔn]	Weinbergschnecken in Kräuterbutter
omelette aux champignons [ɔmlɛt o ʃãpiɲõ]	Champignonomelett
pied de porc [pjed pɔr]	Schweinehaxe
quiche lorraine [kiʃ lɔrɛn]	Ei- und Schinkentörtchen
tête de veau vinaigrette [tɛt də vo vinɛgrɛt]	saurer Kalbskopf
tripes [trip]	Kutteln

Crustacés et coquillages — Schalentiere und Muscheln

coquilles Saint-Jacques [kɔkij sɛ̃ʒak]	Jakobsmuscheln
crevettes [krəvɛt]	Garnelen, Krabben
écrevisse [ekrəvis]	Flußkrebs
homard [ɔmar]	Hummer
huitres [ɥitr]	Austern
langouste au gratin [lãgust‿o gratɛ̃]	Languste mit Käse überbacken
langoustines [lãgustin]	Scampi
moules [mul]	Miesmuscheln
plateau de fruits de mer [plato də frɥi də mɛr]	verschiedene Meeresfrüchte

Poissons — Fisch

Poissons de mer	Meeresfische
aiglefin [egləfɛ̃]	Schellfisch
cabillaud [kabijo]	Kabeljau
calmar frit [kalmar fri]	gebratener Tintenfisch
colin [kɔlɛ̃]	Seelachs
daurade [dɔrad]	Goldbrasse
hareng [arɑ̃]	Hering
lotte (de mer) [lɔt (də mɛr)]	Seeteufel
maquereau [makro]	Makrele
morue [mɔry]	Kabeljau, Stockfisch
rouget [ruʒɛ]	Rotbarbe
sole au gratin [sɔl o gratɛ̃]	überbackene Seezunge
turbot [tyrbo]	Steinbutt

Poissons d'eau douce	Süßwasserfische
anguille [ɑ̃gij]	Aal
brochet au bleu [brɔʃe o blø]	Hecht blau
carpe [karp]	Karpfen
perche [pɛrʃ]	Barsch
petite friture [pətit frityr]	gebratene kleine Fische
quenelles de brochet [kənɛl də brɔʃe]	Hechtklößchen
sandre [sɑ̃dr]	Zander
truite meunière [trɥit mønjɛr]	Forelle Müllerin

Viandes	**Fleisch**
agneau [aɲo]	Lammfleisch
bœuf [bœf]	Rindfleisch
mouton [mutõ]	Hammelfleisch
porc [pɔr]	Schweinefleisch
veau [vo]	Kalbsfleisch
bifteck [biftɛk]	Steak
blanquette de veau [blãkɛt də vo]	Kalbsragout
bœuf bourguignon [bœf burgiɲõ]	Rindsgulasch in Rotwein
cassoulet [kasulɛ]	Eintopf aus weißen Bohnen, Geflügel und anderem Fleisch
cochon de lait [kɔʃõd lɛ]	Spanferkel
cœur [kœr]	Herz
côte de bœuf [kot də bœf]	Rindskotelett
entrecôte [ãtrəkot]	Zwischenrippenstück vom Rind
épaule [epol]	Schulterstück
escalope de veau [ɛskalɔp də vo]	Kalbschnitzel
escalope panée [ɛskalɔp pane]	Wiener Schnitzel
filet de bœuf [filɛd bœf]	Rinderfilet
foie [fwa]	Leber
gigot d'agneau [ʒigo daɲo]	Lammkeule
grillades [grijad]	Grillplatte
jarret de veau [ʒarɛd vo]	Kalbshaxe
langue [lãg]	Zunge
pieds de cochon [pjed kɔʃõ]	Schweinsfüße
paupiettes [popjɛt]	Kalbsrouladen
rognons [rɔɲõ]	Nieren
rôti [rɔti]	Braten
sauté de veau [soted vo]	Kalbsragout
steak au poivre [stɛk‿o pwavr]	Pfeffersteak
steak tartare [stɛk tartar]	Tatar

Volailles et gibier	Geflügel und Wild
canard à l'orange [kanar a lɔrɑ̃ʒ]	Ente mit Orange
civet de lièvre [sive də lijɛvr]	Hasenpfeffer
coq au vin [kɔko vɛ̃]	Hahn mit Rotwein
cuissot de chevreuil [kɥisod ʃəvrœj]	Rehkeule
dinde aux marrons [dɛ̃d o marɔ̃]	Truthenne mit Kastanien
faisan [fəzɑ̃]	Fasan
lapin chasseur [lapɛ̃ ʃasœr]	Kaninchen nach Jägerart
oie aux marrons [wa o marɔ̃]	Gans mit Maronenfüllung
perdrix [pɛrdri]	Rebhuhn
pigeons [piʒɔ̃]	Tauben
pintade [pɛ̃tad]	Perlhuhn
poule au riz [pul o ri]	Huhn mit Reis
poulet rôti [pulɛ̃ rɔti]	Brathähnchen
sanglier [sɑ̃glije]	Wildschwein

Légumes	Gemüse
choucroute [ʃukrut]	Sauerkraut
chou farci [ʃu farsi]	Kohlroulade
chou-fleur [ʃuflœr]	Blumenkohl
endives au gratin [ɑ̃div‿o gratɛ̃]	überbackener Chicorée
épinards [epinar]	Spinat
fenouil [fənuj]	Fenchel
macédoine de légumes [masedwan də legym]	gemischtes Gemüse
petits pois [pti pwa]	Erbsen

pommes de terre sautées [pɔm də tɛr sote]	Bratkartoffeln
pommes mousseline [pɔm muslin]	Kartoffelpüree
pommes natures [pɔm natyr]	Salzkartoffeln
ratatouille niçoise [ratatuj niswaz]	Mischgemüse aus Tomaten, Paprika, Aubergine etc.
salsifis [salsifi]	Schwarzwurzeln
tomates farcies [tɔmat farsi]	gefüllte Tomaten

Pâtes et riz — Teigwaren und Reis

macaronis [makarɔni]	Makkaroni
nouilles [nuj]	Nudeln
riz au curry [ri o kyri]	Curryreis

Fromages — Käse

fromage blanc [frɔmaʒ blɑ̃]	feiner Quark
fromage de chèvre [frɔmaʒ də ʃɛvr]	Ziegenkäse
gruyère [gryjɛr]	Schweizer Käse
petit suisse [pti sɥis]	Sahnekäse
roquefort [rɔkfɔr]	mit grünem Schimmel durchzogener Käse
yaourt [jaurt]	Joghurt

Desserts	Nachspeisen
baba au rhum [baba o rɔm]	rumgetränkter Hefekuchen
beignets aux pommes [bɛɲɛ o pɔm]	Apfelbeignets
charlotte [ʃarlɔt]	Süßspeise aus Löffelbiskuits mit Früchten und Vanillecreme
crème Sabayon [krɛm sabajõ]	Weinschaumcreme
flan [flɑ̃]	Karamelpudding
gâteau [gato]	Kuchen
mousse au chocolat [mus o ʃɔkɔla]	Schokoladencreme
omelette norvégienne [ɔmlɛt nɔrveʒjɛn]	flambiertes Omelett
pain perdu [pɛ̃ pɛrdy]	Armer Ritter
pâtisserie maison [patisri mɛzõ]	Gebäck nach Art des Hauses
profiteroles [prɔfitrɔl]	kleine Windbeutel mit Cremefüllung
tarte aux fraises [tart o frɛz]	Erdbeertorte

Fruits	Obst
abricots [abriko]	Aprikosen
cerises [səriz]	Kirschen
macédoine de fruits [masedwan də frɥi]	Fruchtsalat
pêches [pɛʃ]	Pfirsiche
poires [pwar]	Birnen
pommes [pɔm]	Äpfel
prunes [pryn]	Pflaumen
raisin [rɛzɛ̃]	Trauben

Glaces	Eis
au café [o kafe]	Kaffeeis
au chocolat [o ʃɔkɔla]	Schokoladeneis
à la fraise [a la frɛz]	Erdbeereis
à la pistache [a la pistaʃ]	Pistazieneis
à la vanille [a la vanij]	Vanilleeis
café liégeois [kafe ljeʒwa]	Eiskaffee
coupe maison [kup mɛzõ]	Eisbecher nach Art des Hauses
sorbet au citron [sɔorbɛ o sitrõ]	Zitroneneisbecher

Liste des Consommations

Getränkekarte

Vin rouge et vin blanc	Rot- und Weißwein
un (verre de vin) rouge [ɛ̃ (vɛr də vɛ̃) ruʒ]	ein Glas Rotwein
1 quart de vin blanc [ɛ̃ kar də vɛ̃ blɑ̃]	ein Viertel Weißwein
1 pichet de rosé [ɛ̃ piʃɛd roze]	20 bis 50 cl. Rosé
Appellation contrôlée	**Markenweine**
Beaujolais [boʒɔlɛ]	frischer, fruchtiger Rotwein
Bordeaux [bɔrdo]	fruchtiger, harmonischer Rotwein, trockener Weißwein, likörähnlicher Weißwein
Bourgogne [burgɔɲ]	Burgunder
Champagne [ʃɑ̃paɲ]	Champagner
Côtes-de-Provence [kot də prɔvɑ̃s]	kräftiger Rotwein, auch Rosé
Côtes-du-Rhône [kot dy ron]	vollmundiger Rotwein

Bière	**Bier**
- **pression** [presjõ]	offenes Bier
un demi [ɛ̃ dmi]	25 cl
un sérieux [ɛ̃ serjø]	50 cl
- **bouteille** [butɛj]	Flaschenbier
Apéritifs	**Aperitifs**
Byrrh [bir] **Dubonnet** [dybɔnɛ]	Süßweine
Pernod [pɛrno] Ricard [rikar]	Aperitifs mit Anisgeschmack, "pastis" genannt.
Suze [syz]	Aperitif mit Enziangeschmack
Alcools et liqueurs	**Schnäpse und Liköre**
Armagnac [armaɲak]	Branntwein
Calvados [kalvados]	Apfelschnaps
Chartreuse [ʃartrøz]	Kräuterlikör
Framboise [frɑ̃bwaz]	Himbeergeist
Marc [mar]	Tresterschnaps
Mirabelle [mirabɛl]	Mirabellenschnaps
Rhum [rɔm]	Rum
Cognac [kɔɲak]	Branntwein
Cidre [sidr]	**Apfelwein**
Jus de fruits [ʒyd frɥi]	**Fruchtsäfte**
Café et thé	**Kaffee und Tee**
café crème [kafe krɛm]	Kaffee mit Sahne
café express [kafe ɛksprɛs]	Espresso
café au lait [kafe o lɛ]	Kaffee mit Milch
thé nature/au lait/au citron [te natyr/o sitrõ]	Tee natur/mit Milch/mit Zitrone

6 Kultur und Natur
Culture et nature

Auf dem Verkehrsbüro

Au syndicat d'initiative/A l'office de tourisme

Ich möchte einen Stadtplan von … haben.	Je voudrais un plan de … [ʒvudrɛ ɛ̃ plɑ̃ də]
Haben Sie Prospekte von …?	Vous avez des prospectus sur …? [vuz‿ave de prɔspɛktys syr]
Haben Sie einen Veranstaltungskalender für diese Woche?	Vous avez le programme des spectacles de cette semaine? [vuz‿ave lə prɔgram de spɛktaklə də sɛt səmɛn]
Gibt es Stadtrundfahrten?	Est-ce qu'il y a des tours de ville en car d'organisés? [ɛs‿kil‿ja de tur də vil ɑ̃ kar dɔrganize]
Was kostet die Rundfahrt?	Quel est le prix du billet? [kɛl‿ɛl pri dy bijɛ]

Sehenswürdigkeiten/Museen

Curiosités/Musées

Welche Sehenswürdigkeiten gibt es hier?	Quelles sont les curiosités de la ville? [kɛl sõ le kyrjozited la vil]
Wir möchten … besichtigen.	Nous aimerions visiter … [nuz‿ɛmərjõ vizite]
Wann ist das Museum geöffnet?	A quelle heure ouvre le musée? [a kɛl‿œr uvrə lə myze]
Wann beginnt die Führung?	La visite guidée est à quelle heure? [la vizit gide ɛt‿a kɛl‿œr]
Gibt es auch eine Führung in Deutsch?	Est-ce qu'il y a une visite guidée en langue allemande? [ɛs‿kil‿ja yn vizit gide ɑ̃ lɑ̃g‿almɑ̃d]
Darf man hier fotografieren?	Est-ce qu'on peut prendre des photos? [ɛs‿kõ pø prɑ̃drə de fɔto]
Was für ein Platz/eine Kirche ist das?	Quel est le nom de cette place/cette église, s.v.p.? [kɛl‿ɛ lə nõd sɛt plas/sɛt‿egliz sil vu plɛ]

Ist das …?	C'est …, ça? [sɛ … sa]
Wann wurde dieses Gebäude erbaut/restauriert?	Quand est-ce que ce bâtiment a été construit/restauré? [kɑ̃t‿ɛs‿kə sə batimɑ̃ a ete kɔ̃strɥi/rɛstɔre]
Aus welcher Epoche stammt dieses Bauwerk?	De quelle époque date ce monument? [də kɛl epɔk dat sə mɔnymɑ̃]
Gibt es in der Stadt noch andere Werke von diesem Architekten?	Est-ce qu'il y a en ville d'autres réalisations de cet architecte? [ɛs‿kil‿ja ɑ̃ vil dotrə realizasjɔ̃ də set‿arʃitɛkt]
Sind die Ausgrabungsarbeiten abgeschlossen?	Est-ce que les fouilles sont terminées? [ɛs‿kə le fuj sɔ̃ tɛrmine]
Wo sind die Funde ausgestellt?	Où sont exposés les objets découverts? [u‿sɔ̃t‿ɛkspoze lez‿ɔbʒɛ dekuvɛr]
Wer hat dieses Bild gemalt/diese Plastik geschaffen?	Qui a peint ce tableau/réalisé cette sculpture? [ki a pɛ̃ sə tablo/realize sɛt skyltyr]
Gibt es einen Katalog zur Ausstellung?	Est-ce qu'il y a un catalogue de cette exposition? [ɛs‿kil‿ja ɛ̃ katalɔg də sɛt‿ɛkspozisjɔ̃]
Haben Sie das Bild als Poster/Postkarte/Dia?	Est-ce que vous avez ce tableau sous forme de poster/carte postale/diapo? [ɛs‿kə vuz‿ave sə tablo su fɔrmə də pɔstɛr/kart pɔstal/djapo]

Wortliste Sehenswürdigkeiten/Museen

Abtei	l'abbaye *f* [labei]
Akt	le nu [lə ny]
Altar	l'autel *m* [lotɛl]
Altstadt	la vieille ville [la vjɛj vil]
Amphitheater	l'amphithéâtre *m* [lɑ̃fiteatr]
antik	antique [ɑ̃tik]
Aquädukt	l'aqueduc *m* [lakədyk]
Aquarell	l'aquarelle *f* [lakwarɛl]
Archäologie	l'archéologie *f* [larkeɔlɔʒi]
Architekt	l'architecte *m/f* [larʃitɛkt]

Architektur	l'architecture *f* [larʃitɛktyr]
Arena	l'arène *f* [larɛn]
Ausgrabungen	les fouilles *f* [le fuj]
Ausstellung	l'exposition *f* [lɛkspozisjõ]
Balustrade	la balustrade [la balystrad]
Barock	le baroque [lə barɔk]
barock	baroque [barɔk]
Bauwerk	le bâtiment *m* [lə batimɑ̃] l'édifice *m* [ledifis]
Besichtigung	la visite [la vizit]
Bibliothek	la bibliothèque [la bibliɔtɛk]
Bild	le tableau [lə tablo]
~hauer	le sculpteur [lə skyltœr]
Bischofssitz	l'évêché *m* [leveʃe]
Blütezeit	l'apogée *m* [lapɔʒe]
Bogen	l'arc *m* [lark]
Rund~	l'arc *m* en plein cintre [lark ɑ̃ plɛ̃ sɛ̃tr]
Spitz~	l'arc *m* en ogive [lark ɑ̃n‿ɔʒiv]
~gang	les arcades *f* [lez‿arkad]
Brauchtum	la coutume [la kutym]
Bronze	le bronze [lə brõz]
~zeit	l'âge *m* de bronze [laʒ də brõz]
Brücke	le pont [lə põ]
Brunnen	la fontaine [la fõtɛn]
Burg	le château [lə ʃato]
Bürgermeister/in	le maire [lə mɛr]
Büste	le buste [lə byst]
byzantinisch	byzantin/e [bizɑ̃tɛ̃/bizɑ̃tin]
Chor	le chœur [lə kœr]
~gestühl	la stalle [la stal]
~umgang	le déambulatoire [lə deɑ̃bylatwar]
Christ	le chrétien [lə kretjɛ̃]
Christentum	le christianisme [lə kristjanism]
Collage	le collage [lə kɔlaʒ]
Dach	le toit [lə twa]
Decke	le plafond [lə plafõ]
Deckenmalerei	la peinture sur plafonds [la pɛ̃tyr syr plafõ]
Denkmal	le monument [lə mɔnymɑ̃]
~schutz	la protection des monuments [la prɔtɛksjõ de mɔnymɑ̃]
Design	le design [lə dizain]
Dom	*(Kirche)* la cathédrale [la katedral] *(Kuppel)* le dôme [lə dom]

dorisch	dorique [dɔrik]
Dynastie	la dynastie [la dinasti]
Einfluß	l'influence *f* [lɛ̃flyɑ̃s]
Empore	la galerie [la galri]
Epoche	l'époque *f* [lepɔk]
Erker	la saillie *m* [la saji]
	l'encorbellement *m* [lɑ̃kɔrbɛlmɑ̃]
Exponat	l'objet *m* exposé [lɔbʒɛ ɛkspoze]
Expressionismus	l'expressionnisme *m* [lɛksprɛsjɔnism]
Fassade	la façade [la fasad]
Fenster	la fenêtre [la fənɛtr]
Festung	la forteresse [la fɔrtərɛs]
flämisch	flamand/e [flamɑ̃/flamɑ̃d]
Flügel	l'aile *f* [lɛl]
Foto|grafie	la photographie [la fɔtografi]
~montage	le montage photographique [lə mõtaʒ fɔtografik]
Fremdenführer	le guide [lə gid]
Fresko	la fresque [la frɛsk]
Friedhof	le cimetière [lə simtjɛr]
Fries	la frise [la friz]
Führung	la visite guidée [la vizit gide]
Fundament	les fondations *f* [le fõdasjõ]
Funde	les objets *m* découverts [lez‿ɔbjɛ dekuvɛr]
Galerie	la galerie (de peinture) [la galəri (də pɛ̃tyr)]
Gebäude	le bâtiment [lə batimɑ̃]
Geburtsstadt	la ville natale [la vil natal]
Gedenkstätte	le monument [lə mɔnymɑ̃]
Geistlicher	l'ecclésiastique *m* [leklezjastik]
Gemälde	la peinture [la pɛ̃tyr], le tableau [lə tablo]
~sammlung	la collection de tableaux [la kɔlɛksjõd tablo]
Geschichte	l'histoire *f* [listwar]
Gewölbe	la voûte [la vut]
Giebel	le fronton [lə frõtõ]
Gildehaus	la maison des corporations [la mɛzõ de kɔrpɔrasjõ]
Glasmalerei	la peinture sur verre [la pɛ̃tyr syr vɛr]
Glocke	la cloche [la klɔʃ]
Glockenspiel	le carillon [lə karijõ]
Gobelin	la tapisserie [la tapisri]
Goldschmiedekunst	l'orfèvrerie *f* [lɔrfɛvrəri]

Blick von Notre Dame, Paris

Gotik	le gothique [lə gɔtik]
Früh~	le gothique primitif [lə gɔtik primitif]
Hoch~	le gothique rayonnant [lə gɔtik rɛjɔnɑ̃]
Spät~	le gothique flamboyant [lə gɔtik flɑ̃bwajɑ̃]
Neu~	le néo-gothique [lə neogɔtik]
gotisch	gothique [gɔtik]
Gottesdienst	l'office *m* [lɔfis]
Grab	la tombe [la tɔ̃b]
~mal	le tombeau [lə tɔ̃bo]
~stein	la pierre tombale [la pjɛr tɔ̃bal]
Graphik	l'art *m* graphique [lar grafik]
Griechen	les Grecs *m* [le grɛk]
griechisch	grec/grecque [grɛk]
Grundriß	le plan [lə plɑ̃]
Handelsstadt	la ville commerciale [la vil kɔmɛrsjal]
heidnisch	païen/païenne [pajɛ̃/pajɛn]
Hof	la cour [la kur]
Höhlenmalerei	la peinture préhistorique [la pɛ̃tyr preistɔrik]
Holz|schnitt	la gravure sur bois [la gravyr syr bwa]
~schnitzerei	la sculpture sur bois [la skyltyr syr bwa]
Illustration	l'illustration *f* [lilystrasjɔ̃]
Impressionismus	l'impressionnisme *m* [lɛ̃prɛsjɔnism]
Innen|hof	la cour intérieur [la kur‿ɛ̃terjœr]
~stadt	le centre-ville [lə sɑ̃trəvil]

Inschrift	l'inscription *f* [lɛ̃skripsjõ]
Intarsien	les marqueteries *f* [lə markɛtri]
ionisch	ionique [jɔnik]
Jahrhundert	le siècle [lə sjɛkl]
Jude	le juif [lə ʒɥif]
Jugendstil	le style 1900 [lə stil mil nœf sɑ̃]
Kaiser/in	l'empereur *m* / l'impératrice *f* [lɑ̃prœr/lɛ̃peratris]
Kanzel	la chaire [la ʃɛr]
Kapelle	la chapelle [la ʃapɛl]
Kapitell	le chapiteau [lə ʃapito]
Katakomben	les catacombes *f* [le katakõb]
Kathedrale	la cathédrale [la katedral]
Katholik	le catholique [lə katɔlik]
keltisch	celte [sɛlt]
Keramik	la céramique [la seramik]
Kirche	*(kath.)* l'église *f* [legliz]
	(ev.) le temple [lə tɑ̃pl]
Kirchturm	le clocher [lə klɔʃe]
Klassizismus	le classicisme [lə klasisism]
Neo~	le néo-classicisme [lə neoklasisism]
Kloster	le monastère [lə mɔnastɛr]
	le couvent [lə kuvɑ̃]
~kirche	la chapelle [la ʃapɛl]
Konfession	la religion [la rəliʒjõ]
	la confession [la kõfɛsjõ]
König/in	le roi/la reine [lə rwa/la rɛn]
Kopie	la copie [la kɔpi]
korinthisch	corinthien/ne [kɔrɛ̃tjɛ̃/kɔɛ̃tjɛn]
Kreuz	la croix [la krwa]
~gang	le cloître [lə klwatr]
Kruzifix	le crucifix [lə krysifi]
Krypta	la crypte [la kript]
Kubismus	le cubisme [lə kybism]
Kultstätte	le lieu de culte [lə ljød kylt]
	le lieu de pèlerinage [lə ljød pɛlrinaʒ]
Kunst	l'art *m* [lar]
~gewerbe	les arts *m* décoratifs [ləz‿ar dekɔratif]
Kupferstich	la gravure sur cuivre [la gravyr syr kɥivr]
Kuppel	la coupole [la kupɔl], le dôme [lə dom]
Langhaus	la longue nef [la lõg nɛ̃f]
Leuchter	le candélabre [lə kɑ̃delabr]
Lithographie	la lithographie [lə litɔgrafi]
Maler	le peintre [lə pɛ̃tr]

Malerei	la peinture [la pɛ̃tyr]
Manierismus	le maniérisme [lə manjerism]
manieristisch	de/du maniérisme [də/dy manjerism]
Markt	le marché [lə marʃe]
~halle	les halles [le al]
Marmor	le marbre [lə marbr]
Material	le matériau [lə materjo]
Mauer	le mur [lə myr]
Mausoleum	le mausolée [lə mozɔle]
Menhir	le menhir [lə mɛnir]
Minarett	le minaret [lə minarɛ]
Mittelalter	le Moyen Age [lə mwajɛn‿aʒ]
mittelalterlich	médiéval/e [medjeval]
Mittelschiff	la nef centrale [la nɛf sɑ̃tral]
Modell	le modèle [lə mɔdɛl]
modern	moderne [mɔdɛrn]
Mosaik	la mosaïque [la mɔzaik]
Moschee	la mosquée [la mɔske]
Moslem	le musulman [lə myzylmɑ̃]
Museum	le musée [lə myze]

Louvre, Paris

Multivisionsschau	la multivision [la myltivizjɔ̃]
normannisch	normand/e [nɔrmɑ̃/nɔrmɑ̃d]
Obelisk	l'obélisque *m* [lɔbelisk]
Odeon	l'odéon *m* [lɔdeɔ̃]
Ölmalerei	la peinture à l'huile [la pɛ̃tyr a lɥil]

Oper	l'opéra *m* [lɔpera]
Orden *(rel.)*	les ordres *m* [lez‿ɔrdr]
Orgel	l'orgue *m* [lɔrg]
Original	l'original *m* [lɔriʒinal]
Ornament	l'ornement *m* [lɔrnəmɑ̃]
Palast	le palais [lə palɛ]
Pastell	le pastel [lə pastɛl]
Pavillon	le pavillon [lə pavijɔ̃]
Pergament	le parchemin [lə parʃəmɛ̃]
Pfeiler	le pilier [lə pilje]
Strebe~	l'arc-boutant *m* [larkbutɑ̃]
Pilger	le pèlerin [lə pɛlrɛ̃]
~fahrt	le pèlerinage [lə pɛlrinaʒ]
Plakat	l'affiche *f* [lafiʃ]
Plastik	la sculpture [la skyltyr]
Platz	la place [la plas]
Plünderung	le pillage [lə pijaʒ]
Pointillismus	le pointillisme [lə pwɛ̃tijism]
Portal	le portail [lə pɔrtaj]
Porträt	le portrait [lə pɔrtrɛ]
Porzellan	la porcelaine [la pɔrsəlɛn]
Protestant	le protestant [lə prɔtɛstɑ̃]
Querschiff	le transept [lə trɑ̃sɛpt]
Radierung	la gravure à l'eau-forte [la gravyr a lofɔrt]
Rathaus	la mairie [la mɛri] *(Großstadt)* l'hôtel *m* de ville [lotɛl də vil]
rekonstruieren	reconstituer [rəkɔ̃stitɥe] reconstruire [rəkɔ̃strɥir]
Relief	le relief [lə rəljɛf]
Religion	la religion [la rəliʒjɔ̃]
Renaissance	la Renaissance [la rənɛsɑ̃s]
restaurieren	restaurer [rɛstɔre]
Restaurierung	la restauration [la rɛstɔrasjɔ̃]
Rokoko	le style Louis XV [lə stil lwi kɛ̃z]
Romanik	l'art *m* roman [lar rɔmɑ̃]
romanisch	roman/e [rɔmɑ̃/rɔman]
Romantik	le romantisme [lə rɔmɑ̃tism]
Rosette	la rosace [la rozas]
Ruine	la ruine [la rɥin]
Ruinenstadt	la ville en ruines [la vil ɑ̃ rɥin]
Rundfahrt	le circuit [lə sirkɥi]
Sakristei	la sacristie [la sakristi]

Sandstein	le grès [lə grɛ]
Sarkophag	le sarcophage [lə sarkɔfaʒ]
Säule	la colonne [la kɔlɔn]
Schatzkammer	la chambre du trésor [la ʃɑ̃brə dy trezɔr]
Schiff	la nef [la nɛf]
Schloß	le château [lə ʃato]
Schnitzerei	la sculpture sur bois [la skyltyr syr bwa]
Schule	l'école *f* [lekɔl]
Sehenswürdigkeiten	les curiosités *f* [le kyrjosite]
Siebdruck	la sérigraphie [la serigrafi]
Skulptur	la sculpture [la skyltyr]
Stadt|mauern	les murs *m* de la ville [le myr də la vil]
~rundfahrt	le tour de ville [lə tur də vil]
Statue	la statue [la staty]
Steinzeit	l'âge *m* de pierre [laʒ də pjɛr]
Stil	le style [lə stil]
Stilleben	la nature morte [la natyr mɔrt]
Stuck	le stuc [lə styk]
Surrealismus	le surréalisme [lə syrrealism]
Symbolismus	le symbolisme [lə sɛ̃bɔlism]
Synagoge	la synagogue [la sinagɔg]
Taufbecken	les fonts *m* baptismaux [le fõ batismo]
Tempel	le temple [lə tɑ̃pl]
Teppich	le tapis [lə tapi]
Terrakotta	la terre cuite [la tɛr kɥit]
Theater	le théâtre [lə teatr]
Töpferei	la poterie [la pɔtri]
Tor	la porte [la pɔrt]
Torso	le torse [lə tɔrs]
Totenkult	le culte des morts [lə kyltə de mɔr]
Triumphbogen	l'arc *m* de triomphe [larkə də trijõf]
Turm	la tour [la tur]
Tusche	l'encre *f* de Chine [lɑ̃krə də ʃin]
Überreste	les vestiges *m* [le vɛstiʒ] les restes *m* [le rɛst]
Universität	l'université *f* [lynivɛrsite]
Vase	le vase [lə vaz]
verbrennen	incinérer [ɛ̃sinere]
Vierung	la croisée du transept [la krwaze dy trɑ̃sɛpt]
Volkskundemuseum	le musée d'art populaire [lə myze dar pɔpylɛr]

vorgeschichtlich	préhistorique [preistɔrik]
Wachablösung	la relève de la garde [la rəlɛv də la gard]
Wahrzeichen	l'emblème *m* [lɑ̃blɛm]
Wallfahrtskirche	l'église *f* de pèlerinage [legliz də pɛlrinaʒ]
Wandmalerei	la peinture murale [la pɛ̃tyr myral]
Weberei	le tissage [lə tisaʒ]
Werk	l'œuvre *f* [lœvr]
Früh~	les œuvres *f* de jeunesse [lez‿œvrə də ʒœnɛs]
Spät~	les dernières œuvres *f* [le dɛrnjɛrz‿œvr]
wiederaufbauen	reconstruire [rəkɔ̃strɥir]
Wikinger	les Wikings *m* [le vikiŋ]
Zeichnung	le dessin [lə dɛsɛ̃]
Zisterzienser	les cisterciens [le sistɛrsjɛ̃]
Zitadelle	la citadelle [la sitadɛl]

Musée d'Orsay

Ausflüge

Excursions

Kann man von hier aus ... sehen?	Est-ce que, d'ici, on peut voir ...? [ɛs‿kə disi õ pø vwar]
In welcher Richtung liegt ...?	Dans quelle direction se trouve ...? [dɑ̃ kɛl dirɛksjõ sə truv]
Kommen wir am/an ... vorbei?	Est-ce que nous allons passer devant le/la ...? [ɛs kə nuz‿alõ pase dəvɑ̃ lə/la]
Besichtigen wir auch ...?	Est-ce qu'on va visiter également ...? [ɛs‿kõ va vizite egalmɑ̃]
Wieviel freie Zeit haben wir in ...?	On a quartier libre pendant combien de temps, à ...? [õn‿a kartje libr pɑ̃dɑ̃ kõbjɛ̃d tɑ̃ a]
Wann fahren wir zurück?	A quelle heure est-ce que nous repartons? [a kɛl‿œr ɛs‿kə nu rpartõ]
Wann werden wir zurück sein?	A quelle heure serons-nous de retour? [a kɛl‿œr sərõnud rətur]

Wortliste Ausflüge

Ausflug	l'excursion *f* [lɛkskyrsjõ]
Aussichtspunkt	le point de vue [lə pwɛ̃d vy]
Bergdorf	le village de montagne [lə vilaʒ də mõtaɲ]
Botanischer Garten	le jardin botanique [lə ʒardɛ̃ bɔtanik]
Deich	la digue [la dig]
Heide	la lande [la lɑ̃d]
Fischer|hafen	le port de pêche [lə pɔr də pɛʃ]
~ort	le village de pêcheurs [lə vilaʒ də pɛʃœr]
Freilichtmuseum	le musée en plein air [lə myze ɑ̃ plɛn‿ɛr]
Freizeitpark	le parc de loisirs [lə park də lwazir]
Gebirge	la montagne [la mõtaɲ]
Grotte	la grotte [la grɔt]
Hinterland	l'arrière-pays *m* [larjɛrpei]
Höhle	la caverne [la kavɛrn]
Inselrundfahrt	le tour de l'île [lə tur də lil]
Klippe	l'écueil *m* [lekœj]
Landschaft	le paysage [lə peizaʒ]
Lava	la lave [la lav]

Markt	le marché [lə marʃe]
Museumsdorf	le village-musée [lə vilaʒmyze]
Nationalpark	le parc national [lə park nasjɔnal]
Naturschutzgebiet	le parc national [lə park nasjɔnal] le parc naturel régional [lə park natyrɛl reʒjɔnal]
Paß	le col [lə kɔl]
Planetarium	le planétarium [lə planetarjɔm]
Riff	le récif [lə resif]
Rund | blick	le panorama [lə panɔrama]
~fahrt	le circuit [lə sirkɥi]
Schlucht	la gorge [la gɔrʒ]
See	le lac [lə lak]; *(Meer)* la mer [la mɛr]
Sternwarte	l'observatoire *m* [lɔbsɛrvatwar]
Tagesausflug	l'excursion *f* pour une journée [lɛkskyrsjø pur yn ʒurne]
Tal	la vallée [la vale]
Tropfsteinhöhle	la grotte à stalactites et à stalagmites [la grɔt a stalaktit e a stalagmit]
Umgebung	les environs *m* [lez‿ɑ̃virɔ̃]
Vogelschutzgebiet	le parc ornithologique [lə park ɔrnitɔlɔʒik]
Vorort	la ville de banlieue [la vil də bɑ̃ljø]
Vulkan	le volcan [lə vɔlkɑ̃]
Wald	la forêt [la fɔrɛ]
~brand	l'incendie *m* de forêt [lɛ̃sɑ̃did fɔ̃rɛ]
Wallfahrtsort	le lieu de pèlerinage [lə ljø̃ də pɛlrinaʒ]
Wasserfall	la chute (d'eau) [la ʃyt (do)]
Zoo	le zoo [lə zo]

Veranstaltungen/Unterhaltung

Manifestation culturelles/Distractions

Theater/Konzert/Kino	Théâtre/Concert/Cinéma
Welches Stück wird heute abend im Theater gespielt?	Quelle pièce est-ce qu'on joue ce soir, au théâtre? [kɛl pjɛs ɛs‿kõ ʒu sə swar o teatr]
Was läuft morgen abend im Kino?	Qu'est-ce qu'il joue demain soir au cinéma? [kɛs‿kil ʒu dəmɛ̃ swar o sinema]
Werden im Dom Konzerte veranstaltet?	Est-ce qu'il y a des concerts d'organisés dans la cathédrale? [ɛs‿kil‿ja de kõsɛr dɔrganize dɑ̃ la katedral]
Können Sie mir ein gutes Theaterstück empfehlen?	Vous pouvez m'indiquer une bonne pièce de théâtre? [vu puve mɛ̃dike yn bɔn pjɛs də teatr]
Wann beginnt die Vorstellung?	A quelle heure commence la représentation? [a kɛl‿œr kɔmɑ̃s la rəprezɑ̃tasjõ]
Wo bekommt man Karten?	Où est-ce qu'on peut prendre les billets? [u ɛs‿kõ pø prɑ̃drə le bije]
Bitte zwei Karten für heute abend.	Deux billets pour ce soir, s.v.p. [dø bije pur sə swar sil vu plɛ]
Bitte zwei Plätze zu ...	Deux places à ..., s.v.p. [dø plas a ... sil vu plɛ]
Zwei Erwachsene und ein Kind.	Deux adultes et un enfant. [døz‿adylt e ɛ̃n‿ɑ̃fɑ̃]
Kann ich bitte ein Programm haben?	Le programme, s.v.p. [lə prɔgram sil vu plɛ]
Wann ist die Vorstellung zu Ende?	A quelle heure se termine la représentation/séance? [a kɛl‿œr sə tɛrmin la rəprezɑ̃tasjõ/seɑ̃s]
Wo ist die Garderobe?	Où est le vestiaire, s.v.p.? [u ɛl vɛstjɛr sil vu plɛ]

Wortliste Theater/Konzert/Kino

Akt	l'acte *m* [lakt]
Aufführung	la représentation [la rəprezɑ̃tasjɔ̃]
Ballett	le ballet [lə balɛ]
Begleitung	l'accompagnement *m* [lakɔ̃paɲmɑ̃]
Bühne	la scène [la sɛn]
Chor	le chœur [lə kœr]
Dirigent	le chef d'orchestre [lə ʃɛf dɔrkɛstr]
Drama	le drame [lə dram]
Eintrittskarte	le billet [lə bijɛ]
Festival	le festival [lə fɛstival]
Film	le film [lə film]
~schauspieler/in	l'acteur/l'actrice de cinéma [laktœr/laktris də sinema]
Freilufttheater	le théâtre en plein air [lə teatr ɑ̃ plɛn‿ɛr]
Garderobe	le vestiaire [lə vɛstjɛr]
Inszenierung	la mise en scène [la miz‿ɑ̃ sɛn]
Kabarett	le cabaret [lə kabarɛ]
	les chansonniers *m* [le ʃɑ̃sɔnjɛ]
Kasse	la caisse [la kɛs]
Kino	le cinéma [lə sinema]
Freilicht~	le cinéma en plein air [lə sinema ɑ̃ plɛn‿ɛr]
Kleinkunstbühne	le café-théâtre [lə kafeteatr]
Komödie	la comédie [la kɔmedi]
Komponist/in	le compositeur [lə kɔ̃pozitœr]
Konzert	le concert [lə kɔ̃sɛr]
Jazz~	le concert de jazz [lə kɔ̃sɛr də dʒaz]
Kammer~	le concert de musique classique [lə kɔ̃sɛr də myzik klasik]
Kirchen~	le concert en église [lə kɔ̃sɛr ɑ̃n‿egliz]
Pop~	le concert de musique pop [lə kɔ̃sɛr də myzik pɔp]
Sinfonie~	le concert symphonique [lə kɔ̃sɛr sɛ̃fɔnik]
Loge	la loge [la lɔʒ]
Musical	la comédie musicale [la kɔmedi myzikal]
Oper	l'opéra *m* [lɔpera]
Operette	l'opérette *f* [lɔperɛt]
Opernglas	les jumelles *f* de théâtre [le ʒymɛl də teatr]
Orchester	l'orchestre *m* [lɔrkɛstrə]
Originalfassung	la version originale [la vɛrsjɔ̃ ɔriʒinal]

Parkett	l'orchestre *m* [lɔrkɛstr]
Pause	l'entracte *m* [lɑ̃trakt]
Premiere	la première [la prəmjɛr]
Programm	le programme [lə prɔgram]
~heft	le programme [lə prɔgram]
Rang	les galeries *f* [le galəri]
Regie	la mise en scène [la miz‿ɑ̃ sɛn]
Rolle	le rôle [lə rol]
Haupt~	le rôle principal [lə rol prɛ̃sipal]
Sänger/in	le chanteur/la chanteuse (la cantatrice) [lə ʃɑ̃tœr/la ʃɑ̃tøz (la kɑ̃tatris)]
Schauspiel	le spectacle [lə spɛktakl]
Schauspieler/in	l'acteur/l'actrice [laktœr/laktris]
	le comédien/la comédienne [lə kɔmedjɛ̃/la kɔmedjɛn]
Singspiel	l'opérette *f* [lɔperɛt]
Solist/in	le/la soliste [lə/la sɔlist]
Spielplan	le programme [lə prɔgram]
Tänzer/in	le danseur/la danseuse [lə dɑ̃sœr/la dɑ̃søz]
Theaterstück	la pièce de théâtre [la pjɛs də teatr]
Tragödie	la tragédie [la trageди]
Untertitel	le sous-titre [lə sutitr]
Varieté	les variétés *f* [le varjete]
Volksstück	la pièce populaire [la pjɛs pɔpylɛr]
Vorhang	le rideau [lə rido]
Vorstellung	*(Kino)* la séance [la seɑ̃s]
	(Theater) la représentation [la rəprezɑ̃tasjɔ̃]
Vorverkauf	la location [la lɔkasjɔ̃]
	la réservation [la rezɛrvasjɔ̃]
Zirkus	le cirque [lə sirk]

Moulin Rouge

Bar/Diskothek/Nachtclub

Bar/Discothèque/Boîte de nuit

Welche typischen Abendveranstaltungen werden hier geboten?

Quelles sont les distractions classiques ici, le soir? [kɛl sõ le distraksjõ klasik isi lə swar]

Gibt es hier eine gemütliche Kneipe?

Est-ce qu'il y a un bistrot sympa, dans le coin? [ɛs‿kil‿ja ɛ̃ bistro sɛ̃pa dɑ̃l kwɛ̃]

Wo kann man hier tanzen gehen?

Est-ce qu'il y a une boîte/une discothèque, ici? [ɛs‿kil‿ja yn bwat/yn diskɔtɛk isi]

Ist dort ein eher junges oder älteres Publikum?

Les clients sont plutôt jeunes, plutôt âgés? [le klijɑ̃ sõ plyto ʒœn plyto aʒe]

Ist Abendgarderobe erwünscht?

Est-ce qu'on exige une certaine tenue vestimentaire? [ɛs‿kõn‿ɛgziʒ yn sɛrtɛn təny vɛstimɑ̃tɛr]

- Im Eintrittspreis ist ein Getränk enthalten.

Le billet d'entrée donne droit à une consommation gratuite. [lə bijɛ dɑ̃trɛ dɔn drwa a yn kõsɔmasjõ gratɥit]

Ein Bier, bitte.	Une bière, s.v.p. [yn bjɛr sil vu plɛ]
Das gleiche noch einmal.	La même chose, s.v.p. [la mɛm ʃoz sil vu plɛ]
Diese Runde übernehme ich.	Je paie la tournée. [ʒpɛ la turne]
Wollen wir (noch einmal) tanzen?	On danse (encore une fois)? [õ dɑ̃s (ɑ̃kɔr‿yn fwa)]
Wollen wir noch einen Bummel machen?	On fait un petit tour avant de rentrer? [õ fɛ ɛ̃ pti tur avɑ̃d rɑ̃tre]

Wortliste Bar/Diskothek/Nachtclub

ausgehen	sortir [sɔrtir]
Band	l'orchestre *m* [lɔrkɛstr]
Bar	le bar [lə bar]
Discjockey	le discjockey [lə diskʒɔkɛ]
Diskothek	la discothèque [la diskɔtɛk]
Folklore	le folklore [lə fɔlklɔr]
~abend	la soirée de danse folklorique [la sware də dɑ̃s fɔlklɔrik]
Kneipe	le bistrot [lə bistro]
Live-Musik	la musique en direct [la myzik ɑ̃ dirɛkt]
Modenschau	la présentation de mode [la prezɑ̃tasjõd mɔd]
Nachtclub	la boîte de nuit [la bwat də nɥi]
Show	le show [lə ʃo]
Spiel|casino	le casino [lə kazino]
~halle	la salle de jeux [la sal də ʒø]
tanzen	danser [dɑ̃se]
Tanz|kapelle	l'orchestre *m* de danse [lɔrkɛstrə də dɑ̃s]
~musik	la musique de danse [la myzik də dɑ̃s]
Türsteher	le videur [lə vidœr]

7 Am Strand/Sport
A la plage/Sport

Im Schwimmbad/Am Strand

A la piscine/A la plage

Gibt es hier ein …	Est-ce qu'il y a … ici? [ɛs‿kil‿ja … isi]
Freibad?	une piscine en plein air [yn pisin ɑ̃ plɛn‿ɛr]
Hallenbad?	une piscine couverte [yn pisin kuvɛrt]
Thermalbad?	une piscine thermale [yn pisin tɛrmal]
Eine Eintrittskarte (mit Kabine), bitte.	Un billet, s'il vous plaît (avec cabine). [ɛ̃ bijɛ sil vu plɛ (avɛk kabin)]
• Nur für Schwimmer!	Pour les nageurs seulement! [pur le naʒœr sœlmɑ̃]
• Hineinspringen verboten!	Plongeons interdits! [plɔ̃ʒɔ̃ ɛ̃tɛrdi]
• Baden verboten!	Baignade interdite! [bɛɲad ɛ̃tɛrdit]
Ist der Strand …	C'est une plage … [sɛt‿yn plaʒ]
sandig?	de sable? [də sabl]
steinig?	de galets? [də galɛ]
felsig?	Il y a des rochers? [il‿ja de rɔʃe]
Gibt es hier Seeigel/Quallen?	Est-ce qu'il y a des oursins/des méduses? [ɛs‿kil‿ja dez‿ursɛ̃/de medyz]
Wie weit darf man hinausschwimmen?	On peut nager jusqu'à quelle distance du bord? [ɔ̃ pø naʒe ʒyska kɛl distɑ̃s dy bɔr]
Ist die Strömung stark?	Est-ce qu'il y a un courant violent? [ɛs‿kil‿ja ɛ̃ kurɑ̃ vjɔlɑ̃]
Ist es für Kinder gefährlich?	C'est dangereux pour les enfants? [sɛ dɑ̃ʒrø pur lez‿ɑ̃fɑ̃]
Wann ist Ebbe/Flut?	La marée basse/haute, c'est quand? [la mare bas/ot sɛ kɑ̃]
Ich möchte … mieten.	Je voudrais louer … [ʒə vudrɛ lue]
ein Boot	une barque. [yn bark]
ein Paar Wasserski	des skis nautiques. [de ski notik]
Was kostet es pro Stunde/Tag?	Quel est le tarif à l'heure/à la journée? [kɛl‿ɛl tarif a lœr/a la ʒurne]

Sport

Sport

Welche Sportveranstaltungen gibt es hier?	Qu'est-ce qu'il y a comme manifestations sportives à ...? [kɛs‿kil‿ja kɔm manifɛstasjõ spɔrtiv a]
Welche Sportmöglichkeiten gibt es hier?	Qu'est-ce qu'on peut pratiquer comme sports, ici? [kɛ̃s‿kõ pø praktike kɔm spɔr isi]
Gibt es hier einen Golfplatz/einen Tennisplatz/eine Pferderennbahn?	Est-ce qu'il y a un terrain de golf/un tennis/un hippodrome, ici? [ɛs‿kil‿ja ɛ̃ tɛrɛ̃d gɔlf/ɛ̃ tenis/ɛ̃n‿ipɔdrom isi]
Wo kann man hier angeln?	Où est-ce qu'on peut pêcher? [u ɛs‿kõ pø pɛʃe]
Ich möchte mir das Fußballspiel/das Pferderennen ansehen.	Je voudrais assister au match de football/à la course de chevaux. [ʒə vudrɛz‿asiste o matʃ də futbol/a la kurs də ʃvo]
Wann/Wo findet es statt?	Quand/Où est-ce qu'il/elle a lieu? [kɑ̃t‿/u ɛs‿kil/ɛl a ljø]
Was kostet der Eintritt?	Combien coûte l'entrée? [kõbjɛ̃ kut lɑ̃tre]
Gibt es in den Bergen gute Skipisten?	Il y a de bonnes pistes de ski, dans les montagnes? [il‿ja də bɔn pistə də ski dɑ̃ le mõtaɲ]
Um wieviel Uhr ist die letzte Bergfahrt/Talfahrt der Kabinenbahn?	La dernière remontée/descente de la télécabine, c'est à quelle heure? [la dɛrnjɛr rəmõte/dɛsɑ̃t də la telekabin sɛt‿a kɛl‿œr]
Ich möchte eine Bergtour machen.	Je voudrais faire une randonnée en montagne. [ʒvudrɛ fɛr‿yn rɑ̃dɔne ɑ̃ mõtaɲ]
Können Sie mir eine interessante Route auf der Karte zeigen?	Vous pouvez m'indiquer un itinéraire intéressant sur la carte? [vu puve mɛ̃dike ɛ̃n‿itinerɛr ɛ̃terɛsɑ̃ syr la kart]
Wo kann ich ... ausleihen?	Où est-ce que je peux louer ...? [u ɛs kəʒ pø lue]
Ich möchte einen ...kurs machen.	Je voudrais prendre des cours de ... [ʒvudrɛ prɑ̃dr de kur də]

Welchen Sport treiben Sie?	Quel sport est-ce que vous pratiquez? [kɛl‿spɔr ɛs‿kə vu pratike]
Ich spiele ...	Je fais du/de la ... [ʒə fɛ dy/də la]
Ich bin ein Fan von ...	Je suis un/e passionné/e de ... [ʒə sɥiz‿ɛ̃/yn pasjɔne də]
Ich gehe gern ...	J'aime bien aller ... [jɛm bjɛ̃ ale]
Kann ich mitspielen?	Je peux jouer? [ʒpø ʒue]

Wortliste Strand/Sport

Aerobic	l'aérobic *m* [laerɔbik]
Aktivurlaub	les vacances *f* actives [le vakɑ̃sz‿aktiv]
Anfänger	le débutant [lə debytɑ̃]
Angel	la canne à pêche [la kana pɛʃ]
angeln	pêcher [pɛʃe]
Angelschein	le permis (de pêche) [lə pɛrmid pɛʃ]
Ausritt	la promenade à cheval [la prɔmnad a ʃval]
Bade|bucht	la crique [la krik]
~meister	le maître-nageur [lə mɛtrənaʒœr]
~tuch	la serviette de bain [la sɛrvjɛt də bɛ̃]
Badminton	le badminton [lə badmintɔn]
Ball	la balle [la bal]
	le ballon [lə balɔ̃]
Basketball	le basket-ball [lə baskɛtbol]

Berg|station	le point d'arrivée du téléski [lə pwɛ̃ darive dy teleski]
~steigen	l'alpinisme *m* [lalpinism]
Bootsverleih	la location de bateaux [la lɔkasjɔ̃d bato]
Boulespiel	le jeu de boules [lə ʒød bul]
	la pétanque [la petɑ̃k]
Bowling	le bowling [lə buliɲ]
Doppel	le double [lə dubl]
Drachenfliegen	le deltaplane [lə dɛltaplan]
	l'aile *f* volante [lɛl vɔlɑ̃t]
Düne	la dune [la dyn]
Dusche	la douche [la duʃ]
Eintrittskarte	le billet [lə bijɛ]
Einzel	le simple [lə sɛ̃pl]
Eis|bahn	la patinoire [la patinwar]
~hockey	le hockey sur glace [lə ɔkɛ syr glas]
~kunstlauf	le patinage artistique [lə patinaʒ artistik]
~lauf	le patinage [lə patinaʒ]
Ergebnis	le résultat [lə rezylta]
Fallschirmspringen	le parachutisme [lə paraʃytism]
Federball	le volant [lə vɔlɑ̃]
	le badminton [lə badmintɔn]
FKK-Strand	la plage de nudistes [la plaʒ də nydist]
Fortgeschrittener	le sportif de bon niveau [lə spɔrtif də bɔ̃ nivo]
Fußball	le football [lə futbol]
~mannschaft	l'équipe de football [lekip də futbol]
~platz	le terrain de football [lə tɛrɛ̃d futbol]
~spiel	le match de football [lə matʃ də futbol]
gewinnen	gagner [gaɲe]
Golf	le golf [lə gɔlf]
~schläger	la crosse de golf [la krɔs də gɔlf]
Gymnastik	la gymnastique [la ʒimnastik]
Halbzeit	la mi-temps [la mitɑ̃]
Handball	le hand-ball [lə ɑ̃dbal]
Hochseefischen	la pêche sportive [la pɛʃ spɔrtiv]
Jazztanz	la jazz-dance [la dʒazdɑ̃s]
joggen	faire du jogging [fɛr dy dʒɔgiŋ]
Jogging	le jogging [lə dʒɔgiŋ]
Judo	le judo [lə ʒydo]
Kanu	le canoë [lə kanɔe]
Karate	le karaté [lə karate]
Kasse	la caisse [la kɛs]

Kegeln	le jeu de quilles [lə ʒød kij]
Kiesel	le galet [lə galɛ]
Konditionstraining	l'entretien *m* de la forme [lɑ̃trətjɛ̃d la fɔrm]
Kurs	les cours *m* [le kur]
	les leçons *f* [le lsõ]
Langlauf	la course de fond [la kurs də fõ]
Leichtathletik	l'athlétisme *m* [latletism]
Liege|stuhl	la chaise-longue [la ʃɛ̃zlõg]
~wiese	la pelouse [la pluz]
Loipe	la piste de ski de fond [la pistə də skid fõ]
Luftmatratze	le matelas pneumatique [lə matla pnømatik]
Mannschaft	l'équipe *f* [lekip]
Meerwasser-Schwimmbad	la piscine avec eau de mer [la pisin avɛk od mɛr]
Meisterschaft	le championnat [lə ʃɑ̃pjɔna]
Minigolf	le minigolf [lə mingɔlf]
Mittelstation	l'arrêt *m* intermédiaire du téléski [larɛ ɛ̃tɛrmedjɛr dy teleski]
Motor|boot	le canot automobile [lə kanɔ ɔtomɔbil]
~sport	le motocyclisme [lə mɔtosiklism]
	la moto [la mɔto]
Netz	le filet [lə filɛ]
Nichtschwimmer	le non-nageur [lə nõnaʒœr]
Niederlage	la défaite [la defɛt]
Paddelboot	le canoë [lə kanɔe]
	le kayak [lə kajak]
Paraglider	l'amateur *m* de parapente [lamatœr də parapɑ̃t]
Paragliding	le parapente [lə parapɑ̃t]
Pfeilwerfen	le jeu de fléchettes [lə ʒød fleʃɛt]
Pferd	le cheval [lə ʃval]
Pferderennen	la course de chevaux [la kurs də ʃvo]
Polo	le polo [lə pɔlo]
Privatstrand	la plage privée [la plaʒ prive]
Programm	le programme [lə prɔgram]
radfahren	faire du vélo [fɛr dy velo]
Rad|rennen	la course cycliste [la kurs siklist]
~sport	le cyclisme [lə siklism]
	le vélo [lə velo]
~tour	la randonnée cycliste [la rɑ̃dɔne siklist]
Rafting	le rafting [lə raftiŋ]
Regatta	les régates *f* [le regat]

reiten	faire du cheval *f* [fɛr dy ʃval]
	faire de l'équitation *f* [fɛr də lekitasjõ]
Reitsport	l'équitation *f* [lekitasjõ]
Rennen	la course [la kurs]
Ringkampf	la lutte [la lyt]
Ruderboot	la barque [la bark]
Rudern	(faire de) l'aviron *m* [(fɛ̃r də) lavirõ]
Rugby	le rugby [lə rygbi]
Sand	le sable [lə sabl]
Sauna	le sauna [lə sona]
Schiedsrichter	l'arbitre *m* [larbitr]
Schläger	la raquette [la rakɛt]
Schlauchboot	le canot pneumatique [lə kano pnømatik]
Schlepplift	le téléski [lə teleski]
	le remonte-pente [lə rəmõtpɑ̃t]
Schlitten	le traîneau [lə trɛno]
	la luge [la lyʒ]
~fahren	aller en traîneau [ale ɑ̃ trɛno]
	faire de la luge [fɛr də la lyʒ]
Schlittschuhe	les patins *m* à glace [le patɛ̃ a glas]
Schnorchel	le tuba [lə tyba]
Schwimmbad	la piscine [la pisin]
schwimmen	nager [naʒe]
Schwimmer	le nageur [lə naʒœr]
Schwimm|flossen	les palmes *f* [le palm]
~ring	la bouée [la bue]
Segel|boot	le bateau à voiles [lə bato a vwal]
~fliegen	le vol à voile [lə vɔl a vwal]
Segeln	(faire de) la voile [(fɛr də) la vwal]
Seilbahn	le téléphérique [lə teleferik]
Sessellift	le télésiège [lə telesjɛʒ]
Sieg	la victoire [la viktwar]
Skateboard	le skateboard [lə skɛtbɔrd]
	la planche à roulettes [la plɑ̃ʃ a rulɛt]
Ski	le ski [lə ski]
~ alpin	le ski alpin [lə ski alpɛ̃]
~bindung	la fixation [la fiksasjõ]
~brille	les lunettes *f* de ski [le lynɛt də ski]
~kurs	les cours *m*/leçons *f* de ski [le kur/ləsõ də ski]
~laufen	skier [skje]
	faire du ski [fɛr dy ski]
~lehrer	le moniteur de ski [lə mɔnitœr də ski]
~stöcke	les bâtons *m* [le batõ]

Solarium	le solarium [lə sɔlarjɔm]
Sonnenschirm	le parasol [lə parasɔl]
Spiel	le match [lə matʃ]
Sportler/in	le sportif/la sportive [lə spɔrtif/la spɔrtiv]
Sportplatz	le terrain de sport [lə tɛrɛ̃ də spɔr]
Sprungbrett	le tremplin [lə trɑ̃plɛ̃]
Squash	le squash [lə skuaʃ]
Start	le départ [lə depar]
Stierkampf	la corrida [la kɔrida]
Strandbad	la plage [la plaʒ]
Surfbrett	la planche à voile [la plɑ̃ʃ a vwal]
Surfen	(faire de) la planche à voile [(fɛr də) la plɑ̃ʃ a vwal]
Tagespaß	le forfait-journée [lə fɔrfɛʒurne]
Talstation	le point de départ du téléski [lə pwɛ̃ depar dy teleski]
tauchen	faire de la plongée [fɛr də la plõge]
Taucher|ausrüstung	l'équipement *m* de plongée [lekipmɑ̃d plõʒe]
~brille	les lunettes *f* de plongée [le lynɛt də plõʒe]
Tennis	le tennis [lə tenis]
~schläger	la raquette de tennis [la rakɛt də tenis]
Tischtennis	le tennis de table [lə tenis də tabl]
	le ping-pong [lə piŋpõŋ]
Tor	les buts *m* [le by]
	la cage [la kaʒ]
~wart	le gardien de buts [lə gardjɛ̃d by]
Tretboot	le pédalo [lə pedalo]
Turnen	(faire de) la gymnastique [(fɛr də) la ʒimnastik]
unentschieden	match nul [matʒə nyl]
verlieren	perdre [pɛrdr]
Volleyball	le volley-ball [lə vɔlebol]
Wandern	la randonnée pédestre [la rɑ̃dɔne pedɛstr]
Wanderweg	le chemin de randonnée [lə ʃmɛ̃d rɑ̃dɔne]
Wasserball	le water-polo [lə vwatɛrpɔlo]
Wellenreiten	le surf [lə sœrf]
Wettkampf	la compétition [la kõpetisjõ]
Windschirm	le pare-vent [lə parvɑ̃]
Wochenpaß	le forfait-semaine [lə fɔrfɛsmɛn]

8 Einkaufen/Geschäfte
Achats/Magasins

Fragen/Preise

Questions/Prix

Öffnungszeiten	Horaires d'ouverture [ɔrɛr duvɛrtyr]
offen/geschlossen/Betriebsferien	Ouvert/Fermé/Vacances jusqu'au ... [uvɛr/fɛrme/vakɑ̃s ʒysko]
Wo finde ich ...?	Où est-ce qu'on peut acheter ...? [u ɛs kõ pøt aʃte]
Können Sie mir ein ... geschäft empfehlen?	Vous pourriez m'indiquer un magasin de ...? [vu purje mɛ̃dike ɛ̃ magazɛ̃ də]
• Werden Sie schon bedient?	On vous sert? [õ vu sɛr]
Danke, ich sehe mich nur um.	Je regarde. [ʒrəgard]
Ich möchte ...	J'aimerais ... [ʒɛmrɛ]
Haben Sie ...?	Vous avez ...? [vuz‿ave]
Zeigen Sie mir bitte ...	Donnez-moi/Montrez-moi ..., s.v.p. [dɔne mwa/mõtre mwa ... sil vu plɛ]
Bitte ein Paar ...	Une paire de ... s.v.p. [yn pɛr də ... sil vu plɛ]
Bitte ein Stück ...	Un/Une ... s.v.p. [ɛ̃/yn ... sil vu plɛ]
Können Sie mir bitte ein anderes/eine(n) andere(n) ... zeigen?	Vous pourriez m'en montrer un autre/une autre, s.v.p.? [vu purje mɑ̃ mõtre ɛ̃n‿otr/yn‿otr sil vu plɛ]
Haben Sie auch etwas Billigeres?	Vous n'avez pas quelque chose de moins cher? [vu nave pa kɛlkə ʃoz də mwɛ̃ ʃɛr]
Das gefällt mir. Ich nehme es.	Ça me plaît. Je le/la/les prends. [sa mə plɛ ʒə lə/la/le prɑ̃]
Wieviel kostet es?	Combien ça coûte? [kõbjɛ̃ sa kut]
Nehmen Sie ... deutsches Geld? Euroschecks? Kreditkarten? Reiseschecks?	Vous prenez ... [vu prəne] l'argent allemand? [larʒɑ̃ almɑ̃] les eurochèques? [lez‿ørɔʃɛk] les cartes de crédit? [le kartə də kredi] les chèques de voyage? [le ʃɛk də vwajaʒ]
Können Sie es mir einpacken?	Vous pourriez me l'emballer? [vu purje mə lɑ̃bale]

Wortliste Geschäfte

Antiquariat	la boutique de livres d'occasion [la butik də livr dɔkazjɔ̃]
Antiquitätengeschäft	la boutique d'antiquaire [la butik dɑ̃tikɛr]
Apotheke	la pharmacie [la farmasi]
Bäckerei	la boulangerie [la bulɑ̃ʒri]
Bioladen	le magasin de produits diététiques [lə magazɛ̃ də prɔdɥi djetetik]
Blumengeschäft	le/la fleuriste [lə/la flœrist]
Boutique	la boutique [la butik]
Buchhandlung	la librairie [la librɛri]
Drogerie	la droguerie [la drɔgri]
Eisenwarengeschäft	la quincaillerie [la kɛ̃kajri]
Elektrohandlung	l'électricien *m* [lelɛktrisjɛ̃]
Feinkostgeschäft	l'épicerie *f* fine [lepisri fin]
Fischgeschäft	la poissonnerie [la pwasɔnri]
Flohmarkt	le marché aux puces [lə marʃe o pys]
Fotoartikel	le photographe [lə fɔtɔgraf]
Friseur	le salon de coiffure [lə salɔ̃d kwafyr]
Gemüsehändler	le marchand de primeurs [lə marʃɑ̃d primœr]
Juwelier	la bijouterie [la biʒutri]
Käserei	la fromagerie [la frɔmaʒri]
Kaufhaus	le grand magasin [lə grɑ̃ magazɛ̃]
Konditorei	la pâtisserie [la patisri]
Kosmetiksalon	l'institut *m* de beauté [lɛ̃stityd bote]
Kunsthändler	le marchand d'objets d'art [lə marʃɑ̃ dɔbʒɛ dar]
Lebensmittelgeschäft	l'épicerie *f* [lepisri]
Lederwarengeschäft	la maroquinerie [la marɔkinri]
Markt	le marché [lə marʃe]
Metzgerei	la boucherie [la buʃri]
Milchgeschäft	la crémerie [la krɛmri]
Möbelgeschäft	le magasin de meubles [lə magazɛ̃d mœbl]
Musikgeschäft	le magasin de musique [lə magazɛ̃d myzik]
Obsthandlung	la fruiterie [la frɥitri]
Optiker	l'opticien *m* [lɔptisjɛ̃]
Parfümerie	la parfumerie [la parfymri]
Pelzgeschäft	le fourreur [lə furœr]
Reformhaus	le magasin de produits diététiques [lə magazɛ̃ də prɔdɥi djetetik]

Reinigung, chemische	la teinturerie [la tɛ̃tyrəri]
Reiseandenken	la boutique de souvenirs [la butik də suvnir]
Reisebüro	l'agence *f* de voyages [laʒɑ̃s də vwajaʒ]
Schallplattengeschäft	le disquaire [lə diskɛr]
Schneider/in	le tailleur/la couturière [lə tajœr/la kutyrjɛr]
Schreibwarengeschäft	la papeterie [la papɛtri]
Schuhgeschäft	le magasin de chaussures [lə magazɛ̃d ʃosyr]
Schuhmacher	le cordonnier [lə kɔrdɔnje]
Secondhand-Laden	la boutique de fripier [la butik də fripje]
Selbstbedienungsladen	le libre-service [lə librəsɛrvis]
Spielwarengeschäft	le magasin de jouets [lə magazɛ̃d ʒuɛ]
Spirituosengeschäft	le commerce de vins et spiritueux [lə kɔmɛrs də vɛ̃ e spiritɥø]
Sportartikel	le magasin d'articles de sport [lə magazɛ̃ dartikl də spɔr]
Supermarkt	le supermarché [lə sypɛrmarʃe]
Süßwarengeschäft	la confiserie [la kõfizri]
Tabakladen	le bureau de tabac [lə byrod taba]
Trödler	le brocanteur [lə brɔkɑ̃tœr]
Uhrmacher	l'horloger *m* [lɔrlɔʒe]
Wäscherei	le pressing [lə presiŋ] la blanchisserie [la blɑ̃ʃisri]
Waschsalon	la laverie [la lavri]
Weinhandlung	le marchand de vins [lə marʃɑ̃d vɛ̃]
Zeitungshändler	le marchand de journaux [lə marʃɑ̃d ʒurno]

Lebensmittel

Denrées alimentaires

• Was darf es sein?	Vous désirez? [vu dezire]
Geben Sie mir bitte …	Donnez-moi …, s.v.p. [dɔne mwa … sil vu plɛ]
ein Kilo …	un kilo de … [ɛ̃ kilo də]
10 Scheiben …	dix tranches de … [di trɑ̃ʃ də]
ein Stück von …	un morceau de … [ɛ̃ mɔrso də]
eine Packung …	un paquet de … [ɛ̃ pakɛ də]
ein Glas …	un verre de … [ɛ̃ vɛr də]
eine Dose …	une boîte de … [yn bwat də]
eine Flasche …	une bouteille de … [yn butɛj də]
eine Einkaufstüte.	un sac en plastique [ɛ̃ sak ɑ̃ plastik]

• Darf es auch etwas mehr sein?	Est-ce que je peux vous en donner un peu plus? [ɛs‿kəʒ pø vuz‿ɑ̃ dɔne ɛ̃ pø plys]
• Darf es sonst noch etwas sein?	Et avec ça? [e avɛk sa]
Dürfte ich vielleicht etwas hiervon probieren?	Est-ce que je peux goûter? [ɛs‿kəʒ pø gute]
Danke, das ist alles.	Non, merci. C'est tout. [nɔ̃ mɛrsi sɛ tu]

Wortliste Lebensmittel

Aal	l'anguille *f* [lɑ̃gij]
Ananas	l'ananas *m* [lanana]
Äpfel	les pommes *f* [le pɔm]
Apfelsinen	les oranges *f* [lez‿ɔrɑ̃ʒ]
Aprikosen	les abricots *m* [lez‿abriko]
Artischocken	les artichauts *m* [lez‿artiʃo]
Auberginen	les aubergines *f* [lez‿obɛrʒin]
Aufschnitt	les tranches *f* de charcuterie/de viande froide [lə trɑ̃ʃ də ʃarkytri/də vjɑ̃d frwad]
Austern	les huîtres *f* [lez‿ɥitr]
Avocado	l'avocat *m* [lavɔka]
Bananen	les bananes *f* [le banan]
Barsch	la perche [la pɛrʃ]
Basilikum	le basilic [lə bazilik]

Bier	la bière [la bjɛr]
alkoholfreies ~	la bière sans alcool [la bjɛr sɑ̃z‿alkɔl]
Birnen	les poires *f* [le pwar]
Blumenkohl	le chou-fleur [lə ʃuflœr]
Bohnen	les haricots *m* [le ariko]
grüne ~	les haricots *m* verts [le ariko vɛr]
weiße ~	les haricots *m* blancs [le ariko blɑ̃]
Brombeeren	les mûres *f* [le myr]
Brot	le pain [lə pɛ̃]
Grau~	le pain bis [lə pɛ̃ bi] le pain complet [lə pɛ̃ kɔ̃plɛ]
Schwarz~	le pain noir [lə pɛ̃ nwar]
Weiß~	le pain blanc [lə pɛ̃ blɑ̃]
Brötchen	les petits pains [le pti pɛ̃]
belegte ~	les sandwichs *m* [le sɑ̃dwitʃ]
Butter	le beurre [lə bœr]
~milch	le petit-lait [lə ptilɛ]
Champagner	le champagne [lə ʃɑ̃paɲ]
Chicoree	l'endive *f* [lɑ̃div]
Datteln	les dattes *f* [le dat]
Eier	les œufs *m* [lez‿ø]
Eis	la glace [la glas]
Erbsen	les petits pois *m* [le pti pwa]
Kicher~	les pois chiches *m* [lə pwa ʃiʃ]
Erdbeeren	les fraises *f* [le frɛz]
Essig	le vinaigre [lə vinɛgr]
Feigen	les figues *f* [le fig]
Fenchel	le fenouil [lə fənuj]
Fisch	le poisson [lə pwasɔ̃]
~klöße	les boulettes *f* de poisson [le bulɛt də pwasɔ̃]
Fleisch	la viande [la vjɑ̃d]
~wurst	la saucisse [la sosis]
frisch	frais/fraîche [frɛ/frɛʃ]
Garnelen	les crevettes *f* [le krəvɛt]
Gebäck	les pâtisseries *f* [le patisri]
Gemüse	les légumes *m* [le legym]
gespritzt	traité/e (à l'insecticide) [trɛte (a lɛ̃sɛktisid)]
Goldbrasse	la dorade [la dɔrad]
Grieß	la semoule [la səmul]
Gulasch	le goulasch [lə gulaʃ]
Gurke	le concombre [lə kɔ̃kɔ̃br] *(kleine)* le cornichon [lə kɔrniʃɔ̃]

Hackfleisch	la viande hâchée [la vjɑ̃d aʃe]
Haferflocken	les flocons *m* d'avoine [le flɔkɔ̃ davwan]
Hähnchen	le poulet [lə pulɛ]
Hammelfleisch	le mouton [lə mutɔ̃]
Heringe	les harengs *m* [le arɑ̃]
Honig	le miel [lə mjɛl]
~kuchen	le pain d'épice [lə pɛ̃ depis]
Joghurt	le yaourt [lə jaurt]
Kaffee	le café [lə kafe]
Kalbfleisch	le veau [lə vo]
Kaninchen	le lapin [lə lapɛ̃]
Karotten	les carottes *f* [le karɔt]
Kartoffeln	les pommes *f* de terre [lə pɔm də tɛr]
Käse	le fromage [lə frɔmaʒ]
Camembert	le camembert [lə kamɑ̃bɛr]
Weich~	le fromage à pâte molle [lə frɔmaʒ a pat mɔl]
Ziegen~	le fromage de chèvre [lə frɔmaʒ də ʃɛvr]
Kastanien	les marrons *m* [le marɔ̃]
Kekse	les biscuits *m* [le biskɥi]
Kirschen	les cerises *f* [le sriz]
Knoblauch	l'ail *m* [laj]

Kohl	le chou [lə ʃu]
Kokosnuß	la noix de coco [la nwad koko]
Konserven	les conserves *f* [le kõsɛrv]
Kotelett	la côtelette [la kɔtlɛt]
Krabben	les crabes *m* [le krab]
	les crevettes *f* [le krəvɛt]
Kuchen	le gâteau [lə gato]
Kürbis	la courge [la kurʒ]
Lakritze	le réglisse [lə reglis]
Lammfleisch	l'agneau *m* [laɲo]
Lauch	le poireau [lə pwaro]
Leberpastete	le foie gras [lə fwa gra]
Leberwurst	le pâté de foie [lə pated fwa]
Limonade	la limonade [la limɔnad]
Linsen	les lentilles *f* [le lɑ̃tij]
Mais	le maïs [lə mais]
Makrele	le maquereau [lə makro]
Mandarine	la mandarine [la mɑ̃darin]
Mandeln	les amandes *f* [lez‿amɑ̃d]
Margarine	la margarine [la margarin]
Marmelade	la confiture [la kõfityr]
Maulbeeren	les mûres *f* [le myr]
Mayonnaise	la mayonnaise [la majɔnɛz]
Mehl	la farine [la farin]
Melone	*(Honig~)* le melon [lə məlõ]
	(Wasser~) la pastèque [la pastɛk]
Miesmuscheln	les moules *f* [le mul]
Milch	le lait [lə lɛ]
fettarme ~	le lait écrémé [lə lɛ ekreme]
Mineralwasser	l'eau *f* minérale [lo mineral]
Muscheln	les coquilles *f* [le kɔkij]
	les palourdes *f* [le palurd]
Müsli	le musli [lə mysli]
	les céréales *f* au lait [le sereal o lɛ]
Nudeln	les nouilles *f* [le nuj]
Spaghetti	les spaghettis *m* [le spagɛti]
Nüsse	les noix *f* [le nwa]
Obst	les fruits *m* [le frɥi]
Öl	l'huile *f* [lɥil]
Oliven	les olives *f* [lezɔliv]
Orangeade	l'orangeade *f* [lɔrɑ̃ʒad]
Orangensaft	le jus d'orange [lə ʒy dɔrɑ̃ʒ]
Pampelmuse	le pamplemousse [lə pɑ̃pləmus]

Paprika	le paprika [lə paprika], le piment [lə pimɑ̃]
~schote	le poivron [lə pwavrɔ̃]
	le piment [lə pimɑ̃]
Petersilie	le persil [lə pɛrsi]
Pfeffer	le poivre [lə pwavr]
Pfirsiche	les pêches *f* [le pɛʃ]
Pflaumen	les prunes *f* [le pryn]
Quark	le fromage blanc [lə frɔmaʒ blɑ̃]
Rauchfleisch	la viande fumée [la vjɑ̃d fyme]
Reis	le riz [lə ri]
Rindfleisch	le bœuf [lə bœf]
Rosinen	les raisins *m* secs [le rɛzɛ̃ sɛk]
Safran	le safran [lə safrɑ̃]
Sahne	la crème [la krɛm]
saure ~	la crème aigre [la krɛm ɛgr]
Schlag~	la crème chantilly [la krɛm ʃɑ̃tiji]
Salami	le salami [lə salami]
Salat	la salade [la salad]
Kopf~	la laitue [la lɛty]
Salz	le sel [lə sɛl]
Schinken	le jambon [lə ʒɑ̃bɔ̃]
gekochter ~	le jambon cuit/blanc/de Paris [lə ʒɑ̃bɔ̃ kɥi/blɑ̃/də pari]
roher ~	le jambon cru [lə ʒɑ̃bɔ̃ kry]
Schokolade	le chocolat [lə ʃɔkɔla]
Schokoriegel	la barre de chocolat [la bar də ʃɔkɔla]
Schweinefleisch	le porc [lə pɔr]
Schwertfisch	l'espadon *m* [ləspadɔ̃]
Seezunge	la sole [la sɔl]
Sellerie	le céleri [lə sɛlri]
Senf	la moutarde [la mutard]
Spargel	l'asperge *f* [laspɛrʒ]
Spinat	les épinards *m* [lez‿epinar]
Suppe	la soupe [la sup]
Süßigkeiten	les friandises *f* [le frijɑ̃diz]
Tee	le thé [lə te]
~beutel	le sachet de thé [lə saʃɛd te]
Thunfisch	le thon [lə tɔ̃]
Thymian	le thym [lə tɛ̃]
Tintenfisch	la seiche [la sɛʃ]
Toast	le toast [lə tost]
Tomaten	les tomates *f* [le tɔmat]
Waffeln	les gaufres *f* [le gofr]

Wein	le vin [lə vɛ̃]
Rot~	le vin rouge [lə vɛ̃ ruʒ]
Weiß~	le vin blanc [lə vɛ̃ blɑ̃]
Weintrauben	les raisins [le rɛzɛ̃]
Wurst	la charcuterie [la ʃarkytri]
Würstchen	les saucisses *f* [le sosis]
Zitronen	les citrons *m* [le sitrɔ̃]
Zucker	le sucre [lə sykr]
Zwiebeln	les oignons *m* [lez‿ɔɲɔ̃]

Drogerieartikel

Articles de droguerie

Wortliste Drogerieartikel

Augenbrauenstift	le crayon à sourcils [lə krɛjɔ̃ a sursi]
Bürste	la brosse [la brɔs]
Creme	la crème [la krɛm]
~für trockene/normale/fettige Haut	la crème pour peau sèche/normale/grasse [la krɛm pur po sɛʃ/nɔrmal/gras]
Feuchtigkeits~	la crème déshydratante [la krɛm dezidratɑ̃t]
Hand~	la crème pour les mains [la krɛm pur le mɛ̃]
Damenbinden	les serviettes *f* hygiéniques [le sɛrvjɛt iʒjenik]
Deo(dorant)	le déodorant [lə deɔdɔrɑ̃]
Duschgel	le déodorant pour la toilette [lə deɔdɔrɑ̃ pur la twalɛt]
Eyeliner	l'eye-liner *m* [lɛjlainœr]
Fleckenwasser	le détachant [lə detaʃɑ̃]
Haar|bürste	la brosse à cheveux [la brɔs a ʃvø]
~entferner	la crème épilatoire [la krɛm epilatwar]
~festiger	le fixateur [lə fiksatœr]
~gel	le gel pour les cheveux [lə ʒɛl pur le ʃvø]
~gummi	l'élastique *m* [lelastik]
~klammern	les épingles *f* à cheveux [lez‿epɛ̃gl a ʃvø]
~spray	la laque [la lak]
~waschmittel	le shampooing [lə ʃɑ̃pwɛ̃]
~~ für fettiges/normales/trockenes Haar	le shampooing pour cheveux gras/normaux/secs [lə ʃɑ̃pwɛ̃ pur ʃəvø gra/nɔrmo/sɛk]

~~ gegen Schuppen	le shampooing contre les pellicules/ antipelliculaire [lə ʃɑ̃pwɛ̃ kɔ̃trə le pelikyl/ ɑ̃tipelikylɛr]
Kamm	le peigne [lə pɛɲ]
Kleiderbürste	la brosse à habits [la brɔs a abi]
Kölnisch Wasser	l'eau *f* de Cologne [lod kɔlɔɲ]
Körpermilch	le lait de beauté [lə lɛd bote]
Lichtschutzfaktor	l'indice *m* de protection [lɛdis də prɔtɛksjɔ̃]
Lidschatten	le fard à paupières [lə far a popjɛr]
Lippenstift	le rouge à lèvres [lə ruʒ a lɛvr]
Lockenwickler	les bigoudis *m* [le bigudi]
Mundwasser	l'eau *f* dentifrice [lo dɑ̃tifris]
Nagel|bürste	la brosse à ongles [la brɔs a ɔ̃gl]
~feile	la lime à ongles [la lim a ɔ̃gl]
~lack	le vernis à ongles [lɛ vɛrni a ɔ̃gl]
~lackentferner	le dissolvant [lə disɔlvɑ̃]
~schere	les ciseaux *m* à ongles [le sizo a ɔ̃gl]
Papiertaschentücher	les mouchoirs *m* en papier [le muʃwar ɑ̃ papje]
Parfüm	le parfum [lə parfɛ̃]
Pflaster	le sparadrap [lə sparadra]
Pinzette	la pince à épiler [la pɛ̃s a epile]
Präservativ	le préservatif [lə prezɛrvatif]
Puder	la poudre [la pudr]
Gesichts~	la poudre pour le visage [la pudrə pur lə vizaʒ]
Körper~	le talc [lə talk]
Rasier|apparat	le rasoir mécanique [lə razwar mekanik] *(el)* le rasoir électrique [lə razwar elɛktrik]
~klinge	la lame de rasoir [la lam də razwar]
~pinsel	le blaireau [lə blɛro]
~seife	le savon à barbe [lə savɔ̃ a barb]
~wasser	la lotion après-rasage [la lɔsjɔ̃ aprɛrazaʒ]
Reinigungsmilch	le lait démaquillant [lə lɛ demakijɑ̃]
Reisenecessaire	la trousse de toilette [la trus də twalɛt]
Rouge	le rouge à joues [lə ruʒ a ʒu]
Saugflasche	le biberon [lə bibrɔ̃]
Schaumfestiger	la mousse structurante (pour les cheveux) [la mus stryktyrɑ̃t (pur le ʃvø)]
Schnuller	la sucette (de caoutchouc) [la sysɛt (də kautʃu)]
Schwamm	l'éponge *f* [lepɔ̃ʒ]
Seife	le savon [lə savɔ̃]

Sicherheitsnadeln	les épingles *f* de nourrice [lez‿epɛ̃gl də nuris]
Sonnen|creme	la crème solaire [la krɛm sɔlɛr]
~öl	l'huile *f* solaire [lɥil sɔlɛr]
Spiegel	la glace [la glas]
Spül|bürste	la brosse pour la vaisselle [la brɔs pur la vɛsɛl]
~mittel	le produit pour laver la vaisselle [lə prɔdɥi pur lave la vɛsɛl]
~tuch	le torchon [lə tɔrʃõ]
Tampons	les tampons *m* [le tɑ̃põ]
Toilettenpapier	le papier hygiénique [lə papje iʒjenik]
Wasch|lappen	le gant de toilette [lə gɑ̃ də twalɛt]
~mittel	la lessive [la lɛsiv]
Watte	le coton hydrophile [lə kɔtõ idrɔfil]
~stäbchen	le cure-oreille [lə kyrɔrɛj]
Wimperntusche	le rimmel [lə rimɛl] le mascara [lə maskara]
Windeln	les couches *f* [le kuʃ] les couches-culottes *f* [le kuʃkylɔt]
Zahn|bürste	la brosse à dents [la brɔs a dɑ̃]
~pasta	le dentifrice [lə dɑ̃tifris]

Tabakwaren

Au bureau de tabac

Ein Päckchen/Eine Stange ... mit/ohne Filter, bitte.	Un paquet/Une cartouche de ... filtre/sans filtre, s.v.p. [ɛ̃ pakɛ/yn kartuʃ də ... filtr/sɑ̃ filtr sil vu plɛ]
Haben Sie deutsche/amerikanische Zigaretten?	Vous avez des cigarettes allemandes/américaines? [vuz‿ave de sigarɛt almɑ̃d/amerikɛn]
Zehn Zigarren/Zigarillos, bitte.	Dix cigares/cigarillos, s.v.p. [di sigar/sigarijo sil vu plɛ]
Ein Päckchen/Eine Dose Zigaretten-/Pfeifentabak, bitte.	Un paquet/Une boîte de tabac pour cigarettes/pipes. [ɛ̃ pakɛ/yn bwat də taba pur sigarɛt/pip]
Eine Schachtel Streichhölzer/Ein Feuerzeug, bitte.	Une boîte d'allumettes/Un briquet, s.v.p. [yn bwat dalymɛt/ɛ̃ brikɛ sil vu plɛ]

Kleidung/Lederwaren/Reinigung ▶ auch Kap.1 – Farben

Vêtements/Cuirs/Nettoyage

Können Sie mir ... zeigen?	Est-ce que vous pouvez me montrer ...? [ɛs‿kə vu puvem mõtre]
• Denken Sie an eine bestimmte Farbe?	Quel coloris désirez-vous? [kɛl kɔlɔri dezire vu]
Ich möchte etwas in Braun.	Je voudrais du marron. [ʒvudrɛ dy marõ]
Ich möchte etwas Passendes hierzu.	Je voudrais quelque chose qui aille avec ça. [ʒvudrɛ kɛlkə ʃoz ki aj avɛk sa]
Kann ich es anprobieren?	Je peux l'essayer? [ʒpø lesɛje]
• Welche (Konfektions-) Größe haben Sie?	Quelle taille faites-vous? [kɛl taj fɛt vu]
Das ist mir zu ...	Il est trop ... pour moi. [il ɛ tro ... pur mwa]
eng/weit.	étroit/large [etrwa/larʒ]
kurz/lang.	court/long [kur/lõ]
klein/groß.	petit/grand [pti/grɑ̃]
Das paßt gut. Ich nehme es.	Il me va. Je le prends. [il mə va ʒəl prɑ̃]
Das ist nicht ganz, was ich möchte.	Ce n'est pas tout à fait ce que je voulais. [sə nɛ pa tut‿a fɛ skəʒ vulɛ]
Ich möchte ein Paar ...schuhe.	Je voudrais une paire de ... [ʒvudrɛ yn pɛr də]
Ich habe Schuhgröße ...	Je chausse du ... [ʒə ʃos dy]
Sie drücken mich.	Elles me serrent. [ɛl mə sɛr]
Sie sind zu eng/weit.	Elles sont trop petites/grandes. [ɛl sõ tro ptit/grɑ̃d]
Bitte noch eine Tube Schuhcreme/ein Paar Schnürsenkel.	Donnez-moi aussi une boîte de cirage/des lacets. [dɔne mwa osi yn bwat də siraʒ/de lasɛ]
Ich möchte diese Schuhe neu besohlen lassen.	Je voudrais faire ressemeler ces chaussures. [ʒvudrɛ fɛr rəsəmle se ʃosyr]
Können Sie bitte die Absätze neu machen?	Est-ce que vous pouvez changer les talons, s.v.p.? [es‿kə vu puve ʃɑ̃ʒe le talõ sil vu plɛ]

Ich möchte diese Sachen reinigen/waschen lassen.	Je voudrais faire nettoyer/laver ces affaires. [ʒvudrɛ fɛr netwaje/lave sez‿afɛr]
Wann sind sie fertig?	Quand est-ce qu'elles seront prêtes? [kɑ̃t‿ɛs kɛl sərõ prɛt]

Wortliste Kleidung/Lederwaren/Reinigung

Abendkleid	la robe du soir [la rɔb dy swar]
Anorak	l'anorak *m* [lanɔrak]
Anzug	le costume [lə kɔstym]
Ärmel	la manche [la mɑ̃ʃ]
Bade|anzug	le maillot une pièce [lə majo yn pjɛs]
~hose	le maillot de bain [lə majod bɛ̃]
~mantel	le peignoir de bain [lə pɛɲwar də bɛ̃]
~mütze	le bonnet de bain [lə bɔnɛd bɛ̃]
~schuhe	les chaussures *f* en plastique pour la baignade [le ʃosyr ɑ̃ plastik pur la bɛɲad]
Baumwolle	le coton [lə kɔtõ]
Bikini	le bikini [lə bikini]
Blazer	le blazer [lə blazɛr]
Bluse	le chemisier [lə ʃmizje]
bügelfrei	qui ne se repasse pas [kin sə rpas pa]
bügeln	repasser [rəpase]
Büstenhalter	le soutien-gorge [lə sutjɛ̃gɔrʒ]
chemisch reinigen	nettoyer (à sec) [nɛtwaje (a sɛk)]
Druckknopf	le bouton-pression [lə butõprɛsjõ]
Farbe	la couleur [la kulœr]
Fliege	le nœud papillon [lə nø papijõ]
Frottee	le tissu-éponge [lə tisyepõʒ]
Futter	la doublure [la dublyr]
gestreift	rayé/e [rɛje]
Gummistiefel	les bottes *f* en caoutchouc [le bɔt ɑ̃ kautʃu]
Gürtel	la ceinture [la sɛ̃tyr]
Halstuch	le foulard [lə fular]
Hand|schuhe	les gants *m* [le gɑ̃]
~tasche	le sac à main [lə sak‿a mɛ̃]
Hausschuhe	les pantoufles *f* [le pɑ̃tufl]
Hemd	la chemise [la ʃmiz]
Holzschuh	le sabot [lə sabo]
Hose	le pantalon [lə pɑ̃talõ]

Hut	le chapeau [lə ʃapo]
Sonnen~	le chapeau de paille [lə ʃapod paj]
Jacke	la veste [la vɛst]
Jeans	le jean [lə dʒin]
Jogging|anzug	le survêtement de jogging [lə syrvɛtmɑ̃ də dʒɔgiŋ]
~hose	le pantalon de jogging [lə pɑ̃talɔ̃ də dʒɔgiŋ]
kariert	à carreaux [a karo]
Kleid	la robe [la rɔb]
Kniestrümpfe	les chaussettes *f* (montantes) [le ʃosɛt (mɔ̃tɑ̃t)]
Knopf	le bouton [lə butɔ̃]
Koffer	la valise [la valiz]
Kostüm	le tailleur [lə tajœr]
Kragen	le col [lə kɔl]
Krawatte	la cravate [la kravat]
Kunstfaser	la fibre synthétique [la fibrə sɛ̃tetik]
Leder|hose	le pantalon de cuir [lə pɑ̃talɔ̃d kɥir]
~jacke	la veste de cuir [la vɛstə də kɥir]
~mantel	le manteau de cuir [lə mɑ̃tod kɥir]
Leinen	le lin [lə lɛ̃] la toile [la twal]
Mantel	le manteau [lə mɑ̃to] *(Herren)* le pardessus [lə pardəsy]
Minirock	la mini-jupe [la miniʒyp]
Morgenrock	la robe de chambre [la rɔb də ʃɑ̃br]
Mütze	la casquette [la kaskɛt]
Nachthemd	la chemise de nuit [la ʃmiz də nɥi]
Overall	la salopette [la salɔpɛt]
Pelz|jacke	la veste de fourrure [la vɛstə də furyr]
~mantel	le manteau de fourrure [lə mɑ̃tod furyr]
Pullover	le pull-over [lə pylɔvɛr]
Pyjama	le pyjama [lə piʒama]
Regenmantel	l'imperméable *m* [lɛ̃pɛrmeabl]
Reisetasche	le sac de voyage [lə sak də vwajaʒ]
Reißverschluß	la fermeture éclair [la fɛrmətyr eklɛr]
Rock	la jupe [la ʒyp]
Rucksack	le sac à dos [lə sak a do] le sac de montagne [lə sak də mɔ̃taɲ]
Sakko	la veste [la vɛst]
Sandalen	les sandales *f* [le sɑ̃dal]
Schal	le châle [lə ʃal], l'écharpe *f* [le ʃarp]
Schirm	le parapluie [lə paraplɥi]

Schuh	la chaussure [la ʃosyr]
~bürste	la brosse à chaussures [la brɔs a ʃosyr]
~creme	le cirage [lə siraʒ]
~größe	la pointure [la pwɛ̃tyr]
Seide	la soie [la swa]
Seiden|strümpfe	les bas *m* de soie [le ba də swa]
~strumpfhose	les collants *m* de soie [le kɔlɑ̃ də swa]
Shorts	le short [lə ʃɔrt]
Skihose	le pantalon de ski [lə pɑ̃talɔ̃ də ski]
Slip	le slip [lə slip]
Socken	les chaussettes *f* [le ʃosɛt]
Sohle	la semelle [la smɛl]
Sommerkleid	la robe d'été [la rɔb dete]
Stiefel	les bottes *f* [le bɔt]
Ski~	les chaussures *f* de ski [lə ʃosyr də ski]
Strandschuhe	les chaussures *f* de plage [le ʃosyr də plaʒ]
Strickjacke	la veste de laine [la vɛstə də lɛn]
Strümpfe	les bas *m* [le ba]
Strumpfhose	les collants *m* [le kɔlɑ̃]
Tasche	le sac [lə sak] *(an der Kleidung)* la poche [la pɔʃ]
Taschentuch	le mouchoir [lə muʃwar]
Trainingsanzug	le survêtement [lə syrvɛtmɑ̃]
T-Shirt	le tee-shirt [lə tiʃœrt]
Turnschuhe	les tennis *f* [le tɛnis] les baskets *m* [le baskɛt]
Umhängetasche	la sacoche [la sakɔʃ]
Unter|hemd	le maillot de corps [lə majod kɔr]
~hose	le slip [lə slip]
~rock	le jupon [lə ʒypɔ̃]
~wäsche	les sous-vêtements *m* [le suvɛtmɑ̃]
waschmaschinenfest	qu'on peut laver à la machine [kɔ̃ pø lave a la maʃin]
Weste	le gilet [lə ʒilɛ]
Wildleder|jacke	le blouson de daim [lə bluzɔ̃d dɛ̃] la veste de daim [la vɛstə də dɛ̃]
~mantel	le manteau de daim [lə mɑ̃tod dɛ̃]
Wolle	la laine [la lɛn]

Bücher und Schreibwaren

A la librairie/A la papeterie

Ich hätte gern …	Je voudrais … [ʒvudrɛ]
eine deutsche Zeitung.	un journal allemand. [ɛ̃ ʒurnal almɑ̃]
eine Zeitschrift.	un magazine. [ɛ̃ magazin]
einen Reiseführer.	un guide touristique. [ɛ̃ gid turistik]

Wortliste Bücher und Schreibwaren

Ansichtskarte	la carte postale illustrée [la kart pɔstal ilystre]
Bleistift	le crayon [lə krɛjõ]
~spitzer	le taille-crayon [lə tajkrɛjõ]
Brief|marke	le timbre [lə tɛ̃br]
~papier	le papier à lettres [lə papje a lɛtr]
~umschlag	l'enveloppe *f* [lɑ̃vlɔp]
Büroklammern	les trombones *m* [le trõbɔn]
Farbstift	le crayon de couleur [lə krɛjõd kulœr]
Filzstift	le feutre [lə fœtr]
Füllfederhalter	le stylo à plume [lə stilo a plym]
Geschenkpapier	le papier cadeaux [lə papje kado]
Illustrierte	l'illustré *m* [lilystre]
Klebstoff	la colle [la kɔl]
Kugelschreiber	le stylo à bille [lə stilo a bij]
Landkarte	la carte (géographique) [la kart (ʒeɔgrafik)]
Malbuch	le livre à colorier [lə livr a kɔlɔrje]
Notiz|block	le bloc-notes [lə blɔknɔt]
~buch	le carnet [lə karnɛ]
Papier	le papier [lə papje]
Radiergummi	la gomme [la gɔm]
Reiseführer	le guide touristique [lə gid turistik]
Reißzwecken	les punaises *f* [le pynɛz]
Roman	le roman [lə rɔmɑ̃]
Kriminal~	le roman policier [lə rɔmɑ̃ pɔlisje]
Spielkarten	le jeu de cartes [lə ʒød kart]
Stadtplan	le plan (de la ville) [lə plɑ̃ (də la vil)]
Straßenkarte	la carte routière [la kart rutjɛr]
Taschenbuch	le livre de poche [lə livrə də pɔʃ]
Tesafilm	le scotch [lə skɔtʃ]
Zeichenblock	le bloc de papier à dessin [lə blɔk də papje a desɛ̃]
Zeitschrift	le magazine [lə magazin]
Zeitung	le journal [lə ʒurnal]

Haushaltswaren

Articles ménagers

Wortliste Haushaltswaren

Abfallbeutel	le sac à ordures [lə sak a ɔrdyr]
Alufolie	le papier d'aluminium [lə papje dalyminjɔm]
Besen	le balai [lə balɛ]
Brennspiritus	l'alcool *m* à brûler [lakɔl a bryle]
Camping|stuhl	la chaise de camping [la ʃɛz də kɑ̃piŋ]
~tisch	la table de camping [la tablə də kɑ̃piŋ]
Dosenöffner	l'ouvre-boîtes *m* [luvrəbwat]
Eimer	le seau [lə so]
Eßbesteck	les couverts *m* [le kuvɛr]
Flaschenöffner	l'ouvre-bouteilles *m* [luvrəbutɛj]
Frischhaltefolie	l'emballage *m* pour conservation des aliments [lɑ̃balaʒ pur kɔ̃sɛrvasjɔ̃ dez‿alimɑ̃]
Glas	le verre [lə vɛr]
Grill	le grill [lə gril]
~anzünder	la pastille d'allumage pour le gril [la pastij dalymaʒ pur lə gril]
~kohle	le charbon de bois [lə ʃarbɔ̃d bwa]
Handfeger	la balayette [la balɛjɛt]
Kehrblech	la pelle [la pɛl]
Kerzen	les bougies *f* [le buʒi]
Kochtopf	la marmite [la marmit]
Korkenzieher	le tire-bouchon [lə tirbuʃɔ̃]
Kühltasche	la glacière [la glasjɛr]
Papierservietten	les serviettes *f* en papier [lə sɛrvjɛt ɑ̃ papje]
Petroleum	le pétrole [lə petrɔl]
Plastikbeutel	le sac en plastique [lə sak ɑ̃ plastik]
Sonnenschirm	le parasol [lə parasɔl]
Taschenmesser	le couteau de poche [lə kutod pɔʃ]
Tauchsieder	le chauffe-liquide [lə ʃoflikid]
Thermosflasche	la bouteille Thermos [la butɛj tɛrmo]
Wäsche|klammern	les pinces *f* à linge [le pɛ̃s a lɛ̃ʒ]
~leine	l'étendoir *m* [letɑ̃dwar]
Windschirm	le pare-vent [lə parvɑ̃]

Elektro- und Fotoartikel

Chez l'électricien et le photographe

Ich möchte ...	Je voudrais ... [ʒvudrɛ]
einen Film für diesen Fotoapparat.	une pellicule pour cet appareil. [yn pelikyl pur sɛt aparɛj]
einen Farbfilm (für Dias).	une pellicule couleur (pour diapos). [yn pelikyl kulœr (pur djapo)]
einen Film mit 36/20/12 Aufnahmen.	une pellicule pour 36/20/12 photos. [yn pelikyl pur trɑ̃tsi/vɛ̃/duz foto]
Könnten Sie mir bitte den Film einlegen?	Vous pourriez mettre la pellicule dans l'appareil, s.v.p.? [vu purje mɛtrə la pelikyl dɑ̃ laparɛj sil vu plɛ]
Würden Sie mir bitte diesen Film entwickeln?	Vous pourriez me développer cette pellicule, s.v.p.? [vu purje mə devlɔpe sɛt pelikyl sil vu plɛ]
Bitte machen Sie mir je einen Abzug von diesen Negativen.	Faites-moi une épreuve pour chacun de ces négatifs, s.v.p. [fɛt mwa yn‿eprœv pur ʃakɛ̃d se negatif sil vu plɛ]
● Welches Format bitte?	Quel format désirez-vous? [kɛl fɔrma dezire vu]
Sieben mal zehn./Neun mal neun.	Du sept dix./Du neuf neuf. [dy sɛt dis/dy nœf nœf]
● Wünschen Sie Hochglanz oder Seidenglanz?	Vous désirez du brillant ou du grain de soie? [vu dezire dy brijɑ̃ u dy grɛ̃d swa]
Wann kann ich die Bilder abholen?	Quand est-ce que je peux venir chercher les photos? [kɑ̃t‿ɛs‿kəʒ pø vnir ʃɛrʃe le foto]
Der Sucher/Der Auslöser funktioniert nicht.	Le viseur/Le déclencheur ne fonctionne plus. [lə vizœr/lə deklɑ̃ʃœr nə fɔ̃ksjɔn ply]
Das ist kaputt. Können Sie es bitte reparieren?	C'est cassé. Vous pouvez réparer ça, s.v.p.? [sɛ kase. vu puve repare sa sil vu plɛ]

Wortliste Elektro- und Fotoartikel

Adapter	l'adaptateur *m* [ladaptatœr]
Auslöser	le déclencheur [lə deklɑ̃ʃœr]
Batterie	la pile [la pil]

Belichtungsmesser	le photomètre [lə fɔtomɛtr]
	le posemètre [lə pozmɛtr]
Blende	le diaphragme [lə djafragm]
Blitz|gerät	le flash [lə flaʃ]
~würfel	le flash [lə flaʃ]
Camcorder	le caméscope [lə kameskɔp]
CD/Compactdisc	le CD/le (disque) compact [lə sede/lə (diskə) kõpakt]
Film|empfindlichkeit	la sensibilité [la sɑ̃sibilite]
~kamera	la caméra [la kamera]
~transport	le transport de bande/de pellicule [lə trɑ̃spɔr də bɑ̃d/də pelikyl]
Fön	le sèche-cheveux [lə sɛʃ ʃəvø]
Glühbirne	l'ampoule *f* [lɑ̃pul]
Kassette	la cassette [la kasɛt]
Kassetten|film	le film vidéo [lə film video]
~rekorder	le lecteur de cassettes [lə lɛktœr de kasɛt]
Kopfhörer	les écouteurs *m* [lez‿ekutœr]
	le casque [lə kask]
Lautsprecher	le haut-parleur [lə oparlœr]
	le baffle [lə bafl]
Linse	la lentille [la lɑ̃tij]
Objektiv	l'objectif *m* [lɔbʒɛktif]
Paßbild	la photo d'identité [la fɔto didɑ̃tite]
Schallplatte	le disque [lə disk]
Schwarzweiß-Film	le film en noir et blanc [lə film ɑ̃ nwar e blɑ̃]
Selbstauslöser	le déclencheur automatique [lə deklɑ̃ʃœr ɔtomatik]
Stativ	le pied [lə pje]
Stecker	la prise (mâle) [la priz (mal)]
Sucher	le viseur [lə vizœr]
Super-8-Film	le film super-8 [lə film sypɛr ɥit]
Taschen|lampe	la lampe de poche [la lɑ̃p də pɔʃ]
~rechner	la calculette [la kalkylɛt]
Teleobjektiv	le téléobjectif [lə teleɔbʒɛktif]
Verlängerungsschnur	la rallonge [la ralõʒ]
Verschluß	l'obturateur *m* [lɔbtyratœr]
Video|film	le film vidéo [lə film video]
~kamera	la caméra vidéo [la kamera video]
~kassette	la vidéocassette [la videokasɛt]
~rekorder	le magnétoscope [lə maɲetɔskɔp]
Walkman	le walkman [lə wɔkman]
	le baladeur [lə baladœr]

Beim Optiker

Chez l'opticien

Würden Sie mir bitte diese Brille/das Gestell reparieren?	Je voudrais faire réparer ces lunettes/la monture. [ʒə vudrɛ fɛr repare se lynɛt/la mõtyr]
Mir ist ein Glas meiner Brille zerbrochen.	Un de mes verres est cassé. [ɛ̃ dme vɛr ɛ kase]
Ich bin kurzsichtig/weitsichtig.	Je suis myope/hypermétrope. [ʒə sɥi mjɔp/ipɛrmetrɔp]
• Wie ist Ihre Sehstärke?	Quelle est votre acuité visuelle? [kɛl‿ɛ vɔtr akɥite vizyɛl]
rechts ..., links ...	Œil droit ..., œil gauche ... [œj drwa ... œj goʃ]
Wann kann ich die Brille abholen?	Quand est-ce que je peux venir les chercher? [kɑ̃t‿ɛs‿kəʒ pø vnir le ʃɛrʃe]
Ich brauche ...	Il me faudrait ... [il mə fodrɛ]
Aufbewahrungslösung	du liquide de conservation [dy likid də kõsɛrvasjõ]
Reinigungslösung	du liquide de nettoyage [dy likid də nɛtwajaʒ]
für harte/weiche Kontaktlinsen.	pour lentilles dures/molles. [pur lɑ̃tij dyr/mɔl]
Ich suche ...	Je voudrais ... [ʒvudrɛ]
eine Sonnenbrille.	des lunettes de soleil. [de lynɛt də sɔlɛj]
ein Fernglas.	des jumelles. [de ʒymɛl]

Beim Uhrmacher/Juwelier

Chez l'horloger/Chez le bijoutier

Meine Uhr geht nicht mehr. Können Sie mal nachsehen?	Ma montre ne marche plus. Vous pourriez la regarder, s.v.p.? [ma mõtr nə marʃ ply vu purje la rgarde sil vu plɛ]
Ich möchte ein hübsches Andenken/Geschenk.	Je voudrais un joli souvenir/cadeau. [ʒvudrɛ ɛ̃ ʒɔli suvnir/kado]
• Wieviel wollen Sie ausgeben?	Quel prix voulez-vous y mettre? [kɛl pri vulevu i mɛtr]
Ich möchte etwas nicht zu Teures.	Je voudrais quelque chose de pas trop cher. [ʒvudrɛ kɛlkə ʃoz də pa tro ʃɛr]

Wortliste Uhrmacher/Juwelier

Anhänger	le pendentif [lə pɑ̃dɑ̃tif]
Arm|band	le bracelet [lə braslɛ]
~banduhr	la montre-bracelet [la mɔ̃trəbraslɛ]
Brosche	la broche [la brɔʃ]
Gold	l'or *m* [lɔr]
Kette	le collier [lə kɔlje]
Koralle	le corail [lə kɔraj]
Kristall	le cristal [lə kristal]
Modeschmuck	les bijoux *m* fantaisie [le biʒu fɑ̃tɛzi]
Ohrringe	les boucles *f* d'oreilles [le buklə dɔrɛj]
Perle	la perle [la pɛrl]
Ring	la bague [la bag]
Schmuck	les bijoux *m* [le biʒu]
Silber	l'argent *m* [larʒɑ̃]
Türkis	la turquoise [la tyrkwaz]

Beim Friseur

Chez le coiffeur

Kann ich mich für morgen anmelden?	Est-ce que je peux prendre rendez-vous pour demain? [ɛs‿kəʒ pø prɑ̃dr rɑ̃devu pur dəmɛ̃]
● Wie hätten Sie gern Ihr Haar?	Quelle coiffure/coupe de cheveux désirez-vous? [kɛl kwafyr/kup də ʃvø desirevu]
Waschen und fönen, bitte.	Shampooing et brushing, s.v.p. [ʃɑ̃pwɛ̃ e brəʃiŋ sil vu plɛ]
Schneiden mit/ohne Waschen, bitte.	Une coupe avec/sans shampooing, s.v.p. [yn kup avɛk/sɑ̃ ʃɑ̃pwɛ̃ sil vu plɛ]
Ich möchte ...	Je voudrais ... [ʒvudrɛ]
eine Dauerwelle.	une permanente. [yn pɛrmanɑ̃t]
mir die Haare färben/tönen lassen.	une coloration/un rinçage. [yn kɔlɔrasjõ/ɛ̃ rɛ̃saʒ]
mir Strähnchen färben lassen.	me faire teindre des mèches. [mə fɛr tɛ̃drə de mɛʃ]
Lassen Sie es bitte lang.	Laissez-les longs, s.v.p. [lese le lõ sil vu plɛ]
Nur die Spitzen.	Les pointes seulement. [le pwɛ̃t sœlmɑ̃]
Nicht zu kurz/Ganz kurz/Etwas kürzer, bitte.	Pas trop courts/Très courts/Un peu plus courts, s.v.p. [pa tro kur/trɛ kur/ɛ̃ pø ply kur sil vu plɛ]
Bitte hinten/vorn/oben/an den Seiten etwas wegnehmen.	Enlevez-en un peu derrière/devant/dessus/sur les côtes. [ɑ̃lvez‿ɑ̃ ɛ̃ pø dɛrjɛr/dəvɑ̃/dəsy/syr le kote]
Die Ohren sollen frei sein/bedeckt bleiben.	Dégagez les oreilles./Laissez les oreilles couvertes. [degaʒe lez‿orɛj/lɛse lez‿ɔrɛj kuvɛrt]
Den Scheitel links/rechts, bitte.	La raie à gauche/à droite, s.v.p. [la rɛ a goʃ/a drwat sil vu plɛ]
Einen Messerschnitt, bitte.	Une coupe au rasoir, s.v.p. [yn kup‿o razwar sil vu plɛ]
Bitte etwas toupieren.	Crêpez un peu, s.v.p. [krepe ɛ̃ pø sil vu plɛ]
Bitte kein/nur wenig Haarspray.	Pas de/Un peu de laque seulement. [pa də/ɛ̃ pø də lak sœlmɑ̃]

Rasieren, bitte.	Un rasage, s.v.p. [ɛ̃ razaʒ sil vu plɛ]
Stutzen Sie mir bitte den Bart.	Vous me taillez la moustache/la barbe, s.v.p. [vum taje la mustaʃ/la barbe sil vu plɛ]
Können Sie mir Maniküre machen?	Vous pouvez me faire les mains, s.v.p. [vu puvem fɛr le mɛ̃ sil vu plɛ]
Vielen Dank. So ist es gut.	Merci beaucoup. Ça va très bien. [mɛrsi boku sa va trɛ bjɛ̃]

Wortliste Friseur

Augenbrauen	les sourcils *m* [le sursi]
Bart	la barbe [la barb]
blond	blond/e [blɔ̃/blɔ̃d]
Dauerwelle	la permanente [la pɛrmanɑ̃t]
färben	faire une coloration [fɛr yn kɔlɔrasjɔ̃]
fönen	faire un brushing [fɛr ɛ̃ brəʃiŋ]
frisieren	coiffer [kwafe]
Frisur	la coiffure [la kwafyr]
	la coupe de cheveux [la kup də ʃvø]
Haar	les cheveux [le ʃvø]
fettiges ~	les cheveux gras [le ʃvø gra]
trockenes ~	les cheveux secs [le ʃvø sɛk]
Haar|ausfall	la chute des cheveux [la ʃyt de ʃvø]
~schnitt	la coupe [la kup]
~spray	la laque [la lak]
~teil	le postiche [lə pɔstiʃ]
kämmen	peigner [peɲe]
Koteletten	les pattes *f* [le pat]
legen	faire une mise en plis [fɛr yn miz‿ɑ̃ pli]
Locken	les boucles *f* [le bukl]
~wickler	les bigoudis *m* [le bigudi]
Perücke	la perruque [la peryk]
Pony	la coupe à la Jeanne d'Arc [la kup a la ʒan dark]
sich rasieren lassen	se faire raser [sə fɛr raze]
Scheitel	la raie [la rɛ]
Schnurrbart	la moustache [la mustaʃ]
Schuppen	les pellicules *f* [le pelikyl]
Shampoo	le shampooing [lə ʃɑ̃pwɛ̃]
Stufenschnitt	la coupe en dégradé [la kup ɑ̃ degrade]
stutzen	rafraîchir [rafrɛʃir]
tönen	faire un rinçage [fɛr ɛ̃ rɛ̃saʒ]
Wasserwelle	la mise en plis [la miz‿ɑ̃ pli]

9 Allgemeine Dienste
Services

Geldangelegenheiten

Questions d'argent

Wo ist hier bitte eine Bank/eine Wechselstube?	Pardon, Mme/Mlle/M., je cherche une banque/un bureau de change. [pardõ madam/madmwazɛl/məsjø ʒə ʃɛrʃ yn bɑ̃k/ɛ̃ byrod ʃɑ̃ʒ]
Wann öffnet/schließt die Bank?	La banque ouvre/ferme à quelle heure? [la bɑ̃k uvr/fɛrm‿a kɛl‿œr]
Ich möchte ... DM (Schilling, Schweizer Franken) in Francs wechseln.	Je voudrais changer ... marks (schilling, francs suisses) en francs français/belges. [ʒvudrɛ ʃɑ̃ʒe ... mark (ʃiliŋ, frɑ̃ sɥis) ɑ̃ frɑ̃ frɑ̃sɛ/bɛlʒ]
Wie ist heute der Wechselkurs?	Le mark est à combien aujourd'hui? [lə mark ɛt‿a kõbjɛ̃ oʒurdɥi]
Wieviel Francs bekomme ich für 100 DM?	Pour cent marks, on a combien de francs, s.v.p.? [pur sɑ̃ mark õn‿a kõbjɛ̃d frɑ̃ sil vu plɛ]
Ich möchte diesen Reisescheck/diesen Euroscheck/diese Postanweisung einlösen.	Je voudrais encaisser ce chèque de voyage/ cet eurochèque/ce mandat. [ʒvudrɛ ɑ̃kɛse sə ʃɛk də vwajaz/sɛt‿ørɔʃɛk/sə mɑ̃da]
Auf welchen Betrag kann ich ihn maximal ausstellen?	Quelle est la somme maximale que je peux retirer? [kɛl‿ɛ la sɔm maksimal kəʒ pø rtire]
• Ihre Scheckkarte, bitte.	Votre carte (de chèque), s.v.p. [vɔtrə kartə (də ʃɛk) sil vu plɛ]
• Darf ich bitte Ihren Paß/Ausweis sehen?	Vous avez votre passeport/une pièce d'identité, s.v.p.? [vuz‿ave vɔtrə paspɔr/yn pjɛs didɑ̃tite sil vu plɛ]
• Würden Sie bitte hier unterschreiben?	Vous signez ici, s.v.p. [vu siɲe isi sil vu plɛ]
Ich möchte ... DM/Francs von meinem Konto/Postsparbuch abheben.	Je voudrais retirer ... marks/francs de mon compte/livret de caisse d'épargne. [ʒvudrɛ rtire ... mark/frɑ̃ də mõ kõt/livrɛd kɛs deparɲ]
Ist Geld auf mein Konto überwiesen worden?	Est-ce qu'on a viré de l'argent à mon compte? [ɛs‿kõn‿a vire də larʒɑ̃ a mõ kõt]
• Gehen Sie bitte zur Kasse.	Vous allez à la caisse, s.v.p. [vuz ale a la kɛs sil vu plɛ]

100
X.120
BANQUE DE FRANCE
285136
500
E.221
CINQ CENTS FRANCS
10330
50
Cinquante Francs
358130
200
BANQVE DE FRANCE
M.044
781265
DEVX CENTS FRANCS
20
BANQUE de FRANCE
671213
VINGT FRANCS
F.022

Bitte nur Scheine.	Seulement des billets, s.v.p. [sœlmɑ̃ de bijɛ sil vu plɛ]
Auch etwas Kleingeld.	Un peu de petite monnaie également. [ɛ̃ pød pətit mɔnɛ egalmɑ̃]
Geben Sie mir bitte vier 200-Franc-Scheine und den Rest in Kleingeld.	Vous me donnez quatre billets de deux cents et le reste en petite monnaie, s.v.p. [vum dɔne katrə bijɛd dø sɑ̃ e lə rɛst ɑ̃ ptit mɔnɛ sil vu plɛ]
Ich habe meine Reiseschecks verloren. Was muß ich tun?	J'ai perdu mes chèques de voyage. Qu'est-ce qu'il faut que je fasse? [ʒɛ pɛrdy me ʃɛk də vwajaʒ kɛs‿kil fok jə fas]

In Frankreich wird noch viel in anciens francs *gerrechnet, d.h. 1:100 umgerechnet. Statt* cinquante francs *kann man also oft* cinq mille francs *hören.*

Wortliste Geldangelegenheiten

abheben	retirer [rətire]
auszahlen	payer [peje]
Bank	la banque [la bɑ̃k]
~konto	le compte en banque [lə kɔ̃t‿ɑ̃ bɑ̃k]
~leitzahl	le code établissement [lə kɔd etablismɑ̃]
bar	en espèces [ɑ̃n‿ɛspɛs]
Bargeld	les espèces *f* [lez‿ɛspɛs]
Betrag	le montant [lə mɔ̃tɑ̃], la somme [la sɔm]
Devisen	les devises *f* [le dəviz]
D-Mark	le mark [lə mark]
einzahlen	verser [vɛrse]
Euroscheck	l'eurochèque *m* [lørɔʃɛk]
Formular	le formulaire [lə fɔrmylɛr]
Geheimzahl	le numéro de code [lə nymerod kɔd]
Geld	l'argent *m* [larʒɑ̃]
~automat	la billetterie [la bijɛtri]
~anweisung	le mandat [lə mɑ̃da]
~schein	le billet [lə bijɛ]
~wechsel	le change [lə ʃɑ̃ʒ]
Kleingeld	la monnaie [la mɔnɛ]
Konto	le compte [lə kɔ̃t]
Kreditkarte	la carte de crédit [la kartə də kredi]
Kurs	le cours [lə kur]
Münze	la pièce de monnaie [la pjɛs də mɔnɛ]

Post|anweisung	le mandat [lə mɑ̃da]
~sparbuch	le livret de caisse d'épargne [lə livrɛd kɛs deparɲ]
~sparkasse	la caisse d'épargne [la kɛs deparɲ]
Provision	la commission [la kɔmisjɔ̃]
Quittung	le reçu [lə rəsy]
Reisescheck	le chèque de voyage [lə ʃɛk də vwajaʒ]
Schalter	le guichet [lə giʃɛ]
Scheck	le chèque [lə ʃɛk]
einen ~ ausstellen	tirer un chèque [tire ɛ̃ ʃɛk]
einen ~ einlösen	encaisser un chèque [ɑ̃kese ɛ̃ ʃɛk]
~buch	le carnet de chèques [lə karnɛd ʃɛk]
~gebühr	les frais *m* bancaires [lə frɛ bɑ̃kɛr]
~karte	la carte (de chèque) [la kart (də ʃɛk)]
Schilling	le schilling [lə ʃiliŋ]
Schweizer Franken	le franc suisse [lə frɑ̃ sɥis]
Spar|buch	le livret de caisse d'épargne [lə livrɛd kɛs deparɲ]
~kasse	la caisse d'épargne [la kɛs deparɲ]
~konto	le compte d'épargne [lə kɔ̃t deparɲ]
Überweisung	le virement [lə virmɑ̃]
telegrafische ~	le mandat télégraphique [lə mɑ̃da telegrafik]
umtauschen	changer [ʃɑ̃ʒe]
unterschreiben	signer [siɲe]
Unterschrift	la signature [la siɲatyr]
Währung	la monnaie [la mɔnɛ]
Wechsel|kurs	le cours de change [lə kur də ʃɑ̃ʒ]
~stube	le bureau de change [lə byrod ʃɑ̃ʒ]
zahlen	payer [pɛje], régler [regle]
Zahlkarte	le mandat-carte [lə mɑ̃dakart]
Zahlung	le paiement [lə pɛmɑ̃]
Zahlungsanweisung	le mandat de paiement [lə mɑ̃dad pɛmɑ̃]

Auf der Post

A la poste

Wo ist das nächste Postamt/der nächste Briefkasten?	Où se trouve le bureau de poste le plus proche/la boîte aux lettres la plus proche? [u struv lə byrod pɔst lə ply prɔʃ/la bwat o lɛtrə la ply prɔʃ]

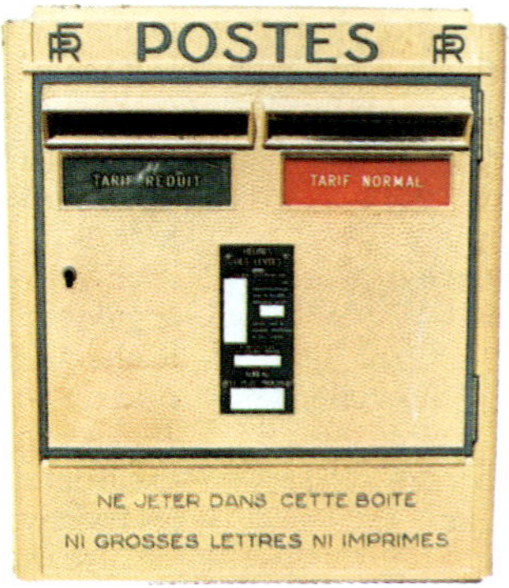

Was kostet ein Brief/eine Postkarte …	Quel est le tarif d'affranchissement des lettres/cartes postales … [kɛl‿ɛ lə tarif dafrɑ̃ʃismɑ̃ de lɛtr/kart pɔstal]
nach Deutschland?	pour l'Allemagne? [pur lalmaɲ]
nach Österreich?	pour l'Autriche? [pur lotriʃ]
in die Schweiz?	pour la Suisse? [pur la sɥis]
Drei Briefmarken zu … Francs, bitte.	Trois timbres à … francs, s.v.p. [tra tɑ̃br a … frɑ̃ sil vu plɛ]

Briefmarken gibt es nicht nur auf der Post, sondern auch im bureau de tabac.

Diesen Brief bitte per …	Je voudrais envoyer cette lettre … [ʒvudrɛ ɑ̃vwaje sɛt lɛtr]
Einschreiben.	en recommandé. [ɑ̃ rəkɔmɑ̃de]
Luftpost.	par avion. [par avjõ]
Express.	en exprès. [ɑ̃n‿ɛksprɛs]
Wie lange braucht ein Brief nach Deutschland?	Quels sont les délais postaux pour l'Allemagne? [kɛl sõ le delɛ pɔsto pur lalmaɲ]
Kann ich bei Ihnen auch Sondermarken bekommen?	Vous avez des timbres de collection? [vuz‿ave de tɛ̃br də kɔlɛksjõ]
Diesen Satz/Je eine Marke, bitte.	Donnez-moi cette série-là/un timbre de chaque série, s.v.p. [dɔne mwa sɛt seri la/ɛ̃ tɛ̃br də ʃak seri sil vu plɛ]

Postlagernd — Poste restante

Ist Post für mich da? Mein Name ist …	Est-ce qu'il y a du courrier pour moi? Mon nom est … [ɛs‿kil‿ja dy kurje pur mwa mõ nõ ɛ]
● Nein, es ist nichts da.	Non, il n'y a rien. [nõ il nja rjɛ̃]
● Ja, es sind zwei Briefe da. Ihren Ausweis, bitte.	Oui, il y a deux lettres. Vous avez une pièce d'identité? [wi il‿ja dø lɛtr vuz‿avɛ yn pjɛs didɑ̃tite]

Telegramme/Telefax — Télégrammes/Téléfax

Ich möchte ein Telegramm aufgeben.	Je voudrais envoyer un télégramme. [ʒvudrɛ ɑ̃vwaje ɛ̃ telegram]
Können Sie mir bitte beim Ausfüllen helfen?	Vous pouvez m'aider à remplir la formule, s.v.p.? [vu puve mede a rɑ̃plir la fɔrmyl sil vu plɛ]
Was kostet ein Wort?	Quelle est le tarif par mot? [kɛl‿ɛ lə tarif par mo]
● Bis 10 Worte kostet es …, jedes weitere Wort …	Jusqu'à dix mots, c'est …, et c'est … par mot en plus. [ʒyska di mo sɛ … e sɛ … par mo ɑ̃ plys]
Kommt das Telegramm heute noch in … an?	Est-ce que mon télégramme va arriver aujourd'hui à …? [ɛs‿kə mõ telegram va arive oʒurdɥi a]
Kann ich bei Ihnen ein Telefax nach … schikken?	Est-ce que je peux envoyer un fax à …, d'ici? [ɛs‿kəʒ pø ɑ̃vwaje ɛ̃ faks a … disi]

Wortliste Post

► auch Wortliste Geldangelegenheiten

absenden	envoyer [ɑ̃vwaje], expédier [ɛkspɛdje]
Absender	l'expéditeur *m* [lɛkspeditœr]
Adresse	l'adresse *f* [ladrɛs]
aufgeben	*(Brief)* poster [pɔste]
	(Telegramm) envoyer [ɑ̃vwaje]
ausfüllen	remplir [rɑ̃plir]
Bestimmungsort	la destination [la destinasjõ]

Brief	la lettre [la lɛtr]
~kasten	la boîte aux lettres [la bwat‿o lɛtr]
~marke	le timbre [lə tɛ̃br]
~markenautomat	le distributeur automatique de timbres [lə distribytœr ɔtomatik də tɛ̃br]
~träger/in	le facteur [lə faktœr]
~umschlag	l'enveloppe *f* [lɑ̃vlɔp]
Drucksache	l'imprimé *m* [lɛ̃prime]
Eilbrief	la lettre exprès [la lɛtr‿ɛksprɛs]
Einschreibebrief	la lettre recommandée [la lɛtrə rəkɔmɑ̃de]
Empfänger	le destinataire [lə dɛstinatɛr]
Empfangsbestätigung	le récépissé [lə resepise]
Formular	la formule [la fɔrmyl]
frankieren	affranchir [afrɑ̃ʃir]
Gebühr	la taxe [la taks], le tarif [lə tarif]
Gewicht	le poids [lə pwa]
Hauptpostamt	la poste centrale [la pɔstə sɑ̃tral]
Leerung	la levée [la ləve]
Luftpost, mit	par avion [par‿avjɔ̃]
Nachnahme, per	contre remboursement [kɔ̃trə rɑ̃bursəmɑ̃]
nachsenden	faire suivre [fɛr sɥivr]
Päckchen	le paquet [lə pakɛ]
Paket	le colis [lə kɔli]
~karte	le bulletin d'expédition [lə byltɛ̃ dɛkspedisjɔ̃]
Porto	le port [lə pɔr]
Post|amt	le bureau de poste [lə byrod pɔst]
~karte	la carte postale [la kart pɔstal]
~lagernd	poste restante [pɔstə rɛstɑ̃t]
~leitzahl	le code postal [lə kɔd pɔstal]
Schalter	le guichet [lə giʃɛ]
~stunden	les heures *f* d'ouverture des guichets [lez‿œr duvɛrtyr de giʃɛ]
Sondermarke	le timbre de collection [lə tɛ̃brə də kɔlɛksjø]
Telefax	le (télé)fax [lə (tele)faks]
Telegramm	le télégramme [lə telegram]
Telex	le télex [lə telɛks]
Vordruck	la formule [la fɔrmyl]
Wertangabe	la déclaration de valeur [la deklarasjɔ̃d valœr]
Zollerklärung	la déclaration en douane [la deklarasjɔ̃ ɑ̃ duan]

Telefonieren

Téléphone

Dürfte ich wohl Ihr Telefon benutzen?	Est-ce que je peux téléphoner? [ɛs‿kəʒ pø telefɔne]
Wo ist die nächste Telefonzelle?	Pardon, Mme/Mlle/M., je cherche une cabine téléphonique. [pardõ madam/madmwazɛl/məsjø ʒə ʃɛrʃ yn kabin telefɔnik]
Ich möchte eine Telefonkarte.	Je voudrais une télécarte. [ʒvudrɛ yn telekart]
Können Sie mir bitte wechseln? Ich brauche Kleingeld zum Telefonieren.	Vous pouvez me faire de la monnaie, s.v.p. C'est pour téléphoner. [vu puvem fɛr dla mɔnɛ sil vu plɛ se pur telefɔne]
Haben Sie ein Telefonbuch von ...?	Vous avez l'annuaire de ...? [vuz‿ave lanyɛr də]
Wie ist die Vorwahl von ...?	Quel est l'indicatif de ...? [kɛl ɛ lɛdikatif də]

So wird über die Internationale Direktwahl gewählt:

Auslandsvorwahl Bundesrepublik West **19** Neue Bundesländer **19**	Landeskennzahl **49** **37**	Ortsnetzkennzahl »**0**« weglassen	Teilnehmernummer
Auslandsvorwahl Österreich **19**	Landeskennzahl **43**	Ortsnetzkennzahl »**0**« weglassen	Teilnehmernummer
Auslandsvorwahl Schweiz **19**	Landeskennzahl **41**	Ortsnetzkennzahl »**0**« weglassen	Teilnehmernummer

1 Introduisez dans la fente ci-dessus un Jeton pour Téléphone Public.
2 Décrochez le combiné.
3 Attendez la tonalité, puis formez le numéro d'appel de votre correspondant.
4 Quand vous entendrez celui-ci, enfoncez le bouton.
5 En cas de non réponse, de fausse manœuvre ou d'occupation, raccrochez le combiné et le Jeton vous sera rendu.

Attention

A partier de cet appareil il n'est pas possible d'obtenir de communications INTERURBAINES ou RÉGIONALES!

1. *Eine Telefonmünze einwerfen.*
2. *Den Hörer abnehmen.*
3. *Freizeichen abwarten, dann wählen.*
4. *Wenn sich der Teilnehmer meldet, Knopf drücken.*
5. *Wenn keine Verbindung zustande kommt, Hörer wieder einhängen. Die Telefonmünze wird zurückgegeben.*

Achtung!

Von diesem Apparat aus sind keine Ferngespräche möglich.

Telefonnummern lassen sich in allen Postämtern über Bildschirmtext (minitel) *abrufen.*

Auskunft, bitte, geben Sie mir die Nummer von ...	Allô, les renseignements? Donnez-moi le numéro de ... [alo le rɑ̃sɛɲmɑ̃ dɔnemwa lə nymero də]
Bitte ein Ferngespräch nach ...	Je voudrais téléphoner à ..., s.v.p. [ʒvudrɛ telefɔne a ... sil vu plɛ]
Ich möchte ein R-Gespräch anmelden.	Je voudrais un numéro en P.C.V. [ʒvudrɛ ɛ̃ nymero ɑ̃ pe se ve]
Können Sie mich bitte mit ... verbinden?	Passez-moi ..., s.v.p. [pase mwa ... sil vu plɛ]
• Gehen Sie in Kabine Nr. ...	Cabine numéro ... [kabin nymero]
Die Leitung ist besetzt.	La ligne est occupée. [la liɲ ɛt‿ɔkype]
Es meldet sich niemand.	Ça ne répond pas. [san repɔ̃ pa]
• Bleiben Sie bitte am Apparat.	Ne quittez pas. [nə kite pa]
Hier spricht ...	Mme/Mlle/M. ... à l'appareil. [madam/madmwazɛl/məsjø ... a laparɛj]
Hallo, mit wem spreche ich?	Allô? Qui est à l'appareil? [alo ki ɛt‿a laparɛj]
Kann ich bitte Herrn/Frau/Fräulein ... sprechen?	Est-ce que je pourrais parler à Mme/Mlle/M. ..., s.v.p.? [ɛs‿kəʒ purɛ parle a məsjø/madam/madmwazɛl ... sil vu plɛ]
• Ich verbinde.	Je vous le/la passe. [ʒə vu lə/la pas]
• Tut mir leid, er/sie ist nicht da.	Je suis désolé/e, il/elle n'est pas là. [jə sɥi dezɔle il/ɛl nɛ pa la]
Wann wird er/sie zurück sein?	Quand est-ce qu'il/elle sera de retour? [kɑ̃t‿ɛs‿kil/ɛl sərad rətur]
• Kann er/sie Sie zurückrufen?	Il/Elle peut vous rappeler, si vous voulez? [il/ɛl pø vu raplɛ si vu vule]
Ja, meine Nummer ist ...	D'accord. Mon numéro, c'est le ... [dakɔr mɔ̃ nymero sɛ lə]
• Möchten Sie eine Nachricht hinterlassen?	Vous voulez laisser un message? [vu vule lese ɛ̃ mɛsaʒ]
Würden Sie ihm/ihr bitte sagen, ich hätte angerufen?	Dites-lui que j'ai téléphoné. [dit lɥi kə jɛ telefɔne]

Könnten Sie ihm/ihr etwas ausrichten?	Vous pourriez lui faire une commission? [vu purje lɥi fɛr yn kɔmisjɔ̃]
Ich rufe später nochmal an.	Je rappellerai. [ʒrapɛlrɛ]
● Kein Anschluß unter dieser Nummer.	Il n'y a pas d'abonné au numéro que vous avez demandé. [il nija pa dabɔne o nymero kə vuz‿ave dmɑ̃de]

Wortliste Telefonieren

abnehmen	décrocher [dekrɔʃe]
Anruf	le coup de téléphone [lə ku də telefɔn]
~beantworter	le répondeur automatique [lə repɔ̃dœr ɔtomatik]
anrufen	appeler [apəle] téléphoner à [telefɔne a]
Auskunft	les renseignements *m* [le rɑ̃sɛɲəmɑ̃]
Auslandsgespräch	un appel pour l'étranger [ɛ̃n‿apɛl pur letrɑ̃ʒe]
besetzt	occupé [ɔkype]
durchwählen	composer directement [kɔ̃poze dirɛktəmɑ̃]
Fern|gespräch	la communication interurbaine [la kɔmynikasjɔ̃ ɛ̃tɛryrbɛn]
~sprechamt	l'inter(urbain) [lɛ̃tɛr(yrbɛ̃)]
Gebühr	la taxe [la taks] le tarif [lə tarif]
Gespräch	la communication [la kɔmynikasjɔ̃] l'entretien *m* téléphonique [lɑ̃trətjɛ̃ telefɔnik]
Hörer	le combiné [lə kɔ̃bine]
Münzfernsprecher	la cabine téléphonique [la kabin telefɔnik]
Ortsgespräch	la communication en ville [la kɔmynikasjɔ̃ ɑ̃ vil]
R-Gespräch	l'appel *m* en P.C.V. [lapɛl ɑ̃ pe se ve]
Rufnummer	le numéro de téléphone [lə nymerod telefɔn]

Störungsstelle	le service des dérangements [lə sɛrvis de derɑ̃ʒmɑ̃]
Telefon	le téléphone [lə telefɔn]
~buch	l'annuaire *m* [lanyɛr]
	le Bottin [lə bɔtɛ̃]
~gespräch	la communication [la kɔmynikasjõ]
	l'entretien *m* téléphonique [lɑ̃trətjɛ̃ telefɔnik]
~karte	la télécarte [la telekart]
Telefon|nummer	le numéro de téléphone [lə nymerod telefɔn]
~zelle	la cabine téléphonique [la kabin telefɔnik]
~zentrale	le standard [lə stɑ̃dar]
Verbindung	la communication [la kɔmynikasjõ]
Voranmeldung	la communication avec préavis [la kɔmynikasjõ avɛk preavi]
Vorwahlnummer	l'indicatif *m* [lɛ̃dikatif]
wählen	composer le numéro [kõpɔse lə nymero]

Auf der Polizei

Au poste de police/Au commissariat

▸ **auch Kap. 3, Mit dem Auto unterwegs – Verkehrsunfall**

Die Polizei erreichen Sie überall unter 17, die Feuerwehr unter 18.

Wo ist bitte das nächste Polizeirevier?	Où est le commissariat de police le plus proche, s.v.p.? [u ɛ lə kɔmisariad pɔlis lə ply prɔʃ sil vu plɛ]
Ich möchte einen Diebstahl/Verlust/Unfall anzeigen.	Je voudrais faire une déclaration de vol/de perte/d'accident. [ʒvudrɛ fɛr yn deklarasjõ dvɔl/də pɛrt/daksidɑ̃]

Mir ist ... gestohlen worden.	On m'a volé ... [õ ma vɔle]
die Handtasche	mon sac à main. [mõ sak a mɛ̃]
die Brieftasche	mon portefeuille. [mõ pɔrtəfœj]
mein Fotoapparat	mon appareil-photo. [mõn‿aparɛjfɔto]
mein Auto/mein Fahrrad	ma voiture/mon vélo. [ma vwatyr/mõ velo]
Mein Auto ist aufgebrochen worden.	On a fracturé la porte de ma voiture. [õn‿a fraktyre la pɔrtə də ma vwatyr]
Aus meinem Auto ist ... gestohlen worden.	On a volé ... dans ma voiture. [õn‿a vɔle ... dɑ̃ ma vwatyr]
Ich habe ... verloren.	J'ai perdu ... [ʒe pɛrdy]
Mein Sohn/Meine Tochter ist verschwunden.	Mon fils/Ma fille a disparu. [mõ fis/ma fij a dispary]
Dieser Mann belästigt mich.	Cet homme ne cesse de m'importuner. [sɛt ɔm nə sɛs də mɛ̃pɔrtyne]
Können Sie mir bitte helfen?	Vous pouvez m'aider, s.v.p.? [vu puve mede sil vu plɛ]
• Wann genau ist das passiert?	Ça s'est passé quand exactement? [sa sɛ pase kɑ̃ ɛgzaktəmɑ̃]
• Wir werden der Sache nachgehen.	On va s'en occuper. [õ va sɑ̃n‿ɔkype]
Ich habe damit nichts zu tun.	Je ne suis pour rien dans cette histoire. [ʒən sɥi pur rjɛ̃ dɑ̃ sɛt‿istwar]
• Ihren Namen und Ihre Anschrift, bitte.	Votre nom et votre adresse, s.v.p.. [vɔtrə nõ e vɔtr‿adrɛs sil vu plɛ]
• Wenden Sie sich bitte an das deutsche/österreichische/Schweizer Konsulat.	Adressez-vous ou consulat d'Allemagne/d'Autriche/de Suisse, s.v.p. [adrɛse vu o kõsyla dalmaɲ/dotriʃ/də sɥis sil vu plɛ]

Wortliste Polizei

anzeigen	faire une déclaration [fɛr‿yn deklarasjõ]
aufbrechen	fracturer [fraktyre]
Auto|radio	l'autoradio *m* [lɔtoradjo]
~schlüssel	les clés *f* de voiture [le kled vwatyr]
belästigen	importuner [ɛ̃pɔrtyne]
beschlagnahmen	confisquer [kõfiske]
Dieb	le voleur [lə vɔlœr]
~stahl	le vol [lə vɔl]
Gefängnis	la prison [la prizõ]
Geldbörse	le porte-monnaie [lə pɔrtmɔnɛ]
Gericht	le tribunal [lə tribynal]
Kfz-Schein	la carte grise [la kartə griz]
Papiere	les papiers *m* [le papje]
Personalausweis	la pièce d'identité [la pjɛs didɑ̃tite]
Polizei	la police [la pɔlis]
~wagen	la voiture de police [la vwatyr də pɔlis]
Polizist/in	l'agent *m* de police [laʒɑ̃d pɔlis]
Rauschgift	la drogue [la drɔg]
Rechtsanwalt	l'avocat *m* [lavɔka]
Reisepaß	le passeport [lə paspɔr]
Richter	le juge [lə ʒyʒ]
Schlüssel	la clé [la kle]
Schmuggel	la fraude [la frod]
Schuld	la culpabilité [la kylpabilite]
Taschendieb	le voleur à la tire [lə vɔlœr a la tir] le pickpocket [lə pikpɔkɛt]
Überfall	*(Person)* l'agression *f* [lagrɛsjõ] *(Bank)* le hold-up [ɔldœp]
Untersuchungshaft	la détention préventive [la detɑ̃sjõ prevɑ̃tiv]
Verbrechen	le crime [lə krim]
Vergewaltigung	le viol [lə vjɔl]
verhaften	arrêter [arɛte]
verlieren	perdre [pɛrdr]
zusammenschlagen	rouer de coups [rued ku]

Fundbüro

Bureau des objets trouvés

Wo ist das Fundbüro, bitte?	Où est le bureau des objets trouvés, s.v.p.? [u‿ɛ lə byro dez‿ɔbʒɛ truve sil vu plɛ]
Ich habe ... verloren.	J'ai perdu ... [ʒɛ pɛrdy]
Ich habe meine Handtasche im Zug vergessen.	J'ai oublié mon sac à main dans le train. [ʒɛ ublie mõ sak‿a mɛ̃ dɑ̃l trɛ̃]
Benachrichtigen Sie mich bitte, wenn sie abgegeben/gefunden werden sollte.	Avertissez-moi si on le rapporte/si on le retrouve. [avɛrtisemwa si õ lə rapɔrt/si õ lə rtruv]
Hier ist meine Hotelanschrift/Heimatadresse.	Voici l' adresse de mon hôtel/mon adresse personnelle. [vwasi ladrɛs də mõ‿otel/mõn‿adrɛs pɛrsɔnɛl]

10 Gesundheit
La santé

In der Apotheke

A la pharmacie

Wo ist die nächste Apotheke (mit Nachtdienst)?	Vous pourriez m'indiquer une pharmacie (de garde), s.v.p.? [vu purje mɛ̃dike yn farmasi (də gard) sil vu plɛ]
Geben Sie mir bitte etwas gegen …	Donnez-moi quelque chose contre …, s.v.p. [dɔne mwa kɛlkə ʃoz kɔ̃tr … sil vu plɛ]
• Dieses Mittel ist rezeptpflichtig.	Ce médicament n'est délivré que sur ordonnance. [sə medikamɑ̃ nɛ delivre kə syr‿ɔrdɔnɑ̃s]
Kann ich darauf warten?	Je peux attendre, si vous voulez. [ʒpø atɑ̃dr si vu vule]
Wann kann ich es abholen?	Quand est-ce que je peux venir le chercher. [kɑ̃t‿ɛs kəʒ pø vnir lə ʃɛrʃe]

Wortliste Apotheke ▶ auch Wortliste Arzt/Zahnarzt/Krankenhaus

Abführmittel	le laxatif [lə laksatif]
Antibabypille	la pillule (anticonceptionnelle) [la pilyl (ɑ̃tikɔ̃sɛpsjɔnɛl)]
Antibiotikum	l'antibiotique *m* [lɑ̃tibjɔtik]
Aspirin	l'aspirine *f* [laspirin]
Augentropfen	le collyre liquide [lə kɔlir likid] les gouttes *f* pour les yeux [le gut pur lez‿jø]
Beruhigungsmittel	le tranquillisant [lə trɑ̃kilizɑ̃] le calmant [lə kalmɑ̃]
Brandsalbe	la pommade contre les brûlures [la pɔmad kɔ̃trə le brylyr]
Desinfektionsmittel	l'antiseptique *m* [lɑ̃tisɛptik]
einnehmen	prendre [prɑ̃dr]
Elastikbinde	le bandage élastique [lə bɑ̃daʒ elastik]
vor dem Essen	avant les repas [avɑ̃ le rpa]
nach dem Essen	après les repas [aprɛ le rpa]
Fieberthermometer	le thermomètre [lə tɛrmɔmɛtr]
Gegengift	l'antidote *m* [lɑ̃tidɔt]
Gurgelwasser	le gargarisme [lə gargarism]
Halstabletten	les pastilles *f* contre le mal de gorge [le pastij kɔ̃trə lə mal də gɔrʒ]

Hustensaft	le sirop contre la toux [lə siro kõtrə la tu]
Insektenmittel	l'insecticide *m* [lɛ̃sɛktisid]
Insulin	l'insuline *f* [lɛ̃sylin]
Jod(tinktur)	la teinture d'iode [la tɛ̃tyr djɔd]
Kamillentee	la camomille [la kamɔmij]
Kopfschmerztabletten	les cachets *m* contre les maux de tête [le kaʃɛ kõtrə le mod tɛt]
Kreislaufmittel	le médicament pour la circulation [lə medikamɑ̃ pur la sirkylasjõ]
auf nüchternen Magen	l'estomac *m* vide [lɛstɔma vid] à jeun [a ʒɛ̃]
Magentropfen	les gouttes *f* pour les maux d'estomac [le gut pur le mo dɛstɔma]
Medikament	le médicament [lə medikamɑ̃]
Mittel	le remède [lə rəmɛd]
Mullbinde	la gaze [la gaz]
im Mund zergehen lassen	laisser fondre dans la bouche [lese fõdrə dɑ̃ la buʃ]
Ohrentropfen	les gouttes *f* pour les oreilles [le gut pur lez‿ɔrɛj]
Pflaster	le tricostéril [lə trikosteril] le sparadrap [lə sparadra]
Präservativ	le préservatif [lə prezɛrvatif]
Puder	la poudre [la pudr]
Rezept	l'ordonnance *f* [lɔrdɔnɑ̃s]
Salbe	la pommade [la pɔmad]
Schlaftabletten	les somnifères *m* [le sɔmnifɛr]
Schmerztabletten	les cachets *m* contre la douleur [le kaʃɛ kõtrə la dulœr]
Sonnenbrand	le coup de soleil [lə ku də sɔlɛj]
Tablette	le comprimé [lə kõprime] le cachet [lə kaʃɛ]
Traubenzucker	le glucose [lə glykoz]
Tropfen	les gouttes *f* [le gut]
Watte	le coton hydrophile [lə kɔtõ idrɔfil]
Zäpfchen	les suppositoires *m* [le sypozitwar]

Arztbesuch

Chez le médecin

Können Sie mir einen guten ... empfehlen?	Vous pourriez m'indiquer un bon ... s.v.p.? [vu purje mẽdike ẽ bõ ... sil vu plɛ]
Arzt	médecin [medsẽ]
Augenarzt	oculiste [ɔkylist]
Frauenarzt	gynécologue [ʒinekɔlɔg]
Hals-Nasen-Ohren-Arzt	oto-rhino(-laryngologiste) [ɔtorino(larẽgɔlɔʒist)]
Hautarzt	dermatologue [dɛrmatɔlɔg]
Heilpraktiker	guérisseur [gerisœr]
Internisten	spécialiste des maladies internes [spesjalistə de maladiz‿ẽtern]
Kinderarzt	pédiatre [pedjatr]
Nervenarzt	neurologue [nørɔlɔg]
Praktischen Arzt	généraliste [ʒeneralist]
Urologen	urologue [yrɔlɔg]
Zahnarzt	dentiste [dɑ̃tist]
Wo ist seine Praxis?	Où se trouve son cabinet, s.v.p.? [u struv sõ kabine sil vu plɛ]
Wann hat er Sprechstunde?	Quelles sont ses heures de consultation? [kɛl sõ sez‿œr də kõsyltasjõ]
• Was für Beschwerden haben Sie?	Qu'est-ce qui ne va pas? [kɛs‿kin va pa]
Ich fühle mich nicht wohl.	Je ne me sens pas très bien. [ʒən mə sɑ̃ pa trɛ bjẽ]
Ich habe Fieber.	J'ai de la fièvre. [ʒɛ dla fjɛvr]
Ich kann nicht schlafen.	Je ne dors pas la nuit. [ʒən dɔr pa la nɥi]
Mir ist oft schlecht/schwindelig.	J'ai souvent des nausées/vertiges. [ʒɛ suvɑ̃ de noze/vɛrtiʒ]
Ich bin ohnmächtig geworden.	J'ai eu une syncope. [ʒɛ y yn sẽkɔp]
Ich bin stark erkältet.	Je suis très enrhumé. [ʒə sɥi trɛz‿ɑ̃ryme]
Ich habe Kopfschmerzen/Halsschmerzen.	J'ai mal à la tête/à la gorge. [ʒɛ mal a la tɛt/a la gɔrʒ]
Ich habe Husten.	Je tousse beaucoup. [ʒə tus boku]
Ich bin gestochen/gebissen worden.	J'ai été piqué/mordu. [ʒɛ ete pike/mɔrdy]

Ich habe mir den Magen verdorben.	J'ai une indigestion. [ʒe yn‿ɛ̃diʒɛstjõ]
Ich habe Durchfall/Verstopfung.	J'ai la diarrhée./Je suis constipé. [ʒe la djare/ʒə sɥi kõstipe]
Ich vertrage das Essen/die Hitze nicht.	Je digère mal./Je ne supporte pas la chaleur. [ʒə diʒɛr mal/ʒən sypɔrtə pa la ʃalœr]
Ich habe mich verletzt.	Je me suis blessé. [ʒəm sɥi blese]
Ich bin gestürzt.	Je suis tombé. [ʒə sɥi tõbe]
Ich glaube, ich habe mir ... gebrochen/verstaucht.	Je crois que je me suis cassé/foulé ... [ʒə krwa kə ʒəm sɥi kase/fule]
• Wo tut es weh?	Où est-ce que vous avez mal? [u ɛs‿kə vuz‿ave mal]
Ich habe hier Schmerzen.	J'ai mal ici. [ʒɛ mal isi]
• Tut es hier weh?	C'est ici que vous avez mal? [sɛt‿isik vuz‿ave mal]
Ich habe einen hohen/niedrigen Blutdruck.	Je fais de l'hypertension/de l'hypotension. [ʒfɛ də lipɛrtɑ̃sjõ/də lipotɑ̃sjõ]
Ich bin Diabetiker.	Je suis diabétique. [ʒə sɥi djabetik]
Ich bin schwanger.	J'attends un enfant/Je suis enceinte. [ʒatɑ̃ ɛ̃n‿ɑ̃fɑ̃/ʒə sɥiz‿ɑ̃sɛ̃t]
Ich hatte vor kurzem ...	J'ai eu récemment ... [ʒɛ y resamɑ̃]
• Bitte, machen Sie sich/Ihren Arm frei.	Déshabillez-vous/Retroussez votre manche, s.v.p. [desabijevu/rətruse vɔtrə mɑ̃ʃ sil vu plɛ]
• Bitte tief einatmen. Atem anhalten.	Inspirez profondément. Retenez votre respiration. [ɛ̃spire prɔfõdemɑ̃ rətne vɔtrə rɛspirasjõ]
• Öffnen Sie den Mund.	Ouvrez la bouche. [uvre la buʃ]
• Zeigen Sie die Zunge.	Tirez la langue. [tire la lɑ̃g]
• Husten, bitte.	Toussez, s.v.p. [tuse sil vu plɛ]
• Wie lange fühlen Sie sich schon so?	Depuis combien de temps vous sentez-vous ainsi? [dəpɥi kõbjɛ̃d tɑ̃ vu sɑ̃te vuɛ̃si]

● Haben Sie Appetit?	Vous avez de l'appétit? [vuz‿ave də lapeti]
Ich habe keinen Appetit.	Je n'ai pas d'appétit. [ʒə nɛ pa dapeti]
● Haben Sie einen Impfschein?	Vous avez un certificat de vaccination? [vuz‿ave ɛ̃ sɛrtifikad vaksinasjõ]
Ich bin gegen ... geimpft.	Je suis vacciné/e contre ... [ʒə sɥi vaksine kõtr]
● Sie müssen geröntgt werden.	Il faut que vous vous fassiez faire une radio. [il fo kə vu vu fasje fɛr yn radjo]
● Ich brauche eine Blut-/Urinprobe.	C'est pour une analyse de sang/d'urine. [sɛ pur yn‿analiz də sɑ̃/dyrin]
● Ich muß Sie an einen Facharzt überweisen.	Il va falloir consulter un spécialiste. [il va falwar kõsylte ɛ̃ spesjalist]
● Sie müssen operiert werden.	Il va falloir vous faire opérer. [il va falwar vu fɛr‿ɔpere]
● Sie brauchen ein paar Tage Bettruhe.	Vous allez garder le lit pendant deux ou trois jours. [vuz‿ale garde lə li pɑ̃dɑ̃ dø u trwa ʒur]
● Es ist nichts Ernstes.	Il n'y a rien de grave. [il nja rjɛ̃d grav]
Können Sie mir bitte etwas gegen ... geben/verschreiben?	Vous pouvez me donner/me prescire quelque chose contre ..., s.v.p.? [vu puve mə dɔne/mə prɛskrir kɛlkə ʃoz kõtr ... sil vu plɛ]
Normalerweise nehme ich ...	Normalement, je prends ... [nɔrmalmɑ̃ ʒə prɑ̃]
● Nehmen Sie eine Tablette vor dem Schlafengehen.	Vous prendrez un comprimé chaque soir, avant de vous coucher. [vu prɑ̃dre ɛ̃ kõprime ʃak swar avɑ̃d vu kuʃe]
Hier ist mein internationaler Krankenschein.	Voici ma feuille de maladie internationale. [vwasi ma fœj də maladi ɛ̃tɛrnasjɔnal]
Können Sie mir bitte ein ärztliches Attest ausstellen?	Vous pouvez me faire un certificat médical, s.v.p.? [vu puvem fɛr‿ɛ̃ sɛrtifika medikal sil vu plɛ]

Arzt- und Medikamentenkosten werden nur bei Konsultation eines zugelassenen Arztes (médecin conventionné) zurückerstattet.

Beim Zahnarzt

Chez le dentiste

Ich habe (starke) Zahnschmerzen.	J'ai (très) mal aux dents. [ʒə (trɛ) mal‿o dɑ̃]
Dieser Zahn (oben/unten/vorn/hinten) tut weh.	C'est cette dent-là (en haut/en bas/devant/derrière) qui me fait mal. [sɛ sɛt dɑ̃la (ɑ̃ o/ɑ̃ ba/dəvɑ̃/dɛrjɛr) kim fɛ mal]
Ich habe eine Füllung verloren.	J'ai perdu un plombage. [ʒə pɛrdy ɛ̃ plɔ̃baʒ]
Mir ist ein Zahn abgebrochen.	Je me suis cassé une dent. [ʒəm sɥi kase yn dɑ̃]
• Ich muß ihn plombieren.	Je vais vous faire un plombage. [ʒvɛ vu fɛr ɛ̃ plɔ̃baʒ]
• Ich behandle ihn nur provisorisch.	Je ne vous ferai qu'un traitement provisoire. [ʒən vu fre kɛ̃ trɛtmɑ̃ prɔvizwar]
• Ich muß ihn ziehen.	Il faut que je l'arrache. [il fo kəʒ laraʃ]
• Dieser Zahn muß eine Krone bekommen.	Il faut que je mette une couronne à cette dent. [il fo kəʒ mɛt‿yn kurɔn a sɛt dɑ̃]
Geben Sie mir bitte eine/keine Spritze.	Faites-moi une piqûre/Ne me faites pas de piqûre, s.v.p. [fɛtmwa yn pikyr/nəm fɛt pad pikyr sil vu plɛ]
• Bitte gut spülen.	Rincez-vous bien la bouche. [rɛ̃sevu bjɛ̃ la buʃ]
Können Sie diese Prothese reparieren?	Vous pouvez réparer cette prothèse? [vu puve repare sɛt prɔtɛz]
• Kommen Sie in zwei Tagen bitte nochmal zum Nachsehen.	Repassez après-demain, s.v.p., pour que je voie ce que ça donne. [rəpase aprɛdmɛ̃ sil vu plɛ pur kəʒ vwa skə sa dɔn]
• Suchen Sie dann zu Hause gleich Ihren Zahnarzt auf.	Dès votre retour chez vous, vous irez voir votre dentiste. [dɛ vɔtrə rətur ʃe vu vuz‿ire vwar vɔtrə dɑ̃tist]

Im Krankenhaus

A l'hôpital

Wie lange muß ich hier bleiben?	Combien de temps est-ce que je vais devoir rester ici? [kõbjɛ̃d tɑ̃ ɛs‿kə ʒə vɛ dəvwar rɛste isi]
Ich kann nicht einschlafen. Geben Sie mir bitte eine Schmerztablette/Schlaftablette.	Je n'arrive pas à m'endormir. Donnez-moi un cachet contre la douleur/un somnifère, s.v.p. [ʒə nariv pa a mɑ̃dɔrmir dɔne mwa ɛ̃ kaʃɛ kõtrə la dulœr/ɛ̃ sɔmnifɛr sil vu plɛ]
Wann darf ich aufstehen/ausgehen?	Quand est-ce que je pourrai me lever/sortir de la chambre? [kɑ̃t‿əs‿kəʒ purɛm lve/sɔrtir də la ʃɑ̃br]
Geben Sie mir bitte eine Bescheinigung über die Dauer des Krankenhausaufenthalts mit Diagnose.	Faites-moi un certificat indiquant la durée de mon séjour à l'hôpital ainsi que le diagnostic, s.v.p. [fɛtmwa ɛ̃ sɛrtifika ɛ̃dikɑ̃ la dyre də mõ seʒur a lɔpital ɛ̃si kə lə djagnɔstik sil vu plɛ]

Wortliste Arzt/Zahnarzt/Krankenhaus

Abszeß	l'abcès *m* [labsɛ]
Ader	*(Blut~)* la veine [la vɛn]
	(Schlag~) l'artère *f* [lartɛr]
Aids	le sida [lə sida]
Allergie	l'allergie *f* [lalɛrʒi]
allergisch sein gegen …	être allergique à … [ɛtr‿alɛrʒik a]
Anfall	l'attaque *f* [latak]
	la crise [la kriz]
Angina	l'angine *f* [lɑ̃ʒin]
ansteckend	contagieux/contagieuse [kõtaʒjø/kõtaʒjøz]
Appetitlosigkeit	le manque d'appétit [lə mɑ̃k dapeti]
Arm	le bras [lə bra]
Asthma	l'asthme *m* [lasm]
Atembeschwerden	les troubles *m* respiratoires [le trublə rɛspiratwar]
atmen	respirer [rɛspire]
Attest	l'attestation *f* [latɛstasjõ]
	le certificat [lə sɛrtifika]

Augen	les yeux *m* [lez‿jø]
Ausschlag	l'éruption *f* [lerypsjõ] les boutons *m* [le butõ]
Bänderriß	la rupture de tendon [la ryptyr də tãdõ]
Bauch	le ventre [lə vãtr]
Bein	la jambe [la ʒãb]
Bescheinigung	le certificat [lə sɛrtifika] l'attestation *f* [latɛstasjõ]
Besuchszeit	les heures *f* de visites [lez‿œr də vizit]
bewußtlos	sans connaissance [sã kɔnɛsãs] évanoui/e [evanui]
Blähungen	les vents *m* [le vã]
Blase	la vessie [la vesi]
Blinddarm	l'appendice *m* [lapɛ̃dis]
~entzündung	l'appendicite *f* [lapɛ̃disit]
Blut	le sang [lə sã]
~druck (hoher/niedriger)	la tension (l'hypertension *f*/l'hypotension *f*) [la tãsjõ (lipɛrtãsjõ/lipotãsjõ)]
bluten	saigner [seɲe]
Blut|erguß	l'hémorragie *f* [lemɔraʒi]
~gruppe	le groupe sanguin [lə grup sãgɛ̃]
~probe	l'analyse *f* de sang [lanaliz də sã]
~transfusion	la transfusion (sanguine) [la trãsfyzjõ (sãgin)]
~ung	le saignement [lə sɛɲəmã]
~vergiftung	la septicémie [la sɛptisemi]
Brechreiz	la nausée [la noze]
Bronchien	les bronches *f* [le brõʃ]
Bronchitis	la bronchite [la brõʃit]
Bruch	*(Knochen~)* la fracture [la fraktyr] *(Leisten~)* la hernie [la ɛrni]
Brust	la poitrine [la pwatrin]
~korb	la cage thoracique [la kaʒ tɔrasik]
Bypass	le by-pass [lə baipas]
Chirurg/in	le chirurgien [lə ʃiryrʒjɛ̃]
Cholera	le choléra [lə kɔlera]
Darm	l'instestin *m* [lɛ̃tɛstɛ̃]
desinfizieren	désinfecter [dezɛ̃fɛkte]
Diabetes	le diabète [lə djabɛt]
Diagnose	le diagnostic [lə djagnɔstik]
Diät	le régime [lə reʒim]
Diphtherie	la diphtérie [la difteri]
Drüse	la glande [la glãd]
Durchfall	la diarrhée [la djare]

Eiter	le pus [lə py]
eitern	suppurer [sypyre]
Ellbogen	le coude [lə kud]
Entzündung	l'inflammation *f* [lɛ̃flamasjɔ̃]
erbrechen, sich	vomir [vɔmir]
erkälten, sich	prendre froid [prɑ̃drə frwa]
erkältet	enrhumé [ɑ̃ryme]
Erkältung	le rhume (de cerveau) [lə rym (də sɛrvo)]
Facharzt	le spécialiste [lə spesjalist]
Fehlgeburt	la fausse-couche [la foskuʃ]
Fieber	la fièvre [la fjɛvr]
	la température [la tɑ̃peratyr]
Finger	le doigt [lə dwa]
Fuß	le pied [lə pje]
Gallenblase	la vésicule biliaire [la vezikyl biljɛr]
gebrochen	cassé/e [kase]
Gehirn	le cerveau [lə sɛrvo]
~erschütterung	la commotion cérébrale [la kɔmɔsjɔ̃ serebral]
~schlag	l'embolie *f* [lɑ̃bɔli]
Gehör	l'ouïe *f* [lwi]
Gelb|fieber	la fièvre jaune [la fjɛvrə ʒon]
~sucht	la jaunisse [la ʒonis]
Gelenk	l'articulation *f* [lartikylasjɔ̃]
Geschlechts|krankheit	la maladie vénérienne [la maladi venerjɛn]
~organe	les organes génitaux [lez‿ɔrgan ʒenito]
geschwollen	enflé/e [ɑ̃fle]
Geschwulst	la grosseur [la grɔsœr]
	la tumeur [la tymœr]
Geschwür	l'ulcère *m* [lylsɛr]
Gesicht	le visage [lə vizaʒ]
Glieder	les membres *m* [le mɑ̃br]
Grippe	la grippe [la grip]
Hals	le cou [lə ku]
	(Kehle) la gorge [la gɔrʒ]
~schmerzen	le mal de gorge [lə mal də gɔrʒ]
Hämorrhoiden	les hémorroïdes *f* [lez‿emɔrɔid]
Hand	la main [la mɛ̃]
Haut	la peau [la po]
~krankheit	la maladie de la peau [la maladid la po]
heiser sein	être enroué [ɛtr‿ɑ̃rue]
Herz	le cœur [lə kœr]
~anfall	la crise cardiaque [la kriz kardjak]
~beschwerden	les troubles *m* cardiaques [le trublə kardjak]

~fehler	la déficience cardiaque [la defisjɑ̃s kardjak]
~infarkt	l'infarctus *m* [lɛ̃farktys]
~schrittmacher	le stimulateur cardiaque [lə stimylatœr kardjak]
~spezialist	le cardiologue [lə kardjɔlɔg]
Heuschnupfen	le rhume des foins [lə rym de fwɛ̃]
Hexenschuß	le tour de reins [lə tur də rɛ̃] le lumbago [lə lɛ̃bago]
Höhensonne	la lampe à rayons ultraviolets [la lɑ̃p‿a rɛjɔ̃ yltravjɔlɛ]
Hüfte	la hanche [la ɑ̃ʃ]
Husten	la toux [la tu]
impfen	vacciner [vaksine]
Impfpaß	le carnet de vaccinations [lə karnɛd vaksinasjɔ̃]
Impfung	la vaccination [la vaksinasjɔ̃]
Infektion	l'infection *f* [lɛ̃fɛksjɔ̃]
Infusion	la perfusion [la pɛrfyzjɔ̃]
Ischias	la sciatique [la sjatik]
Keuchhusten	la coqueluche [la kɔklyʃ]
Kiefer	la mâchoire [la maʃwar]
Kinderlähmung	la polio(myélite) [la pɔljɔ(mjelit)]
Knie	le genou [lə ʒnu]
Knöchel	la cheville [la ʃvij]
Knochen	l'os *m* [lɔs]
~bruch	la fracture [la fraktyr]
Kolik	la colique [la kɔlik]
Kopf	la tête [la tɛt]
~schmerzen	les maux de tête [le mod tɛt]
Krampf	la crampe [la krɑ̃p]
krank	malade [malad]
Kranken|haus	l'hôpital *m* [lɔpital]
~kasse	la caisse d'assurance-maladie [la kɛs dasyrɑ̃smaladi]
~schein	la feuille de maladie/de soins [la fœj də maladi/də swɛ̃]
~schwester	l'infirmière [lɛ̃firmjɛr]
Krankheit	la maladie [la maladi]
Krebs	le cancer [lə kɑ̃sɛr]
Kreislaufstörung	les troubles *m* de la circulation [le trublə də la sirkylasjɔ̃]
Krone	la couronne [la kurɔn]
Lähmung	la paralysie [la paralizi]

Lebensmittelvergiftung	l'intoxication *f* alimentaire [lɛ̃tɔksikasjɔ̃ alimɑ̃tɛr]
Leber	le foie [lə fwa]
Leistenbruch	la hernie [la ɛrni]
Lippe	la lèvre [la lɛvr]
Lunge	le poumon [lə pumɔ̃]
Lungenentzündung	la pneumonie [la pnømɔni]
Magen	l'estomac *m* [lɛstɔma]
~schmerzen	les maux *m* d'estomac [le mo dɛstɔma]
Malaria	la malaria [la malarja]
Mandelentzündung	l'inflammation *f* des amygdales [lɛ̃flamasjɔ̃ dez‿amidal]
Mandeln	les amygdales *f* [lez‿amidal]
Masern	la rougeole [la ruʒɔl]
Menstruation	les règles *f* [le rɛgl]
Migräne	la migraine [la migrɛn]
Mittelohrentzündung	l'otite *f* [lɔtit]
Mumps	les oreillons *m* [lez‿ɔrɛjɔ̃]
Mund	la bouche [la buʃ]
Muskel	le muscle [lə myskl]
nähen	recoudre [rəkudr]
Narbe	la cicatrice [la sikatris]
Narkose	l'anesthésie *f* [lanɛstezi]
Nase	le nez [lə ne]
Nasenbluten	les saignements *m* de nez [le sɛɲmɑ̃d ne]
Nerv	les nerfs *m* [le nɛr]
nervös	nerveux [nɛrvø]
Niere	le rein [lə rɛ̃]
Nieren|entzündung	la néphrite [la nefrit]
~stein	le calcul rénal [lə kalkyl renal]
Ohnmacht	l'évanouissement *m* [levanwismɑ̃]
	la syncope [la sɛ̃kɔp]
Ohr	l'oreille *f* [lɔrɛj]
Operation	l'opération *f* [lɔperasjɔ̃]
Plombe	le plombage [lə plɔ̃baʒ]
Pocken	la variole [la varjɔl]
Praxis	le cabinet [lə kabinɛ]
Prellung	la contusion [la kɔ̃tyzjɔ̃]
Prothese	la prothèse [la prɔtɛz]
Puls	le pouls [lə pu]
Quetschung	la contusion [la kɔ̃tyzjɔ̃]
Rheuma	le rhumatisme [lə rymatism]
Rippe	la côte [la kot]

röntgen	faire une radio(graphie) [fɛr yn radjo(grafi)]
Röntgenaufnahme	la radio(graphie) [la radjo(grafi)]
Röteln	la rubéole [la rybeɔl]
Rücken	le dos [lə do]
~schmerzen	les douleurs *f* dorsales [le dulœr dɔrsal]
Rückgrat	la colonne vertébrale [la kɔlɔn vɛrtebral] l'épine *f* dorsale [lepin dɔrsal]
Schädel	le crâne [lə kran]
Scharlach	la scarlatine [la skarlatin]
Schiene	l'éclisse *f* [leklis] la gouttière [la gutjɛr]
Schienbein	le tibia [lə tibja]
Schlaflosigkeit	les insomnies *f* [lez‿ɛ̃sɔmni]
Schlaganfall	l'attaque *f* [latak]
Schlüsselbein	la clavicule [la klavikyl]
Schmerzen	les douleurs *f* [le dulœr]
Schnittwunde	la coupure [la kupyr]
Schnupfen	le rhume [lə rym]
Schulter	l'épaule *f* [lepol]
Schüttelfrost	le frisson [lə frisɔ̃]
Schwangerschaft	la grossesse [la grɔsɛs]
Schweiß	la sueur [la syœr]
Schwellung	l'enflure *f* [lɑ̃flyr]
Schwindel	le vertige [lə vɛrtiʒ]
schwitzen	transpirer [trɑ̃spire]
Seitenstechen	le point de côté [lə pwɛ̃d kɔte]
Sodbrennen	les aigreurs *f* d'estomac [lez‿ɛgrœr destɔma]
Sonnenstich	l'insolation *f* [lɛ̃sɔlasjɔ̃]
Speiseröhre	le tube digestif [lə tyb diʒɛstif]
Sprechstunde	la consultation [la kɔ̃syltasjɔ̃]
Spritze	la piqûre [la pikyr]
Station	le service [lə sɛrvis]
Stich	la piqûre [la pikyr]
Stirnhöhlenentzündung	la sinusite [la sinysit]
Stuhlgang	les selles *f* [le sɛl]
Tetanus	le tétanos [lə tetanos]
Trommelfell	le tympan [lə tɛ̃pɑ̃]
Typhus	la typhoïde [la tifɔid]
Übelkeit	la nausée [la noze]
Ultraschalluntersuchung	l'échographie *f* [lekografi]
Unterleib	le bas-ventre [lə bavɑ̃tr]

Untersuchung	l'examen *m* [lɛgzamɛ̃] l'analyse *f* [lanaliz]
Urin	l'urine *f* [lyrin]
Verband	le pansement [lə pɑ̃smɑ̃]
verbinden	panser [pɑ̃se]
Verbrennung	la brûlure [la brylyr]
Verdauung	la digestion [la diʒɛstjɔ̃]
Verdauungsstörung	les troubles *m* digestifs [le trublə diʒɛstif]
Vergiftung	l'empoisonnement *m* [lɑ̃pwazɔnmɑ̃]
verletzen	blesser [blese]
Verletzung	la blessure [la blesyr]
verschreiben	prescrire [prɛskrir]
verstaucht	foulé/e [fule]
Verstopfung	la constipation [la kɔ̃stipasjɔ̃]
Virus	le virus [lə virys]
Wartezimmer	le salon d'attente [lə salɔ̃ datɑ̃t]
weh tun	faire mal [fɛr mal]
Windpocken	la varicelle [la varisɛl]
Wirbelsäule	la colonne vertébrale [la kɔlɔn vɛrtebral] l'épine *f* dorsale [lepin dɔrsal]
Wunde	la plaie [la plɛ]
Zahn	la dent [la dɑ̃]
Backen~	la molaire [la mɔlɛr]
Schneide~	l'incisive *f* [lɛ̃siziv]
~fleisch	les gencives *f* [le ʒɑ̃siv]
~schmerzen	le mal de dents [lə mal də dɑ̃]
Zehe	l'orteil *m* [lɔrtɛj]
Zerrung	le claquage (musculaire) [lə klakaʒ (myskylɛr)]
ziehen *(Zahn)*	arracher [araʃe]
Zunge	la langue [la lɑ̃g]

In Kur
En cure

Ist diese Kurklinik beihilfefähig?	Est-ce que cet établissement thermal est conventionné? [ɛs‿kə sɛt‿etablismɑ̃ tɛrmal ɛ kɔ̃vɑ̃sjɔne]
● Welche Diagnose hat Ihr Arzt gestellt?	Quel est le diagnostic de votre médecin? [kɛl‿ɛ lə djagnɔstik də vɔtrə medsɛ̃]
Wie viele Anwendungen bekomme ich noch?	J'ai encore combien de séances de soins de prévues? [ʒe ɑ̃kɔr kɔ̃bjɛ̃ də seɑ̃s də swɛ̃ də prevy]
Ich möchte noch einige zusätzliche …	Je voudrais quelques séances supplémentaires de … [ʒvudrɛ kɛlkə seɑ̃s syplemɑ̃tɛr də]
Könnte ich einen anderen Termin bekommen?	Est-ce que je pourrais changer l'heure/la date du rendez-vous? [ɛs‿kəʒ purɛ ʃɑ̃ʒe lœr/la dat dy rɑ̃devu]

Wortliste Kur

Anwendung	la séance de soins [la seɑ̃s də swɛ̃]
Atemtherapie	les exercices *m* respiratoires [lez‿ɛgzɛrsis rɛspiratwar]
Autogenes Training	le training autogène [lə trɛniŋ ɔtoʒɛn]
Bad	le bain [lə bɛ̃]
Dampf~	le bain de vapeur [lə bɛ̃d vapœr]
Fuß~	le bain de pieds [lə bɛ̃d pje]
Moor~	le bain de boue [lə bɛ̃d bu]
Sole~	le bain d'eau salée [lə bɛ̃ do sale]
Behandlung	le traitement (médical) [lə trɛtmɑ̃ (medikal)]
Bestrahlung	les rayons *m* [le rɛjɔ̃]
Diät	le régime [lə reʒim]
1000 Kalorien-~	le régime sur une base de 1000 calories [lə reʒim syr yn baz də mil kalɔri]
Heil|mittel	le remède [lə rəmɛd] le médicament [lə medikamɑ̃]
~quelle	la source thermale [la surs tɛrmal]
Heißluft	l'air *m* chaud [lɛr ʃo]
Inhalation	l'inhalation *f* [linalasjɔ̃]

Kneippkur	les massages *m* au jet [le masaʒ o ʒɛ]
Krankengymnastik	la rééducation
Kur	la cure [la kyr]
~klinik	l'établissement *m* thermal [letablismɑ̃ tɛrmal]
~ort	la station thermale [la stasjõ tɛrmal]
~taxe	la taxe de séjour [la taks də seʒur]
~verwaltung	le personnel administratif de l'établissement [lə pɛrsɔnɛl administratif də letablismɑ̃]
Liegekur	la cure de repos [la kyr də rpo]
Luftkur	l'aérothérapie *f* [laeroterapi]
Massage	le massage [lə masaʒ]
Bindegewebs~	le massage du tissu conjonctif [lə masaʒ dy tisy kõʒõktif]
Unterwasser~	le massage dans l'eau [lə masaʒ dɑ̃ lo]
Masseur/in	le masseur/la masseuse [lə masœr/la masøz]
massieren	masser [mase]
Mineralquelle	la source d'eau minérale [la surs do mineral]
Nachkur	la postcure [la pɔstkyr]
Physiotherapie	la physiothérapie [la fizjoterapi]
Reizklima	le climat vivifiant [lə klima vivifjɑ̃]
Sanatorium	la maison de repos [la mɛzõd rəpo] le préventorium [lə prevɑ̃tɔrjɔm]
Thermal|bad	le bain thermal [lə bɛ̃ tɛrmal]
~becken	la piscine thermale [la pisin tɛrmal]
Trink|halle	la buvette [la byvɛt]
~kur	la cure d'eau minérale [la kyr do mineral]
Yoga	le yoga [lə jɔga]

11 Geschäftsreise
Voyage d'affaires

Der lange Weg zum Geschäftspartner

Le long chemin qui mène au partenaire en affaires

Wo ist der Haupteingang?	Où se trouve l'entrée principale? [u struv lɑ̃tre prɛ̃sipal]
Wie komme ich bitte zu …?	Je cherche M./Mme/Mlle … [ʒə ʃɛrʃ məsjø/madam/madwazɛl]
Mein Name ist … Ich komme von der Firma …	Je suis …, de l'entreprise … [ʒə sɥi … də lɑ̃trəpriz]
Kann ich bitte … sprechen?	Est-ce que je peux parler à …? [ɛs‿kəʒ pø parle a]
Melden Sie mich bitte bei … an.	Veuillez annoncer mon arrivée à … [vøje anɔ̃se mɔ̃n‿arive a]
Ich habe einen Termin bei …	J'ai rendez-vous avec … [ʒe rɑ̃devu avɛk]
● … erwartet Sie bereits.	… vous attend. [vuz‿atɑ̃]
● Er/Sie ist noch in einer Sitzung.	Il/Elle est en conférence. [il/ɛl‿ɛt‿ɑ̃ kɔ̃ferɑ̃s]
● Ich führe Sie zu …	Je vais vous conduire auprès de … [ʒə vɛ vu kɔ̃dɥir oprɛ də]
Entschuldigen Sie bitte, daß ich zu spät komme.	Veuillez excuser mon retard. [vøje ɛkskyze mɔ̃ rtar]
● Bitte setzen Sie sich.	Asseyez-vous. [asɛjevu]
● Darf ich Ihnen etwas zu trinken anbieten?	Je vous offre quelque chose à boire? [ʒə vuz‿ɔfr kɛlkə ʃoz a bwar]
● Hatten Sie eine angenehme Reise?	Vous avez fait bon voyage? [vuz‿ave fɛ bɔ̃ vwajaʒ]
Wieviel Zeit haben wir?	Nous avons combien de temps devant nous? [nuz‿avɔ̃ kɔ̃bjɛ̃ də tɑ̃ dvɑ̃ nu]
● Wann geht Ihre Maschine?	A quelle heure part votre avion? [a kɛl œr par vɔtr avjɔ̃]
Ich brauche einen Dolmetscher.	Il me faut un interprète. [il mə fo ɛ̃n‿ɛ̃tɛrprɛt]

Wortliste Weg zum Geschäftspartner

Abteilung	le service [lə sɛrvis] le département [lə departəmɑ̃]
Büro	le bureau [lə byro]
Dolmetscher/in	l'interprète *m/f* [lɛ̃tɛrprɛt]
Eingang	l'entrée *f* [lɑ̃tre]
Empfang	la réception [la resɛpsjɔ̃] l'accueil *m* [lakœj]
Firma	la firme [la firm], l'entreprise *f* [lɑ̃trəpriz]
Gebäude	le bâtiment [lə batimɑ̃]
Konferenzraum	la salle de conférence [la sal də kɔ̃ferɑ̃s]
Pförtner	le portier [lə pɔrtje] le concierge [lə kɔ̃sjɛrʒ]
Sekretariat	le secrétariat [lə skretarja]
Sekretär/in	le/la secrétaire [lə/la skretɛr]
Sitzung	la conférence [la kɔ̃ferɑ̃s] la réunion [la reynjɔ̃]
Stockwerk	l'étage *m* [letaʒ]
Termin	*(Treffen)* le rendez-vous [lə rɑ̃devu] *(Frist)* les délais *m* [le delɛ] *(äußerster ~)* la date-limite [la datlimit]

Verhandlung/Konferenz/Messe

Négociations/Conférence/Foire-exposition

Ich suche den Messestand der Firma …	Je cherche le stand de l'entreprise … [ʒə ʃɛrʃ lə stɑ̃d də lɑ̃trəpriz]
● Gehen Sie in Halle …, Stand Nr. …	Vous allez dans la halle/la salle …, stand numéro … [vuz‿ale dɑ̃ la al/la sal … stɑ̃d nymero]
Wir sind Hersteller von …	Nous produisons/fabriquons … [nu prɔdɥizɔ̃/fabrikɔ̃]
Wir handeln mit …	Nous commercialisons … [nu kɔmɛrsjalizɔ̃]
Haben Sie Informationsmaterial über …?	Est-ce que vous avez de la documentation sur …? [ɛs‿kə vuz‿ave də la dɔkymɑ̃tasjɔ̃ syr]

Wir können Ihnen ausführliches Material über ... zusenden.	Nous pouvons vous envoyer de la documentation détaillée sur ... [nu puvõ vuz‿ãvwaje də la dɔkymãtasjõ detaje syr]
Wer ist Ansprechpartner für ...?	Quelle est la personne compétente pour ...? [kɛl ɛ la pɛrsɔn kõpetãt pur]
Könnten Sie uns ein Angebot zukommen lassen?	Est-ce que vous pourriez nous faire parvenir une offre? [ɛs‿kə vu purje nu fɛr parvənir yn‿ɔfr]
Wir sollten ein Treffen vereinbaren.	Il serait bon que nous convenions d'une rencontre. [il sərɛ bõ kə nu kõvənjõ dyn rãkõtr]
Hier ist meine Visitenkarte.	Tenez, voici ma carte de visite. [təne vwasi ma kartə də vizit]

Wortliste Verhandlung/Konferenz/Messe

Angebot	l'offre *f* [lɔfr]
Ansprechpartner	la personne compétente [la pɛrsɔn kõpetãt]
Auftrag	l'ordre *m* [lɔrdr] la commande [la kɔmãd]
Auftragsbestätigung	la confirmation de l'ordre/de la commande [la kõfirmasjõ də lɔrdr/də la kɔmãd]
Aussteller	l'exposant *m* [lɛkspozã]
~verzeichnis	la liste des exposants [la listə dez‿ɛkspozã]
Einzelhändler	le détaillant [lə detajã]
Export	l'exportation *f* [lɛkspɔrtasjõ]
Exporteur	l'exportateur *m* [lɛkspɔrtatœr]
Finanzierung	le financement [lə finãsmã]
Fracht	le fret [lə frɛ] la cargaison [la kargɛzõ]
Garantie	la garantie [la garãti]
Generalvertreter	l'agent *m* général [laʒã ʒeneral]
Geschäfts|beziehungen	les relations *f* d'affaires [le rəlasjõ dafɛr]
~partner	le partenaire en affaires [lə partənɛr ãn‿afɛr]
Großhändler	le grossiste [lə grɔsist]
Halle	la halle [la al], la salle [la sal]
Hallenplan	le plan de la halle/de la salle [lə plã də la al/də la sal]

Handelsvertreter	le représentant de commerce [lə rəprezɑ̃tɑ̃d kɔmɛrs]
Hersteller	le producteur [lə prɔdyktœr] le fabricant [lə fabrikɑ̃]
Import	l'importation *f* [lɛ̃pɔrtasjɔ̃]
Importeur	l'importateur *m* [lɛ̃pɔrtatœr]
Industriemesse	la foire-exposition [la fwarɛkspozisjɔ̃]
Informations|material	la documentation [la dɔkymɑ̃tasjɔ̃]
~stand	le stand d'information [lə stɑ̃d dɛ̃fɔrmasjɔ̃]
interessiert sein an	être intéressé par [ɛtr‿ɛ̃terɛse par]
Joint-venture	le joint-venture [lə dʒɔintvɛntʃœr]
Kabine	la cabine [la kabin]
Katalog	le catalogue [lə katalɔg]
Kaufvertrag	le contrat d'achat/de vente [lə kɔ̃tra daʃa/də vɑ̃t]
Kondition	la condition [la kɔ̃disjɔ̃]
Konferenz	la conférence [la kɔ̃ferɑ̃s] la réunion [la reynjɔ̃]
Konzern	le groupe [lə grup], le cartel [lə kartɛl]
Kooperation	la coopération [la kɔɔperasjɔ̃]
Kosten	le coût [lə ku], les frais *m* [le frɛ]
~voranschlag	le devis [lə dəvi]
Kunde/Kundin	le client/la cliente [lə klijɑ̃/la klijɑ̃t]
Leasing	le leasing [lə liziŋ]
Lieferant	le fournisseur [lə furnisœr]
Liefer|bedingungen	les conditions *f* de livraison [le kɔ̃disjɔ̃ də livrɛzɔ̃]
~ung	la livraison [la livrɛzɔ̃]
~zeit	les délais *m* de livraison [le delɛ də livrɛzɔ̃]
Lizenz(vertrag)	le contrat de licence [lə kɔ̃trad lisɑ̃s]
Marketing	le marketing [lə markətiŋ]
Mehrwertsteuer	la taxe à la valeur ajoutée (T.V.A.) [la taks a la valœr aʒute (te ve a)]
Messe	la foire-exposition [la fwarɛkspozisjø] la foire [la fwar], l'exposition [lɛkspozisjɔ̃]
~hosteß	l'hôtesse *f* d'accueil [lotɛs dakœj]
~leitung	la direction de la foire [la dirɛksjɔ̃ də la fwar]
~stand	le stand (d'exposition) [lə stɑ̃ (dɛkspozisjɔ̃)]
Muster	l'échantillon *m* [leʃɑ̃tijɔ̃]
Öffentlichkeitsarbeit	les relations *f* publiques [le rəlasjɔ̃ pyblik]

Preis	le prix [lə pri]
~liste	le prix-courant [lə prikurɑ̃]
	les tarifs *m* [le tarif]
~nachlaß	la remise [la rəmiz]
Produktion	la production [la prɔdyksjõ]
Proforma-Rechnung	la facture pro forma [la faktyr pro fɔrma]
Prospekt	le prospectus [lə prɔspɛktys]
Protokoll	le procès-verbal [lə prɔsɛvɛrbal]
	le compte-rendu (de réunion) [lə kõtrɑ̃dy (də reynjõ)]
Rechnung	la facture [la faktyr]
Schulung	la formation [la fɔrmasjõ]
	l'initiation *f* [linisjasjõ]
Skonto	l'escompte *m* [lɛskõt]
Tagesordnung	l'ordre *m* du jour [lɔrdrə dy ʒur]
Tochtergesellschaft	la succursale [la sykyrsal]
	la filiale [la filjal]
Transport	le transport [lə trɑ̃spɔr]
Treffen	la rencontre [la rɑ̃kõtr]
Umsatzsteuer	l'impôt *m* sur le chiffre d'affaires [lɛ̃po syr lə ʃifrə dafɛr]
Verkäufer	le vendeur [lə vɑ̃dœr]
Verkaufsförderung	la promotion des ventes [la prɔmosjõ de vɑ̃t]
Verpackung	l'emballage *m* [lɑ̃balaʒ]
Versicherung	l'assurance *f* [lasyrɑ̃s]
Vertrag	le contrat [lə kõtra]
Vertrags|bedingungen	les conditions *f* du contrat [le kõdisjõ dy kõtra]
~händler	le concessionnaire [lə kõsesjɔnɛr]
Vertreter	le représentant *m* [lə rəprezɑ̃tɑ̃]
	l'agent *m* [laʒɑ̃]
Vertrieb	la vente [la vɑ̃t]
Vertriebsnetz	le réseau des points de vente [lə rezo de pwɛ̃d vɑ̃t]
Visitenkarte	la carte de visite [la kartə də vizit]
Vortrag	la conférence [la kõferɑ̃s]
Ware	la marchandise [la marʃɑ̃diz]
Warenverzeichnis	le catalogue [lə katalɔg]
Werbe|kampagne	la campagne publicitaire [la kɑ̃paɲ pyblisitɛr]
~material	la documentation [la dɔkymɑ̃tasjõ]
Werbung	la publicité [la pyblisite]
Zahlungsbedingungen	les conditions *f* de paiement [le kõdisjõd pɛmɑ̃]

Ausstattung

Equipement

Könnten Sie mir hiervon einige Kopien machen?	Est-ce que vous pourriez me faire des copies de ce document? [ɛs‿kə vu purjem fɛr de kɔpi də sə dɔkymɑ̃]
Für meinen Vortrag benötige ich einen Tageslichtprojektor.	Pour ma conférence, j'aurai besoin d'un rétro-projecteur. [pur ma kõferɑ̃s ʒɔrɛ bəzwɛ̃ dɛ̃ retroprɔʒɛktœr]
Würden Sie mir bitte … besorgen?	Est-ce que vous pourriez me procurer …? [ɛs‿kə vu purje mə prɔkyre]

Wortliste Ausstattung

Ausstellungsmaterial	les produits *m* exposés [le prɔdɥi ɛkspoze]
Diskette	la disquette [la diskɛt]
Drucker	l'imprimante *f* [lɛ̃primɑ̃t]
Farbkopierer	la photocopieuse couleurs [la fɔtokɔpjøz kulœr]
Faserschreiber	le feutre [lə føtr]
Folienstift	le marqueur pour transparents [lə markœr pur trɑ̃sparɑ̃]
Fotokopierer	la photocopieuse [la fɔtokɔpjøz]
Katalog	le catalogue [lə katalɔg]
Kopie	la copie [la kɔpi]
Mikrofon	le micro [lə mikro]
Modem	le modem [lə mɔdɛm]
PC	le PC [lə pese], l'ordinateur *m* personnel [lɔrdinatœr pɛrsɔnɛl], l'ordinateur *m* individuel [lɔrdinatœr ɛ̃dividɥɛl]
Schreibblock	le bloc-notes [lə blɔknɔt]
Stift	le crayon [lə krɛjõ], le stylo [lə stilo]
Tageslichtprojektor	le rétro-projecteur [lə retroprɔʒɛktœr]
Telefax	le téléfax [lə telefaks]
Telefon	le téléphone [lə telefɔn]
Telex	le télex [lə telɛks]
Textverarbeitungssystem	le système de traitement de textes [lə sistɛm də trɛtmɑ̃d tɛkst]
Verlängerungsschnur	la rallonge [la ralõʒ]
Videorekorder	le magnétoscope [lə maɲetɔskɔp]

Kurzgrammatik

Der Artikel (Geschlechtswort)

Formen

	bestimmter Artikel	unbestimmter Artikel
Singular männlich weiblich	**le** train der Zug **la** ville die Stadt	**un** train ein Zug **une** ville eine Stadt
Plural für beide Geschlechter	**les** trains / villes die Züge / Städte	**des** trains / villes Züge / Städte

Vor Substantiven, die mit Vokal (Selbstlaut) oder stummem h beginnen, wird

a) *le* und *la* zu *l'*: l'avion das Flugzeug, l'heure die Stunde

b) *un* gebunden: un avion [ɛ̃n‿avjõ]

c) *les* und *des* gebunden: les heures [le‿z‿œr]
des avions [de‿z‿avjõ]

Präpositionen + bestimmter Artikel (Verhältniswörter + Geschlechtswort)

Die Präpositionen *à* und *de* verschmelzen mit dem nachfolgenden bestimmten Artikel *le* und *les* zu einem Wort, z. B.:

à + le > au
à + les > aux

de + le > du
de + les > des

Je vais **au** cinéma. Ich gehe ins Kino.	La valise **du** touriste est lourde. Der Koffer des Touristen ist schwer.
J'écris **aux** copains. Ich schreibe den Freunden.	Je viens **des** Etats-Unis. Ich komme aus den Vereinigten Staaten.

Teilungsartikel

Der Teilungsartikel besteht aus *de* + bestimmtem Artikel. Er bezeichnet eine nicht näher bestimmte Menge oder Anzahl.

unbestimmte Menge/ Anzahl	Je mange **du** pain.	Ich esse Brot.
	Je bois **de l'**eau.	Ich trinke Wasser.
	Je prends **de la** confiture.	Ich nehme Marmelade.

Mengenangaben mit de

An Substantive, die eine bestimmte Menge oder bestimmte Anzahl bezeichnen, werden nachfolgende Substantive mit *de* angeschlossen.

bestimmte Menge/ Anzahl	**un litre de** vin	ein Liter Wein
	une tasse de café	eine Tasse Kaffee
	un kilo d'oranges	ein Kilo Orangen
	un million de francs	eine Million Francs
sowie:	**beaucoup de** fruits	viel Obst
	un peu de fromage	etwas Käse
	trop de limonade	zuviel Limonade

Das Substantiv (Hauptwort)

Plural

Der Plural der Substantive wird meist durch das Anhängen eines Endungs-*s* gebildet, das aber nicht ausgesprochen wird.

le train	der Zug	la route	die Straße
les train**s**	die Züge	les route**s**	die Straßen

Substantive, die schon im Singular auf *-x, -z, -s* enden, bleiben unverändert.

le pri**x**	der Preis	le ne**z**	die Nase	le ca**s**	der Fall
les pri**x**	die Preise	les ne**z**	die Nasen	les ca**s**	die Fälle

Nominativ / Akkusativ / Dativ / Genitiv
(Die vier Fälle)

Nominativ und Akkusativ haben beim Substantiv dieselbe Form. Der Dativ wird mit Hilfe von *à*, der Genitiv mit *de* ausgedrückt.

Nominativ (Wer? Was?)	**Le** café italien est fort. Der italienische Kaffee ist stark. **Le** musée Rodin est fermé. Das Rodin-Museum ist geschlossen.
Akkusativ (Wen? Was?)	Le garçon apporte **le** café. Der Ober bringt den Kaffee. Je cherche **le** musée Rodin. Ich suche das Rodin-Museum.
Dativ (Wem?)	J'écris une lettre **à** mon père. Ich schreibe meinem Vater einen Brief. J'écris une lettre **à** ma sœur. Ich schreibe meiner Schwester einen Brief.
Genitiv (Wessen?)	Où est le sac **de** Françoise? Wo ist die Tasche von Françoise? Où est la voiture **du** voisin? Wo ist das Auto des Nachbarn?

Das Adjektiv (Eigenschaftswort)

Übereinstimmung von Substantiv und Adjektiv

Das Adjektiv richtet sich immer in Geschlecht und Zahl nach dem Substantiv. Die weibliche Form des Adjektivs wird durch das Anhängen von *-e* an die männliche Form gebildet. Endet die männliche Form bereits auf *-e*, bleibt das Adjektiv unverändert. Die Pluralendung des Adjektivs ist *-s*.

	Singular	Plural
männlich	**Le** livre est passionnant. Das Buch ist spannend.	**Les** livres sont passion-nant**s**. Die Bücher sind spannend.
weiblich	**La** revue est intéressant**e**. Die Zeitschrift ist interes-sant.	**Les** revues sont intéres-sante**s**. Die Zeitschriften sind interessant.

Die Stellung des Adjektivs

Das Adjektiv steht meistens **hinter** dem Substantiv.

un film **passionnant**
ein spannender Film
un voyage **fatigant**
eine anstrengende Reise
une voiture **rouge**
ein rotes Auto

Einige Adjektive stehen **vor** dem Substantiv.

un **bon** restaurant
ein gutes Restaurant
un **petit** café
ein kleines Café
une **grande** maison
ein großes Haus

Steigerung und Vergleich

grand → **plus grand que** → **le plus grand**
groß — größer als — am größten

- Der Komparativ wird gebildet durch Voranstellen von *plus* „mehr“ bzw. *moins* „weniger“.

plus grand	Paris est **plus** grand **que** Lyon. Paris ist größer als Lyon.
moins grand	Toutes les autres villes sont **moins** grandes. Alle anderen Städte sind weniger/nicht so groß.

aussi grand	La Pologne est **aussi** grande **que** la Norvège. Polen ist so groß wie Norwegen.

- Der Superlativ wird ausgedrückt durch den Komparativ mit bestimmtem Artikel.

le plus grand	New York est **la plus** grande ville **du** monde. New York ist die größte Stadt der Welt.

- Beachten Sie die Sonderformen des Komparativs und Superlativs von *bon:*

bon → **meilleur** → **le meilleur**
gut — besser — der beste

Adverb (Umstandswort)

Formen

Es gibt ursprüngliche Adverbien, z. B.

beaucoup	**bien**	**mal**	**vite**
viel	gut	schlecht	schnell

und abgeleitete Adverbien, die durch Anhängen von *-ment* an die weibliche Form des Adjektivs gebildet werden.

lent/e	Il marche lente**ment**.	Er geht langsam.

Bei Adjektiven auf *-e*, die nur eine Form haben, wird die Endung *-ment* an diese Form angehängt.

simple	Elle s'exprime simple**ment**.	Sie drückt sich einfach aus.

Regelmäßige Steigerung

Das Adverb wird wie das Adjektiv gesteigert:

vite	→	**plus vite**	→	**le plus vite**
schnell		schneller		am schnellsten

Unregelmäßige Steigerung

bien	→	**mieux**	→	**le mieux**
gut		besser		am besten
beaucoup	→	**plus**	→	**le plus**
viel		mehr		am meisten
peu	→	**moins**	→	**le moins**
wenig		weniger		am wenigsten

!

A conduit **mieux que** B. A fährt besser als B.	C'est C qui conduit **le mieux des** trois. C fährt von allen dreien am besten.
Elle mange **plus que** son mari. C'est leur fils qui mange **le plus.** Sie ißt mehr als ihr Mann. Ihr Sohn ißt am meisten.	
Tu gagnes **moins qu'**elle. C'est moi qui gagne **le moins.** Du verdienst weniger als sie. Ich verdiene am (aller)wenigsten.	

Das Verb (Zeitwort)

Präsens (Gegenwart)

a) **avoir, être**

avoir haben			être sein		
j'	ai	ich habe	je	suis	ich bin
tu	as	du hast	tu	es	du bist
il/elle	a	er/sie hat	il/elle	est	er/sie ist
nous	avons	wir haben	nous	sommes	wir sind
vous	avez	ihr habt/ Sie haben	vous	êtes	ihr seid Sie sind
ils/elles	ont	sie haben	ils/elles	sont	sie sind

„Wir" kann im Französischen durch zwei Formen ausgedrückt werden, *on* und *nous*. *On* wird vorwiegend gesprochen, *nous* vorwiegend geschrieben. Nach *on* steht das Verb in der 3. Person Singular.

On va au cinéma.
Nous allons au cinéma. — Wir gehen ins Kino.

b) **regelmäßige Verben**
Nach ihrer Infinitivendung werden die französischen Verben in drei Gruppen (Konjugationen) eingeteilt.

-er	-ir		-re
parler sprechen	finir beenden	partir abreisen	vendre verkaufen
je parle	je finis	je pars	je vends
tu parles	tu finis	tu pars	tu vends
il parle	il finit	il part	il vend
elle parle	elle finit	elle part	elle vend
nous parlons	nous finissons	nous partons	nous vendons
vous parlez	vous finissez	vous partez	vous vendez
ils parlent	ils finissent	ils partent	ils vendent
elles parlent	elles finissent	elles partent	elles vendent

- Die Gruppe auf *-er* ist die größte, ihr gehören fast alle Verben an.
- wie *finir* werden die meisten Verben auf *-ir* gebildet.
- dem Schema *partir* folgen nur wenige Verben:

dormir	schlafen	servir	(be)dienen
sentir	riechen	sortir	ausgehen

Perfekt (Vergangenheit)

Das Perfekt bildet man wie im Deutschen mit dem Präsens der Hilfsverben *avoir* (haben) bzw. *être* (sein) + Partizip Perfekt (Mittelwort der Vergangenheit).

Das Partizip Perfekt leitet sich wie folgt aus dem Infinitiv (Grundform) ab:

parl**er**	fin**ir**	part**ir**	vend**re**
parl**é** gesprochen	fin**i** beendet	part**i** abgereist	vend**u** verkauft

Unregelmäßige Formen sind z. B.:

avoir	être	recevoir	faire	prendre
eu gehabt	été gewesen	reçu erhalten	fait getan	pris genommen

Die meisten Verben bilden parallel zum Deutschen das Perfekt mit *avoir*. Wird das Perfekt mit *être* gebildet, richtet sich das Partizip Perfekt in Geschlecht und Zahl nach dem Subjekt (Satzgegenstand).

<table>
<tr><th colspan="3">Perfekt mit avoir</th><th colspan="3">Perfekt mit être</th></tr>
<tr><td>j’</td><td>ai</td><td>été</td><td>je</td><td>suis</td><td rowspan="2">parti/partie</td></tr>
<tr><td>tu</td><td>as</td><td></td><td>tu</td><td>es</td></tr>
<tr><td>il</td><td>a</td><td>eu</td><td>il</td><td>est</td><td>parti</td></tr>
<tr><td>elle</td><td>a</td><td></td><td>elle</td><td>est</td><td>partie</td></tr>
<tr><td>nous</td><td>avons</td><td>fini</td><td>nous</td><td>sommes</td><td rowspan="2">partis/parties</td></tr>
<tr><td>vous</td><td>avez</td><td></td><td>vous</td><td>êtes</td></tr>
<tr><td>ils</td><td>ont</td><td>reçu</td><td>ils</td><td>sont</td><td>partis</td></tr>
<tr><td>elles</td><td>ont</td><td>parlé</td><td>elles</td><td>sont</td><td>parties</td></tr>
</table>

- Abweichend vom Deutschen bildet man das Perfekt
  a) mit *être* bei reflexiven Verben:

  Il s’**est** lavé. — Er hat sich gewaschen.

  b) mit *avoir* bei *être* (sein)/*voyager* (reisen)

  Il **a** été … — Er ist … gewesen.
  Il **a** voyagé … — Er ist … gereist.

Futur und Konditional (Zukunft und Bedingungsform)

Futur	Konditional	Futur	Konditional
je parler**ai** ich werde sprechen	je parler**ais** ich würde sprechen	je partir**ai** ich werde abreisen	je partir**ais** ich würde abreisen
tu parler**as**	tu parler**ais**		
il parler**a**	il parler**ait**		
elle parler**a**	elle parler**ait**	je prendr**ai**	je prendr**ais**
nous parler**ons**	nous parler**ions**	ich werde nehmen	ich würde nehmen
vous parler**ez**	vous parler**iez**		
ils parler**ont**	ils parler**aient**		
elles parler**ont**	elles parler**aient**		

- **Um das Futur auszudrücken, verwendet man oft das unregelmäßige Verb** *aller* im Präsens + Infinitivform.

je	vais	partir	ich werde gehen
tu	vas	parler	du wirst sprechen
il	va	boire	er wird trinken
nous	allons	voyager	wir werden reisen
vous	allez	sortir	ihr werdet sie werden } ausgehen
ils	vont	payer	sie werden bezahlen

- Um eine Bitte oder Frage höflich vorzutragen, kann man das Konditional verwenden.

Je **voudrais** louer une voiture.	Ich möchte einen Wagen mieten.
Est-ce que je **pourrais** avoir le plan de la ville?	Könnte ich den Stadtplan bekommen?

Imperativ (Befehlsform)

Der Imperativ der Verben der Gruppe auf *-er* endet in der du-Form auf *-e,* die Verben aller anderen Gruppen auf *-s.*

Aufforderung an eine Person	parler		venir	
in der du-Form:	parl**e**	sprich!	viens	komm!
in der ihr- und Sie-Form:	parl**ez**	sprecht! sprechen Sie!	ven**ez**	kommt! kommen Sie!

Wichtige unregelmäßige Verben

aller gehen, fahren – allé gegangen, gefahren

Präsens:	je vais ich gehe, tu vas, il va, nous allons, vous allez, ils vont
Perfekt:	je suis allé ich bin gegangen, tu es allé etc.
Futur:	j'irai ich werde gehen, tu iras, il ira, nous irons, vous irez, ils iront
Konditional:	j'irais ich würde gehen, tu irais, il irait, nous irions, vous iriez, ils iraient

avoir haben – eu gehabt

Präsens:	j'ai ich habe, tu as, il a etc.
Perfekt:	j'ai eu ich habe gehabt etc.
Futur:	j'aurai ich werde haben, tu auras, etc.
Konditional:	j'aurais ich würde haben, tu aurais, etc.

boire trinken – bu getrunken

Präsens:	je bois ich trinke, tu bois, il boit, nous buvons, vous buvez, ils boivent
Perfekt:	J'ai bu ich habe getrunken, tu as bu, il a bu, etc.
Futur:	je boirai ich werde trinken, tu boiras, etc.
Konditional:	je boirais ich würde trinken, tu boirais, etc.

connaître kennen – connu gekannt

Präsens:	je connais ich kenne, tu connais, il connaît, nous connaissons, vous connaissez, ils connaissent
Perfekt:	j'ai connu ich habe gekannt, etc.
Futur:	je connaîtrai ich werde kennen, tu connaîtras, etc.
Konditional:	je connaîtrais ich würde kennen, tu connaîtrais, etc.

croire glauben – cru geglaubt

Präsens:	je crois ich glaube, tu crois, il croit, nous croyons, vous croyez, ils croient
Perfekt:	j'ai cru ich habe geglaubt, etc.
Futur:	je croirai ich werde glauben, tu croiras, etc.
Konditional:	je croirais ich würde glauben, tu croirais, etc.

devoir müssen – dû müssen

Präsens:	je dois ich muß, tu dois, il doit, nous devons, vous devez, ils doivent
Perfekt:	j'ai dû ich habe müssen, etc.
Futur:	je devrai ich werde müssen, tu devras, etc.
Konditional:	je devrais ich müßte, tu devrais, etc.

dire sagen – dit gesagt

Präsens:	je dis ich sage, tu dis, il dit, nous disons, vous dites, ils disent
Perfekt:	j'ai dit ich habe gesagt, etc.
Futur:	je dirai ich werde sagen, tu diras, etc.
Konditional:	je dirais ich würde sagen, tu dirais, etc.

être sein – été gewesen

Präsens:	je suis ich bin, tu es, il est, nous sommes, vous êtes, ils sont
Perfekt:	j'ai été ich bin gewesen, etc.
Futur:	je serai ich werde sein, tu seras, etc.
Konditional:	je serais ich würde sein, tu serais, etc.

faire machen – fait gemacht

Präsens:	je fais ich mache, tu fais, il fait, nous faisons, vous faites, ils font
Perfekt:	j'ai fait ich habe gemacht, etc.
Futur:	je ferai ich werde machen, tu feras, etc.
Konditional:	je ferais ich würde machen, tu ferais, etc.

mettre setzen, stellen, legen – mis gesetzt, gestellt, gelegt

Präsens:	je mets ich setze, stelle, lege, tu mets, il met, nous mettons, vous mettez, ils mettent
Perfekt:	j'ai mis ich habe gesetzt, gestellt, gelegt, etc.
Futur:	je mettrai ich werde setzen, stellen, legen, tu mettras, etc.
Konditional:	je mettrais ich würde setzen, stellen, legen, tu mettrais, etc.

pouvoir können – pu gekonnt, können

Präsens:	je peux ich kann, tu peux, il peut, nous pouvons, vous pouvez, ils peuvent
Perfekt:	j'ai pu ich habe können, etc.
Futur:	je pourrai ich werde können, tu pourras, etc.
Konditional:	je pourrais ich könnte, tu pourrais, etc.

prendre nehmen – pris genommen

Präsens:	je prends ich nehme, tu prends, il prend, nous prenons, vous prenez, ils prennent
Perfekt:	j'ai pris ich habe genommen, etc.
Futur:	je prendrai ich werde nehmen, tu prendras, etc.
Konditional:	je prendrais ich würde nehmen, tu prendrais, etc.

savoir wissen, können – su gewußt, gekonnt, können

Präsens:	je sais ich weiß, ich kann, tu sais, il sait, nous savons, vous savez, ils savent
Perfekt:	j'ai su ich habe gewußt, gekonnt, etc.
Futur:	je saurai ich werde wissen, können, tu sauras, etc.
Konditional:	je saurais ich wüßte, könnte, tu saurais, etc.

venir kommen – venu gekommen

Präsens:	je viens ich komme, tu viens, il vient, nous venons, vous venez, ils viennent
Perfekt:	je suis venu ich bin gekommen, etc.
Futur:	je viendrai ich werde kommen, tu viendras, etc.
Konditional:	je viendrais ich würde kommen, tu viendrais, etc.

voir sehen – vu gesehen

Präsens:	je vois ich sehe, tu vois, il voit, nous voyons, vous voyez, ils voient
Perfekt:	j'ai vu ich habe gesehen, etc.
Futur:	je verrai ich werde sehen, tu verras, etc.
Konditional:	je verrais ich würde sehen, tu verrais, etc.

vouloir wollen – voulu gewollt, wollen

Präsens:	je veux ich will, tu veux, il veut, nous voulons, vous voulez, ils veulent
Perfekt:	j'ai voulu … ich habe … wollen, etc.
Futur:	je voudrai … ich werde … wollen, tu voudras, etc.
Konditional:	je voudrais ich möchte, tu voudrais, etc.

Verb + Objekt (Zeitwort + Satzergänzung)

1. Akkusativobjekt im Französischen – Deutsch: Dativobjekt

aider			helfen
applaudir			applaudieren
écouter	quelqu'un	jemandem	zuhören
remercier			danken
rencontrer			begegnen

2. Dativobjekt im Französischen – Deutsch: Akkusativobjekt

demander			fragen
parler	à quelqu'un	jemanden	sprechen
téléphoner			anrufen

3. Verben mit Akkusativ- und Dativobjekt

J'ai donné un jus d'orange à l'enfant.

Akkusativ → Dativ

Dativ → Akkusativ

Ich habe dem Kind einen Orangensaft gegeben.

Bei Verben mit Akkusativ- und Dativobjekt steht gewöhnlich das Akkusativobjekt (Sachobjekt) vor dem Dativobjekt (Personenobjekt).

donner quelque chose à quelqu'un	jemandem etwas geben
demander quelque chose à quelqu'un	jemanden nach etwas fragen

4. Verben mit *de*

avoir besoin **de** quelque chose	etwas brauchen
s'occuper **de** quelque chose	sich mit etwas beschäftigen
profiter **de** quelque chose	etwas (aus)nutzen, von etwas profitieren
remercier quelqu'un **de** quelque chose	jemandem für etwas danken

Die Wortstellung

Die regelmäßige Wortstellung im Aussagesatz ist:

Subjekt →	Prädikat →	Objekt
Paul Paul	prend nimmt	le train. den Zug.
Paul Paul	a pris hat	le train. den Zug genommen.

Es gibt folgende Formen des Fragesatzes:

- Ton frère est venu? Ist dein Bruder gekommen?
  (Wortstellung wie im Aussagesatz, aber Satzmelodie steigt)
- Est-ce que ton frère est venu? Ist dein Bruder gekommen?
  (Frage mit est-ce que [ɛskə] + Wortstellung des Aussagesatzes)
- Où est ta voiture? Wo ist dein Auto?
  (Das Subjekt steht nach dem Prädikat. Nach einem Fragewort ist die Satzmelodie oft fallend.)

Die Verneinung

Non   nein

Encore une bière? – **Non,** merci.	Noch ein Bier? – Nein, danke.

Ne … pas   nicht

Il **ne** vient **pas.**	Er kommt nicht.
Il **n'**est **pas** venu.	Er ist nicht gekommen.

Ne … pas de   kein

Je **n'**ai **pas** d'argent.	Ich habe kein Geld.

Ne … personne/rien/jamais/plus   niemand, nichts, nie, nicht mehr

Il **ne** connaît **personne.**	Er kennt niemanden.
Il **ne** veut **rien.**	Er will nichts.
Il **ne** fume **jamais.**	Er raucht nie.
Il **ne** fume **plus.**	Er raucht nicht mehr.

Die Pronomen

Personalpronomen (Persönliche Fürwörter)

1. Unbetontes Personalpronomen

	Nominativ (wer?)		Dativ (wem?)		Akkusativ (wen?)	
Sing. 1. Pers.	je	ich	me	mir	me	mich
2. Pers.	tu	du	te	dir	te	dich
3. Pers.	il/elle	er/sie/es	lui se	ihm/ihr sich	le/la se	ihn/sie/es sich
Plur. 1. Pers.	nous	wir	nous	uns	nous	uns
2. Pers.	vous	ihr/Sie	vous	euch/ Ihnen	vous	euch/Sie
3. Pers.	ils/ elles	sie	leur se	ihnen sich	les se	sie sich

Anstelle der 1. Person vom Plural *nous* verwendet man meist *on* in der Umgangssprache.

On va au café? Wollen wir ins Café gehen?

Dativ und Akkusativpronomen stehen vor dem Verb.
Treffen sie vor dem Verb zusammen, so stehen sie in dieser Reihenfolge:

① Dativ		② Akkusativ		③ Dativ
me te se nous vous	vor	le la les	vor	lui leur

Je **te la** donne. (① ②) Ich gebe sie dir.

Je **la leur** donne. (① ②) Ich gebe sie ihnen.

2. Betontes Personalpronomen

	Singular		Plural	
1. Person	moi	ich	nous	wir
2. Person	toi	du	vous	ihr
3. Person	lui/elle	er/sie	eux/elles	sie

Zur Hervorhebung der Person
Moi, j'ai déjà mangé. Ich habe schon gegessen.
Nach Präpositionen
Nous partirons sans eux. Wir werden ohne sie gehen.
Beim bejahten Imperativ
Donne-le-moi. Gib es mir.
(*aber:* Ne me le donne pas. Gib es mir nicht.)

3. „y" und „en"

y = da, dort, dorthin, daran *en* = davon, darüber
werden wie Personalpronomen gebraucht.

Vous allez à Paris/en France ?	Vous mangez du poisson ?
– Oui, j'**y** vais demain.	– Oui, j'**en** mange quelquefois.
Fahren Sie nach Paris/nach Frankreich?	Essen Sie Fisch?
– Ja, (ich fahre) morgen (dorthin).	– Ja, (ich esse) manchmal (davon).

4. Reflexivpronomen und reflexives Verb
(Rückbezügliche Fürwörter und rückbezügliches Zeitwort)

Reflexivpronomen stehen vor dem Verb. Bei reflexiven Verben wird das Perfekt mit *être* (sein) gebildet.

Präsens			Perfekt			
Je	**me**	souviens.	Je	**me**	**suis**	souvenu(e).
Ich erinnere mich.			Ich habe mich erinnert.			
Tu	**te**	souviens.	Tu	**t'**	**es**	souvenu(e).
Il	**se**	souvient.	Il	**s'**	**est**	souvenu.
Elle	**se**	souvient.	Elle	**s'**	**est**	souvenue.
Nous	**nous**	souvenons.	Nous	**nous**	**sommes**	souvenu(e)s.
Vous	**vous**	souvenez.	Vous	**vous**	**êtes**	souvenu(e)s.
Ils	**se**	souviennent.	Ils	**se**	**sont**	souvenus.
Elles	**se**	souviennent.	Elles	**se**	**sont**	souvenues.

Possessivpronomen (Besitzanzeigende Fürwörter)

Besitz / Besitzer	Singular männlich	Singular weiblich		Plural beide Geschlechter
Singular	**mon** **ton** **son** } sac	**ma** **ta** **sa** } veste	mein(e) dein(e) sein(e)/ ihr(e)	**mes** **tes** **ses** } enfants
Plural	**notre** **votre** **leur** }	sac veste	unser(e) euer(e) ihr(e)	**nos** **vos** **leurs** } enfants

- *Son/Sa* bezieht sich auf einen männlichen oder weiblichen Besitzer. *Leur* bezieht sich auf mehrere Besitzer.

sa clé sein/ihr Schlüssel
leur clé ihr Schlüssel

Demonstrativpronomen (Hinweisende Fürwörter)

Singular		Plural
männlich	**ce** livre dieses Buch	**ces** enfants diese Kinder
weiblich	**cette** voiture dieses Auto	

Vor männlichen Substantiven, die mit Vokal oder stummem h beginnen, wird *ce* zu *cet*:

cet avion dieses Flugzeug

Relativpronomen (Bezügliche Fürwörter)

Nominativ (wer? was?)	qui	le restaurant **qui** est fermé das Restaurant, das geschlossen ist
Akkusativ (wen? was?)	que	le crayon **que** j'ai perdu der Bleistift, den ich verloren habe

Die Fragewörter

Wer?	**Qui** est venu?	Wer ist gekommen?
Wen?	**Qui** as-tu vu?	Wen hast du gesehen?
An wen? Wem?	**A qui** écris-tu?	Wem schreibst du?
Von wem?	**De qui** parles-tu?	Von wem sprichst du?
Was?	**Qu'est-ce que** tu fais? **Que** fais-tu?	Was machst du?
Welcher, Welche, Welches?	**Quel** est ton livre? **Quelle** est sa voiture?	Welches ist dein Buch? Welches ist ihr Auto?
Wieviel?	**Combien de** kilomètres?	Wieviel Kilometer?
	Ça coûte **combien**?	Wieviel kostet es?
Wo?	**Où** se trouve …?	Wo befindet sich …?
Wohin?	**Où** vas-tu?	Wohin gehst du?
Woher?	**D'où** venez-vous?	Woher kommen Sie?
Wann?	**Quand** pars-tu?	Wann gehst du?
Um wieviel Uhr?	**A quelle heure** arrive-t-elle?	Um wieviel Uhr kommt sie an?
Wie lange?	**Combien de temps** a-t-il mis?	Wie lange hat er gebraucht?
Wie?	**Comment** vas-tu?	Wie geht es dir?
Warum?	**Pourquoi** est-il parti?	Warum ist er gegangen?

Wörterbuch Deutsch–Französisch

Das themenbezogene Vokabular finden Sie in den Wortlisten der Kapitel 1–11.

Hinweis: Sofern sich beim Adjektiv die weibliche Form von der männlichen unterscheidet, sind beide Formen oder die weibliche Endung angegeben.

A

ab à partir de [a partir də]
abbestellen *(Zimmer)* décommander [dekɔmɑ̃de]; *(Fahr-, Flugkarten)* annuler [anyle]
abbrechen interrompre [ɛ̃tɛrɔ̃pr]
Abend le soir [lə swar], la soirée [la sware]
aber mais [mɛ]
abfahren (von) partir (de) [partir (də)]
Abfall les ordures *f pl* [lez‿ɔrdyr]
abgeben rendre [rɑ̃dr], remettre [rəmɛtr]
abgelegen isolé, e [izɔle]
abholen aller chercher [ale ʃɛrʃe]; ~ **lassen** faire prendre [fɛr prɑ̃dr]
Abkürzung l'abréviation *f* [labrevjasjɔ̃]; *(Weg)* le raccourci [lə rakursi]
abladen décharger [deʃarʒe]
ablaufen *(zu Ende gehen)* se terminer [sə tɛrmine]; *(Frist, Vertrag)* expirer [ɛkspire]
ablehnen refuser [rəfyze]
abnehmen diminuer [diminye]; *(dünner werden)* maigrir [mɛgrir]
Abreise le départ [lə depar]
abreisen (nach) partir (pour) [partir (pur)]
Absatz *(Schuh)* le talon [lə talɔ̃]; *(Verkauf)* les ventes *f pl* [le vɑ̃t]
Abschied nehmen prendre congé [prɑ̃drə kɔ̃ʒe]
abschließen fermer à clé [fɛrme a kle]
Abschnitt *(Scheck)* le talon [lə talɔ̃]; *(Kontroll~)* la souche [la suʃ]
Absicht l'intention *f* [lɛ̃tɑ̃sjɔ̃]
absichtlich exprès [ɛksprɛ]
Abstand l'intervalle *m* [lɛ̃tɛrval], la distance [la distɑ̃s]
abstellen *(hinstellen)* déposer [depoze]; *(aufheben)* supprimer [syprime]
abwärts vers le bas [vɛr lə ba], en bas [ɑ̃ ba]
abwesend absent, e [apsɑ̃, apsɑ̃t]
achtgeben (auf) faire attention (à) [fɛr atɑ̃sjɔ̃ (a)]
Achtung attention! [atɑ̃sjɔ̃]
Adresse l'adresse *f* [ladrɛs]
adressieren adresser [adrɛse]
Agentur l'agence *f* [laʒɑ̃s]
ähnlich semblable [sɑ̃blabl]
Ahnung l'idée *f* [lide]; **keine ~!** aucune idée! [okyn‿ide]
akklimatisieren, s. ~ s'acclimater [saklimate]
Algen les algues *f pl* [lez‿alg]
alle tous [tus], toutes [tut]; **auf ~ Fälle** à toutes fins utiles [a tut fɛ̃z‿ytil]; ~ **Tage** tous les jours [tu le ʒur]; ~ **zwei Stunden** toutes les deux heures [tut le døz‿œr]
allein seul [sœl]
alles tout [tu]
allgemein général [ʒeneral]; **im ~en** en général [ɑ̃ ʒeneral]
als *(zeitlich)* quand [kɑ̃]; *(bei Vergleich)* que [kə]; **besser ~** mieux que [mjø kə]; **nichts ~** rien que [rjɛ̃ kə]; ~ **ob** comme si [kɔm si]
also donc [dɔ̃k]
alt vieux, vieil, le [vjø, vjɛj]; *(aus früheren Zeiten)* ancien, ne [ɑ̃sjɛ̃, ɑ̃sjɛn]
Alter l'âge *m* [laʒ]
Amt *(Dienststelle)* l'office *m* [lɔfis], l'agence *f* [laʒɑ̃s]
amtlich officiel, le [ɔfisjɛl]
amüsieren, s. s' amuser [samyze]
an à [a]; ~ **der Seine** sur les bords de la Seine [syr le bɔr də la sɛn]; **am Abend** le soir [lə swar]; **am Sonntag** dimanche [dimɑ̃ʃ]
anbieten offrir [ɔfrir], proposer [prɔpoze]
Andenken le souvenir [lə suvnir]
andere, der, die, das ~ l'autre [lotrə]; **ein ~r** un autre [ɛ̃n‿otrə]
andermal, ein ~ une autre fois [yn‿otrə fwa]

ändern modifier [mɔdifje]
anders *adv* autrement [otrəmɑ̃]
anderswo ailleurs [ajœr]
anderthalb un et demi [ɛ̃ e dmi], une et demie [yn‿e dmi]
Anfang le commencement [lə kɔmɑ̃smɑ̃]
anfangen commencer [kɔmɑ̃se]
Angabe l'indication *f* [lɛ̃dikasjõ]; ~**n machen** donner des indications [dɔne dez‿ɛ̃dikasjõ]; **nähere** ~**n** des précisions *f pl* [de presizjõ]
Angelegenheit l'affaire *f* [lafɛr]; **eine** ~ **erledigen** régler une affaire [regle yn‿afɛr]
angeln pêcher [pɛʃe]
angenehm agréable [agreabl]
Angst la peur [la pœr]
anhalten arrêter [arete], s'arrêter [sarete]
Anhänger/in le partisan [lə partizɑ̃], l'adepte *m/f* [ladɛpt]
anklopfen frapper (à la porte) [frape (a la pɔrt)]
Anlage l'installation *f* [lɛ̃stalasjõ]; *(Brief)* la/les pièce(s) jointe(s) [la/le pjɛs ʒwɛ̃t]
Anlaß *(Grund)* le motif [lə mɔtif]; *(Gelegenheit)* l'occasion *f* [lɔkazjõ]
anmachen *(Licht)* allumer [alyme]
anmelden annoncer [anõse]
Annahme l'acceptation *f* [laksɛptasjõ]; *(Vermutung)* la supposition [la sypozisjõ]
annehmen accepter [aksɛpte]; *(vermuten)* supposer [sypoze]
anprobieren essayer [esɛje]
anrufen téléphoner [telefɔne]
anschauen regarder [rəgarde]
anscheinend apparemment [aparamɑ̃]
Anschrift l'adresse *f* [ladrɛs]
ansehen regarder [rəgarde]
Ansicht la vue [la vy]; *(Meinung)* l'avis *m* [lavi]
anspringen démarrer [demare]
anstatt au lieu de [o ljø də]
anstrengend fatigant, e [fatigɑ̃, fatigɑ̃t]
Anstrengung l'effort *m* [lɛfɔr]
Antwort la réponse [la repõs]
antworten répondre [repõdr]
anwenden employer [ɑ̃plwaje]; *(Gesetz)* appliquer [aplike]
Anwendung l'emploi *m* [lɑ̃plwa], l'application *f* [laplikasjõ]
anwesend présent, e [prezɑ̃, prezɑ̃t]
Anzeige *(Inserat)* l'annonce *f* [lanõs]
anziehen mettre [mɛtr]; **s.** ~ s'habiller [sabije]
anzünden allumer [alyme]; *(Streichholz)* frotter [frɔte]
Apparat *(Foto)* l'appareil *m* [laparɛj]; *(Radio)* le poste [lə pɔst]
Appetit l'appétit *m* [lapeti]
Arbeit le travail [lə travaj]; *(Anstellung)* l'emploi *m* [lɑ̃plwa]
arbeiten travailler [travaje]
arbeitslos au chômage [o ʃomaʒ]
ärgern, s. ~ **über** s'irriter de [sirite də]
arm pauvre [povrə]
Ärmelkanal la Manche [la mɑ̃ʃ]
Art la manière [la manjɛr], la façon [la fasõ]
Artikel l'article *m* [lartikl]
Atem le souffle [lə sufl]
Atlantik l'Atlantique *m* [latlɑ̃tik]
auch aussi [osi]; ~ **nicht** (ne …) pas non plus [(nə …) pa nõ ply]
auf sur [syr]; ~ **der Reise** en voyage [ɑ̃ vwajaʒ]; ~ **der Straße** dans la rue [dɑ̃ la ry]; ~ **die/der Post** à la poste [a la pɔst]; ~ **einmal** tout d'un coup [tu dɛ̃ ku]; ~ **französisch** en français [ɑ̃ frɑ̃sɛ]; *(offen)* ouvert, e [uvɛr, uvɛrt]
aufbewahren garder [garde], conserver [kõsɛrve]
aufbrechen *(weggehen)* partir [partir], s'en aller [sɑ̃n‿ale]
Aufenthalt le séjour [lə seʒur]; *(Zug)* l'arrêt *m* [larɛ]
auffordern inviter [ɛ̃vite]
aufgeben *(Gepäck)* faire enregistrer [fɛr‿ɑ̃rʒistre]; *(Post)* envoyer [ɑ̃vwaje]
aufhalten, s. ~ séjourner [seʒurne]
aufhängen suspendre [syspɑ̃dr]
aufhören arrêter [arete]
aufladen charger [ʃarʒe]
aufmachen ouvrir [uvrir]
aufmerksam attentif, -ive [atɑ̃tif, atɑ̃tiv]
Aufnahme *(Empfang)* la réception [la resɛpsjõ]; *(Foto)* la photo [la fɔto]
aufnehmen *(Foto)* photographier [fɔtografje]
aufpassen (auf) surveiller [syrvɛje]
aufpumpen gonfler [gõfle]
aufschieben remettre à plus tard [rəmɛtr a ply tar]
aufschreiben noter [nɔte]
Aufschub l'ajournement *m* [laʒurnəmɑ̃]

A/Z

Aufseher *(Wächter)* le gardien [lə gardjɛ̃]
aufstehen se lever [sə ləve]
aufwachen se réveiller [sə reveje]
aufwärts en haut [ɑ̃ o], vers le haut [vɛr lə o]; *(strom~)* en amont [ɑ̃n amɔ̃]
aufwecken réveiller [reveje]
Aufzeichnung la note [la nɔt]
Auge l'œil *m* [lœj], **Augen** les yeux *m pl* [lez‿jø]
Augenblick l'instant *m* [lɛ̃stɑ̃]
aus *(Herkunft)* de [də]; *(Material)* en [ɑ̃]; ~ **Paris** de Paris [də pari]; **ein Kleid ~ Seide** une robe en soie [yn rɔb‿ɑ̃ swa]; *(Grund)* pour [pur]; ~ **diesem Grund** pour cette raison [pur sɛt rɛzɔ̃]
Ausbildung la formation [la fɔrmasjɔ̃]; *(Schul~)* l'instruction *f* [lɛ̃stryksjɔ̃]
Ausdruck l'expression *f* [lɛksprɛsjɔ̃]
ausdrücklich expressément [ɛksprɛsemɑ̃]
Ausfahrt la sortie (d'autoroute) [la sɔrti (dɔtorut)]
ausführen *(Arbeit)* accomplir [akɔ̃plir]
ausführlich en détail [ɑ̃ detaj], détaillé, e [detaje]
Ausgaben les dépenses *f pl* [le depɑ̃s]
Ausgang la sortie [la sɔrti]
ausgeben dépenser [depɑ̃se]
ausgehen sortir [sɔrtir]
ausgeschlossen hors de question [ɔr də kɛstjɔ̃], exclu, e [ɛkskly]
ausgezeichnet excellent, e [ɛksɛlɑ̃, ɛkɛlɑ̃t]
Auskunft le renseignement [lə rɑ̃sɛɲmɑ̃]; ~ **einholen** prendre des renseignements [prɑ̃dr de rɑ̃sɛɲmɑ̃]; ~**sstelle** le bureau de renseignements [lə byro də rɑ̃sɛɲmɑ̃]
Ausland l'étranger *m* [letrɑ̃ʒe]; **im/ins ~** à l'étranger [a letrɑ̃ʒe]
Ausländer/in l'étranger [letrɑ̃ʒe], l'étrangère [letrɑ̃ʒɛr]
ausländisch étranger, -ère [etrɑ̃ʒe, etrɑ̃ʒɛr]
ausmachen *(Licht, Radio)* éteindre [etɛdr]; *(vereinbaren)* convenir de [kɔ̃vənir də]; *(darstellen)* constituer [kɔ̃stitye]
Ausnahme l'exception *f* [lɛksɛpsjɔ̃]
auspacken défaire ses valises [defɛr se valiz]
ausreisen quitter le pays [kite lə pei], passer la frontière [pase la frɔ̃tjɛr]
ausruhen, s. ~ se reposer [sə rəpoze]
aussehen avoir l'air [avwar lɛr]
außen à l'extérieur [a lɛksterjœr]; **von ~** de l'extérieur [də lɛksterjœr]
außer hors de [ɔr də]
außerdem d'autre part [dotrə par], en outre [ɑ̃n‿utr]
außergewöhnlich extraordinaire [ɛkstraɔrdinɛr]
außerhalb à l'extérieur (de) [a lɛksterjœr (də)]
äußerlich externe [ɛkstɛrn]
Aussicht la vue [la vy]
Aussprache la prononciation [la prɔnɔ̃sjasjɔ̃]
aussprechen prononcer [prɔnɔ̃se]
Ausstattung *(Wohnung)* l'ameublement *m* [lamœbləmɑ̃], le mobilier [lə mɔbilje]
aussuchen sélectionner [selɛksjɔne]
Austausch l'échange *m* [leʃɑ̃ʒ]
austauschen échanger [eʃɑ̃ʒe]
ausüben *(Beruf)* exercer [ɛgzɛrse]
Ausverkauf les soldes *m pl* [le sɔld]
Auswahl le choix [lə ʃwa]
Ausweis *(Personal)* la pièce d'identité [la pjɛs didɑ̃tite]
ausziehen quitter [kite]; **s.** ~ se déshabiller [sə dezabije]
Auto la voiture [la vwatyr]; ~ **fahren** conduire [kɔ̃dɥir]
Automat *(Waren)* le distributeur automatique [lə distribytœr ɔtɔmatik]
automatisch automatique [ɔtɔmatik]

B

Baby le bébé [lə bebe]
Bad le bain [lə bɛ̃]
baden *(Wanne)* prendre un bain [prɑ̃dr ɛ̃ bɛ̃]; *(schwimmen)* se baigner [sə beɲe]
Badeort la station balnéaire [la stasjɔ̃ balneɛr]
bald bientôt [bjɛ̃to]; **so ~ wie möglich** dès que possible [dɛ kə pɔsibl]
Ball le ballon [lə balɔ̃], la balle [la bal]; *(Fest)* le bal [lə bal]
Band, das ~ le ruban [lə rybɑ̃]; **der** ~ le tome [lə tɔm]
Bank la banque [la bɑ̃k]; *(Sitz~)* le banc [lə bɑ̃]
bar zahlen payer au comptant [pɛje o kɔ̃tɑ̃], payer en liquide [pɛje ɑ̃ likid]

Batterie *(Auto)* la batterie [la batri], les accus *m pl* [lez‿aky]; *(Taschenlampe)* la pile [la pil]
bauen construire [kõstrɥir]
Bauer le paysan [lə peizɑ̃]
Bauernhof la ferme [la fɛrm]
Baum l'arbre *m* [larbr]
beabsichtigen avoir l'intention de [avwar lɛ̃tɑ̃sjõ də]
beachten respecter [rɛspɛkte]
Beanstandung la réclamation [la reklamasjõ]
beantworten répondre à [repõdr a]
Becher le gobelet [lə gɔblɛ]
Bedauern le regret [lə rəgrɛ]
bedauern regretter [rəgrɛte]
bedecken couvrir [kuvrir]
bedeuten signifier [siɲifje]
bedeutend important, e [ɛ̃pɔrtɑ̃, ɛ̃pɔrtɑ̃t]
Bedeutung *(Sinn)* la signification [la siɲifikasjõ]; *(Wichtigkeit)* l'importance *f* [lɛ̃pɔrtɑ̃s]
bedienen servir [sɛrvir]
Bedienung le service [lə sɛrvis]
Bedingung la condition [la kõdisjõ]
beeilen, s. ~ se dépêcher [sə depeʃe]
beenden terminer [tɛrmine]
befinden, s. ~ se trouver [sə truve]
befolgen suivre [sɥivr]
befördern transporter [trɑ̃spɔrte]
befreundet sein être amis [ɛtr‿ami]
befriedigt satisfait, e [satisfɛ, satisfɛt]
befürchten craindre [krɛ̃dr]
begegnen rencontrer [rɑ̃kõtre]
begeistert (von) enthousiasmé, e (par) [ɑ̃tuzjasme (par)]
Beginn le début [lə deby]
beginnen débuter [debyte]
begleiten accompagner [akõpaɲe]
Begleitung l'accompagnement *m* [lakõpaɲmɑ̃]
begrüßen saluer [salye]
behalten garder [garde]
Behälter le récipient [lə resipjɑ̃]
behandeln soigner [swaɲe]
Behandlung le traitement [lə trɛtmɑ̃]
behaupten affirmer [afirme]
behilflich, jdm ~ sein aider qn [ɛde kɛlkɛ̃]
Behörde l'administration *f* [ladministrasjõ]
bei *(nahe)* près de [prɛ də]; **~ Tag/Nacht** de jour [də ʒur]/de nuit [də nɥi]; **~ Tisch** à table [a tabl]; **~ diesem Wetter** avec un temps pareil [avɛk‿ɛ̃ tɑ̃ parɛj]; **~m Essen** en mangeant [ɑ̃ mɑ̃ʒɑ̃]
beide tous/toutes les deux [tu/tut le dø]
Beifall les applaudissements *m pl* [lez‿aplodismɑ̃]
Beileid les condoléances *f pl* [le kõdɔleɑ̃s]
beinahe presque [prɛsk]
Beispiel l'exemple *m* [lɛgzɑ̃pl]; **zum ~** par exemple [par‿ɛgzɑ̃pl]
beißen mordre [mɔrdr]
bekannt connu, e [kɔny]; **~ machen** faire connaître [fɛr kɔnɛtr]; **~ sein** être connu, e [ɛtrə kɔny]
Bekannte, der, die la connaissance [la kɔnɛsɑ̃s]
Bekanntschaft la connaissance [la kɔnɛsɑ̃s], la rencontre [la rɑ̃kõtr]
beklagen, s. über ~ se plaindre de [sə plɛ̃drə də]
bekommen recevoir [rəsəvwar]; (durch Bemühung) obtenir [ɔptənir]
belästigen importuner [ɛ̃pɔrtyne]
belegen, einen Platz ~ réserver une place [rezɛrve yn plas]
beleidigen offenser [ɔfɑ̃se], vexer [vɛkse]
Beleidigung l'offense *f* [lɔfɑ̃s], la vexation [la vɛksasjõ]
beleuchtet éclairé, e [eklere]; *(festlich)* illuminé, e [ilymine]
Belgien la Belgique [la bɛlʒik]
Belgier/in le /la Belge [lə/la bɛlʒ]
Belieben, nach ~ à volonté [a vɔlõte]
belohnen récompenser [rekõpɑ̃se]
Belohnung la récompense [la rekõpɑ̃s]
bemerken remarquer [rəmarke]; *(sagen)* faire remarquer [fɛr rəmarke]
bemühen, s. ~ s'efforcer de [sefɔrse də]
benachrichtigen avertir [avɛrtir]
Benehmen la conduite [la kõdɥit]
benötigen avoir besoin de [avwar bəzwɛ̃ də]
benutzen utiliser [ytilize]; *(Verkehrsmittel)* prendre [prɑ̃dr]
Benzin l'essence *f* [lɛsɑ̃s]
beobachten observer [ɔpsɛrve]
bequem confortable [kõfɔrtabl]
Bequemlichkeit le confort [lə kõfɔr]
berechnen calculer [kalkyle]
berechtigt (zu) autorisé, e (à) [ɔtɔrize (a)]
bereit prêt, e [prɛ, prɛt]
bereits déjà [deʒa]
Berg la montagne [la mõtaɲ]

bergab en descendant [ɑ̃ dɛsɑ̃dɑ̃]
bergauf en montant [ɑ̃ mɔ̃tɑ̃]
Bericht le compte-rendu [lə kɔ̃trɑ̃dy]
Beruf la profession [la prɔfɛsjɔ̃]
beruhigen, s. ~ se calmer [sə kalme]
berühmt célèbre [selɛbr]
berühren toucher [tuʃe]
Berührung le contact [lə kɔ̃takt]
beschädigen endommager [ɑ̃dɔmaʒe]
Beschädigung le dégât [lə dega]
beschaffen procurer [prɔkyre]
beschäftigt occupé, e [ɔkype]
bescheinigen attester [atɛste]
beschleunigen accélérer [akselere]
beschließen décider (de) [deside (də)]
beschreiben décrire [dekrir]
beschützen protéger [prɔteʒe]
Beschwerde la plainte [la plɛ̃t]
beschweren, s. ~ **(über)** se plaindre (de) [sə plɛ̃dr (də)]
besetzt *(Platz)* occupé, e [ɔkype]; *(voll)* plein, e [plɛ̃, plɛn]
besichtigen voir [vwar], visiter [vizite]
Besitz la possession [la pɔsɛsjɔ̃]; *(Eigentum)* la propriété [la prɔprijete]
besitzen posséder [pɔsede]
Besitzer le propriétaire [lə prɔprijetɛr]
besonders surtout [syrtu]
besorgen procurer [prɔkyre]
besorgt soucieux,-euse [susjø, susjøz]
Besorgung l'achat *m* [laʃa]
besser mieux [mjø], meilleur, e [mɛjœr]
bestätigen confirmer [kɔ̃firme]
beste(r, -s) le/la meilleur, e [lə/la mɛjœr]
bestehen auf insister sur [ɛ̃siste syr]; ~ **aus** se composer de [sə kɔ̃poze də]
bestimmt *adj* certain, e [sɛrtɛ̃, sɛrtɛn]; *adv* sûrement [syrmɑ̃]
Besuch la visite [la vizit]
besuchen, jdn ~ rendre visite à qn [rɑ̃dr vizit‿a kɛlkɛ̃]
beten prier [prije]
betrachten regarder [rəgarde]
beträchtlich considérable [kɔ̃siderabl]
Betrag le montant [lə mɔ̃tɑ̃]
betragen s'élever à [selve a]
betreffend concernant [kɔ̃sɛrnɑ̃]
betreten entrer dans [ɑ̃tre dɑ̃]
betrinken, s. ~ se soûler [sə sule]
Betrug *(Gaunerei)* l'escroquerie *f* [lɛskrɔkri]; *(Handel)* la fraude [la frod]
betrügen tromper [trɔ̃pe]
betrunken soûl, e [su, sul], ivre [ivrə]; *(leicht)* éméché, e [emeʃe]
Bett le lit [lə li]; **zu** ~ **gehen** aller se coucher [ales kuʃe]
beunruhigen, s. ~ s'inquiéter [sɛ̃kjete]
beurteilen juger [ʒyʒe]
Beutel le sac [lə sak]
bevor avant que [avɑ̃ kə]
bewachen garder [garde], surveiller [syrvɛje]
bewegen remuer [rəmye]
bewegt *(Gefühl)* ému, e [emy]; *(Meer)* agitée [aʒite]
Bewegung le mouvement [lə muvmɑ̃]
Beweis la preuve [la prœv]
beweisen prouver [pruve]
Bewohner l'habitant *m* [labitɑ̃]
bewundern admirer [admire]
bewußt conscient, e [kɔ̃sjɑ̃, kɔ̃sjɑ̃t]
bezahlen payer [peje]
bezaubernd ravissant, e [ravisɑ̃, ravisɑ̃t]
Bezeichnung la désignation [la deziɲasjɔ̃]
beziehen, s. ~ **auf** se référer à [sə refere a]
Biene l'abeille *f* [labɛj]
bieten offrir [ɔfrir], proposer [prɔpoze]
Bild *(Foto)* la photo [la fɔto]; *(Gemälde)* le tableau [lə tablo]; *(Abbildung)* l'illustration *f* [lilystrasjɔ̃]
bilden former [fɔrme]
billig bon marché [bɔ̃ marʃe]
binden lier [lie]
Bindfaden la ficelle [la fisɛl]
Birne la poire [la pwar]; *(el)* l'ampoule *f* [lɑ̃pul]
bis jusqu'à [ʒyska]; ~ **jetzt** jusqu'à maintenant [ʒyska mɛ̃tnɑ̃]
bißchen, ein ~ un peu [ɛ̃ pø]
bitte s'il te plaît [sil tə plɛ], s'il vous plaît [sil vu plɛ]; **wie** ~ ? comment? [kɔmɑ̃], pardon? [pardɔ̃]
Bitte la demande [la dəmɑ̃d]
bitten, jdn um etw ~ demander qc à qn [dəmɑ̃de]
bitter amer, -ère [amɛr]
Blatt la feuille [la fœj]
bleiben rester [rɛste]
bleich pâle [pal]
Blick le regard [lə rəgar]; *(Ausblick)* la vue [la vy]
blind aveugle [avœgl]

blinken clignoter [kliɲɔte]
Blitz l'éclair *m* [leklɛr]; *(Foto)* le flash [lə flaʃ]
blöd(e) stupide [stypid]
blühen fleurir [flœrir]
Blume la fleur [la flœr]
Boden le sol [lə sɔl]; *(Fuß~)* le plancher [lə plɑ̃ʃe]
Boot le bateau [lə bato]
Bord, an ~ gehen monter à bord [mõte a bɔr]
böse méchant, e [meʃɑ̃, meʃɑ̃t]; *(verärgert)* en colère [ɑ̃ kɔlɛr]
Botschaft *(dipl. Vertretung)* l'ambassade *f* [lɑ̃basad]
Brand l'incendie *f* [lɛ̃sɑ̃di]
Braten le rôti [lə rɔti]
braten rôtir [rɔtir]; *(in der Pfanne)* frire [frir]
brauchen avoir besoin de [avwar bəzwɛ̃ də]; *(Zeit)* mettre [mɛtr]
braun marron [marõ]; *(gebräunt)* bronzé, e [brõze]; *(Haar)* brun [brɛ̃]
brechen casser [kase]
breit large [larʒ]
brennen brûler [bryle]
Brief la lettre [la lɛtr]
Brieftasche le portefeuille [lə pɔrtəfœj]
Briefwechsel la correspondance [la kɔrɛspõdɑ̃s]
Brille les lunettes *f pl* [le lynɛt]
bringen *(her~)* apporter [apɔrte]; *(weg~)* emporter [ɑ̃pɔrte]
Bruder le frère [lə frɛr]
Brunnen la fontaine [la fõtɛn]
Buch le livre [lə livr]
buchen *(Platz)* retenir [rətənir], réserver [rezɛrve]
Büchse la boîte [la bwat]; *(Konserve)* la boîte de conserve [la bwat də kõsɛrv]
buchstabieren épeler [eple]
Bucht la crique [la krik]
Bügeleisen le fer à repasser [lə fɛr a rpase]
Bummel *(Spaziergang)* la balade [la balad], la virée [la vire]
bunt multicolore [myltikɔlɔr]; *(abwechslungsreich)* varié, e [varje]
Büro le bureau [lə byro]
Bürste la brosse [la brɔs]
bürsten brosser [brɔse]
Busch *(Strauch)* le buisson [lə bɥisõ]

C

Café le salon de thé [lə salõd te]
Chauffeur le chauffeur [lə ʃofœr]
Chef le patron [lə patrõ]
Chor le chœur [lə kœr]
Cousin/e le cousin [lə kuzɛ̃], la cousine [la kuzin]

D

da *(dort)* là [la]; *(Grund)* comme [kɔm]; *(Zeit)* alors [alɔr]
dafür, ~ sein être pour [ɛtrə pur]
dagegen, ~ sein être contre [ɛtrə kõtr]
daheim à la maison [a la mɛzõ]
daher *(Grund)* c'est pourquoi [sɛ purkwa]
damals à l'époque [a lepɔk], en ce temps-là [ɑ̃ stɑ̃la]
Dame la dame [la dam]
danach après [aprɛ]
dankbar reconnaissant, e [rəkɔnɛsɑ̃, rəkɔnɛsɑ̃t]
danken, (jdm) ~ remercier (qn) [rəmɛrsje (kɛlkɛ̃)]
dann ensuite [ɑ̃sɥit]
dasein *(anwesend)* être là [ɛtrə la], être présent, e [ɛtrə prezɑ̃, prezɑ̃t]
daß que [kə]
dasselbe la même chose [la mɛm ʃoz]
Datum la date [la dat]
Dauer la durée [la dyre]
dauern durer [dyre]
Decke *(Bett~)* la couverture [la kuvɛrtyr]; *(Zimmer~)* le plafond [lə plafõ]
defekt défectueux, -euse [defɛktyø, defɛktyøz], endommagé, e [ɑ̃dɔmaʒe]
dein ton [tõ], ta [ta]
demnächst prochainement [prɔʃɛnmɑ̃]
denken an penser à [pɑ̃se a]
denn car [kar]
derselbe le/la même [lə/la mɛm]
deshalb c'est pourquoi [sɛ purkwa]
deutlich clair, e [klɛr]
deutsch allemand, e [almɑ̃, almɑ̃d]
Deutsche, der, die l'Allemand [lalmɑ̃], l'Allemande [lalmɑ̃d]
Deutschland l'Allemagne *f* [lalmaɲ]
Dia la diapo [la djapo]
Diagnose le diagnostic [lə djagnɔstik]
dich toi [twa], te [tə]
dicht *(Nebel)* épais [epɛ]; **~ dabei** tout près [tu prɛ]

dick gros, grosse [gro, gros]; *(geschwollen)* enflé, e [ɑ̃fle]
dienen servir [sɛrvir]
Dienst le service [lə sɛrvis]
diese(r, -s) ce [sə], cet [sɛt], cette [sɛt], ces [se]
Ding la chose [la ʃoz]
dir te [tə], à toi [a twa]
direkt direct, e [dirɛkt]; *adv* directement [dirɛktəmɑ̃]; *(sofort)* immédiatement [imedjatmɑ̃]
Direktion la direction [la dirɛksjɔ̃]
Direktor le directeur [lə dirɛktœr]; *(Gymnasium)* le proviseur [lə prɔvizœr]
doch si! [si], pourtant [purtɑ̃]
Doktor le docteur [lə dɔktœr]
Dokument le document [lə dɔkymɑ̃]
doppelt double [dubl]
Dorf le village [lə vilaʒ]
dort là-bas [laba]; ~ **hin** y [i]; ~ **oben/unten** là-haut/là-bas [lao/laba]
Dose la boîte [la bwat]
Draht le fil de fer [lə fil də fɛr]
draußen dehors [dəɔr]
drin, drinnen à l'intérieur [a lɛ̃terjœr], dedans [dədɑ̃]
dringend urgent, e [yrʒɑ̃, yrʒɑ̃t]
dritte(r, -s) le/la troisième [lə/la trwazjɛm]
Drittel, ein ~ un tiers [ɛ̃ tjɛr]
drittens troisièmement [trwazjɛmmɑ̃]
drüben de l'autre côté [də lotrə kɔte]
drücken *(stoßen)* pousser [puse]
du tu [ty], toi [twa]
dumm bête [bɛt]
dunkel sombre [sɔ̃br]
dünn mince [mɛ̃s]
durch *(quer ~)* à travers [a travɛr]; *(Mittel)* grâce à [gras‿a]; *(Passiv)* par [par]
durchaus nicht absolument pas [apsɔlymɑ̃ pa]
Durchfahrt la traversée [la travɛrse]
Durchgang le passage [lə pasaʒ]
Durchreise, auf der ~ en transit [ɑ̃ trɑ̃zit]; ~ **visum** le visa de transit [lə vizad]
durchschnittlich *adj* moyen, ne [mwajɛ̃, mwajɛn]; *adv* en moyenne [ɑ̃ mwajɛn]
dürfen pouvoir [puvwar]
Durst la soif [la swaf]
durstig sein avoir soif [avwar swaf]

E

eben *(flach)* plat, e [pla, plat]; *(zeitlich)* juste [ʒyst]
Ebene la plaine [la plɛn]
echt authentique [otɑ̃tik]
Ecke le coin [lə kwɛ̃]
Ehe le mariage [lə marjaʒ]; ~ **frau** la femme [la fam]; ~ **mann** le mari [lə mari]; ~ **paar** le couple [lə kupl]
eher *(lieber)* plutôt [plyto]
Ehering l'alliance *f* [laljɑ̃s]
Ehre l'honneur *m* [lɔnœr]
Ei l'œuf *m* [lœf]; **Eier** les œufs *m pl* [lezø]
eigen propre [prɔpr]; *(eigenartig)* spécial, e [spesjal]; *(seltsam)* curieux, -euse [kyrjø, kyrjøz]
Eigenschaft la qualité [la kalite]
eigentlich *adj* véritable [veritabl]; *adv* en fait [ɑ̃ fɛt], à vrai dire [a vrɛ dir]
Eigentümer le propriétaire [lə prɔprijetɛr]
eilig pressé, e [prɛs]; **es ~ haben** être pressé, e [ɛtrə prɛse]
ein(e) un, une [ɛ̃, yn]
einbiegen, nach rechts/links ~ tourner à droite/à gauche [turne a drwat/a goʃ]
Eindruck l'impression *f* [lɛ̃prɛsjɔ̃]
einfach simple [sɛ̃pl]
Einfahrt l'entrée *f* [lɑ̃tre]
Eingang l'entrée *f* [lɑ̃tre]
einheimisch local, e [lɔkal], national, e [nasjɔnal]
einig sein être d'accord [ɛtrə dakɔr]
einige quelques [kɛlkə]
einigen, s. ~ se mettre d'accord [sə mɛtrə dakɔr]
einkaufen faire ses courses [fɛr se kurs]
einladen inviter [ɛ̃vite]
Einladung l'invitation *f* [lɛ̃vitasjɔ̃]
einmal une fois [yn fwa]
einpacken emballer [ɑ̃bale]; *(Koffer)* faire sa valise [fɛr sa valiz]
einreisen entrer [atre]
eins un [ɛ̃]
einsam seul, e [sœl], solitaire [sɔlitɛr]
einschalten *(Gerät)* brancher [brɑ̃ʃe]
einschlafen s'endormir [sɑ̃dɔrmir]
einschließen inclure [ɛ̃klyr]
eintreffen arriver [arive]
eintreten entrer [ɑ̃tre]

Eintritt l'entrée *f* [lãtre]; ~ **verboten!** Entrée interdite! [ãtre ɛ̃tɛrdit]; ~ **skarte** le billet d' entrée [lə bijɛ dãtre]; ~ **spreis** le prix d'entrée [lə pri dãtre]
Einverständnis le consentement [lə kõsãtmã]
einwerfen *(Briefe)* mettre à la boîte [mɛtr‿a la bwat]
einwickeln envelopper [ãvlɔpe]
einwilligen consentir [kõsãtir]
Einwohner l'habitant *m* [labitã]
Einzelheit le détail [lə detaj]
einzig seul, e [sœl]; *(artig)* unique [ynik]
Eis *(Glatt~)* le verglas [lə vɛrgla]; *(Speise~)* la glace [la glas]
Eisen le fer [lə fɛr]
elektrisch *adj* électrique [elɛktrik]; *adv* à l'électricité [a lelɛktrisite]
Elsaß l'Alsace *f* [lalzas]
Eltern les parents *m pl* [le parã]
emanzipiert émancipé, e [emãsipe]
Empfang la réception [la resɛpsjõ]
empfangen recevoir [rəsəvwar], accueillir [akœjir]
empfehlen recommander [rəkɔmãde]
Empfehlung la recommandation [la rəkɔmãdasjõ]
Ende la fin [la fɛ̃]; **am** ~ finalement [finalmã]
enden se terminer [sə tɛrmine]
endgültig *adj* définitif, -ive [definitif, definitiv]; *adv* définitivement [definitivmã]
endlich enfin [ãfɛ̃]
eng étroit, e [etrwa, etrwat]
englisch anglais, e [ãglɛ, ãglɛz]
Enkel/in le petit-fils [lə ptifis], la petite-fille [la ptitfij]
entdecken découvrir [dekuvrir]
entfernt éloigné, e [elwaɲe]
Entfernung l'éloignement *m* [lelwaɲəmã]
entgegengesetzt opposé, e [ɔpoze]
enthalten contenir [kõtənir]
entlang le long de [lə lõ də]
entscheiden décider [deside]
entschließen, s. ~ se décider [sə deside]
entschlossen sein être décidé, e [ɛtrə deside]
Entschluß la décision [la desizjõ]
entschuldigen excuser [ɛkskyze]; ~ **Sie bitte!** excusez-moi [ɛkskyze mwa]; **s.** ~ s'excuser [sɛkskyze]
Entschuldigung l'excuse *f* [lɛkskyz]; **Ich bitte um** ~**!** Je m'excuse! [ʒə mɛkskyz]
enttäuscht déçu, e [desy]
entweder ... oder ou ... ou [u ... u], ou bien ... ou bien [u bjɛ̃ ... u bjɛ̃]
entwickeln développer [devəlɔpe]
Entwicklung le développement [lə devəlɔpmã]
entzückend ravissant, e [ravisã, ravisãt]
entzückt ravi, e [ravi]
er il [il], lui [lɥi]
Erde la terre [la tɛr]
Erdgeschoß le rez-de-chaussée [lə red ʃose]
ereignen, s. ~ se produire [sə prɔdɥir]
Ereignis l'événement *m* [levɛnmã]
erfahren apprendre [aprãdr]; *adj* expérimenté, e [ɛksperimãte]
Erfahrung l'expérience *f* [lɛksperjãs]
erfinden inventer [ɛ̃vãte]
Erfolg le succès [lə syksɛ]
erfreut (über) heureux, -euse (de) [œrø, œrøz (də)]
Erfrischung le rafraîchissement [lə rafrɛʃismã]
Ergebnis le résultat [lə rezylta]
ergreifen saisir [sɛzir]
erhalten recevoir [rəsəvwar]; *(durch Bemühung)* obtenir [optənir]
erhältlich en vente [ã vãt]
erhöhen *(Preise)* augmenter [ɔgmãte]
erholen, s. ~ se rétablir [sə retablir]
Erholung le rétablissement [lə retablismã]
erinnern, jdn an etw ~ rappeler qc à qn [raple kɛlkə ʃoz a kɛlkɛ̃]; **s.** ~ se souvenir [sə suvnir]
erkennen reconnaître [rəkɔnɛtr]
erklären déclarer [deklare]; *(deutlich machen)* expliquer [ɛksplike]
erkundigen, s. ~ se renseigner [sə rãseɲe]
erlangen obtenir [ɔptənir]
erlauben permettre [pɛrmɛtr]
Erlaubnis la permission [la pɛrmisjõ]
erledigen régler [regle]
Ermäßigung la réduction [la redyksjõ]
ermöglichen rendre possible [rãdrə pɔsibl]
erneuern rénover [renove]
ernst sérieux, -euse [serjø, serjøz]
Ernte la récolte [la rekɔlt]
erreichen atteindre [atɛ̃dr]
Ersatz *(Schaden~)* la compensation [la kõpãsasjõ]

erscheinen apparaître [aparɛtr]; *(Buch)* paraître [parɛtr]
erschöpft épuisé, e [epɥize]
erschrecken effrayer [efreje]
ersetzen remplacer [rɑ̃plase]; *(Schaden)* réparer [repare]
erst *(zuerst)* d'abord [dabɔr]; *(nicht früher als)* seulement [sœlmɑ̃], ne … que [nə … kə]
erste(r, -s) premier, -ière [prəmje, prəmjɛr]
erstens premièrement [prəmjɛrmɑ̃]
erstklassig de premier ordre [də prəmjer‿ɔrdr]
ertragen supporter [sypɔrte]
Erwachsene(r) l'adulte *m/f* [ladylt]
erwarten attendre [atɑ̃dr]; *(rechnen mit)* s'attendre à [satɑ̃dr a]
erwidern répliquer [replike]
erzählen raconter [rakɔ̃te]
erzeugen produire [prɔdɥir]
Erzeugnis le produit [lə prɔdɥi]
Erziehung l'éducation *f* [ledykasjɔ̃]
es gibt il y a [il‿ja]
Esel l'âne *m* [lan]
eßbar comestible [kɔmɛstiblə]
Essen le repas [lə rəpa]
essen manger [mɑ̃ʒe]
etwa à peu près [a pø prɛ]
etwas quelque chose [kɛlkə ʃoz]; *(ein wenig)* un peu de [ɛ̃ pø də]
euch vous [vu], à vous [a vu]
euer votre [vɔtr]
Europa l'Europe *f* [lørɔp]
Europäer/in l'Européen *m* [lørɔpeɛ̃], l'Européenne *f* [lørɔpeɛn]
europäisch européen, ne [ørɔpeɛ̃, ørɔpeɛn]
eventuell *adv* éventuellement [evɑ̃tɥɛlmɑ̃]
extra à part [a par]

F

Fabrik l'usine *f* [lyzin]
Faden le fil [lə fil]
fähig capable [kapabl]
fahren aller [ale]; *(lenken)* conduire [kɔ̃dɥir]
Fahrer le chauffeur [lə ʃofœr]
Fahrgast le passager [lə pasaʒe]
Fahrstuhl l'ascenseur *m* [lasɑ̃sœr]
Fahrt le voyage [lə vwajaʒ], le trajet [lə traʒɛ]
fair loyal, e [lwajal]
Fall *(Vorfall)* l'incident *m* [lɛ̃sidɑ̃]
fallen tomber [tɔ̃be]
falls au cas où [o ka u]
falsch faux, fausse [fo, fos]; *(betrügerisch)* trompeur, -euse [trɔ̃pœr, trɔ̃pøz]
Familie la famille [la famij]
fangen attraper [atrape]
Farbe la couleur [la kulœr]
farbig coloré, e [kɔlɔre]
fast presque [prɛsk]
faul paresseux, -euse [parɛsø, parɛsøz]; *(Obst)* abîmé, e [abime]
Feder la plume [la plym]; *(elastisch)* le ressort [lə rəsor]
fehlen manquer [mɑ̃ke]
Fehler *(den man macht)* la faute [la fot]; *(den man hat)* le défaut [lə defo]
feierlich solennel, le [sɔlanɛl]
Feiertag le jour férié [lə ʒur ferje]
feilschen marchander [marʃɑ̃de]
fein *(dünn)* fin, e [fɛ̃, fin]; *(vornehm)* distingué, e [distɛ̃ge]; *(zart)* délicat, e [delika, delikat]
Feld le champ [lə ʃɑ̃]
Fell la peau [la po]
Fels le rocher [lə rɔʃe]
Ferien les vacances *f pl* [le vakɑ̃s]; **in** ~ en vancances [ɑ̃ vakɑ̃s]
Fernglas les jumelles *f pl* [le ʒymɛl]
fertig *(bereit)* prêt, e [prɛ, prɛt]; *(vollständig)* fini, e [fini]
fest *(hart)* dur, e [dyr]; *(haltbar)* solide [sɔlid]
Fest la fête [la fɛt]
festsetzen fixer [fikse]
fett gras, grasse [gra, gras]
feucht humide [ymid]
Feuer le feu [lə fø]
feuergefährlich inflammable [ɛ̃flamabl]
Feuerlöscher l'extincteur *m* [lɛkstɛ̃ktœr]
Feuermelder l'avertisseur *m* d'incendie [lavɛrtisœr dɛ̃sɑ̃di]
Feuerwehr les pompiers *m pl* [le pɔ̃pje]
Feuerwerk le feu d'artifice [lə fø dartifis]
Feuerzeug le briquet [lə brikɛ]
Filiale la succursale [la sykyrsal]
Film la pellicule [la pelikyl]; *(Kino)* le film [lə film]
Filter le filtre [lə filtr]
finden trouver [truve]
finster obscur, e [ɔpskyr]
Firma l'entreprise *f* [lɑ̃trəpriz]

Fisch le poisson [lə pwasõ]; ~**händler** le poissonnier [lə pwasɔɲe]
fischen pêcher [peʃe]
fit en forme [ɑ̃ fɔrm]
flach plat, e [pla, plat]
Flamme la flamme [la flam]
Flasche la bouteille [la butɛj]
Fleck(en) la tache [la taʃ]
Fleisch la viande [la vjɑ̃d]
fleißig travailleur, -euse [travajœr, travajøz]
flicken repriser [rəprize]
Fliege la mouche [la muʃ]
fliegen voler [vɔle]
fließen couler [kule]
Flirt le flirt [lə flœrt]
Fluß la rivière [la rivjɛr]
flüssig liquide [likid]
folgen suivre [sɥivr]
fordern exiger [ɛgziʒe]
Forderung la revendication [la rəvɑ̃dikasjõ]
Form la forme [la fɔrm]
Format le format [lə fɔrma]
Formular le formulaire [lə fɔrmylɛr], la formule [la fɔrmyl]
fort parti, e [parti]
Fortschritt le progrès [lə prɔgrɛ]
fortsetzen continuer [kõtinye]
forttragen emporter [ɑ̃pɔrte]
Foto la photo [la fɔto]
Fotoapparat l'appareil-photo *m* [laparɛjfɔtɔ]
fotografieren photographier [fɔtografje]
Fracht le fret [lə frɛ], la cargaison [la kargɛzõ]
Frage la question [la kɛstjõ]
fragen interroger [ɛ̃tɛroʒe]
Frankreich la France [la frɑ̃s]
Franzose le Français [lə frɑ̃sɛ]
Französin la Française [la frɑ̃sɛz]
französisch français, e [frɑ̃sɛ, frɑ̃sɛz]
Frau la femme [la fam]; *(Anrede, vor Namen)* madame [madam]
Fräulein mademoiselle [madmwazɛl]
frei libre [librə]; *(gratis)* gratuit, e [gratɥi, gratɥit]; **im Freien** en plein air [ɑ̃ plɛn‿ɛr]
fremd *(ausländisch)* étranger, -ère [etrɑ̃ʒe, etrɑ̃ʒɛr]; *(unbekannt)* inconnu, e [ɛ̃kɔny]
Fremde, der, die l'étranger *m* [letrɑ̃ʒe], l'étrangère *f* [letrɑ̃ʒɛr]; l'inconnu, e [lɛ̃kɔny]
Freude la joie [la ʒwa]
freuen, s. ~ **über** être content, e de [ɛtər kõtɑ̃, kõtɑ̃t də]; **s.** ~ **auf** se réjouir à l'avance de [sə reʒwir‿a lavɑ̃s də]
Freund/in l'ami [lami], l'amie [lami]; le petit ami [lə ptit‿ami], la petite amie [la ptit‿ami]
freundlich aimable [ɛmabl]
Freundlichkeit l'amabilité *f* [lamabilite]
Freundschaft l'amitié *f* [lamitje]
Friede la paix [la pɛ]
frieren avoir froid [avwar frwa]
frisch frais, fraîche [frɛ, frɛʃ]; *(neu)* nouveau, nouvel, le [nuvo, nuvɛl]; *(Wäsche)* propre [prɔpr]
froh *(zufrieden)* content, e [kõtɑ̃, kõtɑ̃t]; *(glücklich)* heureux, -euse [œrø, œrøz]; *(lustig)* gai, e [gɛ]
früh tôt [to]
früher *(eher)* plus tôt [ply to]; *(einst)* autrefois [otrəfwa]
frühstücken prendre son petit déjeuner [prɑ̃drə sõ pəti deʒœne], déjeuner [deʒœne]
fühlen sentir [sɑ̃tir]
führen conduire [kõdɥir]
Führer *(für Fremde)* le guide [lə gid]
füllen remplir [rɑ̃plir]
Fundbüro le bureau des objets trouvés [lə byro dez‿ɔbʒɛ truve]
Funke l'étincelle *f* [letɛ̃sɛl]
funktionieren fonctionner [fõksjɔne]
für pour [pur]
Furcht la crainte [la krɛ̃t]
fürchten craindre [krɛ̃dr]; **s.** ~ **vor** avoir peur de [avwar pœr də]
fürchterlich affreux, -euse [afrø, afrøz]
Fußgänger le piéton [lə pjetõ]
Futter *(Kleidung)* la doublure [la dublyr]

G

gähnen bâiller [baje]
Gang *(Auto)* la vitesse [la vitɛs]; *(Durchgang)* le passage [lə pasaʒ]; *(Flur)* le couloir [lə kulwar]; *(Essen)* le plat [lə pla]
ganz tout [tu], toute [tut]; *pl* tous [tus], toutes [tut]; *adv* complètement [kõplɛtmɑ̃]; *(vollständig)* entier, -ère [ɑ̃tje, ɑ̃tjɛr], complet, -ète [kõplɛ, kõplɛt]
Ganze, das ~ le tout [lə tu]

A/Z

gar *(gekocht)* à point [a pwɛ̃]; ~ **nicht** (ne …) pas du tout [(nə …) pa dy tu]
Garage le garage [lə garaʒ]
Garantie la garantie [la garɑ̃ti]
Garten le jardin [lə ʒardɛ̃]
Gast l'hôte *m* [lot], l'invité, e [lɛ̃vite]
Gastfreundschaft l'hospitalité *f* [lɔspitalite]
Gastgeber/in l'hôte *m* [lot], l'hôtesse *f* [lotɛs]
Gasthaus/~ hof l'hôtel *m* [lotɛl]
Gebäude le bâtiment [lə batimɑ̃]
geben donner [dɔne]
Gebet la prière [la prijɛr]
geboren né, e [ne]
Gebrauch l'usage *m* [lyzaʒ]
gebrauchen utiliser [ytilize]
gebräuchlich usuel, le [yzɥɛl], commun, e [kɔmɛ̃, kɔmyn]
Gebühren les droits *m pl* [le drwa]
Geburt la naissance [la nɛsɑ̃s]; ~ **stag** l'anniversaire *m* [lanivɛrsɛr]
gebürtig natif, -ive [natif, nativ], originaire [oriʒinɛr]
Gedanke l'idée *f* [lide]
Geduld la patience [la pasjɑ̃s]
geduldig patient, e [pasjɑ̃, pasjɑ̃t]
Gefahr le danger [lə dɑ̃ʒe]
gefährlich dangereux, -euse [dɑ̃ʒrø, dɑ̃ʒrøz]
Gefallen le service [lə sɛrvis]
gefallen plaire [plɛr]
Gefälligkeit l'obligeance *f* [lɔbliʒɑ̃s]
Gefäß le récipient [lə resipjɑ̃]
Gefühl le sentiment [lə sɑ̃timɑ̃]
gegen contre [kɔ̃tr]; *(in Richtung auf, zeitlich)* vers [vɛr]
Gegend la région [la reʒjɔ̃]
Gegenstand l'objet *m* [lɔbʒɛ]; *(Gesprächs~)* le sujet [lə syʒɛ]
Gegenteil le contraire [lə kɔ̃trɛr]; **im** ~ au contraire [o kɔ̃trɛr]
gegenüber en face de [ɑ̃ fas də]
Gegenwert l'équivalent *m* [lekivalɑ̃]
geheim secret, secrète [səkrɛ, səkrɛt]
gehen aller [ale]; *(zu Fuß)* marcher [marʃe]; **geradeaus** ~ aller tout droit [ale tu drwa]; **vorwärts** ~ avancer [avɑ̃se]; **zurück** ~ retourner [rəturne]
gehören appartenir [apartənir]
Gelände le terrain [lə tɛrɛ̃]
Geld l'argent *m* [larʒɑ̃]; ~ **beutel** le porte-monnaie [lə pɔrtmɔnɛ]; ~ **strafe** l'amende *f* [lamɑ̃d]; ~ **stück** la pièce de monnaie [la pjɛs də mɔnɛ]
Gelegenheit l'occasion *f* [lɔkazjɔ̃]

gelegentlich *adv* à l'occasion [a lɔkazjɔ̃]
gelten être valable [ɛtrə valabl]
gemein méchant, e [meʃɑ̃, meʃɑ̃t]; *(ordinär)* vulgaire [vylgɛr]
gemeinsam *adj* commun, e [kɔmɛ̃, kɔmyn]; *adv* ensemble [ɑ̃sɑ̃bl]
gemischt mixte [mikst], mélangé, e [melɑ̃ʒe]
genau exact, e [egza, egzakt]; ~ **so … wie** aussi … que [osi … kə]
Genauigkeit l'exactitude *f* [lɛgzaktityd]
genehmigen autoriser [ɔtɔrize]
genießen jouir de [ʒwir də], savourer [savure]
genug assez [ase], suffisamment [syfizamɑ̃]
Genuß le plaisir [lə plɛzir]
geöffnet ouvert, e [uvɛr, uvɛrt]
gerade droit, e [drwa, drwat]; *(zeitlich)* juste [ʒyst]
geradeaus tout droit [tu drwa]
Geräusch le bruit [lə brɥi]
gerecht juste [ʒyst]
Gericht *(Essen)* le plat [lə pla]; *(Justiz)* le tribunal [lə tribynal]
gering minime [minim]; ~ **er** moindre [mwɛ̃dr]
gern volontiers [vɔlɔ̃tje]; **nicht** ~ à contre-cœur [a kɔ̃trəkœr]
Geruch l'odeur *f* [lodœr]
Gesang le chant [lə ʃɑ̃]
Geschäft *(Laden)* le magasin [lə magazɛ̃]; *(Handel)* l'affaire *f* [lafɛr]
geschehen arriver [arive]; **Was ist ~ ?** Qu'est-ce qui est arrivé? [kɛs‿ki ɛt‿arive]
Geschenk le cadeau [lə kado]
Geschichte l'histoire *f* [listwar]
geschickt adroit, e [adrwa, adrwat]
geschlossen fermé, e [fɛrme]
Geschmack le goût [lə gu]
Geschwindigkeit la vitesse [la vitɛs]
Gesellschaft la société [la sɔsjete], la compagnie [la kɔ̃paɲi]
Gespräch la conversation [la kɔ̃vɛrsasjɔ̃]
gesund en bonne santé [ɑ̃ bɔn sɑ̃te]
Gesundheit la santé [la sɑ̃te]
getrennt séparé, e [separe]
gewähren accorder [akɔrde]
gewaltig puissant, e [pɥisɑ̃, pɥisɑ̃t]
Gewebe le tissu [lə tisy]
Gewicht le poids [lə pwa]
Gewinn le gain [lə gɛ̃], le bénéfice [lə benefis]

A/Z

gewinnen gagner [gaɲe]
gewiß certain, e [sɛrtɛ̃, sɛrtɛn]; *adv* certainement
gewissenhaft consciencieux, -euse [kõsjɑ̃sjø, kõsjɑ̃sjøz]
Gewitter l'orage *m* [lɔraʒ]
gewöhnen, s. ~ an s'habituer à [sabitye a]
Gewohnheit l'habitude *f* [labityd]
gewöhnlich habituel, le [abityɛl]; *(ordinär)* commun, e [kɔmɛ̃, kɔmyn]; *adv* habituellement [abityɛlmɑ̃]
gewohnt sein être habitué, e [ɛtr abitye]
gibt, es ~ il y a [il‿ja]
Gift le poison [lə pwazõ]
giftig toxique [tɔksik]
Gipfel le sommet [lə sɔmɛ]
Gips le plâtre [lə platr]
Gitarre la guitare [la gitar]
Gitter la grille [la grij]
glänzen briller [brije]
glänzend brillant, e [brijɑ̃, brijɑ̃t]
Glas *(Scheibe)* la vitre [la vitr]; *(Trink~)* le verre [lə vɛr]
Glaube la foi [la fwa]
glauben croire [krwar]
gleich pareil, le [parɛj]; *(sofort)* tout de suite [tud sɥit]
gleichen ressembler [rəsɑ̃ble]
gleichwertig équivalent, e [ekivalɑ̃, ekivalɑ̃t]
gleichzeitig en même temps [ɑ̃ mɛm tɑ̃]
Glück la chance [la ʃɑ̃s]; **Viel ~!** Bonne chance! [bɔn ʃɑ̃s]
glücklich heureux, -euse [œrø, œrøz]
Glückwunsch les félicitations *f pl* [le felisitasjõ]
Gott Dieu [djø]; **~ sei Dank!** Dieu soit loué! [djø swa lue]
Grad le degré [lə dəgre]
gratis gratuit, e [gratɥi, gratɥit]
gratulieren féliciter [felisite]
Grenze la frontière [la frõtjɛr]
Griff *(Hand~)* la poignée [la pwaɲe]
groß grand, e [grɑ̃, grɑ̃d]; *(bedeutend)* important, e [ɛ̃pɔrtɑ̃, ɛ̃pɔrtɑ̃t]
großartig formidable [fɔrmidabl]
Größe *(Ausdehnung)* l'étendue *f* [letɑ̃dy]; *(geistige)* la grandeur [la grɑ̃dœr]; *(Kleidung)* la taille [la taj]; *(Schuhe)* la pointure [la pwɛ̃tyr]
Großmutter la grand-mère [la grɑ̃mɛr]
Großvater le grand-père [lə grɑ̃pɛr]
Grund la raison [la rɛzõ]; *(Beweg~)* le motif [lə mɔtif]
Gruppe le groupe [lə grup]
grüßen saluer [salye]
gültig valable [valabl]
Gültigkeit la validité [la validite]
günstig *(Preis)* intéressant [ɛ̃terɛsɑ̃]
gut *adj* bon, bonne [bõ, bɔn]; *adv* bien [bjɛ̃]
Gutschein le bon [lə bõ]

H

haben avoir [avwar]
Hahn le coq [lə kɔk]; *(Wasser~)* le robinet [lə rɔbinɛ]
Haken le crochet [lə krɔʃɛ]; *(Kleider~)* le portemanteau [lə pɔrtmɑ̃to]
halb *adj* demi, e [dəmi]; *adv* à demi [a dmi], à moitié [a mwatje]
Hälfte la moitié [la mwatje]
Halle la halle [la al], la salle [la sal]
Hallo! Salut! [saly]
Halt! Stop! [stɔp]
haltbar résistant, e [resistɑ̃, resistɑ̃t]
halten tenir [tənir]; *(dauern)* durer [dyre]; *(stehenbleiben)* s'arrêter [sarɛte]
Hammer le marteau [lə marto]
Hand la main [la mɛ̃]
handgemacht fait main [fɛ mɛ̃]
Hang *(Ab~)* la pente [la pɑ̃t]
hängen *(auf~)* accrocher [akrɔʃe], suspendre [syspɑ̃dr]
hart dur, e [dyr]
Härte la dureté [la dyrte]
häßlich laid, e [lɛ, lɛd]
häufig *adv* fréquemment [frekamɑ̃]
Haupteingang l'entrée *f* principale [lɑ̃tre prɛ̃sipal]
hauptsächlich *adj* principal, e [prɛ̃sipal]; *adv* principalement [prɛ̃sipalmɑ̃]
Hauptstadt la capitale [la kapital]
Haus la maison [la mɛzõ]
Haustür la porte de la maison/de l'immeuble [la pɔrtə də la mɛzõ/də limœbl]
heben soulever [sulve]
Heft le cahier [lə kaje]
heilig saint, e [sɛ̃, sɛ̃t]
Heimat le pays natal [lə pei natal]
heimlich *adj* secret, secrète [səkrɛ, səkrɛt]; *adv* en secret [ɑ̃ səkrɛ]
Heimreise le retour [lə rətur]
Heirat le mariage [lə marjaʒ]

heiraten se marier [sə marje]
heiß chaud, e [ʃo, ʃod]
heißen *(sich nennen)* s'appeler [sapəle]; *(bedeuten)* signifier [siɲifje], vouloir dire [vulwar dir]
heiter gai, e [gɛ]
heizen chauffer [ʃofe]
Heizöl le mazout [lə mazut]
helfen, jdm ~ aider qn [ɛde kɛlkɛ̃]
hell clair, e [klɛr]
herabsetzen *(Preise)* baisser [bɛse], diminuer [diminɥe]
heraufsetzen *(Preise)* augmenter [ɔgmɑ̃te]
herausgeben *(Geld)* rendre [rɑ̃dr]
herb *(Wein)* sec [sɛk]
Herein! Entrez. [ɑ̃tre]
hereinkommen entrer [ɑ̃tre]
Hering le hareng [lə arɑ̃]; *(Zeltpflock)* le piquet [lə pikɛ]
Herr monsieur [məsjø]
herrlich magnifique [maɲifik]
Herz le cœur [lə kœr]
herzlich cordial, e [kordjal]
Herzlichkeit la cordialité [la kordjalite]
heute aujourd'hui [oʒurdɥi]; ~ **abend** ce soir [sə swar]; ~ **nacht** cette nuit [sɛt nɥi]
hier ici [isi]; ~ **her** ici [isi]
Hilfe l'aide *f* [lɛd]; **Erste** ~ les premiers secours [le prəmje skur]
Himmel le ciel [lə sjɛl]
hinaufgehen monter [mɔ̃te]
hinausgehen sortir [sɔrtir]
hindern empêcher [ɑ̃pɛʃe]
hineingehen entrer [ɑ̃tre]
hinlegen poser [poze]; **s.** ~ s'étendre [setɑ̃dr]
hinsetzen, s. ~ s'asseoir [saswar]
hinten à l'arrière [a larjɛr]
hinter derrière [dɛrjɛr]
hinterlegen déposer [depoze]
hinuntergehen descendre [dɛsɑ̃dr]
hinzufügen ajouter [ajute]
Hobby le hobby [lə ɔbi], le passe-temps [lə pastɑ̃]
hoch haut, e [o, ot]
höchstens au plus [o ply], au maximum [o maksimɔm]
Hochzeit *(Feier)* le mariage [lə marjaʒ], la noce [la nɔs]
Hof la cour [la kur]
hoffen espérer [ɛspere]
höflich poli, e [pɔli]
Höflichkeit la politesse [la pɔlitɛs]
Höhe l'altitude *f* [laltityd]; ~ **punkt** le sommet [lə sɔmɛ]
holen aller chercher [ale ʃɛrʃe]
Holz le bois [lə bwa]
Honorar les honoraires *m pl* [lez‿ɔnɔrɛr]
hören entendre [ɑ̃tɑ̃dr]; **zu**~ écouter [ekute]
Hotel l'hôtel *m* [lotɛl]
hübsch joli, e [ʒɔli]
Hügel la colline [la kɔlin]
Hund le chien [lə ʃjɛ̃]
hundert cent [sɑ̃]; ~ **mal** cent fois [sɑ̃ fwa]
Hunger la faim [la fɛ̃]
hungrig sein avoir faim [avwar fɛ̃]
husten tousser [tuse]
Hütte la cabane [la kaban]; *(Alpen~)* le chalet [lə ʃalɛ]

I

ich je [ʒə], moi [mwa]
Idee l'idée *f* [lide]
ihr *poss prn f* son [sɔ̃], sa [sa]; *pl* leur [lœr]
Imbiß le casse-croûte [lə kaskrut]
immer toujours [tuʒur]
imstande sein être capable de [ɛtr kapabl də]
in dans [dɑ̃], en [ɑ̃]
inbegriffen compris, e [kɔ̃pri, kɔ̃priz]
informieren informer [ɛ̃fɔrme]
Inhalt le contenu [lə kɔ̃tny]
innen à l'intérieur [a lɛ̃terjœr]
Innere, das ~ l'intérieur *m* [lɛ̃terjœr]
innerhalb *(zeitlich)* en [ɑ̃]
Insekt l'insecte *m* [lɛ̃sɛkt]
Insel l'île *f* [lil]
Inserat l'annonce *f* [lanɔ̃s]
interessant intéressant, e [ɛ̃terɛsɑ̃, ɛ̃terɛsɑ̃t]
Interesse l'intérêt *m* [lɛ̃terɛ]
interessieren, s. ~ **(für)** s'intéresser (à) [sɛ̃terɛse (a)]
international international, e [ɛ̃tɛrnasjɔnal]
inzwischen entre-temps [ɑ̃trətɑ̃]
irgendwie d'une façon ou d'une autre [dyn fasɔ̃ u dyn‿otr]
irgendwo, ~ **hin** quelque part [kɛlkə par]
irren, s. ~ se tromper [sə trɔ̃pe]
Irrtum l'erreur *f* [lɛrœr]

J

Jahr l'année *f* [lane], l'an *m* [lɑ̃]
Jahreszeit la saison [la sɛsɔ̃]
jährlich *adj* annuel, le [anyɛl]; *adv* par an [par‿ɑ̃]
jeder *adj* chaque [ʃak]; *prn* chacun, e [ʃakɛ̃, ʃakyn]; ~ **beliebige** n'importe qui [nɛ̃pɔrtə ki], le premier venu [lə prəmjɛ vny]
jedesmal chaque fois [ʃak fwa]
jedoch pourtant [purtɑ̃]
jemals jamais [ʒamɛ]
jemand quelqu'un [kɛlkɛ̃]
jene(r, -s) celui-là [səlɥila], celle-là [sɛlla], ceux-là [søla], celles-là [sɛlla]
jenseits de l'autre côté (de) [də lotrə kɔte (də)]; au-delà de [odəla də]
jetzt maintenant [mɛ̃tnɑ̃], à présent [a prezɑ̃]
jucken démanger [demɑ̃ʒe], gratter [grate]
Jugend la jeunesse [la ʒœnɛs]
jung jeune [ʒœn]
Junge le garçon [lə garsɔ̃]
Junggeselle le célibataire [lə selibatɛr]

K

Kabine la cabine [la kabin]
Kaffee le café [lə kafe]
Kahn la barque [la bark]
kalt froid, e [frwa, frwad]
Kanal le canal [lə kanal]
Kapelle *(Gebäude)* la chapelle [la ʃapɛl]; *(Musik~)* l'orchestre *m* [lɔrkɛstr]
kaputt cassé, e [kase], en panne [ɑ̃ pan]
Karte la carte [la kart]; **Eintritts**~ le billet [lə bijɛ]; **Land**~ la carte géographique [la kart ʒeografik]; **Post**~ la carte postale [la kart pɔstal]; **Speise**~ la carte [la kart]; ~**nspiel** le jeu de cartes [lə ʒød kart]
Kasse la caisse [la kɛs]
Katze le chat [lə ʃa]
Kauf l'achat *m* [laʃa]
kaufen acheter [aʃte]
Käufer l'acheteur *m* [laʃtœr], le client [lə kliɑ̃]
Kaufhaus le grand magasin [lə grɑ̃ magazɛ̃]
Kaugummi le chewing-gum [lə ʃwingɔm]
kaum à peine [a pɛn]
Kaution la caution [la kosjɔ̃]
kein aucun, e [okɛ̃, okyn]; ~**er** personne [pɛrsɔn]; ~**esfalls** pas du tout [pa dy tu]
kennen connaître [kɔnɛtr]; ~**lernen** faire la connaissance (de) [fɛr la kɔnɛsɑ̃s (də)]
Kenntnis la connaissance [la kɔnɛsɑ̃s]
Keramik la céramique [la seramik]
Kerze la bougie [la buʒi]
Kette la chaîne [la ʃɛn]; *(Hals~)* le collier [lə kɔlje]
Kind l'enfant *m/f* [lɑ̃fɑ̃]
Kissen l'oreiller *m* [lɔrɛje]; le coussin [lə kusɛ̃]
Kiste la caisse [la kɛs]
Klang le son [lə sɔ̃]
klar clair, e [klɛr]
Klasse la classe [la klas]
Kleidung les vêtements *m pl* [le vɛtmɑ̃]
klein petit, e [pəti, pətit]; *(Alter)* jeune [ʒœn]
Klima le climat [lə klima]
Klingel la sonnette [la sɔnɛt]
klingeln sonner [sɔne]
klug intelligent, e [ɛ̃teliʒɑ̃, ɛ̃teliʒɑ̃t]
knipsen prendre une photo [prɑ̃dr‿yn foto]
Knopf le bouton [lə butɔ̃]
Knoten le nœud [lə nø]
kochen faire la cuisine [fɛr la kɥizin]; *(Wasser)* bouillir [bujir]
Koffer la valise [la valiz]
Kohle le charbon [lə ʃarbɔ̃]
Kollege le collègue [lə kɔlɛg], le confrère [lə kɔ̃frɛr]
kommen venir [vənir]
Kompaß la boussole [la busol]
Kondom le préservatif [lə prezɛrvatif]
können pouvoir [puvwar]; *(gelernt haben)* savoir [savwar]
Konsulat le consulat [lə kɔ̃syla]
konsultieren consulter [kɔ̃sylte]
Kontakt le contact [lə kɔ̃takt]
kontrollieren contrôler [kɔ̃trole]
Kopie la copie [la kɔpi]
Korb le panier [lə paɲe]
Körper le corps [lə kɔr]
korrekt correct, e [kɔrɛkt]
kosten coûter [kute]
Kosten le coût [lə ku], les frais *m pl* [le frɛ]
kostenlos gratuitement [gratɥitmɑ̃]
kostspielig coûteux, -euse [kutø, kutøz]

Kraft la force [la fɔrs]
kräftig vigoureux, -euse [viguRø, viguRøz]
krank malade [malad]; ~ **werden** tomber malade [tõbe malad]
Krankenwagen l'ambulance *f* [lãbylãs]
kreativ créatif, -ive [kreatif, kreativ]
Kredit le crédit [lə kredi]
Kreuzung *(Straße)* le carrefour [lə karfur]
Krieg la guerre [la gɛr]
kritisieren critiquer [kritike]
Küche la cuisine [la kɥizin]
Kuh la vache [la vaʃ]
kühl frais, fraîche [frɛ, frɛʃ]
Kultur la culture [la kyltyr]; la civilisation [la sivilizasjõ]
Kummer le chagrin [lə ʃagrɛ̃]
kümmern, s. ~ **um** s'occuper de [sɔkype də], se soucier de [sə susje də]
Kunde le client [lə klijã]; **Kundin** la cliente [la klijãt]
Kurs le cours [lə kur]; *(Wechsel~)* le taux de change [lə tod ʃãʒ]
Kurve le virage [lə viraʒ]
kurz *(räumlich)* court, e [kur, kurt]; *(kurzgefaßt)* bref, brève [brɛf, brɛv]
kurzfristig à court terme [a kur tɛrm]
Kuß le baiser [lə bɛze]
küssen embrasser [ãbrase]
Küste la côte [la kot]

L

lachen rire [rir]
lächerlich ridicule [ridikyl]
Laden le magasin [lə magazɛ̃], la boutique [la butik]
Lage la situation [la sityasjõ]
Lampe la lampe [la lãp]
Land le pays [lə pei]; *(Gegensatz zu Wasser)* la terre [la tɛr]; ~ **gut** la propriété [la prɔprijete], le domaine [lə dɔmɛn]; ~ **haus** la maison de campagne [la mɛzõd kãpaɲ]
Landsmann le compatriote [lə kõpatrijɔt]
lang long, longue [lõ, lõg]
Länge la longueur [la lõgœr]
langsam *adj* lent, e [lã, lãt]; *adv* lentement [lãtmã)]
langweilig ennuyeux, -euse [ãnɥijø, ãnɥijøz]
Lärm le bruit [lə brɥi]
lassen *(zulassen)* laisser [lɛse]
lästig fâcheux, -euse [faʃø, faʃøz]
laufen courir [kurir]
Laune l'humeur *f* [lymœr]
laut bruyant, e [brɥijã, brɥijãt]; ~ **sprechen** parler fort [parle fɔr]
läuten sonner [sɔne]
Lautsprecher le haut-parleur [lə oparlœr]
Leben la vie [la vi]
leben vivre [vivr]
lebend vivant, e [vivã, vivãt]
Lebensmittel les denrées *f pl* alimentaires [le dãre alimãtɛr]
lebhaft vif, vive [vif, viv]
Leder le cuir [lə kɥir]
ledig célibataire [selibatɛr]
leer vide [vid]
legen mettre [mɛtr]
lehren enseigner [ãsɛɲe]
leicht facile [fasil]; *(Gewicht)* léger, -ère [leʒe, leʒɛr]
leider malheureusement [malœrøzmã]
leihen *(jdm)* prêter [prɛte]; *(von jdm)* emprunter [ãprɛ̃te]
leise doucement [dusmã]; ~ **sprechen** parler à voix basse [parle a vwa bas]
Leiter, die l'échelle *f* [leʃɛl]
Leiter/in le directeur [lə dirɛktœr], la directrice [la dirɛktris]
Leitung *(el, tele)* la ligne [la liɲ]; *(Gas, Wasser)* la conduite [la kõdɥit]
lernen apprendre [aprãdr]
lesen lire [lir]
letzte(r, -s) dernier, -ière [dɛrnje, dɛrnjɛr]
leuchtend lumineux, -euse [lyminø, lyminøz]
Leuchtturm le phare [lə far]
leugnen nier [nije]
Leute les gens *m pl* [le ʒã]
Licht la lumière [la lymjɛr]; ~ **anmachen** allumer [alyme]; ~ **ausmachen** éteindre [etɛ̃dr]
lieb cher, chère [ʃɛr]; **jdn** ~ **haben** aimer qn [ɛme kɛlkɛ̃]
Liebe l'amour *m* [lamur]
lieben aimer [ɛme]
liebenswürdig aimable [ɛmabl]
Liebenswürdigkeit l'amabilité *f* [lamabilite]
lieber plutôt [plyto]; ~ **haben** préférer [prefere]
Liebling le chéri [lə ʃeri], la chérie [la ʃeri]
Lied la chanson [la ʃãsõ]

liefern livrer [livre]
liegen se trouver [sə truve]; ~ **lassen** oublier [ublije]
Linie la ligne [la liɲ]
linke(r, -s) gauche [goʃ]
links à gauche [a goʃ]
Liste la liste [la list]
loben louer [lue], faire des compliments [fɛr de kõplimɑ̃]
Loch le trou [lə tru]
logisch *adj* logique [lɔʒik]; *adv* logiquement [lɔʒikmɑ̃]
Lohn la paie [la pɛj], le salaire [lə salɛr]
Lokal *(Gaststätte)* le café [lə kafe]; *(Tanz~)* la boîte [la bwat]
löschen éteindre [etɛ̃dr]
lösen résoudre [rezudr]
Lothringen la Lorraine [la lɔrɛn]
Luft l'air *m* [lɛr]
lüften aérer [aere]
Luftzug le courant d'air [lə kurɑ̃ dɛr]
Lüge le mensonge [lə mɑ̃sõʒ]
Lust *(Verlangen)* l'envie *f* [lɑ̃vi]; *(Vergnügen)* le plaisir [lə plezir]
lustig gai, e [gɛ]; *(erheiternd)* divertissant, e [divɛrtisɑ̃, divɛrtisɑ̃t]
luxuriös luxueux, -euse [lyksyø, lyksyøz]
Luxus le luxe [lə lyks]

M

machen *(herstellen)* faire [fɛr]
Mädchen la jeune fille [la ʒœn fij]
mager maigre [mɛgr]
Mahlzeit le repas [lə rəpa]
Mal la fois [la fwa]; **ein**~ une fois [yn fwa]; **jedes**~ chaque fois [ʃak fwa]; **zwei**~ deux fois [dø fwa]
malen peindre [pɛ̃dr]
man on [õ]
Mangel *(Fehlen)* le manque [lə mɑ̃k]; *(Fehler)* le défaut [lə defo]
Mann l'homme [lɔm]; *(Ehe~)* le mari [lə mari]
männlich masculin, e [maskylɛ̃, maskylin]
Mannschaft *(Sport)* l'équipe *f* [lekip], *(Schiff)* l'équipage *m* [lekipaʒ]
Mappe *(Akten~)* le porte-documents [lə pɔrtdɔkymɑ̃]
Marke *(Brief~)* le timbre [lə tɛ̃br]; *(Handels~)* la marque [la mark]
Maschine la machine [la maʃin]
Maß la mesure [la məzyr]
mäßig modéré, e [mɔdere]
Material le matériel [lə materjɛl]
Meer la mer [la mɛr]
mehr plus [plys]; ~ **als** plus que [plys kə], plus de [ply də]; ~ **oder weniger** plus ou moins [plyz‿u mwɛ̃]
mein mon [mõ], ma [ma]
meinen penser [pɑ̃se]
meinerseits pour ma part [pur ma par]
meinetwegen soit [swat]
Meinung l'opinion *f* [lɔpiɲõ]; **nach meiner** ~ selon moi [səlõ mwa]
melden annoncer [anõse]; *(berichten)* rapporter [rapɔrte]
Menge la quantité [la kɑ̃tite]; *(Menschen~)* la foule [la ful]; **eine** ~ un tas de [ɛ̃ ta də]
Mensch l'homme *m* [lɔm]
menschlich humain, e [ymɛ̃, ymɛn]
merken remarquer [rəmarke]; **s. etw** ~ retenir qc [rətənir kɛlkə ʃoz]
Messe *(rel)* la messe [la mɛs]; *(Ausstellung)* la foire [la fwar]
messen mesurer [məzyre]
mich me [mə], moi [mwa]
Miete le loyer [lə lwaje]
mieten louer [lue]
mild doux, douce [du, dus]
mindestens au moins [o mwɛ̃]
minus moins [mwɛ̃]
Minute la minute [la minyt]
mir me [mə], à moi [a mwa]
Mißbrauch l'abus *m* [laby]
mißbrauchen abuser de [abyze də]
mißtrauen se méfier de [sə mefje də]
Mißverständnis le malentendu [lə malɑ̃tɑ̃dy]
mißverstehen mal comprendre [mal kõprɑ̃dr]
mit avec [avɛk]
mitbringen apporter [apɔrte]
Mitleid la pitié [la pitje]
mitnehmen *(Sachen)* emporter [ɑ̃pɔrte]; *(Menschen)* emmener [ɑ̃mne]
Mittag midi *m* [midi]; ~ **essen** le déjeuner [lə deʒœne]
Mitte le milieu [lə miljø]
mitteilen faire part de [fɛr par də]
Mitteilung l'information *f* [lɛ̃fɔrmasjõ]
Mittel le moyen [lə mwajɛ̃]; *(Heil~)* le remède [lə rəmɛd]
Mittelmeer la Méditerranée [la mediterane]
Mitternacht minuit *m* [minɥi]; **um** ~ à minuit [a minɥi]

A/Z

Möbel le meuble [lə mœbl]
möblieren meubler [mœble]
Mode la mode [la mɔd]
modern à la mode [a la mɔd]; *(neuzeitlich)* moderne [mɔdɛrn]
mögen *(gern haben)* aimer [ɛme]; *(wünschen)* vouloir [vulwar]
möglich possible [pɔsibl]
Möglichkeit la possibilité [la posibilite]
Mole la jetée [la jte]
Moment le moment [lə mɔmɑ̃], l'instant *m* [lɛstɑ̃]
Monat le mois [lə mwa]
monatlich *adj* mensuel, le [mɑ̃sɥɛl]; *adv* par mois [par mwa]
Mond la lune [la lyn]
Morgen le matin [lə matɛ̃]
Möwe la mouette [la muɛt]; *(große ~)* le goêland [lə gɔɛlɑ̃]
Mücke le moustique [lə mustik]
müde fatigué, e [fatige]
Mühe la peine [la pɛn]; **s. ~ geben** se donner du mal [sə dɔne dy mal]
Müll les ordures *f pl* [lez‿ɔrdyr]
Mülltonne la poubelle [la pubɛl]
münden *(Fluß)* se jeter [sə ʒəte]; *(Straße)* déboucher [debuʃe]
Mündung *(Fluß)* l'embouchure *f* [lɑ̃buʃyr]
Münze la monnaie [la mɔnɛ]
Musik la musique [la myzik]
müssen être obligé, e de [ɛtr‿ɔbliʒe də], devoir [dəvwar]
Muster le modèle [lə mɔdɛl]; *(Probe)* l'échantillon *m* [leʃɑ̃tijɔ̃]
Mutter la mère [la mɛr]

N

nach *(zeitlich)* après [aprɛ]; ~ **Frankreich** en France [ɑ̃ frɑ̃s]; ~ **Rom** à Rome [a rɔm]
Nachbar/in le voisin [lə vwazɛ̃], la voisine [la vwazin]
nachher après [aprɛ]
nachlässig négligent, e [negliʒɑ̃, negliʒɑ̃t]
Nachmittag l'après-midi *m* [laprɛmidi]
nachprüfen vérifier [verifje]
Nachricht la nouvelle [la nuvɛl]
nächste(r, -s) le suivant [lə sɥivɑ̃], la suivante [la sɥivɑ̃t]
Nacht la nuit [la nɥi]; **heute ~** cette nuit [sɛt nɥi]
Nachteil l'inconvénient *m* [lɛ̃kɔ̃venjɑ̃]
nackt nu, e [ny]
Nadel l'aiguille *f* [legɥij]; **Sicherheits~** l'épingle *f* de sûreté [lepɛ̃gl də syrte]; **Steck~** l'épingle *f* [lepɛ̃gl]
Nagel le clou [lə klu]; *(Finger~)* l'ongle *m* [lɔ̃gl]
nahe proche [prɔʃ]; ~ **bei** près de [prɛ də]
Nähe la proximité [la prɔksimite]
nähern, s. ~ s'approcher [saprɔʃe]
nahrhaft nourrissant, e [nurisɑ̃, nurisɑ̃t]
Nahrung la nourriture [la nurityr]; **~smittel** les aliments *m pl* [lez‿alimɑ̃]
Name le nom [lə nɔ̃]
Namenstag la fête [la fɛt]
naß mouillé, e [muje]; *(durchnäßt)* trempé, e [trɑ̃pe]
Nation la nation [la nasjɔ̃]
Natur la nature [la natyr]
natürlich *adj* naturel, le [natyrɛl]; *adv* naturellement [natyrɛlmɑ̃]
neben à côté de [a kote də]
neblig brumeux, -euse [brymø, brymøz]
Neffe le neveu [lə nəvø]
negativ négatif, -ive [negatif, negativ]
nehmen prendre [prɑ̃dr]
nennen appeler [apəle]
nervös nerveux, -euse [nɛrvø, nɛrvøz]
nett joli, e [ʒɔli]; *(freundlich)* gentil, le [ʒɑ̃ti]
Netz le filet [lə filɛ]
neu nouveau, nouvel, le [nuvo, nuvɛl]; *(ungebraucht)* neuf, neuve [nœf, nœv]
neugierig curieux, -euse [kyrjø, kyrjøz]
Neuheit la nouveauté [la nuvote]
Neuigkeit la nouvelle [la nuvɛl]
neulich l'autre jour [lotrə ʒur]
nicht (ne ...) pas [(nə ...) pa]; ~ **einmal** (ne ...) même pas [(nə ...) mɛm pa]; ~ **wahr?** n'est-ce pas? [nɛs pa]; **gar ~** (ne ...) pas du tout [(nə ...) pa dy tu]; **noch ~** (ne ...) pas encore [(nə ... pa‿zɑ̃kɔr]
Nichte la nièce [la njɛs]
nichts (ne ...) rien [(nə ...) rjɛ̃]; **sonst ~** c'est tout [sɛ tu]
nie (ne ...) jamais [(nə ...) ʒamɛ]
nieder, niedrig bas, basse [ba, bas]
niemand (ne ...) personne [(nə ...) pɛrsɔn]
niesen éternuer [etɛrnɥe]
nirgends nulle part [nyl par]

noch encore [ɑ̃kɔr]; ~ **nicht** (ne ...) pas encore [(nə ...) paz‿ɑ̃kɔr]
Nonne la religieuse [la rəliʒjøz]
Norden le Nord [lə nɔr]
nördlich von au nord de [o nɔr də]
Nordsee, die la mer du Nord [la mɛr dy nɔr]
normal normal, e [nɔrmal]
normalerweise normalement [nɔrmalmɑ̃]
Notfall, im ~ en cas d'urgence [ɑ̃ ka dyrʒɑ̃s]
notieren prendre note [prɑ̃drə nɔt]
nötig nécessaire [nesɛsɛr]
notwendig nécessaire [nesɛsɛr]
Notwendigkeit la nécessité [la nesɛsite]
nüchtern à jeun [a ʒɛ̃]
numerieren numéroter [nymerɔʃe]
Nummer le numéro [lə nymero]
nur seulement [sœlmɑ̃]
nützlich utile [ytil]
nutzlos inutile [inytil]

O

ob si [si]
oben en haut [ɑ̃ o]; **dort** ~ là-haut [la o]; **nach** ~ vers le haut [vɛr lə o]
obwohl bien que [bjɛ̃ kə]
oder ou [u]
Ofen le poêle [lə pwal]
offen ouvert, e [uvɛr, uvɛrt]
öffentlich public, -ique [pyblik]
offiziell officiel, le [ɔfisjɛl]
öffnen ouvrir [uvrir]
Öffnungszeiten les horaires *m pl* d'ouverture [lez‿ɔrɛr duvɛrtyr]
oft souvent [suvɑ̃]
ohne sans [sɑ̃]
ohnmächtig évanoui, e [evanui], sans connaissance [sɑ̃ kɔnɛsɑ̃s]
Öl l'huile *f* [lɥil]
Onkel l'oncle *m* [lõkl]
operieren opérer [ɔpere]
Orden *(rel)* les ordres *m pl* [lez‿ɔrdr]
ordentlich *(geordnet)* en ordre [ɑ̃nɔrdr]; *(Mensch)* comme il faut [kɔm il fo]
Ordnung l'ordre *m* [lɔrdr]
Ort le lieu [lə ljø]; ~**schaft** la localité [la lɔkalite]
Osten l'Est *m* [lɛst]
Österreich l'Autriche *f* [lotriʃ]
Österreicher/in l'Autrichien [lotriʃjɛ̃], l'Autrichienne [lotriʃjɛn]
Ozean l'océan *m* [lɔseɑ̃]

P

Paar, ein ~ une paire [yn pɛr]; *(Ehe~)* le couple [lə kupl]
paar, ein ~ quelques [kɛlk]
Päckchen le petit paquet [lə pti pakɛ]
packen faire sa valise [fɛr sa valiz]
Packung l'emballage *m* [lɑ̃balaʒ]
Paket le paquet [lə pakɛ]
Panorama le panorama [lə panɔrama]
Park le parc [lə park]
parken se garer [sə gare]
Party la soirée [la sware], la boum [la bum], la fête [la fɛt]
Paß le passeport [lə paspɔr]; *(Gebirge)* le col [lə kɔl]
Passage le passage [lə pasaʒ], la galerie [la galri]
passen aller [ale]; *(gelegen kommen)* convenir [kõvənir]
passieren arriver [arive], se passer [sə pase]
Pauschale le forfait [lə fɔrfɛ]
Pelz la fourrure [la furyr]
Pension la retraite [la rətrɛt]; *(Unterkunft)* la pension de famille [la pɑ̃sjõd famij]
Peripherie la périphérie [la periferi]
Person la personne [la pɛrsɔn]
Personal le personnel [lə pɛrsɔnɛl]
Personalien le signalement [lə siɲalmɑ̃]
persönlich personnel, le [pɛrsɔnɛl]
Pfad le sentier [lə sɑ̃tje]
Pfand le gage [lə gaʒ]; *(Flaschen~)* la consigne [lə kõsiɲ]
Pfeife le sifflet [lə siflɛ]; **Tabaks**~ la pipe [la pip]
Pflanze la plante [la plɑ̃t]
Pflicht le devoir [lə dəvwar]
pflücken cueillir [kœjir]
Plakat l'affiche *f* [lafiʃ]
Plan le plan [lə plɑ̃]; *(Absicht)* le projet [lə prɔʒe]; *(Entwurf)* l'esquisse *f* [lɛskis]
Plastik *(Bildnerei)* la sculpture [la skyltyr]; *(Kunststoff)* le plastique [lə plastik]
Platte *(Schall~)* le disque [lə disk]; ~**nspieler** le tourne-disque [lə turnədisk]

Platz la place [la plas]
platzen *(Reifen)* éclater [eklate], crever [krəve]
plötzlich soudain [sudɛ̃], tout à coup [tut‿a ku]
plus plus [plys]
Politik la politique [la pɔlitik]
positiv positif, -ive [pozitif, pozitiv]
Post la poste [la post]
praktisch pratique [pratik]
Praxis la pratique [la pratik]; *(Arzt~)* le cabinet [lə kabinɛ]
Predigt le sermon [lə sɛrmõ]
Preis le prix [lə pri]
Priester le prêtre [lə prɛtr]
privat privé, e [prive]
pro par [par]
Probe l'essai *m* [lesɛ]
Produkt le produit [lə prɔdɥi]
Programm le programme [lə program]
Prospekt le prospectus [lə prɔspɛktys]
protestieren protester [prɔtɛste]
provisorisch *adj* provisoire [prɔvizwar]; *adv* à titre provisoire [a titrə prɔvizwar]
Prozent pour cent [pursɑ̃]; ~**satz** le pourcentage [lə pursɑ̃taʒ]
Prozession la procession [la prɔsɛsjõ]
prüfen examiner [ɛgzamine]
Prüfung l'examen *m* [lɛgzamɛ̃]
Publikum le public [lə pyblik]
Pulver la poudre [la pudr]
Punkt le point [lə pwɛ̃]
pünktlich à l'heure [a lœr]
Puppe la poupée [la pupe]
putzen nettoyer [netwaje], faire le ménage [fɛr lə menaʒ]

Q

Qualität la qualité [la kalite]
Qualle la méduse [la medyz]
Quelle la source [la surs]
quer durch à travers [a travɛr]
quittieren faire un reçu [fɛr ɛ̃ rəsy]
Quittung le reçu [lə rəsy]

R

Rabatt la remise [la rəmiz]
Radio la radio [la radjo]; ~**apparat** le poste de radio [lə pɔstə də radjo]
Rand le bord [lə bor]
rasch *adj* rapide [rapid]; *adv* rapidement [rapidmɑ̃], vite [vit]
Rasen la pelouse [la pəluz]
rasieren raser [raze]
Rat le conseil [lə kõsɛj]; **jdn um ~ fragen** demander conseil à qn [dəmɑ̃de kõsɛj‿a kɛlkɛ̃]
raten conseiller [kõseje]; *(er~)* deviner [dəvine]
Rauch la fumée [la fyme]
rauchen fumer [fyme]
Raucher le fumeur [lə fymœr]
Raum l'espace *f* [lɛspas]; *(Zimmer)* la pièce [la pjɛs]
rechnen calculer [kalkyle]; **zusammen~** faire le total de [fɛr lə total də]
Rechnung la facture [la faktyr]; *(im Restaurant, Café)* l'addition *f* [ladisjõ]; *(im Hotel)* la note [la nɔt]
Recht le droit [lə drwa]
recht haben avoir raison [avwar rɛzõ]
rechte(r, -s) droit, e [drwa, drwat]
rechts à droite [a drwat]
rechtzeitig *adv* à temps [a tɑ̃], à l'heure [a lœr]
reden parler [parle]
regelmäßig *adj* régulier, -ière [regylje, regyljɛr]; *adv* régulièrement [regyljɛrmɑ̃]
regeln régler [regle]
Regierung le gouvernement [lə guvɛrnəmɑ̃]
regnen pleuvoir [pløvwar]
reich riche [riʃ]
reichen *(aus~)* suffire [syfir]; *(geben)* tendre [tɑ̃dr]; *(s. erstrecken)* s'étendre [setɑ̃dr]
reichlich *adj* copieux, -euse [kɔpjø, kɔpjøz]; *adv* abondamment [abõdamɑ̃]
Reichtum la richesse [la riʃɛs]
reif mûr, e [myr]
reinigen nettoyer [nɛtwaje]
Reinigung *(Geschäft)* la teinturerie [la tɛ̃tyrəri]
Reise le voyage [lə‿vwajaʒ]; ~**büro** l'agence *f* de voyages [laʒɑ̃s də vwajaʒ]; ~**führer** le guide [lə gid]; ~**gesellschaft** le voyage organisé [lə vwajaʒ ɔrganize]
reisen voyager [vwajaʒe]; ~ **nach** partir pour [partir pur]
Reisende, der, die le voyageur [lə vwajaʒœr], la voyageuse [la vwajaʒøz]
Reiseroute l'itinéraire *m* [litinerɛr]

A/Z

reißen *(kaputtgehen)* se casser [sə kase], se déchirer [sə deʃire]
Reklame la publicité [la pyblisite]
reklamieren faire une réclamation [fɛr yn reklamasjõ]
rennen courir [kurir]
Reparatur la réparation [la reparasjõ]
reparieren réparer [repare]
reservieren réserver [rezɛrve]
Rest le reste [lə rɛst]
Restaurant le restaurant [lə rɛstorɑ̃], la brasserie [la brasri]
retten sauver [sove]
richtig juste [ʒyst]; *(geeignet)* bon, bonne [bõ, bɔn]; ~ **stellen** rectifier [rɛktifje]
Richtung la direction [la dirɛksjõ]
riechen sentir [sɑ̃tir]
Riegel le verrou [lə vɛru]
Riemen la courroie [la kurwa]
Ring la bague [la bag]
Risiko le risque [lə risk]
Rohr le tuyau [lə tɥijo]
Route l'itinéraire *m* [litinerɛr]
Rückfahrt le retour [lə rətur]
Rückkehr le retour [lə rətur]
Rucksack le sac à dos [lə sak a do], le sac de montagne [lə sak də mõtaɲ]
Rücksicht les égards *m pl* [lez‿egar]
rücksichtslos sans gêne [sɑ̃ ʒɛn]
rückwärts en arrière [ɑ̃n arjɛr]
rufen appeler [apəle]
Ruhe le repos [lə rəpo]; *(seelisch)* la tranquillité [la trɑ̃kilite]; *(Stille)* le calme [lə kalm]
ruhen *(aus~)* se reposer [sə rəpoze]
ruhig calme [kalm]
rund rond, e [rõ, rõd]

S

Saal la salle [la sal]
Sache la chose [la ʃoz]; *(Angelegenheit)* l'affaire *f* [lafɛr]
Sack le sac [lə sak]
sagen dire [dir]
Saison la saison [la sɛzõ]; **außerhalb der** ~ hors saison [ɔr sɛzõ]
sammeln collectionner [kɔlɛksjɔne]; *(auf~)* recueillir [rəkœjir]
Sammlung la collection [la kɔlɛksjõ]
satt qui n'a plus faim [ki na ply fɛ̃]
Satz la phrase [la fraz]
sauber propre [prɔpr]
sauer acide [asid], aigre [ɛgr]
Schachtel la boîte [la bwat]
schade, es ist ~ c'est dommage [sɛ dɔmaʒ]; **Wie** ~**!** Quel dommage! [kɛl dɔmaʒ]
schaden nuire [nɥir]
Schaden le dommage [lə dɔmaʒ]; ~**ersatz** le dédommagement [lə dedɔmaʒmɑ̃]
schädlich nuisible [nɥizibl]
Schaf le mouton [lə mutõ]
Schalter le guichet [lə giʃɛ]; *(el)* l'interrupteur *m* [lɛ̃tɛryptœr]
scharf fort, e [fɔr, fɔrt]
Schatten l'ombre *f* [lõbr]
schätzen estimer [ɛstime]
schauen regarder [rəgarde]
Schaufenster la vitrine [la vitrin]
Scheibe *(Fenster)* la vitre [la vitr]; *(Brot)* la tranche [la trɑ̃ʃ]
Schein *(Geld~)* le billet [lə bijɛ]; *(Anschein)* l'apparence *f* [laparɑ̃s]
scheinen sembler [sɑ̃ble], paraître [parɛtr]; *(glänzen)* briller [brije]
schenken offrir [ɔfrir]
Schere les ciseaux *m pl* [le sizo]
Scherz la plaisanterie [la plɛzɑ̃tri]
schicken envoyer [ɑ̃vwaje]
schieben pousser [puse]
schießen tirer [tire]
Schild *(Hinweis~)* l'écriteau *m* [lekrito], le panneau [lə pano]; *(Nummern~)* la plaque [la plak]
Schilf le roseau [lə rɔzo]
schimpfen protester [prɔtɛste]
Schirm le parapluie [lə paraplɥi]
Schlaf le sommeil [lə sɔmɛj]
schlafen dormir [dɔrmir]
Schlag le coup [lə ku]
schlagen battre [batr]; *(Uhr)* sonner [sɔne]
Schlamm la boue [la bu]
Schlange le serpent [lə sɛrpɑ̃]; ~ **stehen** faire la queue [fɛr la kø]
schlank mince [mɛ̃s]
schlau rusé, e [ryze]
Schlauch le tuyau [lə tɥijo]
schlecht *adj* mauvais, e [movɛ, movɛz]; *adv* mal [mal]
schließen fermer [fɛrme]
schlimm grave [grav]; ~**er** pire [pir]; **am** ~**sten** le pire [lə pir]
Schloß le château [lə ʃato]; *(Tür)* la serrure [la sɛryr]
Schluck la gorgée [la gɔrʒe]
Schluß *(Ende)* la fin [la fɛ̃]
schmal étroit, e [etrwa, etrwat]
schmecken être bon [ɛtrə bõ]
schmerzen faire mal [fɛr mal]

A/Z

schmerzhaft douloureux, -euse [dulurø, dulurøz]
schminken, s. ~ se maquiller [sə makije]
schmuggeln faire de la contrebande [fɛr də la kõtrəbɑ̃d]
Schmutz la saleté [la salte]; *(Schlamm)* la boue [la bu]
schmutzig sale [sal]
schnarchen ronfler [rõfle]
schneiden couper [kupe]
schneien neiger [nɛʒe]
schnell *adj* rapide [rapid]; *adv* vite [vit]
Schnelligkeit la vitesse [la vitɛs]
Schnellimbiß le fastfood [lə fastfud], le snack [lə snak]
Schnürsenkel le lacet [lə lasɛ]
schon déjà [deʒa]
schön beau, bel, le [bo, bɛl]
Schönheit la beauté [la bote]
schrecklich affreux, -euse [afrø, afrøz]
schreiben écrire [ekrir]
schreien crier [krije]
Schrift *(Hand~)* l'écriture *f* [lekrityr]
schriftlich par écrit [par ekri]
Schritt le pas [lə pa]
schüchtern timide [timid]
Schuh la chaussure [la ʃosyr]
Schuld la faute [la fot]; *(Geld)* la dette [la dɛt]
schulden devoir [dəvwar]
Schule l'école *f* [lekɔl]
Schuß le coup (de feu) [lə ku (dfø)]
Schutz la protection [la prɔtɛksjõ]
schwach faible [fɛbl]
Schwäche la faiblesse [la fɛblɛs]
Schwager le beau-frère [lə bofrɛr]
Schwägerin la belle-sœur [la bɛlsœr]
schwanger enceinte [ɑ̃sɛ̃t]
Schweigen le silence [lə silɑ̃s]
schweigen se taire [sə tɛr]; **~d** silencieux, -euse [silɑ̃sjø, silɑ̃sjøz]
Schweiz la Suisse [la sɥis]
Schweizer/in le Suisse [lə sɥis], la Suissesse [la sɥisɛs]
schwer lourd, e [lur, lurd]; *(Krankheit)* grave [grav]; *(schwierig)* difficile [difisil]
Schwester la sœur [la sœr]; *(Kranken~)* l'infirmière *f* [lɛ̃firmjɛr]; *(Ordens~)* la religieuse [la rəliʒjøz]
schwierig difficile [difisil]
Schwierigkeit la difficulté [la difikylte]
schwimmen nager [naʒe]
schwindeln *(lügen)* mentir [mɑ̃tir]; *(bluffen)* bluffer [bləfe]
Schwindler l'escroc *m* [lɛskro]
schwindlig pris, e de vertige [pri, priz də vɛrtiʒ]
schwitzen transpirer [trɑ̃spire]
See *(Meer)* la mer [la mɛr]; **der ~** le lac [lə lak]
Seeigel l'oursin *m* [lursɛ̃]
sehen voir [vwar]
sehr très [trɛ]
Seil la corde [la kɔrd]
sein *(verb)* être [ɛtr]; *(poss prn)* son [sõ], sa [sa]
seit depuis [dəpɥi]; **~ wann?** depuis quand? [dəpɥi kɑ̃]; **~dem** depuis que [dəpɥi kə]
Seite le côté [lə kɔte]; *(Buch~)* la page [la paʒ]
Sekunde la seconde [la səgõd]
selbst même [mɛm]
Selbstbedienung le self-service [lə sɛlfsɛrvis]
selten *adj* rare [rar]; *adv* rarement [rarmɑ̃]
senden envoyer [ɑ̃vwaje]
Sendung *(Radio, Fernsehen)* l'émission *f* [lemisjõ]
servieren servir [sɛrvir]
setzen mettre [mɛtr]; **s. ~** s'asseoir [saswar]
Sex le sexe [lə sɛks]
sicher *adj* sûr, e [syr]; *adv* sûrement [syrmɑ̃]
Sicherheit la sécurité [la sekyrite]; *(Garantie)* la garantie [la garɑ̃ti]
Sicherung *(el)* les plombs *m pl* [le plõ], les fusibles *m pl* [le fyzibl]
Sicht la vue [la vy]
sichtbar visible [vizibl]
sie *f* elle [ɛl]; *pl* ils [il], elles [ɛl]
Sie vous [vu]
Signal le signal [lə siɲal]
singen chanter [ʃɑ̃te]
Sinn le sens [lə sɑ̃s]
Sitz le siège [lə sjɛʒ]
sitzen être assis, e [ɛtr asi, asiz]
Skorpion le scorpion [lə skɔrpjõ]
so comme ça [kɔm sa]
sofort tout de suite [tud sɥit]
sogar même [mɛm]
Sohn le fils [lə fis]
solch tel, le [tɛl]
sollen devoir [dəvwar]
Sonder ... ... spécial, e [spesjal]
sondern mais [mɛ]

Sonne le soleil [lə solɛj]; ~ **nbrille** les lunettes *f pl* de soleil [le lynɛt də solɛj]; **bei** ~ **naufgang** au lever du soleil [o ləve dy solɛj]; **bei** ~ **nuntergang** au coucher du soleil [o kuʃe dy solɛj]
sonnig ensoleillé, e [ɑ̃sɔlɛje]
sonst autrement [otrəmɑ̃]; *(außerdem)* à part ça [a par sa]; *(Gegensatz)* sinon [sinõ]
Sorge le souci [lə susi]
sorgen, ~ **für** s'occuper de [sɔkype də]; **s.** ~ **um** se faire du souci pour [sə fɛr dy susi pur]
Sorgfalt le soin [lə swɛ̃]
sorgfältig soigneusement [swaɲøzmɑ̃]
Sorte la sorte [la sɔrt]; *(Zigaretten)* la marque [la mark]
Spanien l'Espagne *f* [lɛspaɲ]
Spanier/in l'Espagnol, e [lɛspaɲɔl]
spanisch espagnol, e [ɛspaɲɔl]
sparen économiser [ekɔnɔmize]
Spaß *(Scherz)* la plaisanterie [la plɛzɑ̃tri]; *(Vergnügen)* l'amusement *m* [lamyzmɑ̃]
spät tard [tar]
später plus tard [ply tar]
spazierengehen se promener [sə prɔmne]
Spaziergang la promenade [la prɔmnad]; **einen** ~ **machen** faire une promenade [fɛr yn prɔmnad]
Spesen les frais *m pl* [le frɛ]
speziell spécial, e [spesjal]
spielen jouer [ʒue]
Spielzeug le jouet [lə ʒuɛ]
Spiritus *(Brenn~)* l'alcool *m* à brûler [lalkɔl‿a bryle]
spitz pointu, e [pwɛ̃ty]
Spitze la pointe [la pwɛ̃t]; *(Gebirge)* le sommet [lə sɔmɛ]; *(Gewebe)* la dentelle [la dɑ̃tɛl]; **Finger**~ le bout des doigts [lə bu de dwa]
Sport le sport [lə spɔr]; ~ **platz** le terrain de sport [lə tɛrɛ̃ də spɔr], le stade [lə stad]
Sprache la langue [la lɑ̃g]
sprechen parler [parle]
springen sauter [sote]
Spur la trace [la tras]
Staat l'Etat *m* [leta]
Stadt la ville [la vil]; ~ **plan** le plan de la ville [lə plɑ̃ də la vil]; ~ **teil** le quartier [lə kartje]
stammen (aus) être originaire (de) [ɛtr ɔriʒinɛr (də)]
stark fort, e [fɔr, fɔrt]; *(beleibt)* corpulent, e [kɔrpylɑ̃, kɔrpylɑ̃t]; *(dick)* gros, grosse [gro, gros]
Stärke la force [la fɔrs]
starten *(Flugzeug)* décoller [dekɔle]
statt au lieu de [o ljø də]; ~ **finden** avoir lieu [avwar ljø]
Staub la poussière [la pusjɛr]
stechen piquer [pike]
Stecknadel l'épingle *f* [lepɛ̃gl]
Steg la passerelle [lə pasrɛl]
stehen être debout [ɛtr dəbu]; ~ **bleiben** s'arrêter [sarɛte]
stehlen voler [vɔle]
steigen monter [mõte]
steil raide [rɛd]
Stein la pierre [la pjɛr]
steinig pierreux, -euse [pjɛrø, pjɛrøz], caillouteux, -euse [kajutø, kajutøz]
Stelle *(Ort)* l'endroit *m* [lɑ̃drwa]; *(Arbeit)* l'emploi *m* [lɑ̃plwa]
stellen mettre [mɛtr]
Stellung la position [la pozisjõ]; *(An~)* l'emploi *m* [lɑ̃plwa]
Stempel le tampon [lə tɑ̃põ]
sterben mourir [murir]
Stern l'étoile *f* [letwal]
stets toujours [tuʒur]
still calme [kalm]
Stimme la voix [la vwa]
stimmen *(richtig sein)* être exact, e [ɛ̃tr‿ɛgza, ɛgzakt], être vrai, e [ɛtrə vrɛ]
stinken puer [pye]
Stock le bâton [lə batõ]
Stockwerk l'étage *m* [letaʒ]
Stoff l'étoffe *f* [letɔf]
stören déranger [derɑ̃ʒe]
Störung le dérangement [lə derɑ̃ʒmɑ̃]; *(Unterbrechung)* l'interruption *f* [lɛ̃tɛrypsjõ]
Stoß le coup [lə ku]; *(Zusammen~)* la collision [la kɔlizjõ]
stoßen pousser [puse]
Strafe la peine [la pɛn]; *(Geld~)* l'amende *f* [lamɑ̃d]
Strahl le rayon [lə rɛjõ]; *(Wasser~)* le jet d'eau [lə ʒɛ do]
Strand la plage [la plaʒ]
Straße la rue [la ry]; *(Land~)* la route [la rut]
Strauß *(Blumen)* le bouquet [lə bukɛ]
Strecke le trajet [lə traʒɛ]; *(Bahn~)* la ligne [la liɲ]
Streichholz l'allumette *f* [lalymɛt]; ~ **schachtel** la boîte d'allumettes [la bwat dalymɛt]

Streit la dispute [la dispyt]
streiten se disputer [sə dispyte]
streng sévère [sevɛr]
Strom *(Fluß)* le fleuve [lə flœv]; *(el)* le courant [lə kurɑ̃]
Strömung le courant [lə kurɑ̃]
Stück la pièce [la pjɛs]; **ein ~ Brot** un morceau de pain [ɛ̃ morso də pɛ̃]
studieren faire des études [fɛr dez‿etyd]
Stuhl la chaise [la ʃɛz]
Stunde l'heure *f* [lœr]; **eine halbe ~** une demi-heure [yn dəmijœr]; **eine Viertel~** un quart d'heure [ɛ̃ kar dœr]; *(Unterrichts~)* le cours [lə kur]
Sturm la tempête [la tɑ̃pɛt]
Sturz la chute [la ʃyt]
stürzen *(fallen)* tomber [tõbe]
suchen chercher [ʃɛrʃe]
Süden le Sud [lə syd]
südlich ~ von au sud de [o syd də]
Summe la somme [la sɔm], le montant [lə mõtɑ̃]
Sumpf le marais [lə marɛ], le marécage [lə marekaʒ]
süß sucré, e [sykre]
Swimmingpool la piscine [la pisin]
sympathisch sympathique [sɛ̃patik]

T

Tabak le tabac [lə taba]
Tag le jour [lə ʒur]
tanken prendre de l'essence [prɑ̃dr də lɛsɑ̃s]
Tante la tante [la tɑ̃t]
Tanz la danse [la dɑ̃s]
Tasche la poche [la pɔʃ]; *(Hand~)* le sac à main [lə sak‿a mɛ̃]
Tat l'acte *m* [lakt], l'action *f* [laksjõ]; **in der ~** en effet [ɑ̃n‿efɛ]
Tätigkeit l'activité *f* [laktivite]
Tatsache le fait [lə fɛ]
tauschen échanger [eʃɑ̃ʒe]
täuschen s. ~ se tromper [sə trõpe]
Taxi le taxi [lə taksi]
Teil la partie [la parti]
teilen diviser [divize]; *(mit jdm. ~)* partager [partaʒe]
teilnehmen (an) prendre part (à) [prɑ̃dr par (a)]
telefonieren téléphoner [telefɔne]
Teller l'assiette *f* [lasjɛt]
Termin la date limite [la dat limit], les délais *m pl* [le delɛ]
teuer cher, chère [ʃɛr]
tief profond, e [prɔfõ, prɔfõd]; *(niedrig)* bas, basse [ba, bas]
Tier l'animal *m* [lanimal]
Tip le tuyau [lə tɥijo], le conseil [lə kõsɛj]
Tisch la table [la tabl]
Tochter la fille [la fij]
Tod la mort [la mɔr]
Toilette les W.-C. *m pl* [le vese]; **~npapier** le papier hygiénique [lə papje iʒjenik]
Ton le ton [lə tõ]; *(Betonung)* l'intonation *f* [lɛ̃tɔnasjõ]; *(Farbe)* la teinte [la tɛ̃t]; **~waren** la poterie [la pɔtri]
Topf *(Koch~)* la casserole [la kasrɔl]
Tor, das ~ le portail [lə pɔrtaj]
tot mort, e [mɔr, mɔrt]
Tour le tour [lə tur]
Tourist/in le/la touriste [lə/la turist]
Tracht *(Volkstracht)* le costume régional/folklorique [lə kɔstym reʒjɔnal/fɔlklɔrik]
tragen porter [pɔrte]; *(er~)* supporter [sypɔrte]
transportieren transporter [trɑ̃spɔrte]
Traum le rêve [lə rɛv]
träumen rêver [rɛve]
traurig triste [trist]
treffen rencontrer [rɑ̃kõtre]
trennen séparer [separe]
Treppe l'escalier *m* [lɛskalje]
treu fidèle [fidɛl]
trinkbar potable [pɔtabl]
trinken boire [bwar]
trocken sec, sèche [sɛk, sɛʃ]
trocknen sécher [seʃe]
Tropfen la goutte [la gut]
tropfen tomber goutte à goutte [tõbe gut a gut]
trotz malgré [malgre]; **~ dem** malgré cela [malgre səla], cependant [səpɑ̃dɑ̃]
trüb *(Flüssigkeit)* trouble [trubl]; *(Wetter)* couvert [kuvɛr]
tschüß Salut! [saly]
Tube le tube [lə tyb]
Tuch le drap [lə dra]; *(Lappen)* le chiffon [lə ʃifõ]; *(Kopf~)* le foulard [lə fular]
tüchtig capable [kapabl]
tun faire [fɛr]
Tunnel le tunnel [lə tynɛl]
Tür la porte [la pɔrt]; *(Haus~)* la porte d'entrée [la pɔrtə dɑ̃tre]

Tüte *(kleine)* le sachet [lə saʃɛ]; le sac [lə sak]
typisch (für) typique (de) [tipik (də)], caractéristique (de) [karakteristik (də)]

U

übel mauvais, e [movɛ, movɛz]; **mir ist ~** j'ai mal au cœur [ʒɛ mal‿o kœr]
üben s'exercer [sɛgzɛrse], s'entraîner [sɑ̃trɛne]
über au-dessus (de) [odsy (də)]
überall partout [partu]
überbringen remettre [rəmɛtr]
überfallen agresser [agrɛse]
überflüssig superflu, e [sypɛrfly]
überfüllt bondé, e [bɔ̃de]
Übergang le passage [lə pasaʒ]
übergeben remettre [rəmɛtr]
überholen dépasser [depase]
übernachten coucher [kuʃe], passer la nuit [pase la nɥi]
übernehmen se charger de [sə ʃarʒe də]
überqueren traverser [travɛrse]
überrascht surpris, e [syrpri, syrpriz]
überreden persuader [pɛrsɥade]
überschreiten dépasser [depase]
Übersee outre-mer *m* [utrəmɛr]
übersetzen traduire [tradɥir]
übertragbar transmissible [trɑ̃smisibl]
übertrieben exagéré, e [ɛgzaʒere]
überweisen *(Geld)* virer [vire]
überzeugen convaincre [kɔ̃vɛ̃kr]
üblich habituel, le [abitɥɛl]
übrig restant, e [rɛstɑ̃, rɛstɑ̃t]
übrigbleiben rester [rɛste]
übrigens au fait [o fɛt]
Übung l'exercice *m* [lɛgzɛrsis]
Ufer *(Fluß)* la rive [la riv]; *(Meer)* le bord [lə bɔr], le rivage [lə rivaʒ]
Uhr *(Armband~)* la montre(-bracelet) [la mɔ̃trə (braslɛ)]; *(Wand~)* la pendule [la pɑ̃dyl]
um *(herum)* autour de [otur də]; *(Zeitangabe)* à [a]; *(gegen)* vers [vɛr]
umarmen embrasser [ɑ̃brase]
umgekehrt inversement [ɛ̃vɛrsəmɑ̃]; **in ~er Richtung** dans la direction opposée [dɑ̃ la dirɛksjɔ̃ ɔpoze]
umkehren faire demi-tour [fɛr dəmi tur]
Umrechnung le change [lə ʃɑ̃ʒ], la conversion [la kɔ̃vɛrsjɔ̃]
umsonst *(gratis)* gratuitement [gratɥitmɑ̃]; *(vergeblich)* inutilement [inytilmɑ̃]
Umstände les circonstances *f pl* [le sirkɔ̃stɑ̃s]
umsteigen changer [ʃɑ̃ʒe]
umtauschen échanger [eʃɑ̃ʒe]
Umweg le détour [lə detur]
Umwelt l'environnement *m* [lɑ̃virɔnmɑ̃]
umziehen déménager [demenaʒe]; **s. ~** se changer [sə ʃɑ̃ʒe]
unangenehm désagréable [dezagreabl]
unanständig indécent, e [ɛ̃desɑ̃, ɛ̃desɑ̃t]
unbedingt *adv* absolument [apsɔlymɑ̃]
unbekannt inconnu, e [ɛ̃kɔny]
unbequem inconfortable [ɛ̃kɔ̃fɔrtabl]
unbeständig *(Mensch)* instable [ɛ̃stabl], inconsistant, e [ɛ̃kɔ̃sistɑ̃, ɛ̃kɔ̃sistɑ̃t]; *(Wetter)* variable [varjabl]
unbestimmt indéterminé, e [ɛ̃determine]
und et [ɛ]; **~ so weiter** etc. [ɛtsetera]
undankbar ingrat, e [ɛ̃gra, ɛ̃grat]
unecht faux, fausse [fo, fos]
unentbehrlich indispensable [ɛ̃dispɑ̃sabl]
unentschlossen indécis, e [ɛ̃desi, ɛ̃desiz]
unerfahren inexpérimenté, e [inɛksperimɑ̃te]
unerfreulich fâcheux, -euse [faʃø, faʃøz]
unerträglich insupportable [ɛ̃sypɔrtabl]
unerwartet inattendu, e [inatɑ̃dy]
unerwünscht indésirable [ɛ̃dezirabl]
unfähig incapable [ɛ̃kapabl]
Unfall l'accident *m* [laksidɑ̃]
unfreundlich peu aimable [pø ɛmabl]
ungeeignet impropre [ɛ̃prɔpr]
ungefähr environ [ɑ̃virɔ̃]
ungemütlich inconfortable [ɛ̃kɔ̃fɔrtabl]
ungenau imprécis, e [ɛ̃presi, ɛ̃presiz]
ungenügend insuffisant, e [ɛ̃syfizɑ̃, ɛ̃syfizɑ̃t]
ungerecht injuste [ɛ̃ʒyst]
Ungerechtigkeit l'injustice *f* [lɛ̃ʒystis]
ungern sans plaisir [sɑ̃ plɛzir]
ungesund malsain, e [malsɛ̃, malsɛn]
ungewiß incertain, e [ɛ̃sɛrtɛ̃, ɛ̃sɛrtɛn]
ungewöhnlich inhabituel, le [inabitɥɛl]

unglaublich incroyable [ɛ̃krwajabl]
Unglück le malheur [lə malœr]
unglücklich malheureux, -euse [malœrø, malœrøz]; ~**erweise** par malheur [par malœr]
ungültig périmé, e [perime]
ungünstig défavorable [defavɔrabl]
unhöflich impoli, e [ɛ̃pɔli]
Unkosten les frais *m pl* [le frɛ]
unmittelbar direct, e [dirɛkt]; *adv* directement [dirɛktəmɑ̃]
unmodern démodé, e [demɔde]
unmöglich impossible [ɛ̃pɔsibl]
unnötig superflu, e [sypɛrfly]
unnütz inutile [inytil]
Unordnung le désordre [lə dezɔrdr]
unpraktisch peu pratique [pø pratik]
Unrecht *(Ungerechtigkeit)* l'injustice *f* [lɛ̃ʒystis]
unrecht haben avoir tort [avwar tɔr]
unregelmäßig irrégulier, -ière [iregylje, iregyljɛr]
unruhig inquiet, -iète [ɛ̃kjɛ, ɛ̃kjɛt]
uns nous [nu], à nous [a nu]
unschuldig innocent, e [inɔsɑ̃, inɔsɑ̃t]
unser, e notre [nɔtr], nos [no]
unsicher pas sûr, e [pa syr]; *(ungewiß)* incertain, e [ɛ̃sɛrtɛ̃, ɛ̃sɛrtɛn]
unten en bas [ɑ̃ ba]; **dort** ~ là en bas [la ɑ̃ ba]
unter sous [su]; *(zwischen)* entre [ɑ̃tr]; ~ **anderem** entre autres [ɑ̃tr‿otr]
unterbrechen interrompre [ɛ̃tɛrɔ̃pr]
Unterführung le passage souterrain [lə pasaʒ sutɛrɛ̃]
unterhalb au-dessous (de) [odsu (də)]
unterhalten, s. ~ se distraire [sə distrɛr]
unterhaltend distrayant, e [distrɛjɑ̃, distrɛjɑ̃t]
Unterhaltung *(Gespräch)* la conversation [la kɔ̃vɛrsasjɔ̃]; *(Vergnügen)* la distraction [la distraksjɔ̃]
Unterkunft l'hébergement *m* [lebɛrʒəmɑ̃]
Unternehmen l'entreprise *f* [lɑ̃trəpriz]
unterrichten informer [ɛ̃fɔrme]; *(Schule)* enseigner [ɑ̃seɲe]
unterscheiden distinguer [distɛ̃ge]; **s.** ~ **von** se distinguer de [sə distɛ̃ge də]
Unterschied la différence [la diferɑ̃s]
unterschreiben signer [siɲe]
Unterschrift la signature [la siɲatyr]
Unterstützung le soutien [lə sutjɛ̃]
untersuchen examiner [ɛgzamine]
unterwegs en cours de route [ɑ̃ kur də rut]
unverbindlich sans engagement [sɑ̃z‿ɑ̃gaʒmɑ̃]
unvermeidlich inévitable [inevitabl]
unverschämt éhonté, e [eɔ̃te]
unvollständig incomplet, -ète [ɛ̃kɔ̃plɛ, ɛ̃kœplɛt]
unvorsichtig imprudent, e [ɛ̃prydɑ̃, ɛ̃prydɑ̃t]
unwahrscheinlich invraisemblable [ɛ̃vrɛsɑ̃blabl]
unwichtig insignifiant, e [ɛ̃siɲifjɑ̃, ɛ̃siɲifjɑ̃t], sans importance [sɑ̃z‿ɛ̃pɔrtɑ̃s]
unwohl mal à l'aise [mal‿a lɛz]
unzufrieden mécontent, e [mekɔ̃tɑ̃, mekœtɑ̃t]
Urlaub le congé [lə kɔ̃ʒe]; *(Ferien)* les vacances *f pl* [le vakɑ̃s]
Ursache la cause [la koz]
Urteil le jugement [lə ʒyʒmɑ̃]
urteilen juger [ʒyʒe]

V

Vater le père [lə pɛr]; ~**land** la patrie [la patri]
verabreden, s. ~ se donner rendez-vous [sə dɔne rɑ̃devu]
Verabredung le rendez-vous [lə rɑ̃devu]
verabschieden, s. ~ prendre congé [prɑ̃drə kɔ̃ʒe]
verändern changer [ʃɑ̃ʒe]
Veränderung le changement [lə ʃɑ̃ʒmɑ̃]
veranstalten organiser [ɔrganize], préparer [prepare]
Veranstaltung la manifestation [la manifɛstasjɔ̃]; *(Aufführung)* le spectacle [lə spɛktakl]
verantwortlich responsable [rɛspɔ̃sabl]
Verband *(med)* le pansement [lə pɑ̃smɑ̃]; *(Vereinigung)* l'association *f* [lasɔsjasjɔ̃]
verbessern améliorer [ameljɔre]; *(Fehler)* corriger [kɔriʒe]
verbieten interdire [ɛ̃tɛrdir]
verbinden relier [rəlje]; *(tele)* passer (qn) [pase (kɛlkɛ̃)]
Verbindung la relation [la rəlasjɔ̃]; *(tele)* la communication [la kɔmynikasjɔ̃]
Verbot l'interdiction *f* [lɛ̃tɛrdiksjɔ̃]

A/Z

verboten! interdit, e [ɛ̃tɛrdi, ɛ̃tɛrdit]
Verbrauch la consommation [la kõsɔmasjõ]
verbrauchen consommer [kõsɔme]
verbrennen brûler [bryle]
verbringen *(Zeit)* passer [pase]
Verdacht le soupçon [lə supsõ]
verderben abîmer [abime]; *(schlecht werden)* pourrir [purir]
verdienen gagner [gaɲe]; *(wert sein)* mériter [merite]
Verdienst, der ~ le gain [lə gɛ̃]; **das** ~ le mérite [lə merit]
verdorben abîmé, e [abime]; *(faul)* pourri, e [puri]; *(sittlich)* corrompu, e [kɔrõpy]
Verein l'association *f* [lasɔsjasjõ]
vereinbaren convenir de [kõvənir də]
Verfassung la constitution [la kõstitysjõ]; *(Zustand)* la forme [la fɔrm], l'état *m* [leta]
verfehlen manquer [mãke], rater [rate]
Vergangenheit le passé [lə pase]
vergehen *(Zeit)* passer [pase]
vergessen oublier [ublije]
vergewaltigen violer [vjɔle]
Vergleich la comparaison [la kõparɛzõ]
vergleichen comparer [kõpare]
Vergnügen le plaisir [lə plɛzir]
Verhandlung les négociations *f pl* [le negɔsjasjõ], les pourparlers *m pl* [le purparle]
verheimlichen cacher [kaʃe], tenir secret [tənir səkrɛ]
verheiratet (mit) marié, e (à) [marje (a)]
verhindern empêcher [ãpeʃe]
Verhütungsmittel le contraceptif [lə kõtrasɛptif]
verirren, s. ~ s'égarer [segare]
Verkauf la vente [la vãt]
verkaufen vendre [vãdr]
Verkehr la circulation [la sirkylasjõ]
verkehren *(Verkehrsmittel)* circuler [sirkyle]
Verkehrsamt l'office *m* de tourisme [lɔfis də turism], le syndicat d'initiative [lə sɛ̃dika dinisjativ]
verlangen demander [dəmãde]; *(fordern)* réclamer [reklame]
verlängern allonger [alõʒe]
verlassen quitter [kite]
Verletzte, der, die ~ le blessé [lə blɛse], la blessée [la blɛse]
verlieren perdre [pɛrdr]
verloben, s. ~ **mit** se fiancer avec [sə fjãse avɛk]
Verlobte, der, die le fiancé [lə fjãse], la fiancée [la fjãse]
Verlust la perte [la pɛrt]
vermeiden éviter [evite]
vermieten louer [lue]
Vermittler l'intermédiaire *m* [lɛ̃tɛrmedjɛr]
vermuten supposer [sypɔze]
Vermutung la supposition [la sypɔzisjõ]
vernachlässigen négliger [negliʒe]
vernünftig raisonnable [rɛzɔnabl]
verpacken emballer [ãbale]
Verpackung l'emballage *m* [lãbalaʒ]
Verpflegung la nourriture [la nurityr]
verpflichtet sein être tenu de [ɛtr təny də]
Verpflichtung l'obligation *f* [lɔbligasjõ]
verrechnen, s. ~ faire une erreur de calcul [fɛr‿yn‿ɛrœr də kalkyl]
verreisen partir en voyage [partir‿ã vwajaʒ]
verrückt fou, folle [fu, fɔl]
versäumen *(verpassen)* manquer [mãke]
verschaffen procurer [prɔkyre]
verschieben *(zeitlich)* remettre à plus tard [rəmɛtr‿a ply tar], repousser [rəpuse]
verschieden différent, e [diferã, diferãt]
verschließen fermer [fɛrme]
Verschluß la fermeture [la fɛrməyr]; *(Foto)* l'obturateur *m* [lɔptyratœr]
verschwinden disparaître [disparɛtr]
Versehen, aus ~ par inadvertance [par‿inadvɛrtãs]
versenden expédier [ɛkspedje]
versichern assurer [asyre]
Versicherung l'assurance *f* [lasyrãs]
versorgen mit fournir en [furnir ã]
verspäten, s. ~ être en retard [ɛtr‿ã rətar]
Versprechen la promesse [la prɔmɛs]
versprechen promettre [prɔmɛtr]
Verstand l'intelligence *f* [lɛ̃tɛliʒãs]; *(Vernunft)* la raison [la rɛzõ]
verständigen, jdn ~ prévenir qn [prevənir kɛlkɛ̃]; **s.** ~ se faire comprendre [sə fɛr kõprãdr]
verstecken cacher [kaʃe], dissimuler [disimyle]
verstehen comprendre [kõprãdr]
verstopft bouché, e [buʃe]

A/Z

Versuch l'essai *m* [lesɛ]
versuchen essayer [eseje]; *(Speisen)* goûter [gute]
vertauschen échanger [eʃɑ̃ʒe], confondre [kɔ̃fɔ̃dr]
verteidigen défendre [defɑ̃dr]
verteilen répartir [repartir]
Verteilung la répartition [la repartisjɔ̃]
Vertrag le contrat [lə kɔ̃tra]
vertragen supporter [sypɔrte]
Vertrauen la confiance [la kɔ̃fjɑ̃s]
vertrauen auf avoir confiance en [avwar kɔ̃fjɑ̃s‿ɑ̃]
vertrauensvoll confiant, e [kɔ̃fjɑ̃, kɔ̃fjɑ̃t]
verunglücken avoir un accident [avwar ɛ̃n‿aksidɑ̃]
verursachen causer [koze]
Verwaltung l'administration *f* [ladministrasjɔ̃]
verwandt parent, e [parɑ̃, parɑ̃t]
verwechseln confondre [kɔ̃fɔ̃dr]
verwenden employer [ɑ̃plwaje]
Verwendung l'emploi *m* [lɑ̃plwa]
verwirklichen réaliser [realize]
Verzeichnis la liste [la list]
verzeihen pardonner [pardɔne]
verzögern différer [difere]
verzollen dédouaner [dedwane]
verzweifelt désespéré, e [dezɛspere]
viel beaucoup de [boku də]
vielleicht peut-être [pøt‿ɛtr]
vielmehr plutôt [plyto]
viereckig carré, e [kare]
Viertel, ein ~ un quart [ɛ̃ kar]
Villa la villa [la vila]
Vogel l'oiseau *m* [lwazo]
Volk le peuple [lə pœpl]
voll plein, e [plɛ̃, plɛn]; *(~ besetzt)* complet, -ète [kɔ̃plɛ, kɔ̃plɛt]; *(ganz)* entier, -ière [ɑ̃tje, ɑ̃tjɛr]
vollenden achever [aʃəve]
vollkommen parfait, e [parfɛ, parfɛt]
Vollmacht la procuration [la prɔkyrasjɔ̃]
vollständig complet, -ète [kɔ̃plɛ, kɔ̃plɛt]
Volt le volt [lə vɔlt]
von de [də]; *(Passiv)* par [par]
vor *(räumlich)* devant [dəvɑ̃]; *(zeitlich)* avant [avɑ̃]; ~ **allem** avant tout [avɑ̃‿tu]
voraus, im ~ par avance [par‿avɑ̃s]
vorbeigehen passer (à côté) [pase (a kɔte)]
vorbereiten préparer [prepare]
vorbestellen réserver [rezɛrve]
Vorfahrt la priorité [la prijɔrite]
Vorfall le cas [lə ka]; *(Zwischenfall)* l'incident *m* [lɛ̃sidɑ̃]
vorgehen *(Uhr)* avancer [avɑ̃se]
Vorhang le rideau [lə rido]
vorher avant [avɑ̃]
vorläufig *adv* provisoirement [provizwarmɑ̃]
vorletzte(r, -s) avant-dernier, -ière [avɑ̃dɛrnje, avɑ̃dɛrnjɛr]
Vormittag la matinée [la matine]
vorn devant [dəvɑ̃]
vornehm distingué, e [distɛ̃ge]
Vorort la banlieue [la bɑ̃ljø]
Vorrat les provisions *f pl* [le prɔvizjɔ̃]
Vorschlag la proposition [la prɔpozisjɔ̃]
vorschlagen proposer [prɔpoze]
Vorschrift la prescription [la prɛskripsjɔ̃], l'instruction *f* [lɛ̃stryksjɔ̃]
Vorsicht la précaution [la prekosjɔ̃]; ~**!** attention! [atɑ̃sjɔ̃]
vorsichtig prudent, e [prydɑ̃, prydɑ̃t]
vorstellen présenter [prezɑ̃te]
Vorstellung la présentation [la prezɑ̃tasjɔ̃]; *(Begriff)* l'idée *f* [lide]; *(Theater)* la représentation [la rəprezɑ̃tasjɔ̃]
Vorteil l'avantage *m* [lavɑ̃taʒ]
vorteilhaft avantageux, -euse [avɑ̃taʒø, avɑ̃taʒøz]
vorüber passé, e [pase]
vorübergehen passer [pase]; ~**d** provisoire [prɔvizwar]
Vorwand le prétexte [lə pretɛkst]
vorwärts en avant [ɑ̃n‿avɑ̃]
vorzeigen présenter [prezɑ̃te]
vorziehen préférer [prefere]
Vorzug la préférence [la preferɑ̃s]; *(Vorteil)* l'avantage *m* [lavɑ̃taʒ]

W

Waage la balance [la balɑ̃s]
wach réveillé, e [revɛje]
wachsen *(Pflanzen)* pousser [puse]; *(Menschen)* grandir [grɑ̃dir]
wagen oser [oze]
Wagen la voiture [la vwatyr]
Wahl le choix [lə ʃwa]; *(Politik)* l'élection *f* [lelɛksjɔ̃]
wählen choisir [ʃwazir]; *(Politik)* voter [vɔte]; *(tele)* composer (un numéro) [kɔ̃poze (ɛ̃ nymero)]

A/Z

wahr vrai, e [vrɛ]
während *prp* pendant [pɑ̃dɑ̃]; *conj* pendant que [pɑ̃dɑ̃ kə]
Wahrheit la vérité [la verite]
wahrscheinlich probable [prɔbablə]; *adv* probablement [prɔbabləmɑ̃]
Wahrscheinlichkeit la probabilité [la prɔbabilite]
Wand le mur [lə myr]
wandern faire de la randonné pédestre [fɛr də la rɑ̃dɔne pedɛstr]
Ware la marchandise [la marʃɑ̃diz]
warm chaud, e [ʃo, ʃod]
Wärme la chaleur [la ʃalœr]
wärmen chauffer [ʃofe]
warnen (vor) mettre en garde (contre) [mɛtr‿ɑ̃ gard (kɔ̃tr)]
warten attendre [atɑ̃dr]
was que [kə], qu'est-ce que [kɛs‿kə]; ~ **für ein/eine ...?** quel/le [kɛl]
Wäsche *(Bett~)* les draps *m pl* [le dra]; *(Unter~)* les sous-vêtements *m pl* [le suvɛtmɑ̃]; *(zum Waschen)* la lessive [la lɛsiv]
waschen laver [lave]
Wasser l'eau *f* [lo]
Watt le watt [lə vwat]
Wechsel le change [lə ʃɑ̃ʒ]; *(Austausch)* l'échange *f* [leʃɑ̃ʒ]
Wechselgeld l'appoint *m* [lapwɛ̃]
wechseln *(Geld)* changer [ʃɑ̃ʒe]
wecken réveiller [reveje]
Wecker le réveil [lə revɛj]
weder ... noch ni ... ni [ni ... ni]
Weg le chemin [lə ʃmɛ̃]; *(Pfad)* le sentier [lə sɑ̃tje]; *(Straße)* la route [la rut]
weg parti, e [parti]
wegen à cause de [a koz də]
weggehen partir [partir]
wegnehmen prendre [prɑ̃dr], enlever [ɑ̃lve]
wegschicken renvoyer [rɑ̃vwaje]
weiblich féminin, e [feminɛ̃, feminin]
weich mou, molle [mu, mɔl]; *(Ton, Farbe)* doux, douce [du, dus]
weigern, s. ~ refuser de [rəfyze də]
weil parce que [pars kə]
Weinberg la vigne [la viɲ]
weinen pleurer [plœre]
Weise la manière [la manjɛr]
weit *(Gegenteil von eng)* large [larʒ]; *(Weg)* loin [lwɛ̃]; *(entfernt)* éloigné, e [elwaɲe]
Welt le monde [lə mɔ̃d]
wenden tourner [turne]; **s. ~ an jdn** s'adresser à [sadrɛse a]
wenig peu [pø]; **ein ~** un peu [ɛ̃ pø]; **ein ~ von** un peu de [ɛ̃ pø də]; **~er** moins [mwɛ̃]; **das ~ste** le minimum [lə minimɔm]; **~stens** au moins [o mwɛ̃]
wenn *(Bedingung)* si [si]; *(zeitlich)* quand [kɑ̃]
werden devenir [dəvnir]
werfen jeter [ʒəte]
werktags les jours ouvrables [le ʒurz‿uvrabl]
Wert la valeur [la valœr]
wert, viel ~ sein avoir beaucoup de valeur [avwar bokud valœr]
wertlos sans valeur [sɑ̃ valœr]
Wertsachen les objets *m pl* de valeur [lez‿ɔbjɛd valœr]
Wespe la guêpe [la gɛp]
Westen l'Ouest *m* [lwɛst]
westlich von à l'ouest de [a lwɛst də]
Wettbewerb le concours [lə kɔ̃kur]
Wette le pari [lə pari]
wetten parier [parje]
Wetter le temps [lə tɑ̃]
wichtig important, e [ɛ̃pɔrtɑ̃, ɛ̃pɔrtɑ̃t]
wie *(Frage)* comment [kɔmɑ̃]; *(Vergleich)* comme [kɔm], que [kə]
wieder de nouveau [də nuvo]; *(noch einmal)* encore une fois [ɑ̃kɔr‿yn fwa]
wiederbekommen récupérer [rekypere]
wiedergeben rendre [rɑ̃dr]
wiederholen répéter [repete]
wiederkommen revenir [rəvənir]
wiedersehen revoir [rəvwar]
wiegen peser [pəze]
Wiese le pré [lə pre]
Wild le gibier [lə ʒibje]
wild sauvage [sovaʒ], féroce [ferɔs]
willkommen bienvenu, e [bjɛ̃vəny]
Winkel *(Ecke)* l'angle *m* [lɑ̃glə]
winken faire signe [fɛr siɲ]
wir nous [nu]
wirklich réel, le [reɛl]; *(echt)* vrai, e [vrɛ]; *adv* vraiment [vrɛmɑ̃]
Wirklichkeit la réalité [la realite]
wirksam efficace [efikas]
Wirkung l'effet *m* [lefɛ]
Wirt le patron [lə patrɔ̃]
Wissen le savoir [lə savwar]
wissen savoir [savwar]
Witz la plaisanterie [la plɛzɑ̃tri]
Woche la semaine [la səmɛn]; **in einer ~** dans une semaine [dɑ̃z‿yn səmɛn]
wochentags pendant la semaine [pɑ̃dɑ̃ la səmɛn]

A/Z

wöchentlich *adj* hebdomadaire [ɛbdɔmadɛr]; *adv* par semaine [par səmɛn]
Wohl le bien [lə bjɛ̃]
wohl *adv* sans doute [sɑ̃ dut]
Wohlbefinden le bien-être [lə bjɛ̃nɛtr]; la bonne santé [lə bɔn sɑ̃te]
wohlhabend aisé, e [eze]
wohlwollend bienveillant, e [bjɛ̃vɛjɑ̃, bjɛ̃vɛjɑ̃t]
wohnen habiter [abite]
Wohnort, ~sitz le domicile [lə dɔmisil]
Wohnung l'appartement *m* [lapartəmɑ̃]
Wolkenkratzer le gratte-ciel [lə gratsjɛl]
wollen vouloir [vulwar]; *(wünschen)* désirer [dezire]
Wort le mot [lə mo]
wunderbar merveilleux, -euse [mɛrvɛjø, mɛrvɛjøz]
wundern, s. ~ (über) s'étonner (de) [setɔne (də)]
Wunsch le désir [lə dezir]
wünschen désirer [dezire]
Wurm le ver [lə vɛr]
Wut la colère [la kɔlɛr]
wütend furieux, -euse [fyrjø, fyrjøz]; **~ werden** se mettre en colère [sə mɛtr‿ɑ̃ kɔlɛr]

Z

Zahl le nombre [lə nɔ̃br]
zahlen payer [pɛje]
zählen compter [kɔ̃te]
zahlreich nombreux, -euse [nɔ̃brø, nɔ̃brøz]
Zahlung le paiement [lə pɛmɑ̃]
Zange la pince [la pɛ̃s]
zanken, s. ~ se quereller [sə kərɛle], se disputer [sə dispyte]
zart *(weich)* tendre [tɑ̃dr]; *(fühlend)* délicat, e [delika, delikat]
zärtlich affectueux, -euse [afɛktyø, afɛktyøz], tendre [tɑ̃dr]
Zeichen le signe [lə siɲ]; *(An~)* l'indice *m* [lɛ̃dis]; *(Beweis)* la preuve [la prœv]
zeichnen dessiner [desine]
zeigen montrer [mɔ̃tre]; *(hinweisen)* indiquer [ɛ̃dike]
Zeit le temps [lə tɑ̃]; **zur ~** actuellement [aktɥɛlmɑ̃]; **von ~ zu ~** de temps en temps [də tɑ̃zɑ̃tɑ̃]
Zeitlang, eine ~ pendant un certain temps [pɑ̃dɑ̃ ɛ̃ sɛrtɛ̃ tɑ̃]
Zeitung le journal [lə ʒurnal]; **~skiosk** le kiosque à journaux [lə kjɔsk a ʒurno]
zentral central, e [sɑ̃tral]
Zentrum le centre [lə sɑ̃tr]
zerbrechen casser [kase]
zerbrechlich fragile [fraʒil]
zerreißen déchirer [deʃire]
zerstören détruire [detrɥir]
Zeuge le témoin [lə temwɛ̃]
Zeugnis le témoignage [lə temwaɲaʒ]; *(Bescheinigung)* le certificat [lə sɛrtifika]
ziehen tirer [tire]
Ziel le but [lə by(t)]; *(Reise~)* la destination [la dɛstinasjɔ̃]
ziemlich assez [ase]
Zigarette la cigarette [la sigarɛt]
Zigarillo le cigarillo [lə sigarijo]
Zigarre le cigare [lə sigar]
zögern hésiter [ezite]
Zoll la douane [la dwan]
zornig en colère [ɑ̃ kɔlɛr]
zu *(Richtung)* à [a]; *(geschlossen)* fermé, e [fɛrme]; *(mit adj)* trop [tro]; **~ sehr, ~ viel** trop [tro]
zubereiten préparer [prepare]
zudecken couvrir [kuvrir]
zuerst d'abord [dabɔr]
Zufall le hasard [lə azar]
zufällig par hasard [par azar]
zufrieden content, e [kɔ̃tɑ̃, kɔ̃tɑ̃t]
Zugang l'accès *m* [laksɛ]
zugreifen *(sich bedienen)* se servir [sə sɛrvir]
zugunsten en faveur de [ɑ̃ favœr də]
zuhören, jdm ~ écouter (qn) [ekute (kɛlkɛ̃)]
Zukunft l'avenir *m* [lavnir]
zukünftig futur, e [fytyr]
zulassen *(erlauben)* autoriser [ɔtorize]
zulässig permis, e [pɛrmi, pɛrmiz]
zuletzt en dernier lieu [ɑ̃ dɛrnje ljø]
zumachen fermer [fɛrme]
zunächst d'abord [dabɔr]
zunehmen *(dicker werden)* grossir [grɔsir]; *(anwachsen)* augmenter [ɔgmɑ̃te]
zurück de retour [də rətur]
zurückbringen rapporter [rapɔrte]
zurückfahren retourner [rəturne]
zurückgeben rendre [rɑ̃dr]
zurückkehren revenir [rəvnir]
zurücklassen laisser [lɛse]

zurückweisen refuser [rəfyze]
zurückzahlen rembourser [rãburse]
zurückziehen, s. ~ se retirer [sə rətire]
zusagen *(Einladung)* accepter [aksɛpte]
zusammen ensemble [ãsãbl]
zusammenrechnen faire le total de [fɛr lə tɔtal də]
Zusammenstoß le choc [lə ʃɔk], la collision [la kɔlizjõ]
zusätzlich supplémentaire [syplemãtɛr], en plus [ã plys]
zuschauen regarder [rəgarde]
Zuschauer le spectateur [lə spɛktatœr]
zuschließen fermer [fɛrme]
Zustand l'état *m* [leta]
zuständig compétent, e [kõpetã, kõpetãt], responsable [rɛspõsabl]
zustimmen consentir à [kõsãtir a]
zuverlässig sûr, e [syr], fiable [fjabl]
zuviel trop [tro]
Zwang la contrainte [la kõtrɛ̃t]
Zweck le but [lə by(t)]
zwecklos inutile [inytil]
zweckmäßig opportun, e [ɔpɔrtɛ̃, ɔpɔrtyn]; *(nützlich)* utile [ytil]
Zweifel le doute [lə dut]; **ohne** ~ sans aucun doute [sãz‿okɛ̃ dut]
zweifelhaft douteux, -euse [dutø, dutøz]; *(ungewiß)* incertain, e [ɛ̃sɛrtɛ̃, ɛ̃sɛrtɛn]
zweifellos sans aucun doute [sãz‿okɛ̃ dut]
zweifeln an douter de [dute də]
zweite(r, -s) deuxième [døzjɛm], second, e [səgõ, səgõd]
zweitens deuxièmement [døzjɛmmã]
zwingen forcer [fɔrse]
zwischen entre [ãtr]; *(~ mehreren)* parmi [parmi]
Zwischenfall l'incident *m* [lɛ̃sidã]

Wörterbuch Französisch–Deutsch

A

à [a] *(zeitlich)* um; *(Richtung)* zu; **à la poste** [a la pɔst] auf die/der Post; **à table** [a tabl] bei Tisch
abeille [abɛj] *f* Biene
abîmé, e [abime] verdorben, faul
abîmer [abime] verderben
abondamment [abõdamɑ̃] reichlich
d'abord [dabɔr] zunächst, zuerst; erst
abréviation [abrevjasjõ] *f* Abkürzung
absent, e [apsɑ̃, apsɑ̃t] abwesend
absolument [apsɔlymɑ̃] unbedingt; **absolument pas** [apsɔlymɑ̃ pa] durchaus nicht
abus [aby] *m* Mißbrauch
abuser de [abyze də] mißbrauchen
accélérer [akselere] beschleunigen
acceptation [aksɛptasjõ] *f* Annahme
accepter [aksɛpte] annehmen; *(Einladung)* zusagen
accès [aksɛ] *m* Zugang
accident [aksidɑ̃] *m* Unfall; **avoir un accident** [avwar ɛ̃n‿aksidɑ̃] verunglücken
s'acclimater [saklimate] s. akklimatisieren
accompagnement [akõpaɲmɑ̃] *m* Begleitung
accompagner [akõpaɲe] begleiten
accomplir [akõplir] *(Arbeit)* ausführen
d'accord [dakɔr] einverstanden!; **être d'accord** [ɛtrə dakɔr] einig sein; **se mettre d'accord** [sə mɛtrə dakɔr] s. einigen
accorder [akɔrde] gewähren
accrocher [akrɔʃe] (auf)hängen
accueillir [akœjir] empfangen
accus [aky] *m pl (Auto)* Batterie
achat [aʃa] *m* Kauf; Besorgung
acheter [aʃte] kaufen
acheteur [aʃtœr] *m* Käufer
achever [aʃəve] vollenden
acide [asid] sauer
acte [akt] *m* Tat
action [aksjõ] *f* Tat
activité [aktivite] *f* Tätigkeit
actuellement [aktɥɛlmɑ̃] zur Zeit
addition [adisjõ] *f (im Restaurant, Café)* Rechnung
adepte [adɛpt] *m/f* Anhänger/in
administration [administrasjõ] *f* Verwaltung; Behörde
admirer [admire] bewundern
adresse [adrɛs] *f* Anschrift, Adresse
adresser [adrɛse] adressieren; **s'adresser à** [sadrɛse a] s. wenden an
adroit, e [adrwa, adrwat] geschickt
adulte [adylt] *m/f* Erwachsene(r)
aérer [aere] lüften
affaire [afɛr] *f* Angelegenheit, Sache; *(Handel)* Geschäft
affectueux, -euse [afɛktyø, afɛktyøz] zärtlich
affiche [afiʃ] *f* Plakat
affirmer [afirme] behaupten
affreux, -euse [afrø, afrøz] schrecklich, fürchterlich
âge [aʒ] *m* Alter
agence [aʒɑ̃s] *f* Agentur; *(Dienststelle)* Amt; **agence de voyages** [aʒɑ̃s də vwajaʒ] *f* Reisebüro
agitée [aʒite] *(Meer)* bewegt
agréable [agreabl] angenehm
agresser [agrɛse] überfallen
aide [ɛd] *f* Hilfe
aider qn [ɛde kɛlkɛ̃] jdm helfen, jdm behilflich sein
aigre [ɛgr] sauer
aiguille [egɥij] *f* Nadel
ailleurs [ajœr] anderswo
aimable [ɛmabl] liebenswürdig, freundlich; **peu aimable** [pø ɛmabl] unfreundlich
aimer [ɛme] lieben; mögen; **aimer qn** [ɛme kɛlkɛ̃] jdn liebhaben
air [ɛr] *m* Luft; **en plein air** [ɑ̃ plɛn‿ɛr] im Freien; **avoir l'air** [avwar lɛr] aussehen
aisé, e [eze] wohlhabend
ajournement [aʒurnəmɑ̃] *m* Aufschub
ajouter [ajute] hinzufügen
alcool [alkɔl] *m* Alkohol; **alcool à brûler** [alkɔl‿a bryle] *m* (Brenn-)Spiritus
algues [alg] *f pl* Algen
aliments [alimɑ̃] *m pl* Nahrungsmittel
Allemagne [almaɲ] *f* Deutschland
allemand, e [almɑ̃, almɑ̃d] deutsch; **Allemand,e** [almɑ̃, almɑ̃d] der, die Deutsche

aller [ale] gehen, fahren; passen; **aller chercher** [ale ʃɛrʃe] abholen, holen; **aller se coucher** [ales kuʃe] zu Bett gehen; **aller tout droit** [ale tu drwa] geradeaus gehen; **s'en aller** [sɑ̃n‿ale] weggehen; aufbrechen
alliance [aljɑ̃s] *f* Ehering
allonger [alɔ̃ʒe] verlängern
allumer [alyme] anzünden; *(Licht)* anmachen
allumette [alymɛt] *f* Streichholz
alors [alɔr] *(zeitlich)* da
Alsace [alzas] *f* Elsaß
altitude [altityd] *f* Höhe
amabilité [amabilite] *f* Liebenswürdigkeit, Freundlichkeit
ambassade [ɑ̃basad] *f (dipl. Vertretung)* Botschaft
ambulance [ɑ̃bylɑ̃s] *f* Krankenwagen
améliorer [ameljɔre] verbessern
amende [amɑ̃d] *f* Geldstrafe
amer, -ère [amɛr] bitter
ameublement [amœbləmɑ̃] *m (Wohnung)* Ausstattung
ami, e [ami] Freund/in; **petit ami** [ptit‿ami] *m* Freund; **petite amie** [ptit‿ami] *f* Freundin; **être amis** [ɛtr‿ami] befreundet sein
amitié [amitje] *f* Freundschaft
amont, en ~ [ɑ̃n amɔ̃] (strom)aufwärts
amour [amur] *m* Liebe
ampoule [ɑ̃pul] *f* Glühbirne; *(auf der Haut)* Blase
amusement [amyzmɑ̃] *m* Vergnügen, Spaß
s'amuser [samyse] s. amüsieren
an [ɑ̃] *m* Jahr; **par an** [par‿ɑ̃] *adv* jährlich
ancien, ne [ɑ̃sjɛ̃, ɑ̃sjɛn] *(aus früheren Zeiten)* alt
âne [an] *m* Esel
anglais, e [ɑ̃glɛ, ɑ̃glɛz] englisch
angle [ɑ̃glə] *m* Ecke, Winkel
animal [animal] *m* Tier
année [ane] *f* Jahr
anniversaire [anivɛrsɛr] *m* Geburtstag
annonce [anɔ̃s] *f* Anzeige, Inserat
annoncer [anɔ̃se] melden, anmelden
annuel, le [anyɛl] *adj* jährlich
annuler [anyle] *(Fahr-, Flugkarten)* abbestellen
apparaître [aparɛtr] erscheinen
appareil [aparɛj] *m* Apparat; **appareil-photo** [aparɛjfɔtɔ] *m* Fotoapparat
apparemment [aparamɑ̃] anscheinend
apparence [aparɑ̃s] *f* Anschein
appartement [apartəmɑ̃] *m* Wohnung
appartenir [apartənir] gehören
appeler [apəle] rufen; nennen; **s'appeler** [sapəle] heißen
appétit [apeti] *m* Appetit
applaudissements [aplodismɑ̃] *m pl* Beifall
application [aplikasjɔ̃] *f* Anwendung
appliquer [aplike] anwenden
appoint [apwɛ̃] *m* Wechselgeld
apporter [apɔrte] (her-, mit-)bringen
apprendre [aprɑ̃dr] lernen; erfahren
s'approcher [saprɔʃe] s. nähern
après [aprɛ] *(zeitlich)* nach; danach; nachher
après-midi [aprɛmidi] *m* Nachmittag
arbre [arbr] *m* Baum
argent [arʒɑ̃] *m* Geld; Silber
arrêt [arɛ] *m (Zug)* Aufenthalt; Haltestelle
arrêter [arete] anhalten; aufhören; **s'arrêter** [sarɛte] anhalten, stehenbleiben, halten
arrière, en ~ [ɑ̃n arjɛr] rückwärts
arriver [arive] eintreffen; geschehen, passieren
article [artikl] *m* Artikel
ascenseur [asɑ̃sœr] *m* Fahrstuhl
s'asseoir [saswar] s. setzen, s. hinsetzen
assez [ase] genug; ziemlich
assiette [asjɛt] *f* Teller
assis, e, être ~ [ɛtr asi, asiz] sitzen
association [asɔsjasjɔ̃] *f* Verein; *(Vereinigung)* Verband
assurance [asyrɑ̃s] *f* Versicherung
assurer [asyre] versichern
Atlantique [atlɑ̃tik] *m* Atlantik
atteindre [atɛ̃dr] erreichen
attendre [atɑ̃dr] warten, erwarten; **s'attendre à** [satɑ̃dr a] *(rechnen mit)* erwarten
attentif, -ive [atɑ̃tif, atɑ̃tiv] aufmerksam
attention! [atɑ̃sjɔ̃] Vorsicht!, Achtung; **faire attention (à)** [fɛr atɑ̃sjɔ̃ (a)] achtgeben (auf)
attester [atɛste] bescheinigen
attraper [atrape] fangen
aucun, e [okɛ̃, okyn] kein(er), keine
au-delà de [odəla də] jenseits
au-dessous (de) [odsu (də)] unterhalb
au-dessus (de) [odsy (də)] über

augmenter [ɔgmɑ̃te] zunehmen; anwachsen; *(Preise)* erhöhen, heraufsetzen
aujourd'hui [oʒurdɥi] heute
aussi [osi] auch; **aussi … que** [osi … kə] genauso … wie
authentique [otɑ̃tik] echt
automatique [ɔtɔmatik] automatisch
autorisé, e (à) [ɔtɔrize (a)] berechtigt (zu)
autoriser [ɔtɔrize] genehmigen; *(erlauben)* zulassen
autour de [otur də] um *(herum)*
autre [otrə] der, die, das andere; **une autre fois** [yn‿otrə fwa] ein andermal; **l'autre jour** [lotrə ʒur] neulich; **d'autre part** [dotrə par] außerdem
autrefois [otrəfwa] *(damals)* früher
autrement [otrəmɑ̃] anders; sonst
Autriche [otriʃ] *f* Österreich
Autrichien [otriʃjɛ̃, otriʃjɛn] Österreicher/in
avance [avɑ̃s] *f* Vorsprung; **par avance** [par‿avɑ̃s] im voraus
avancer [avɑ̃se] vorwärts gehen; *(Uhr)* vorgehen
avant [avɑ̃] *(zeitlich)* vor, vorher; **avant que** [avɑ̃ kə] bevor; **avant tout** [avɑ̃‿tu] vor allem; **en avant** [ɑ̃n‿avɑ̃] vorwärts
avantage [avɑ̃taʒ] *m* Vorteil, Vorzug
avantageux, -euse [avɑ̃taʒø, avɑ̃taʒøz] vorteilhaft
avant-dernier, -ière [avɑ̃dɛrnje, avɑ̃dɛrnjɛr] vorletzte(r, -s)
avec [avɛk] mit
avenir [avnir] *m* Zukunft
avertir [avɛrtir] benachrichtigen
avertisseur d'incendie [avɛrtisœr dɛ̃sɑ̃di] *m* Feuermelder
aveugle [avœgl] blind
avis [avi] *m* Meinung, Ansicht
avoir [avwar] haben

B

bague [bag] *f* Ring
se baigner [sə beɲe] *(schwimmen)* baden
bâiller [baje] gähnen
bain [bɛ̃] *m* Bad; **prendre un bain** [prɑ̃dr ɛ̃ bɛ̃] *(Wanne)* baden
baiser [bɛze] *m* Kuß
baisser [bɛse] *(Preise)* herabsetzen
bal [bal] *m (Fest)* Ball
balade [balad] *f (Spaziergang)* Bummel
balance [balɑ̃s] *f* Waage
balle [bal] *f* Ball
ballon [balɔ̃] *m* Ball
banc [bɑ̃] *m* (Sitz-)Bank
banlieue [bɑ̃ljø] *f* Vorort
banque [bɑ̃k] *f* Bank
barque [bark] *f* Kahn
bas, basse [ba, bas] nieder, niedrig; tief; **en bas** [ɑ̃ ba] unten; abwärts; **vers le bas** [vɛr lə ba] abwärts
bateau [bato] *m* Boot
bâtiment [batimɑ̃] *m* Gebäude
bâton [batɔ̃] *m* Stock
batterie [batri] *f (Auto)* Batterie
battre [batr] schlagen
beau, bel, belle [bo, bɛl, bɛl] schön
beaucoup de [boku də] viel
beau-frère [bofrɛr] *m* Schwager
beauté [bote] *f* Schönheit
bébé [bebe] *m* Baby
Belge [bɛlʒ] *m/f* Belgier/in; **belge** [bɛlʒ] belgisch
Belgique [bɛlʒik] *f* Belgien
belle-sœur [bɛlsœr] *f* Schwägerin
bénéfice [benefis] *m* Gewinn
besoin[bəzwɛ̃] *m* Bedürfnis; **avoir besoin de** [avwar bəzwɛ̃ də] brauchen, benötigen
bête [bɛt] dumm
bien [bjɛ̃] *m* Wohl; **bien** [bjɛ̃] *adv* gut; **bien que** [bjɛ̃ kə] obwohl
bien-être [bjɛ̃nɛtr] *m* Wohlbefinden
bientôt [bjɛ̃to] bald
bienveillant, e [bjɛ̃vɛjɑ̃, bjɛ̃vɛjɑ̃t] wohlwollend
bienvenu, e [bjɛ̃vəny] willkommen
billet [bijɛ] *m* (Geld-)Schein; Eintrittskarte; **billet d'entrée** [bijɛ dɑ̃tre] *m* Eintrittskarte
blessé, e [blɛse] *m/f* der, die Verletzte
bluffer [blœfe] *(bluffen)* schwindeln
boire [bwar] trinken
bois [bwa] *m* Holz
boîte [bwat] *f* Büchse, Dose, Schachtel; Tanzlokal; **boîte d'allumettes** [bwat dalymɛt] *f* Streichholzschachtel; **boîte de conserve** [bwat də kɔ̃sɛrv] *f* Konservenbüchse
bon [bɔ̃] *m* Gutschein
bon, bonne [bɔ̃, bɔn] *adj* gut; geeignet, richtig; **bon marché** [bɔ̃ marʃe] billig; **être bon** [ɛtrə bɔ̃] schmecken
bondé, e [bɔ̃de] überfüllt
bord [bɔr] *m (Meer)* Ufer; Rand; **sur**

les bords de la Seine [syr le bɔr də la sɛn] an der Seine
bouché, e [buʃe] verstopft
boue [bu] *f* Schlamm; Schmutz
bougie [buʒi] *f* Kerze
bouillir [bujir] *(Wasser)* kochen
boum [bum] *f* Party
bouquet [bukɛ] *m* (Blumen-)Strauß
boussole [busol] *f* Kompaß
bout [bu] *m* Ende; Spitze; **bout des doigts** [bu de dwa] *m* Fingerspitze
bouteille [butɛj] *f* Flasche
boutique [butik] *f* Laden
bouton [butõ] *m* Knopf
brancher [brɑ̃ʃe] *(Gerät)* einschalten
brasserie [brasri] *f* Restaurant
bref, brève [brɛf, brɛv] *(kurzgefaßt)* kurz
brillant, e [brijɑ̃, brijɑ̃t] glänzend
briller [brije] glänzen; scheinen
briquet [brikɛ] *m* Feuerzeug
bronzé, e [brõze] *(gebräunt)* braun
brosse [brɔs] *f* Bürste
brosser [brɔse] bürsten
bruit [brɥi] *m* Lärm; Geräusch
brûler [bryle] brennen, verbrennen
brumeux, -euse [brymø, brymøz] neblig
brun [brɛ̃] *(Haar)* braun
bruyant, e [brɥijɑ̃, brɥijɑ̃t] laut
buisson [bɥisõ] *m (Strauch)* Busch
bureau [byro] *m* Büro; **bureau des objets trouvés** [byro dez‿ɔbʒɛ truve] *m* Fundbüro; **bureau de renseignements** [byro də rɑ̃sɛɲmɑ̃] *m* Auskunftsstelle
but [by(t)] *m* Ziel; Zweck

C

cabane [kaban] *f* Hütte
cabine [kabin] *f* Kabine
cabinet [kabinɛ] *m (Arzt)* Praxis
cacher [kaʃe] verstecken, verheimlichen
cadeau [kado] *m* Geschenk
café [kafe] *m* Kaffee; *(Gaststätte)* Lokal
cahier [kaje] *m* Heft
caillouteux, -euse [kajutø, kajutøz] steinig
caisse [kɛs] *f* Kasse; Kiste
calculer [kalkyle] rechnen, berechnen
calme [kalm] ruhig, still; *m* Ruhe
se calmer [sə kalme] s. beruhigen
canal [kanal] *m* Kanal
capable [kapabl] fähig; tüchtig; **être capable de** [ɛtr kapabl də] imstande sein
capitale [kapital] *f* Hauptstadt
car [kar] denn
caractéristique (de) [karakteristik (də)] typisch (für)
cargaison [kargɛzõ] *f* Fracht
carré, e [kare] viereckig
carrefour [karfur] *m (Straße)* Kreuzung
carte [kart] *f* Karte; Speisekarte; **carte géographique** [kart ʒeografik] *f* Landkarte; **carte postale** [kart pɔstal] *f* Postkarte
cas [ka] *m* Vorfall, Fall; **en cas d'urgence** [ɑ̃ kadyrʒɑ̃s] im Notfall; **au cas où** [o ka u] falls
cassé, e [kase] kaputt
casse-croûte [kaskrut] *m* Imbiß
casser [kase] brechen, zerbrechen; **se casser** [sə kase] kaputtgehen; reißen
casserole [kasrɔl] *f* (Koch-)Topf
cause [koz] *f* Ursache; **à cause de** [a koz də] wegen
causer [koze] verursachen
caution [kosjõ] *f* Kaution
ce, cet, cette, ces [sə, sɛt, sɛt, se] *art* diese(r, -s)
célèbre [selɛbr] berühmt
célibataire [selibatɛr] ledig; *m* Junggeselle
celle-là [sɛlla] *prn sing f* jene
celles-là [sɛlla] *prn pl f* jene
celui-là [səlɥila] *prn sing m* jener, jenes
cent [sɑ̃] hundert; **cent fois** [sɑ̃ fwa] hundertmal
central, e [sɑ̃tral] zentral
centre [sɑ̃tr] *m* Zentrum
cependant [səpɑ̃dɑ̃] trotzdem
céramique [seramik] *f* Keramik
certain, e [sɛrtɛ̃, sɛrtɛn] *adj* bestimmt; gewiß; **certainement** [sɛrtɛnmɑ̃] *adv* gewiß
certificat [sɛrtifika] *m (Bescheinigung)* Zeugnis
ces [se] *prn pl* diese
ceux-là [søla] *prn pl m* jene
chacun, e [ʃakɛ̃, ʃakyn] *prn* jeder, jede
chagrin [ʃagrɛ̃] *m* Kummer
chaîne [ʃɛn] *f* Kette
chaise [ʃɛz] *f* Stuhl
chalet [ʃalɛ] *m (in den Alpen)* Hütte
chaleur [ʃalœr] *f* Wärme; Hitze
champ [ʃɑ̃] *m* Feld
chance [ʃɑ̃s] *f* Glück; **Bonne chance!** [bɔn ʃɑ̃s] Viel Glück!

change [ʃɑ̃ʒ] *m* Wechsel; Umrechnung
changement [ʃɑ̃ʒmɑ̃] *m* Veränderung
changer [ʃɑ̃ʒe] verändern; umsteigen; *(Geld)* wechseln; **se changer** [sə ʃɑ̃ʒe] s. umziehen
chanson [ʃɑ̃sɔ̃] *f* Lied
chant [ʃɑ̃] *m* Gesang
chanter [ʃɑ̃te] singen
chapelle [ʃapɛl] *f (Gebäude)* Kapelle
chaque [ʃak] *adj* jede(r, -s); **chaque fois** [ʃak fwa] jedesmal
charbon [ʃarbɔ̃] *m* Kohle
charger [ʃarʒe] aufladen; **se charger de** [sə ʃarʒe də] übernehmen
chat [ʃa] *m* Katze
château [ʃato] *m* Schloß
chaud, e [ʃo, ʃod] warm; heiß
chauffer [ʃofe] heizen, wärmen
chauffeur [ʃofœr] *m* Fahrer; Chauffeur
chaussure [ʃosyr] *f* Schuh
chemin [ʃmɛ̃] *m* Weg
cher, chère [ʃɛr] lieb; teuer
chercher [ʃɛrʃe] suchen; **aller chercher** [ale ʃɛrʃe] holen, abholen
chéri, e *m/f* [ʃeri] *m* Liebling
chewing-gum [ʃwingɔm] *m* Kaugummi
chien [ʃjɛ̃] *m* Hund
chiffon [ʃifɔ̃] *m* Lappen, Tuch
choc [ʃɔk] *m* Zusammenstoß
chœur [kœr] *m* Chor
choisir [ʃwazir] wählen
choix [ʃwa] *m* Wahl, Auswahl
chômage [ʃomaʒ] *m* Arbeitslosigkeit; **au chômage** [o ʃomaʒ] arbeitslos
chose [ʃoz] *f* Ding, Sache
chute [ʃyt] *f* Sturz
ciel [sjɛl] *m* Himmel
cigare [sigar] *m* Zigarre
cigarette [sigarɛt] *f* Zigarette
cigarillo [sigarijo] *m* Zigarillo
circonstances [sirkɔ̃stɑ̃s] *f pl* Umstände
circulation [sirkylasjɔ̃] *f* Verkehr
circuler [sirkyle] *(Verkehrsmittel)* verkehren
ciseaux [sizo] *m pl* Schere
civilisation [sivilizasjɔ̃] *f* Kultur
clair, e [klɛr] hell; klar, deutlich
classe [klas] *f* Klasse
client, e [klijɑ̃, klijɑ̃t] *m/f* Kunde, Kundin; Käufer
clignoter [kliɲɔte] blinken
climat [klima] *m* Klima
clou [klu] *m* Nagel
cœur [kœr] *m* Herz
coin [kwɛ̃] *m* Ecke
col [kɔl] *m (Gebirge)* Paß
colère [kɔlɛr] *f* Wut; **en colère** [ɑ̃ kɔlɛr] verärgert, böse, zornig; **se mettre en colère** [sə mɛtr‿ɑ̃ kɔlɛr] wütend werden
collection [kɔlɛksjɔ̃] *f* Sammlung
collectionner [kɔlɛksjɔne] sammeln
collègue [kɔlɛg] *m* Kollege
collier [kɔlje] *m* Halskette
colline [kɔlin] *f* Hügel
collision [kɔlizjɔ̃] *f* Zusammenstoß
coloré, e [kɔlɔre] farbig
comestible [kɔmɛstiblə] eßbar
comme [kɔm] *(Grund)* da; *(Vergleich)* wie; **comme ça** [kɔm sa] so; **comme il faut** [kɔm il fo] *(Mensch)* ordentlich; **comme si** [kɔm si] als ob
commencement [kɔmɑ̃smɑ̃] *m* Anfang
commencer [kɔmɑ̃se] anfangen
comment [kɔmɑ̃] *(Frage)* wie; **comment?** [kɔmɑ̃] wie bitte?
commun, e [kɔmɛ̃, kɔmyn] *adj* gemeinsam; gebräuchlich; gewöhnlich, ordinär
communication [kɔmynikasjɔ̃] *f (tele)* Verbindung
compagnie [kɔ̃paɲi] *f* Gesellschaft
comparaison [kɔ̃parɛzɔ̃] *f* Vergleich
comparer [kɔ̃pare] vergleichen
compatriote [kɔ̃patrijɔt] *m* Landsmann
compensation [kɔ̃pɑ̃sasjɔ̃] *f (Schaden)* Ersatz
compétent, e [kɔ̃petɑ̃, kɔ̃petɑ̃t] zuständig
complet, -ète [kɔ̃plɛ, kɔ̃plɛt] vollständig; ganz; voll(besetzt); **complètement** [kɔ̃plɛtmɑ̃] *adv* ganz
compliments, faire des ~ [fɛr de kɔ̃plimɑ̃] loben
composer (un numéro) [kɔ̃poze (ɛ̃ nymero)] *(tele)* wählen; **se composer de** [sə kɔ̃poze də] bestehen aus
comprendre [kɔ̃prɑ̃dr] verstehen; **mal comprendre** [mal kɔ̃prɑ̃dr] mißverstehen; **se faire comprendre** [sə fɛr kɔ̃prɑ̃dr] s. verständigen
compris, e [kɔ̃pri, kɔ̃priz] inbegriffen; verstanden
comptant, payer au ~ [pɛje o kɔ̃tɑ̃] bar zahlen
compter [kɔ̃te] zählen
compte-rendu [kɔ̃trɑ̃dy] *m* Bericht
concernant [kɔ̃sɛrnɑ̃] betreffend
concours [kɔ̃kur] *m* Wettbewerb

condition [kõdisjõ] *f* Bedingung
condoléances [kõdɔleɑ̃s] *f pl* Beileid
conduire [kõdɥir] führen; *(lenken)* fahren; Auto fahren
conduite [kõdɥit] *f* Benehmen; *(Gas, Wasser)* Leitung
confiance [kõfjɑ̃s] *f* Vertrauen; **avoir confiance en** [avwar kõfjɑ̃s‿ɑ̃] vertrauen auf
confiant, e [kõfjɑ̃, kõfjɑ̃t] vertrauensvoll
confirmer [kõfirme] bestätigen
confondre [kõfõdr] verwechseln, vertauschen
confort [kõfɔr] *m* Bequemlichkeit
confortable [kõfɔrtabl] bequem
confrère [kõfrɛr] *m* Kollege
congé [kõʒe] *m* Urlaub; **prendre congé** [prɑ̃drə kõʒe] s. verabschieden, Abschied nehmen
connaissance [kɔnɛsɑ̃s] *f* Kenntnis; Bekanntschaft; der, die Bekannte; **faire la connaissance (de)** [fɛr la kɔnɛsɑ̃s (də)] kennenlernen; **sans connaissance** [sɑ̃ kɔnɛsɑ̃s] ohnmächtig
connaître [kɔnɛtr] kennen; **faire connaître** [fɛr kɔnɛtr] bekannt machen
connu, e [kɔny] bekannt; **être connu, e** [ɛtrə kɔny] bekannt sein
consciencieux, -euse [kõsjɑ̃sjø, kõsjɑ̃sjøz] gewissenhaft
conscient, e [kõsjɑ̃, kõsjɑ̃t] bewußt
conseil [kõsɛj] *m* Rat; Tip
conseiller [kõseje] raten
consentement [kõsɑ̃tmɑ̃] *m* Einverständnis
consentir [kõsɑ̃tir] einwilligen; **consentir à** [kõsɑ̃tir ɑ̃] zustimmen
conserver [kõsɛrve] aufbewahren
considérable [kõsiderabl] beträchtlich
consigne [kõsiɲ] *f (Flaschen)* Pfand
consommation [kõsɔmasjõ] *f* Verbrauch
consommer [kõsɔme] verbrauchen
constitution [kõstitysjõ] *f* Verfassung
construire [kõstrɥir] bauen
consulat [kõsyla] *m* Konsulat
consulter [kõsylte] konsultieren
contact [kõtakt] *m* Kontakt; Berührung
contenir [kõtənir] enthalten
content, e [kõtɑ̃, kõtɑ̃t] froh, zufrieden; **être content de** [ɛtər kõtɑ̃ də] s. freuen über
contenu [kõtny] *m* Inhalt
continuer [kõtinye] fortsetzen
contraceptif [kõtrasɛptif] *m* Verhütungsmittel
contrainte [kõtrɛ̃t] *f* Zwang
contraire [kõtrɛr] *m* Gegenteil; **au contraire** [o kõtrɛr] im Gegenteil
contrat [kõtra] *m* Vertrag
contre [kõtr] gegen; **être contre** [ɛtrə kõtr] dagegen sein; **à contre-cœur** [a kõtrəkœr] nicht gern
contrôler [kõtrole] kontrollieren
convaincre [kõvɛ̃kr] überzeugen
convenir [kõvənir] gelegen kommen, passen; **convenir de** [kõvənir də] vereinbaren
conversation [kõvɛrsasjõ] *f* Gespräch, Unterhaltung
conversion [kõvɛrsjõ] *f* Umrechnung
copie [kɔpi] *f* Kopie
copieux, -euse [kɔpjø, kɔpjøz] *adj* reichlich
coq [kɔk] *m* Hahn
corde [kɔrd] *f* Seil
cordial, e [kordjal] herzlich
cordialité [kordjalite] *f* Herzlichkeit
corps [kɔr] *m* Körper
corpulent, e [kɔrpylɑ̃, kɔrpylɑ̃t] *(beleibt)* stark
correct, e [kɔrɛkt] korrekt
correspondance [kɔrɛspõdɑ̃s] *f* Briefwechsel; *(Zug)* Anschluß
corriger [kɔriʒe] *(Fehler)* verbessern
corrompu, e [kɔrõpy] *(sittlich)* verdorben
costume [kɔstym] *m* Anzug; **costume régional/folklorique** [kɔstym reʒjɔnal/fɔlklɔrik] *m* (Volks-)Tracht
côte [kot] *f* Küste
côté [kɔte] *m* Seite; **à côté de** [a kote də] neben; **de l'autre côté** [də lotrə kɔte] drüben; **de l'autre côté (de)** [də lotrə kɔte (də)] jenseits
coucher [kuʃe] übernachten; **aller se coucher** [ales kuʃe] zu Bett gehen; **au coucher du soleil** [o kuʃe dy solɛj] bei Sonnenuntergang
couler [kule] fließen
couleur [kulœr] *f* Farbe
couloir [kulwar] *m (Flur)* Gang
coup [ku] *m* Schlag, Stoß; **coup (de feu)** [ku (dfø)] *m* Schuß
couper [kupe] schneiden
couple [kupl] *m* Ehepaar
cour [kur] *f* Hof
courant [kurɑ̃] *m (el)* Strom; **courant d'air** [kurɑ̃ dɛr] *m* Luftzug

courir [kurir] laufen, rennen
courroie [kurwa] *f* Riemen
cours [kur] *m* Kurs; Unterrichtsstunde; **en cours de route** [ɑ̃ kur də rut] unterwegs
courses, faire ses ~ [fɛr se kurs] einkaufen
court, e [kur, kurt] *(räumlich)* kurz; **à court terme** [a kur tɛrm] kurzfristig
cousin, e [kuzɛ̃, kuzin] *m/f* Cousin/e
coussin [kusɛ̃] *m* Kissen
coût [ku] *m* Kosten
coûter [kute] kosten
coûteux, -euse [kutø, kutøz] kostspielig
couvert, e [kuvɛr, kuvɛrt] *(Wetter)* trüb; bedeckt
couverture [kuvɛrtyr] *f* (Bett-)Decke
couvrir [kuvrir] zudecken; bedecken
craindre [krɛ̃dr] fürchten; befürchten
crainte [krɛ̃t] *f* Furcht
créatif, -ive [kreatif, kreativ] kreativ
crédit [kredi] *m* Kredit
crever [krəve] *(Reifen)* platzen
crier [krije] schreien
crique [krik] *f* Bucht
critiquer [kritike] kritisieren
crochet [krɔʃɛ] *m* Haken
croire [krwar] glauben
cueillir [kœjir] pflücken
cuir [kɥir] *m* Leder
cuisine [kɥizin] *f* Küche; **faire la cuisine** [fɛr la kɥizin] kochen
culture [kyltyr] *f* Kultur
curieux, -euse [kyrjø, kyrjøz] neugierig; seltsam, eigen

D

d'abord [dabɔr] zuerst, zunächst
dame [dam] *f* Dame
danger [dɑ̃ʒe] *m* Gefahr
dangereux, -euse [dɑ̃ʒrø, dɑ̃ʒrøz] gefährlich
dans [dɑ̃] in; **dans la rue** [dɑ̃ la ry] auf der Straße; **dans une semaine** [dɑ̃z‿yn səmɛn] in einer Woche
danse [dɑ̃s] *f* Tanz
date [dat] *f* Datum; **date limite** [dat limit] *f* Termin
de [də] *(Herkunft)* aus, von
déboucher [debuʃe] *(Straße)* münden
debout, être ~ [ɛtr dəbu] stehen
début [deby] *m* Beginn
débuter [debyte] beginnen
décharger [deʃarʒe] abladen
déchirer [deʃire] zerreißen; **se déchirer** [sə deʃire] *(kaputtgehen)* reißen
décidé, e, être ~ [ɛtrə deside] entschlossen sein
décider [deside] entscheiden; **décider (de)** [deside (də)] beschließen; **se décider** [sə deside] s. entschließen
décision [desizjõ] *f* Entschluß
déclarer [deklare] erklären
décoller [dekɔle] *(Flugzeug)* starten
décommander [dekɔmɑ̃de] *(Zimmer)* abbestellen
découvrir [dekuvrir] entdecken
décrire [dekrir] beschreiben
déçu, e [desy] enttäuscht
dedans [dədɑ̃] drin, drinnen
dédommagement [dedɔmaʒmɑ̃] *m* Schadenersatz
dédouaner [dedwane] verzollen
défaire ses valises [defɛr se valiz] auspacken
défaut [defo] *m* Fehler *(den man hat);* Mangel
défavorable [defavɔrabl] ungünstig
défectueux, -euse [defɛktyø, defɛktyøz] defekt
défendre [defɑ̃dr] verteidigen
définitif, -ive [definitif, definitiv] *adj* endgültig; **définitivement** [definitivmɑ̃] *adv* endgültig
dégât [dega] *m* Beschädigung, Schaden
degré [dəgre] *m* Grad
dehors [dəɔr] draußen
déjà [deʒa] schon, bereits
déjeuner [deʒœne] *m* Mittagessen; frühstücken; **petit déjeuner** [pti deʒœne] *m* Frühstück; **prendre son petit déjeuner** [prɑ̃drə sõ pti deʒœne] frühstücken
délai [delɛ] *m* Frist; **délais** [delɛ] *m pl* Termin
délicat, e [delika, delikat] *(zart)* fein; zartfühlend
demande [dəmɑ̃d] *f* Bitte
demander [dəmɑ̃de] verlangen; **demander qc à qn** jdn um etw bitten; **demander conseil à qn** [dəmɑ̃de kõsɛj‿a kɛlkɛ̃] jdn um Rat fragen
démanger [demɑ̃ʒe] jucken
démarrer [demare] anspringen
déménager [demenaʒe] umziehen
demi, e [dəmi] *adj* halb; **à demi** [a dmi] *adv* halb; **une demi-heure** [yn dəmijœr] eine halbe Stunde; **faire demi-tour** [fɛr dəmi tur] umkehren
démodé, e [demɔde] unmodern

denrées alimentaires [dɑ̃re alimɑ̃tɛr] *f pl* Lebensmittel
dentelle [dɑ̃tɛl] *f (Gewebe)* Spitze
départ [depar] *m* Abreise
dépasser [depase] überschreiten; überholen
se dépêcher [sə depeʃe] s. beeilen
dépenser [depɑ̃se] ausgeben
dépenses [depɑ̃s] *f pl* Ausgaben
déposer [depoze] abstellen, hinstellen; hinterlegen
depuis [dəpɥi] seit; **depuis quand?** [dəpɥi kɑ̃] seit wann?; **depuis que** [dəpɥi kə] seitdem
dérangement [derɑ̃ʒmɑ̃] *m* Störung
déranger [derɑ̃ʒe] stören
dernier, -ière [dɛrnje, dɛrnjɛr] letzte(r, -s); **en dernier lieu** [ɑ̃ dɛrnje ljø] zuletzt
derrière [dɛrjɛr] hinter
dès que possible [dɛ kə pɔsibl] so bald wie möglich
désagréable [dezagreabl] unangenehm
descendre [dɛsɑ̃dr] hinuntergehen; **en descendant** [ɑ̃ dɛsɑ̃dɑ̃] bergab
désespéré, e [dezɛspere] verzweifelt
se déshabiller [sə dezabije] s. ausziehen
désignation [deziɲasjõ] *f* Bezeichnung
désir [dezir] *m* Wunsch
désirer [dezire] wünschen; wollen
désordre [dezɔrdr] *m* Unordnung
dessiner [desine] zeichnen
destination [dɛstinasjõ] *f* (Reise-) Ziel
détail [detaj] *m* Einzelheit; **en détail** [ɑ̃ detaj] ausführlich
détaillé, e [detaje] ausführlich
détour [detur] *m* Umweg
détruire [detrɥir] zerstören
dette [dɛt] *f (Geld)* Schuld
deux [dø] zwei; **deux fois** [dø fwa] zweimal; **tous/toutes les deux** [tu/tut le dø] beide
deuxième [døzjɛm] zweite(r, -s); **deuxièmement** [døzjɛmmɑ̃] zweitens
devant [dəvɑ̃] *(räumlich)* vor; vorn
développement [devəlɔpmɑ̃] *m* Entwicklung
développer [devəlɔpe] entwickeln
devenir [dəvnir] werden
deviner [dəvine] erraten
devoir [dəvwar] müssen, sollen; schulden; Pflicht
diagnostic [djagnɔstik] *m* Diagnose
diapo [djapo] *f* Dia
Dieu [djø] Gott; **Dieu soit loué!** [djø swa lue] Gott sei Dank!
différence [diferɑ̃s] *f* Unterschied
différent, e [diferɑ̃, diferɑ̃t] *adj* anders; verschieden
différer [difere] verschieben; verzögern
difficile [difisil] schwierig
difficulté [difikylte] *f* Schwierigkeit
diminuer [diminɥe] abnehmen; *(Preise)* herabsetzen
dire [dir] sagen
direct, e [dirɛkt] direkt, unmittelbar; **directement** [dirɛktəmɑ̃] *adv* direkt, unmittelbar
directeur [dirɛktœr] *m* Direktor, Leiter
direction [dirɛksjõ] *f* Richtung; Direktion; **dans la direction opposée** [dɑ̃ la dirɛksjõ ɔpoze] in umgekehrter Richtung
directrice [dirɛktris] *f* Leiterin
disparaître [disparɛtr] verschwinden
dispute [dispyt] *f* Streit
se disputer [sə dispyte] streiten, s. zanken
disque [disk] *m* Schallplatte
dissimuler [disimyle] verstecken
distance [distɑ̃s] *f* Abstand
distingué, e [distɛ̃ge] vornehm; fein
distinguer [distɛ̃ge] unterscheiden; **se distinguer de** [sə distɛ̃ge də] s. unterscheiden von
distraction [distraksjõ] *f (Vergnügen)* Unterhaltung
se distraire [sə distrɛr] s. unterhalten
distrayant, e [distrɛjɑ̃, distrɛjɑ̃t] unterhaltend
distributeur automatique [distribytœr ɔtɔmatik] *m* (Waren-)Automat
divertissant, e [divɛrtisɑ̃, divɛrtisɑ̃t] *(erheiternd)* lustig
diviser [divize] teilen
docteur [dɔktœr] *m* Doktor
document [dɔkymɑ̃] *m* Dokument
domaine [dɔmɛn] *m* Landgut
domicile [dɔmisil] *m* Wohnort, -sitz
dommage [dɔmaʒ] *m* Schaden; **c'est dommage** [sɛ dɔmaʒ] es ist schade; **Quel dommage!** [kɛl dɔmaʒ] Wie schade!
donc [dõk] also
donner [dɔne] geben; **se donner du mal** [sə dɔne dy mal] s. Mühe geben; **se donner rendez-vous** [sə dɔne rɑ̃devu] s. verabreden
dormir [dɔrmir] schlafen

A/Z

douane [dwan] *f* Zoll
double [dubl] doppelt
doublure [dublyr] *f (Kleidung)* Futter
doucement [dusmɑ̃] leise; langsam
douloureux, -euse [dulurø, dulurøz] schmerzhaft
doute [dut] *m* Zweifel; **sans doute** [sɑ̃ dut] *adv* wohl; **sans aucun doute** [sɑ̃z‿okɛ̃ dut] ohne Zweifel, zweifellos
douter de [dute də] zweifeln an
douteux, -euse [dutø, dutøz] zweifelhaft
doux, douce [du, dus] *(Ton, Farbe)* weich, mild
drap [dra] *m* Tuch; **draps** [dra] *m pl* Bettwäsche
droit [drwa] *m* Recht; **droits** [drwa] *m pl* Gebühren
droit, e [drwa, drwat] rechte(r, -s); gerade; **à droite** [a drwat] rechts
dur, e [dyr] hart, fest
durée [dyre] *f* Dauer
durer [dyre] dauern; halten
dureté [dyrte] *f* Härte

E

eau [o] *f* Wasser
échange [eʃɑ̃ʒ] *f* Austausch, Wechsel
échanger [eʃɑ̃ʒe] austauschen, tauschen, umtauschen, vertauschen
échantillon [eʃɑ̃tijõ] *m (Probe)* Muster
échelle [eʃɛl] *f* die Leiter
éclair [eklɛr] *m* Blitz
éclairé, e [eklere] beleuchtet
éclater [eklate] *(Reifen)* platzen
école [ekɔl] *f* Schule
économiser [ekɔnɔmize] sparen
écouter (qn) [ekute (kɛlkɛ̃)] (jdm) zuhören
écrire [ekrir] schreiben; **par écrit** [par ekri] schriftlich
écriteau [ekrito] *m* (Hinweis-)Schild
écriture [ekrityr] *f* (Hand-)Schrift
éducation [edykasjõ] *f* Erziehung
effet [lefɛ] *m* Wirkung; **en effet** [ɑ̃n‿ɛfɛ] in der Tat
efficace [efikas] wirksam
effort [ɛfɔr] *m* Anstrengung
effrayer [efreje] erschrecken
égards [egar] *m pl* Rücksicht
s'égarer [segare] s. verirren
éhonté, e [eõte] unverschämt
élection [elɛksjõ] *f (Politik)* Wahl
électricité [elɛktrisite] *f* Elektrizität; **à l'électricité** [a lelɛktrisite] *adv* elektrisch
électrique [elɛktrik] *adj* elektrisch
s'élever à [selve a] betragen
elle [ɛl] *f sing* sie; **elles** [ɛl] *f pl* sie
éloigné, e [elwaɲe] *(entfernt)* weit, entfernt
éloignement [elwaɲəmɑ̃] *m* Entfernung
émancipé, e [emɑ̃sipe] emanzipiert
emballage [ɑ̃balaʒ] *m* Verpackung, Packung
emballer [ɑ̃bale] einpacken, verpacken
embouchure [ɑ̃buʃyr] *f (Fluß)* Mündung
embrasser [ɑ̃brase] küssen; umarmen
éméché, e [emeʃe] *(leicht)* betrunken
émission [emisjõ] *f (Radio, Fernsehen)* Sendung
emmener [ɑ̃mne] *(Menschen)* mitnehmen
empêcher [ɑ̃peʃe] hindern, verhindern
emploi [ɑ̃plwa] *m* Anwendung, Verwendung; *(Anstellung)* Arbeit, Stelle, Stellung
employer [ɑ̃plwaje] anwenden, verwenden
emporter [ɑ̃pɔrte] *(Sachen)* mitnehmen; wegbringen, forttragen
emprunter (a qn) [ɑ̃prɛ̃te (a kəlkɛ̃)] von jdm leihen
ému, e [emy] *(Gefühl)* bewegt
en [ɑ̃] in; *(Material)* aus; *(zeitlich)* innerhalb; **en français** [ɑ̃ frɑ̃sɛ] auf französisch; **en France** [ɑ̃ frɑ̃s] nach Frankreich; **en outre** [ɑ̃n‿utr] außerdem; **en voyage** [ɑ̃ vwajaʒ] auf der Reise
enceinte [ɑ̃sɛ̃t] schwanger
encore [ɑ̃kɔr] noch; **(ne ...) pas encore** [(nə ...) paz‿ɑ̃kɔr] noch nicht; **encore une fois** [ɑ̃kɔr‿yn fwa] noch einmal, wieder
endommagé, e [ɑ̃dɔmaʒe] defekt
endommager [ɑ̃dɔmaʒe] beschädigen
s'endormir [sɑ̃dɔrmir] einschlafen
endroit [ɑ̃drwa] *m (Ort)* Stelle
enfant [ɑ̃fɑ̃] *m/f* Kind
enfin [ɑ̃fɛ̃] endlich
enflé, e [ɑ̃fle] geschwollen, dick
engagement [ɑ̃gaʒmɑ̃] *m* Verpflichtung; **sans engagement** [sɑ̃z‿ɑ̃gaʒmɑ̃] unverbindlich
enlever [ɑ̃lve] wegnehmen
ennuyeux, -euse [ɑ̃nɥijø, ɑ̃nɥijøz] langweilig

enregistrer, faire ~ [fɛr‿ɑ̃rʒistre] *(Gepäck)* aufgeben
enseigner [ɑ̃sɛɲe] lehren; *(Schule)* unterrichten
ensemble [ɑ̃sɑ̃bl] *adv* gemeinsam, zusammen
ensoleillé, e [ɑ̃sɔlɛje] sonnig
ensuite [ɑ̃sɥit] dann
entendre [ɑ̃tɑ̃dr] hören
enthousiasmé, e (par) [ɑ̃tuzjasme (par)] begeistert (von)
entier, -ière [ɑ̃tje, ɑ̃tjɛr] vollständig, ganz
s'entraîner [sɑ̃trɛne] üben
entre [ɑ̃tr] zwischen; unter; **entre autres** [ɑ̃tr‿otr] unter anderem
entrée [ɑ̃tre] *f* Eingang, Einfahrt, Eintritt; **entrée principale** [ɑ̃tre prɛ̃sipal] *f* Haupteingang; **Entrée interdite!** [ɑ̃tre ɛ̃tɛrdit] Eintritt verboten!
entreprise [ɑ̃trəpriz] *f* Unternehmen; Firma
entrer eintreten, hineingehen; hereinkommen; einreisen; **Entrez.** [ɑ̃tre] Herein!; **entrer dans** [ɑ̃tre dɑ̃] betreten
entre-temps [ɑ̃trətɑ̃] inzwischen
envelopper [ɑ̃vlɔpe] einwickeln
envie [ɑ̃vi] *f (Verlangen)* Lust
environ [ɑ̃virõ] ungefähr
environnement [ɑ̃virɔnmɑ̃] *m* Umwelt
envoyer [ɑ̃vwaje] schicken, senden; *(Post)* aufgeben
épais, se [epɛ, epɛs] *(Nebel)* dicht; dick
épeler [eple] buchstabieren
épingle [epɛ̃gl] *f* Stecknadel; **épingle de sûreté** [epɛ̃gl də syrte] *f* Sicherheitsnadel
époque [epɔk] *f* Epoche; **à l'époque** [a lepɔk] damals
épuisé, e [epɥize] erschöpft
équipage [ekipaʒ] *m (Schiff)* Mannschaft
équipe [ekip] *f (Sport)* Mannschaft
équivalent [ekivalɑ̃] *m* Gegenwert; **équivalent, e** [ekivalɑ̃, ekivalɑ̃t] gleichwertig
erreur [ɛrœr] *f* Irrtum; **faire une erreur de calcul** [fɛr‿yn‿ɛrœr də kalkyl] s. verrechnen
escalier [ɛskalje] *m* Treppe
escroc [ɛskro] *m* Schwindler
escroquerie [ɛskrɔkri] *f (Gaunerei)* Betrug
espace [ɛspas] *f* Raum
Espagne [ɛspaɲ] *f* Spanien
Espagnol, e [ɛspaɲɔl] Spanier/in; **espagnol, e** [ɛspaɲɔl] spanisch
espérer [ɛspere] hoffen
esquisse [ɛskis] *f* Entwurf, Plan
essai [esɛ] *m* Versuch, Probe
essayer [eseje] versuchen; anprobieren
essence [ɛsɑ̃s] *f* Benzin; **prendre de l'essence** [prɑ̃dr də lɛsɑ̃s] tanken
Est [ɛst] *m* Osten
estimer [ɛstime] schätzen
et [e] und
étage [etaʒ] *m* Stockwerk
Etat [eta] *m* Staat; **état** *m* Zustand, Verfassung
etc. [ɛtsetera] und so weiter
éteindre [etɛ̃dr] *(Licht, Radio)* ausmachen, löschen
s'étendre [setɑ̃dr] s. hinlegen; s. erstrecken, reichen
étendue [etɑ̃dy] *f* Ausdehnung, Größe
éternuer [etɛrnye] niesen
étincelle [etɛ̃sɛl] *f* Funke
étoffe [etɔf] *f* Stoff
étoile [etwal] *f* Stern
s'étonner (de) [setɔne (də)] s. wundern (über)
étranger [etrɑ̃ʒe] *m* Ausland; Ausländer, der Fremde; **étranger, -ère** [etrɑ̃ʒe, etrɑ̃ʒɛr] ausländisch; fremd; **à l'étranger** [a letrɑ̃ʒe] im/ins Ausland
être [ɛtr] *verb* sein; **être contre** [ɛtrə kõtr] dagegen sein; **être là** [ɛtrə la] *(anwesend)* dasein; **être pour** [ɛtrə pur] dafür sein
étroit, e [etrwa, etrwat] eng, schmal
études [etyd] *f pl* Studium; **faire des études** [fɛr dez‿etyd] studieren
Europe [ørɔp] *f* Europa; **Européen, ne** [ørɔpeɛ̃, ørɔpeɛn] *m/f* Europäer/in; **européen, ne** [ørɔpeɛ̃, ørɔpeɛn] europäisch
évanoui, e [evanui] ohnmächtig
événement [evɛnmɑ̃] *m* Ereignis
éventuellement [evɑ̃tyɛlmɑ̃] *adv* eventuell
éviter [evite] vermeiden
exact, e [egza, egzakt] genau; **être exact** [ɛ̃tr‿ɛgza] *(richtig sein)* stimmen
exactitude [ɛgzaktityd] *f* Genauigkeit
exagéré, e [ɛgzaʒere] übertrieben
examen [ɛgzamɛ̃] *m* Prüfung
examiner [ɛgzamine] prüfen, untersuchen
excellent, e [ɛksɛlɑ̃, ɛkɛlɑ̃t] ausgezeichnet

exception [ɛksɛpsjõ] *f* Ausnahme
exclu, e [ɛkskly] ausgeschlossen
excuse [ɛkskyz] *f* Entschuldigung
excuser [ɛkskyze] entschuldigen; **s'excuser** [sɛkskyze] s. entschuldigen; **excusez-moi** [ɛkskyze mwa] entschuldigen Sie bitte!; **Je m'excuse!** [ʒə mɛkskyz] Ich bitte um Entschuldigung!
exemple [ɛgzɑ̃pl] *m* Beispiel; **par exemple** [par‿ɛgzɑ̃pl] zum Beispiel
exercer [ɛgzɛrse] *(Beruf)* ausüben; **s'exercer** [sɛgzɛrse] üben
exercice [ɛgzɛrsis] *m* Übung
exiger [ɛgziʒe] fordern
expédier [ɛkspedje] versenden
expérience [ɛksperjɑ̃s] *f* Erfahrung
expérimenté, e [ɛksperimɑ̃te] *adj* erfahren, routiniert
expirer [ɛkspire] *(Frist, Vertrag)* ablaufen
expliquer [ɛksplike] *(deutlich machen)* erklären
exprès [ɛksprɛ] absichtlich
expressément [ɛksprɛsemɑ̃] ausdrücklich
expression [ɛksprɛsjõ] *f* Ausdruck
extérieur [ɛksterjœr] *m* Aussehen, Äußere; **à l'extérieur** [a lɛksterjœr] außen; **à l'extérieur (de)** [a lɛksterjœr (də)] außerhalb; **de l'extérieur** [də lɛksterjœr] von außen
externe [ɛkstɛrn] äußerlich
extincteur [ɛkstɛ̃ktœr] *m* Feuerlöscher
extraordinaire [ɛkstraɔrdinɛr] außergewöhnlich

F

face, en ~ de [ɑ̃ fas də] gegenüber
fâcheux, -euse [faʃø, faʃøz] unerfreulich; lästig
facile [fasil] leicht
façon [fasõ] *f* Art; **d'une façon ou d'une autre** [dyn fasõ u dyn‿otr] irgendwie
facture [faktyr] *f* Rechnung
faible [fɛbl] schwach
faiblesse [fɛblɛs] *f* Schwäche
faim [fɛ̃] *f* Hunger; **avoir faim** [avwar fɛ̃] hungrig sein; **qui n'a plus faim** [ki na ply fɛ̃] satt
faire [fɛr] tun; machen; *(veranlassen)* lassen; **faire de la contrebande** [fɛr də la kõtrəbɑ̃d] schmuggeln; **faire enregistrer** [fɛr‿ɑ̃rʒistre] *(Gepäck)* aufgeben; **faire faire** [fɛr fɛr] machen lassen; **faire mal** [fɛr mal] schmerzen; **faire part de** [fɛr par də] mitteilen; **faire prendre** [fɛr prɑ̃dr] abholen lassen; **faire la queue** [fɛr la kø] Schlange stehen; **faire le total de** [fɛr lə tɔtal də] zusammenrechnen; **faire sa valise** [fɛr sa valiz] *(Koffer)* einpacken, packen; **fait main** [fɛ mɛ̃] handgemacht
fait [fɛ] *m* Tatsache; **au fait** [o fɛt] übrigens; **en fait** [ɑ̃ fɛt] *adv* eigentlich
famille [famij] *f* Familie
fastfood [fastfud] *m* Schnellimbiß
fatigant, e [fatigɑ̃, fatigɑ̃t] anstrengend
fatigué, e [fatige] müde
faute [fot] *f* Fehler *(den man macht);* Schuld
faux, fausse [fo, fos] falsch; unecht
faveur [favœr] *f* Gunst; **en faveur de** [ɑ̃ favœr də] zugunsten
félicitations [felisitasjõ] *f pl* Glückwunsch
féliciter [felisite] gratulieren
féminin, e [feminɛ̃, feminin] weiblich
femme [fam] *f* Frau; Ehefrau
fer [fɛr] *m* Eisen; **fer à repasser** [fɛr a rpase] *m* Bügeleisen
ferme [fɛrm] *f* Bauernhof
fermé, e [fɛrme] geschlossen, zu
fermer [fɛrme] schließen; zumachen; verschließen, zuschließen; **fermer à clé** [fɛrme a kle] abschließen
fermeture [fɛrməyr] *f* Verschluß
féroce [ferɔs] wild
fête [fɛt] *f* Fest, Party; Namenstag
feu [fø] *m* Feuer; **feu d'artifice** [fø dartifis] *m* Feuerwerk
feuille [fœj] *f* Blatt
fiable [fjabl] zuverlässig
fiancé, e [fjɑ̃se] *m/f* der, die Verlobte
se fiancer avec [sə fjɑ̃se avɛk] s. verloben mit
ficelle [fisɛl] *f* Bindfaden
fidèle [fidɛl] treu
fil [fil] *m* Faden; **fil de fer** [fil də fɛr] *m* Draht
filet [filɛ] *m* Netz
fille [fij] *f* Tochter; **jeune fille** [ʒœn fij] *f* Mädchen
film [film] *m* Film
fils [fis] *m* Sohn
filtre [filtr] *m* Filter
fin [fɛ̃] *f* Ende, Schluß
fin, e [fɛ̃, fin] dünn, fein
finalement [finalmɑ̃] am Ende

fini, e [fini] *(vollständig)* fertig
fixer [fikse] festsetzen
flamme [flam] *f* Flamme
flash [flaʃ] *m (Foto)* Blitz
fleur [flœr] *f* Blume
fleurir [flœrir] blühen
fleuve [flœv] *m* Fluß, Strom
flirt [flœrt] *m* Flirt
foi [fwa] *f* Glaube
foire [fwar] *f (Ausstellung)* Messe
fois [fwa] *f* Mal; **chaque fois** [ʃak fwa] jedesmal; **une fois** [yn fwa] *f* einmal; **encore une fois** [ãkɔr‿yn fwa] noch einmal, wieder
fonctionner [fõksjɔne] funktionieren
fontaine [fõtɛn] *f* Brunnen
force [fɔrs] *f* Stärke, Kraft
forcer [fɔrse] zwingen
forfait [fɔrfɛ] *m* Pauschale
format [fɔrma] *m* Format
formation [fɔrmasjõ] *f* Ausbildung
forme [fɔrm] *f* Form; Zustand, Verfassung; **en forme** [ã fɔrm] fit
former [fɔrme] bilden
formidable [fɔrmidabl] großartig
formulaire [fɔrmylɛr] *m* Formular
formule [fɔrmyl] *f* Formular
fort, e [fɔr, fɔrt] stark; scharf
fou, folle [fu, fɔl] verrückt
foulard [fular] *m* Kopftuch
foule [ful] *f* (Menschen-)Menge
fournir en [furnir ã] versorgen mit
fourrure [furyr] *f* Pelz
fragile [fraʒil] zerbrechlich
frais [frɛ] *m pl* Kosten; Unkosten; Spesen
frais, fraîche [frɛ, frɛʃ] kühl; frisch
Français, e [frãsɛ, frãsɛz] *m/f* Franzose, Französin; **français, e** [frãsɛ, frãsɛz] französisch
France [frãs] *f* Frankreich
frapper (à la porte) [frape (a la pɔrt)] anklopfen
fraude [frod] *f (Handel)* Betrug
fréquemment [frekamã] *adv* häufig
frère [frɛr] *m* Bruder
fret [frɛ] *m* Fracht
frire [frir] *(in der Pfanne)* braten
froid, e [frwa, frwad] kalt; **avoir froid** [avwar frwa] frieren
frontière [frõtjɛr] *f* Grenze; **passer la frontière** [pase la frõtjɛr] ausreisen
frotter [frɔte] reiben; *(Streichholz)* anzünden
fumée [fyme] *f* Rauch
fumer [fyme] rauchen
fumeur [fymœr] *m* Raucher
furieux, -euse [fyrjø, fyrjøz] wütend
fusibles [fyzibl] *m pl (el)* Sicherung
futur, e [fytyr] zukünftig

G

gage [gaʒ] *m* Pfand
gagner [gaɲe] gewinnen; verdienen
gai, e [gɛ] lustig, froh, heiter
gain [gɛ̃] *m* Gewinn; Verdienst
galerie [galri] *f* Passage
garage [garaʒ] *m* Garage
garantie [garãti] *f* Garantie; Sicherheit
garçon [garsõ] *m* Junge
garde, mettre en ~ (contre) [mɛtr‿ã gard (kõtr)] warnen (vor)
garder [garde] aufbewahren, behalten; bewachen
gardien [gardjɛ̃] *m (Wächter)* Aufseher
se garer [sə gare] parken
gauche [goʃ] linke(r, -s); **à gauche** [a goʃ] links
gêne, sans ~ [sã ʒɛn] rücksichtslos
général [ʒeneral] allgemein; **en général** [ã ʒeneral] im allgemeinen
gens [ʒã] *m pl* Leute
gentil, le [ʒãti] *(freundlich)* nett
gibier [ʒibje] *m* Wild
glace [glas] *f* (Speise-)Eis
gobelet [gɔblɛ] *m* Becher
goêland [gɔɛlã] *m (große)* Möwe
gonfler [gõfle] aufpumpen
gorgée [gɔrʒe] *f* Schluck
goût [gu] *m* Geschmack
goûter [gute] *(Speisen)* versuchen
goutte [gut] *f* Tropfen; **tomber goutte à goutte** [tõbe gut a gut] tropfen
gouvernement [guvɛrnəmã] *m* Regierung
grâce à [gras‿a] *(Mittel)* durch
grand, e [grã, grãd] groß
grandeur [grãdœr] *f (geistige)* Größe
grandir [grãdir] *(Menschen)* wachsen
grand-mère [grãmɛr] *f* Großmutter
grand-père [grãpɛr] *m* Großvater
gras, grasse [gra, gras] fett
gratte-ciel [gratsjɛl] *m* Wolkenkratzer
gratter [grate] jucken
gratuit, e [gratɥi, gratɥit] gratis; frei
gratuitement [gratɥitmã] gratis, kostenlos, umsonst
grave [grav] schlimm; *(Krankheit)* schwer

grille [grij] *f* Gitter
gros, grosse [gro, gros] dick; stark
grossir [grɔsir] *(dicker werden)* zunehmen
groupe [grup] *m* Gruppe
guêpe [gɛp] *f* Wespe
guerre [gɛr] *f* Krieg
guichet [giʃɛ] *m (Post etc.)* Schalter
guide [gid] *m* Führer *(für Fremde)*, Reiseführer
guitare [gitar] *f* Gitarre

H

s'habiller [sabije] s. anziehen
habitant [abitɑ̃] *m* Einwohner, Bewohner
habiter [abite] wohnen
habitude [abityd] *f* Gewohnheit
habituel, le [abitɥɛl] gewöhnlich, üblich; **habituellement** [abitɥɛlmɑ̃] *adv* gewöhnlich
s'habituer à [sabitɥe a] s. gewöhnen an; **être habitué, e** [ɛtr‿abitɥe] gewohnt sein
halle [al] *f* Halle
hareng [arɑ̃] *m* Hering
hasard [azar] *m* Zufall; **par hasard** [par azar] zufällig
haut, e [o, ot] hoch; **en haut** [ɑ̃ o] oben; aufwärts; **vers le haut** [vɛr lə o] aufwärts; nach oben
haut-parleur [oparlœr] *m* Lautsprecher
hebdomadaire [ɛbdomadɛr] *adj* wöchentlich
hébergement [ebɛrʒəmɑ̃] *m* Unterkunft
hésiter [ezite] zögern
heure [œr] *f* Stunde; **à l'heure** [a lœr] *adv* pünktlich, rechtzeitig
heureux, -euse [œrø, œrøz] glücklich; froh; **heureux, -euse (de)** [œrø, œrøz (də)] erfreut (über)
histoire [istwar] *f* Geschichte
hobby [ɔbi] *m* Hobby
homme [ɔm] *m* Mensch; Mann
honneur [ɔnœr] *m* Ehre
honoraires [ɔnɔrɛr] *m pl* Honorar
horaires d'ouverture [ɔrɛr duvɛrtyr] *m pl* Öffnungszeiten
hors de [ɔr də] außer; **hors de question** [ɔr də kɛstjɔ̃] ausgeschlossen; **hors saison** [ɔr sɛzɔ̃] außerhalb der Saison
hospitalité [ɔspitalite] *f* Gastfreundschaft
hôte [ot] *m* Gast, Gastgeber
hôtel [otɛl] *m* Hotel, Gasthaus, -hof
hôtesse [otɛs] *f* Gastgeberin
huile [ɥil] *f* Öl
humain, e [ymɛ̃, ymɛn] menschlich
humeur [ymœr] *f* Laune
humide [ymid] feucht

I

ici [isi] hier; hierher
idée [ide] *f* Idee, Gedanke; Ahnung; Vorstellung; **aucune idée!** [okyn‿ide] keine Ahnung!
il [il] er; **il y a** [il‿ja] es gibt
île [il] *f* Insel
illuminé, e [ilymine] *(festlich)* beleuchtet
illustration [ilystrasjɔ̃] *f* Abbildung, Bild
immédiatement [imedjatmɑ̃] *adv* sofort; direkt
impoli, e [ɛ̃pɔli] unhöflich
importance [ɛ̃pɔrtɑ̃s] *f* Wichtigkeit, Bedeutung; **sans importance** [sɑ̃z‿ɛ̃pɔrtɑ̃s] unwichtig
important, e [ɛ̃pɔrtɑ̃, ɛ̃pɔrtɑ̃t] wichtig; bedeutend; groß
n'importe qui [nɛ̃pɔrtə ki] jeder beliebige
importuner [ɛ̃pɔrtyne] belästigen
impossible [ɛ̃pɔsibl] unmöglich
imprécis, e [ɛ̃presi, ɛ̃presiz] ungenau
impression [ɛ̃prɛsjɔ̃] *f* Eindruck
impropre [ɛ̃prɔpr] ungeeignet
imprudent, e [ɛ̃prydɑ̃, ɛ̃prydɑ̃t] unvorsichtig
inadvertance [inadvɛrtɑ̃s] *f* Unachtsamkeit; **par inadvertance** [par‿inadvɛrtɑ̃s] aus Versehen
inattendu, e [inatɑ̃dy] unerwartet
incapable [ɛ̃kapabl] unfähig
incendie [ɛ̃sɑ̃di] *f* Brand
incertain, e [ɛ̃sɛrtɛ̃, ɛ̃sɛrtɛn] ungewiß, unsicher, zweifelhaft
incident [ɛ̃sidɑ̃] *m* Zwischenfall; Vorfall
inclure [ɛ̃klyr] einschließen
incomplet, -ète [ɛ̃kɔ̃plɛ, ɛ̃kœplɛt] unvollständig
inconfortable [ɛ̃kɔ̃fɔrtabl] unbequem; ungemütlich
inconnu, e [ɛ̃kɔny] unbekannt, fremd; *m/f* der, die Fremde
inconsistant, e [ɛ̃kɔ̃sistɑ̃, ɛ̃kɔ̃sistɑ̃t] *(Mensch)* unbeständig
inconvénient [ɛ̃kɔ̃venjɑ̃] *m* Nachteil

incroyable [ɛ̃krwajabl] unglaublich
indécent, e [ɛ̃desɑ̃, ɛ̃desɑ̃t] unanständig
indécis, e [ɛ̃desi, ɛ̃desiz] unentschlossen
indésirable [ɛ̃dezirabl] unerwünscht
indéterminé, e [ɛ̃determine] unbestimmt
indication [ɛ̃dikasjõ] *f* Angabe; **donner des indications** [dɔne dez‿ɛ̃dikasjõ] Angaben machen
indice [ɛ̃dis] *m* Anzeichen
indiquer [ɛ̃dike] hinweisen, zeigen
indispensable [ɛ̃dispɑ̃sabl] unentbehrlich
inévitable [inevitabl] unvermeidlich
inexpérimenté, e [inɛksperimɑ̃te] unerfahren
infirmière [ɛ̃firmjɛr] *f* Krankenschwester
inflammable [ɛ̃flamabl] feuergefährlich
information [ɛ̃fɔrmasjõ] *f* Mitteilung
informer [ɛ̃fɔrme] informieren, unterrichten
ingrat, e [ɛ̃gra, ɛ̃grat] undankbar
inhabituel, le [inabitɥɛl] ungewöhnlich
injuste [ɛ̃ʒyst] ungerecht
injustice [ɛ̃ʒystis] *f* Ungerechtigkeit; Unrecht
innocent, e [inɔsɑ̃, inɔsɑ̃t] unschuldig
inquiet, -iète [ɛ̃kjɛ, ɛ̃kjɛt] unruhig
insecte [ɛ̃sɛkt] *m* Insekt
insignifiant, e [ɛ̃siɲifjɑ̃, ɛ̃siɲifjɑ̃t] unwichtig
insister sur [ɛ̃siste syr] bestehen auf
instable [ɛ̃stabl] *(Mensch)* unbeständig
installation [ɛ̃stalasjõ] *f* Anlage
instant [ɛstɑ̃] *m* Augenblick, Moment
instruction [ɛ̃stryksjõ] *f* Vorschrift; (Schul-)Ausbildung
insuffisant, e [syfizɑ̃, ɛ̃syfizɑ̃t] ungenügend
insupportable [ɛ̃sypɔrtabl] unerträglich
intelligence [ɛ̃tɛliʒɑ̃s] *f* Verstand
intelligent, e [ɛ̃teliʒɑ̃, ɛ̃teliʒɑ̃t] klug
intention [ɛ̃tɑ̃sjõ] *f* Absicht; **avoir l'intention de** [avwar lɛ̃tɑ̃sjõ də] beabsichtigen
interdiction [ɛ̃tɛrdiksjõ] *f* Verbot
interdire [ɛ̃tɛrdir] verbieten
interdit, e [ɛ̃tɛrdi, ɛ̃tɛrdit] verboten!
intéressant, e [ɛ̃terɛsɑ̃, ɛ̃terɛsɑ̃t] interessant; *(Preis)* günstig
s'intéresser (à) [sɛ̃terɛse (a)] s. interessieren (für)
intérêt [ɛ̃terɛ] *m* Interesse
intérieur [ɛ̃terjœr] *m* das Innere; **à l'intérieur** [a lɛ̃terjœr] innen, drin, drinnen
intermédiaire [ɛ̃tɛrmedjɛr] *m* Vermittler
international, e [ɛ̃tɛrnasjɔnal] international
interroger [ɛ̃tɛroʒe] fragen
interrompre [ɛ̃tɛrõpr] unterbrechen; abbrechen
interrupteur [ɛ̃tɛryptœr] *m (el)* Schalter
interruption [ɛ̃tɛrypsjõ] *f* Unterbrechung, Störung
intervalle [ɛ̃tɛrval] *m* Abstand
intonation [ɛ̃tɔnasjõ] *f* Betonung
inutile [inytil] unnütz, nutzlos, zwecklos; **inutilement** [inytilmɑ̃] vergeblich, umsonst
inventer [ɛ̃vɑ̃te] erfinden
inversement [ɛ̃vɛrsəmɑ̃] umgekehrt
invitation [ɛ̃vitasjõ] *f* Einladung
invité, e [ɛ̃vite] *m/f* Gast
inviter [ɛ̃vite] einladen; auffordern
invraisemblable [ɛ̃vrɛsɑ̃blabl] unwahrscheinlich
irrégulier, -ière [iregylje, iregyljɛr] unregelmäßig
s'irriter de [sirite də] s. ärgern über
isolé, e [izɔle] abgelegen
itinéraire [itinerɛr] *m* (Reise-)Route
ivre [ivrə] betrunken

J

jamais [ʒamɛ] jemals; **ne (...) jamais** [(nə...) ʒamɛ] nie
jardin [ʒardɛ̃] *m* Garten
je [ʒə] ich
jet d'eau [ʒɛ do] *m* Wasserstrahl
jetée [jte] *f* Mole
jeter [ʒəte] werfen; **se jeter** [sə ʒəte] *(Fluß)* münden
jeu [ʒø] m Spiel; **jeu de cartes** [ʒød kart] *m* Kartenspiel
jeun, à ~ [a ʒɛ̃] nüchtern
jeune [ʒœn] jung; *(Alter)* klein; **jeune fille** [ʒœn fij] *f* Mädchen
jeunesse [ʒœnɛs] *f* Jugend
joie [ʒwa] *f* Freude
joli, e [ʒɔli] hübsch, nett
jouer [ʒue] spielen
jouet [ʒuɛ] *m* Spielzeug

jouir de [ʒwir də] genießen
jour [ʒur] *m* Tag; **jour férié** [ʒur ferje] *m* Feiertag; **de jour** [də ʒur] bei Tag; **les jours ouvrables** [le ʒurz‿uvrabl] werktags
journal [ʒurnal] *m* Zeitung
jugement [ʒyʒmɑ̃] *m* Urteil
juger [ʒyʒe] urteilen, beurteilen
jumelles [ʒymɛl] *f pl* Fernglas
jusqu'à [ʒyska] bis; **jusqu'à maintenant** [ʒyska mɛ̃tnɑ̃] bis jetzt
juste [ʒyst] gerecht; *(zeitlich)* gerade, eben; richtig

K

kiosque à journaux [kjɔsk a ʒurno] *m* Zeitungskiosk

L

là [la] *(dort)* da; **là-bas** [laba] dort (unten); **là-haut** [lao] dort oben; **là en bas** [la ɑ̃ ba] dort unten; **être là** [ɛtrə la] *(anwesend)* dasein
lac [lak] *m* der See
lacet [lasɛ] *m* Schnürsenkel
laid, e [lɛ, lɛd] häßlich
laisser [lɛse] *(zulassen)* lassen; zurücklassen
lampe [lɑ̃p] *f* Lampe
langue [lɑ̃g] *f* Zunge; Sprache
large [larʒ] *(Kleidung)* weit; breit
laver [lave] waschen
léger, -ère [leʒe, leʒɛr] *(Gewicht)* leicht
lent, e [lɑ̃, lɑ̃t] *adj* langsam; **lentement** [lɑ̃tmɑ̃)] *adv* langsam
lessive [lɛsiv] *f* Wäsche *(zum Waschen)*
lettre [lɛtr] *f* Brief; Buchstabe
leur [lœr] *poss prn f* ihr
lever [ləve] heben; **se lever** [sə ləve] aufstehen; **au lever du soleil** [o ləve dy solɛj] bei Sonnenaufgang
libre [librə] frei
lier [lie] binden
lieu [ljø] *m* Ort; **au lieu de** [o ljø də] anstatt, statt; **avoir lieu** [avwar ljø] stattfinden
ligne [liɲ] *f* Linie; (Bahn-)Strecke; *(el, tele)* Leitung
liquide [likid] flüssig
lire [lir] lesen
liste [list] *f* Liste, Verzeichnis
lit [li] *m* Bett
livre [livr] *m* Buch
livrer [livre] liefern
local, e [lɔkal] einheimisch
localité [lɔkalite] *f* Ortschaft
logique(ment) [lɔʒik(mɑ̃)] logisch
loin [lwɛ̃] *(Weg)* weit
long, longue [lõ, lõg] lang; **le long de** [lə lõ də] entlang
longueur [lõgœr] *f* Länge
Lorraine [lɔrɛn] *f* Lothringen
louer [lue] loben; mieten; vermieten
lourd, e [lur, lurd] schwer
loyal, e [lwajal] fair
loyer [lwaje] *m* Miete
lui [lɥi] er; ihm
lumière [lymjɛr] *f* Licht
lumineux, -euse [lyminø, lyminøz] leuchtend
lune [lyn] *f* Mond
lunettes [lynɛt] *f pl* Brille; **lunettes de soleil** [lynɛt də solɛj] *f pl* Sonnenbrille
luxe [lyks] *m* Luxus
luxueux, -euse [lyksyø, lyksyøz] luxuriös

M

ma [ma] meine
machine [maʃin] *f* Maschine
madame [madam] *(Anrede, vor Namen)* Frau
mademoiselle [madmwazɛl] Fräulein
magasin [magazɛ̃] *m* Geschäft, Laden; **grand magasin** [grɑ̃ magazɛ̃] *m* Kaufhaus
magnifique [maɲifik] herrlich
maigre [mɛgr] mager
maigrir [mɛgrir] *(dünner werden)* abnehmen
main [mɛ̃] *f* Hand; **fait main** [fɛ mɛ̃] handgemacht
maintenant [mɛ̃tnɑ̃] jetzt
mais [mɛ] aber; sondern
maison [mɛzõ] *f* Haus; **maison de campagne** [mɛzõd kɑ̃paɲ] *f* Landhaus; **à la maison** [a la mɛzõ] daheim
mal [mal] *adv* schlecht; **mal à l'aise** [mal‿a lɛz] unwohl; **mal comprendre** [mal kõprɑ̃dr] mißverstehen; **faire mal** [fɛr mal] schmerzen; **j'ai mal au cœur** [ʒɛ mal‿o kœr] mir ist übel
malade [malad] krank; **tomber malade** [tõbe malad] krank werden

malentendu [malɑ̃tɑ̃dy] *m* Mißverständnis
malgré [malgre] trotz; **malgré cela** [malgre səla] trotzdem
malheur [malœr] *m* Unglück; **par malheur** [par malœr] unglücklicherweise
malheureusement [malœrøzmɑ̃] leider
malheureux, -euse [malœrø, malœrøz] unglücklich
malsain, e [malsɛ̃, malsɛn] ungesund
Manche [mɑ̃ʃ] *f* Ärmelkanal
manger [mɑ̃ʒe] essen; **en mangeant** [ɑ̃ mɑ̃ʒɑ̃] beim Essen
manière [manjɛr] *f* Art, Weise
manifestation [manifɛstasjõ] *f* Veranstaltung
manque [mɑ̃k] *m (Fehlen)* Mangel
manquer [mɑ̃ke] fehlen; verfehlen, verpassen, versäumen
se maquiller [sə makije] s. schminken
marais [marɛ] *m* Sumpf
marchander [marʃɑ̃de] feilschen
marchandise [marʃɑ̃diz] *f* Ware
marcher [marʃe] *(zu Fuß)* gehen
marécage [marekaʒ] *m* Sumpf
mari [mari] *m* Ehemann
mariage [marjaʒ] *m* Hochzeit; Heirat; Ehe
marié, e (à) [marje (a)] verheiratet (mit)
se marier [sə marje] heiraten
marque [mark] *f* (Handels-)Marke; *(Zigaretten)* Sorte
marron [marõ] braun
marteau [marto] *m* Hammer
masculin, e [maskylɛ̃, maskylin] männlich
matériel [materjɛl] *m* Material
matin [matɛ̃] *m* Morgen
matinée [matine] *f* Vormittag
mauvais, e [movɛ, movɛz] schlecht; übel
maximum, au ~ [o maksimɔm] höchstens
mazout [mazut] *m* Heizöl
me [mə] mich, mir
méchant, e [meʃɑ̃, meʃɑ̃t] böse, gemein
mécontent, e [mekõtɑ̃, mekœtɑ̃t] unzufrieden
Méditerranée [mediterane] *f* Mittelmeer
méduse [medyz] *f* Qualle
se méfier de [sə mefje də] mißtrauen
meilleur, e [mɛjœr] besser, beste(r, -s)
mélangé, e [melɑ̃ʒe] gemischt
même [mɛm] selbst; sogar; **le/la même** [lə/la mɛm] *m/f* der-, dieselbe; **la même chose** [la mɛm ʃoz] *f* dasselbe; **(ne …) même pas** [(nə …) mɛm pa] nicht einmal
ménage, faire le ~ [fɛr lə menaʒ] putzen
mensonge [mɑ̃sõʒ] *m* Lüge
mensuel, le [mɑ̃syɛl] *adj* monatlich
mentir [mɑ̃tir] lügen, schwindeln
mer [mɛr] *f* Meer; **mer du Nord** [mɛr dy nɔr] *f* die Nordsee
mère [mɛr] *f* Mutter
mérite [merit] *m* das Verdienst
mériter [merite] *(wert sein)* verdienen
merveilleux, -euse [mɛrvɛjø, mɛrvɛjøz] wunderbar
messe [mɛs] *f (rel)* Messe
mesure [məzyr] *f* Maß
mesurer [məzyre] messen
mettre [mɛtr] setzen, stellen, legen; anziehen; *(Zeit)* brauchen; **mettre à la boîte** [mɛtr‿a la bwat] *(Briefe)* einwerfen; **mettre en garde (contre)** [mɛtr‿ɑ̃ gard (kõtr)] warnen (vor); **se mettre d'accord** [sə mɛtrə dakɔr] s. einigen; **se mettre en colère** [sə mɛtr‿ɑ̃ kɔlɛr] wütend werden
meuble [mœbl] *m* Möbel
meubler [mœble] möblieren
midi [midi] *m* Mittag
mieux [mjø] *adv* besser; **mieux que** [mjø kə] besser als
milieu [miljø] *m* Mitte
mince [mɛ̃s] dünn, schlank
minime [minim] gering
minimum [minimɔm] *m* das wenigste
minuit [minɥi] Mitternacht; **à minuit** [a minɥi] um Mitternacht
minute [minyt] *f* Minute
mixte [mikst] gemischt
mobilier [mɔbilje] *m (Wohnung)* Ausstattung
mode [mɔd] *f* Mode; **à la mode** [a la mɔd] modern
modèle [mɔdɛl] *m* Muster
modéré, e [mɔdere] mäßig
moderne [mɔdɛrn] modern
modifier [mɔdifje] ändern
moi [mwa] ich; mich; **à moi** [a mwa] mir
moindre [mwɛ̃dr] geringer
moins [mwɛ̃] weniger; minus; **au moins** [o mwɛ̃] mindestens, wenigstens
mois [mwa] *m* Monat; **par mois** [par mwa] *adv* monatlich

moitié [mwatje] *f* Hälfte; **à moitié** [a mwatje] *adv* halb
moment [mɔmɑ̃] *m* Moment
mon [mõ] mein
monde [mɔ̃d] *m* Welt
monnaie [mɔnɛ] *f* Münze; **pièce de monnaie** [pjɛs də mɔnɛ] *f* Geldstück
monsieur [məsjø] Herr
montagne [mõtaɲ] *f* Berg; Gebirge
montant [mõtɑ̃] *m* Summe, Betrag
monter [mõte] steigen; hinaufgehen; **en montant** [ɑ̃ mõtɑ̃] bergauf; **monter à bord** [mõte a bɔr] an Bord gehen
montre(-bracelet) [mõtrə (braslɛ)] *f* (Armband-)Uhr
montrer [mõtre] zeigen
morceau [morso] *m* Stück
mordre [mɔrdr] beißen
mort [mɔr] *f* Tod
mort, e [mɔr, mɔrt] tot
mot [mo] *m* Wort
motif [mɔtif] *m* (Beweg-)Grund; Anlaß
mou, molle [mu, mɔl] weich
mouche [muʃ] *f* Fliege
mouette [muɛt] *f* Möwe
mouillé, e [muje] naß
mourir [murir] sterben
moustique [mustik] *m* Mücke
mouton [mutõ] *m* Schaf
mouvement [muvmɑ̃] *m* Bewegung
moyen [mwajɛ̃] *m* Mittel
moyen, ne [mwajɛ̃, mwajɛn] *adj* durchschnittlich
moyenne [mwajɛn] *f* Durchschnitt; **en moyenne** [ɑ̃ mwajɛn] *adv* durchschnittlich
multicolore [myltikɔlɔr] bunt
mur [myr] *m* Wand
mûr, e [myr] reif
musique [myzik] *f* Musik

N

nager [naʒe] schwimmen
naissance [nɛsɑ̃s] *f* Geburt
natif, -ive [natif, nativ] gebürtig
nation [nasjõ] *f* Nation
national, e [nasjɔnal] national; einheimisch
nature [natyr] *f* Natur
naturel, le [natyrɛl] *adj* natürlich; **naturellement** [natyrɛlmɑ̃] *adv* natürlich
ne ... que [nə ... kə] *(nicht früher als)* erst
né, e [ne] geboren
nécessaire [nesɛsɛr] notwendig, nötig
nécessité [nesɛsite] *f* Notwendigkeit
négatif, -ive [negatif, negativ] negativ
négligent, e [negliʒɑ̃, negliʒɑ̃t] nachlässig
négliger [negliʒe] vernachlässigen
négociations [negɔsjasjõ] *f pl* Verhandlung
neiger [nɛʒe] schneien
nerveux, -euse [nɛrvø, nɛrvøz] nervös
n'est-ce pas? [nɛs pa] nicht wahr?
nettoyer [nɛtwaje] reinigen, putzen
neuf, neuve [nœf, nœv] *(ungebraucht)* neu
neveu [nəvø] *m* Neffe
ni ... ni [ni ... ni] weder ... noch
nièce [njɛs] *f* Nichte
nier [nije] leugnen
noce [nɔs] *f (Feier)* Hochzeit
nœud [nø] *m* Knoten
nom [nõ] *m* Name
nombre [nõbr] *m* Zahl
nombreux, -euse [nõbrø, nõbrøz] zahlreich
Nord [nɔr] *m* Norden; **au nord de** [o nɔr də] nördlich von
normal, e [nɔrmal] normal; **normalement** [nɔrmalmɑ̃] normalerweise
nos [no] unsere
note [nɔt] *f* Aufzeichnung; *(im Hotel)* Rechnung
noter [nɔte] aufschreiben
notre [nɔtr] unser, unsere
nourrissant, e [nurisɑ̃, nurisɑ̃t] nahrhaft
nourriture [nurityr] *f* Nahrung, Verpflegung
nous [nu] wir; uns; **à nous** [a nu] uns
nouveau, nouvel, le [nuvo, nuvɛl] neu; frisch; **de nouveau** [də nuvo] wieder
nouveauté [nuvote] *f* Neuheit
nouvelle [nuvɛl] *f* Neuigkeit; Nachricht
nu, e [ny] nackt
nuire [nɥir] schaden
nuisible [nɥizibl] schädlich
nuit [nɥi] *f* Nacht; **cette nuit** [sɛt nɥi] heute nacht
nulle part [nyl par] nirgends
numéro [nymero] *m* Nummer
numéroter [nymerɔte] numerieren

O

objet [ɔbʒɛ] *m* Gegenstand; **objets de valeur** [ɔbjɛd valœr] *m pl* Wertsachen
obligation [ɔbligasjõ] *f* Verpflichtung
obligé, e, être ~ de [ɛtr‿ɔbliʒe də] müssen
obligeance [ɔbliʒɑ̃s] *f* Gefälligkeit
obscur, e [ɔpskyr] finster
observer [ɔpsɛrve] beobachten
obtenir [ɔptənir] bekommen, erhalten, erlangen
obturateur [ɔptyratœr] *m (Foto)* Verschluß
occasion [ɔkazjõ] *f* Gelegenheit; Anlaß
occupé, e [ɔkype] beschäftigt; *(Platz)* besetzt
s'occuper de [sɔkype də] s. kümmern um, sorgen für
océan [ɔseɑ̃] *m* Ozean
odeur [odœr] *f* Geruch
œil [œj] *m* Auge
œuf [œf] *m* Ei; **œufs** [ø] *m pl* Eier
offense [ɔfɑ̃s] *f* Beleidigung
offenser [ɔfɑ̃se] beleidigen
office [ɔfis] *m (Dienststelle)* Amt; **office de tourisme** [ɔfis də turism] *m* Verkehrsamt
officiel, le [ɔfisjɛl] offiziell; amtlich
offrir [ɔfrir] anbieten, bieten; schenken
oiseau [wazo] *m* Vogel
ombre [õbr] *f* Schatten
on [õ] man
oncle [õkl] *m* Onkel
ongle [õgl] *m* Fingernagel
opérer [ɔpere] operieren
opinion [ɔpiɲõ] *f* Meinung
opportun, e [ɔpɔrtɛ̃, ɔpɔrtyn] zweckmäßig
opposé, e [ɔpoze] entgegengesetzt; **dans la direction opposée** [dɑ̃ la dirɛksjõ ɔpoze] in umgekehrter Richtung
orage [ɔraʒ] *m* Gewitter
orchestre [ɔrkɛstr] *m* (Musik-)Kapelle
ordre [ɔrdr] *m* Ordnung; **ordres** [ɔrdr] *m pl (rel)* Orden; **en ordre** [ɑ̃nɔrdr] ordentlich; **de premier ordre** [də prəmjer‿ɔrdr] erstklassig
ordures [ɔrdyr] *f pl* Abfall, Müll
oreiller [ɔrɛje] *m* Kissen
organiser [ɔrganize] veranstalten
originaire [oriʒinɛr] gebürtig; **être originaire (de)** [ɛtr ɔriʒinɛr (də)] stammen (aus)
oser [oze] wagen
ou [u] oder; **ou … ou** [u … u] entweder … oder; **ou bien … ou bien** [u bjɛ̃ … u bjɛ̃] entweder … oder
oublier [ublje] vergessen; liegenlassen
Ouest [wɛst] *m* Westen
oursin [ursɛ̃] *m* Seeigel
outre, en ~ [ɑ̃n‿utr] außerdem
outre-mer [utrəmɛr] *m* Übersee
ouvert, e [uvɛr, uvɛrt] offen, geöffnet
ouvrir [uvrir] öffnen, aufmachen

P

page [paʒ] *f (Buch)* Seite
paie [pɛj] *f* Lohn
paiement [pɛmɑ̃] *m* Zahlung
paire [pɛr] *f* Paar
paix [pɛ] *f* Friede
pâle [pal] bleich
panier [paɲe] *m* Korb
panne [pan] *f* Panne; **en panne** [ɑ̃ pan] kaputt
panneau [pano] *m* (Hinweis-)Schild
panorama [panɔrama] *m* Panorama
pansement [pɑ̃smɑ̃] *m (med)* Verband
papier [papje] *m* Papier; **papier hygiénique** [papje iʒjenik] *m* Toilettenpapier
paquet [pakɛ] *m* Paket; **petit paquet** [pti pakɛ] *m* Päckchen
par [par] pro; *(Passiv)* durch, von
paraître [parɛtr] scheinen; *(Buch)* erscheinen
parapluie [paraplɥi] *m* Regenschirm
parc [park] *m* Park
parce que [pars kə] weil
pardon [pardõ] *m* Verzeihung; **pardon?** [pardõ] wie bitte?
pardonner [pardɔne] verzeihen
pareil, le [parɛj] gleich
parent, e [parɑ̃, parɑ̃t] verwandt
parents [parɑ̃] *m pl* Eltern
paresseux, -euse [parɛsø, parɛsøz] faul
parfait, e [parfɛ, parfɛt] vollkommen
pari [pari] *m* Wette
parier [parje] wetten
parler [parle] reden, sprechen; **parler fort** [parle fɔr] laut sprechen; **parler à voix basse** [parle a vwa bas] leise sprechen
parmi [parmi] zwischen *(mehreren)*
part [par] *f* Anteil; **à part** [a par] extra; **à part ça** [a par sa] außerdem, sonst
partager [partaʒe] teilen
parti, e [parti] fort, weg

partie [parti] *f* Teil
partir [partir] weggehen; aufbrechen; **partir (de)** [partir (də)] abfahren (von); **partir pour** [partir pur] (ab)reisen nach; **partir en voyage** [partir‿ɑ̃ vwajaʒ] verreisen; **à partir de** [a partir də] ab
partisan [partizɑ̃] *m* Anhänger/in
partout [partu] überall
pas [pa] *m* Schritt; **(ne ...) pas** [(nə ...) pa] nicht; **(ne ...) pas du tout** [(nə ...) pa dy tu] gar nicht; keinesfalls; **(ne ...) pas encore** [(nə ...) pa‿zɑ̃kɔr] noch nicht; **(ne ...) pas non plus** [(nə ...) pa nõ ply] auch nicht; **(ne ...) même pas** [(nə ...) mɛm pa] nicht einmal
passage [pasaʒ] *m* Durchgang; Übergang; Gang, Passage; **passage souterrain** [pasaʒ sutɛrɛ̃] *m* Unterführung
passager [pasaʒe] *m* Fahrgast
passé [pase] *m* Vergangenheit
passé, e [pase] vorüber
passeport [paspɔr] *m* Paß
passer [pase] vorübergehen; *(Zeit)* vergehen, verbringen; **passer (qn)** [pase (kɛlkɛ̃)] *(tele)* verbinden; **passer (à côté)** [pase (a kɔte)] vorbeigehen; **passer la frontière** [pase la frõtjɛr] ausreisen; **passer la nuit** [pase la nɥi] übernachten; **se passer** [sə pase] passieren
passerelle [pasrɛl] *f* Steg
passe-temps [pastɑ̃] *m* Hobby
patience [pasjɑ̃s] *f* Geduld
patient, e [pasjɑ̃, pasjɑ̃t] geduldig
patrie [patri] *f* Vaterland
patron [patrõ] *m* Chef; Wirt
pauvre [povrə] arm
payer [peje] zahlen, bezahlen; **payer au comptant/en liquide** [pɛje o kõtɑ̃/ɑ̃ likid] bar zahlen
pays [pei] *m* Land; **pays natal** [pei natal] *m* Heimat
paysan [peizɑ̃] *m* Bauer
pêcher [peʃe] fischen, angeln
peindre [pɛ̃dr] malen
peine [pɛn] *f* Mühe; Strafe; **à peine** [a pɛn] kaum
pellicule [pelikyl] *f* *(Foto)* Film
pelouse [pəluz] *f* Rasen
pendant [pɑ̃dɑ̃] *prp* während; **pendant un certain temps** [pɑ̃dɑ̃ ɛ̃ sɛrtɛ̃ tɑ̃] eine Zeitlang; **pendant la semaine** [pɑ̃dɑ̃ la səmɛn] wochentags; **pendant que** [pɑ̃dɑ̃ kə] *conj* während
pendule [pɑ̃dyl] *f* Wanduhr
penser [pɑ̃se] denken; meinen; **penser à** [pɑ̃se a] denken an
pension de famille [pɑ̃sjõd famij] *f* *(Unterkunft)* Pension
pente [pɑ̃t] *f* Abhang
perdre [pɛrdr] verlieren
père [pɛr] *m* Vater
périmé, e [perime] ungültig
périphérie [periferi] *f* Peripherie
permettre [pɛrmɛtr] erlauben
permis, e [pɛrmi, pɛrmiz] zulässig
permission [pɛrmisjõ] *f* Erlaubnis
personne [pɛrsɔn] *f* Person; **ne personne** [nə pɛrsɔn] niemand; keiner
personnel [pɛrsɔnɛl] *m* Personal
personnel, le [pɛrsɔnɛl] persönlich
persuader [pɛrsɥade] überreden
perte [pɛrt] *f* Verlust
peser [pəze] wiegen
petit, e [pəti, pətit] klein
petite-fille [ptitfij] *f* Enkelin
petit-fils [ptifis] *m* Enkel
peu [pø] wenig; **à peu près** [a pø prɛ] etwa; **un peu** [ɛ̃ pø] ein wenig, ein bißchen; **un peu de** [ɛ̃ pø də] ein wenig, etwas
peuple [pœpl] *m* Volk
peur [pœr] *f* Angst; **avoir peur de** [avwar pœr də] s. fürchten vor
peut-être [pøt‿ɛtr] vielleicht
phare [far] *m* Leuchtturm
photo [fɔto] *f* Foto, Aufnahme, Bild; **prendre une photo** [prɑ̃dr‿yn foto] knipsen
photographier [fɔtografje] fotografieren; *(Foto)* aufnehmen
phrase [fraz] *f* Satz
pièce [pjɛs] *f* Stück; Zimmer, Raum; **pièce d'identité** [pjɛs didɑ̃tite] *f* (Personal-)Ausweis; **pièce de monnaie** [pjɛs də mɔnɛ] *f* Geldstück; **pièce(s) jointe(s)** [pjɛs ʒwɛ̃t] *f pl (Brief)* Anlage
pierre [pjɛr] *f* Stein
pierreux, -euse [pjɛrø, pjɛrøz] steinig
piéton [pjetõ] *m* Fußgänger
pile [pil] *f (Taschenlampe)* Batterie
pince [pɛ̃s] *f* Zange
pipe [pip] *f* Tabakspfeife
piquer [pike] stechen
piquet [pikɛ] *m (Zeltpflock)* Hering
pire [pir] schlimmer; **le pire** [lə pir] das schlimmste, am schlimmsten
piscine [pisin] *f* Schwimmbad, Swimmingpool
pitié [pitje] *f* Mitleid

place [plas] *f* Platz
plafond [plafõ] *m* (Zimmer-)Decke
plage [plaʒ] *f* Strand
se plaindre (de) [sə plɛ̃dr (də)] s. beschweren (über)
plaine [plɛn] *f* Ebene
plainte [plɛ̃t] *f* Beschwerde
plaire [plɛr] gefallen
plaisanterie [plɛzɑ̃tri] *f* Scherz, Spaß, Witz
plaisir [plezir] *m* Vergnügen; Genuß; Lust; **sans plaisir** [sɑ̃ plɛzir] ungern
plan [plɑ̃] *m* Plan; **plan de la ville** [plɑ̃ də la vil] *m* Stadtplan
plancher [plɑ̃ʃe] *m* Fußboden
plante [plɑ̃t] *f* Pflanze
plaque [plak] *f* (Nummern-)Schild
plastique [plastik] *m (Kunststoff)* Plastik
plat [pla] *m (Essen)* Gang, Gericht; Platte
plat, e [pla, plat] eben, flach
plâtre [platr] *m* Gips
plein, e [plɛ̃, plɛn] voll; besetzt; **en plein air** [ɑ̃ plɛn‿ɛr] im Freien
pleurer [plœre] weinen
pleuvoir [pløvwar] regnen
plombs [plõ] *m pl (el)* Sicherung
plume [plym] *f* Feder
plus [plys] mehr; plus; **plus de** [ply də] mehr als; **plus que** [plys kə] mehr als; **plus ou moins** [plyz‿u mwɛ̃] mehr oder weniger; **au plus** [o ply] höchstens; **en plus** [ɑ̃ plys] zusätzlich
plutôt [plyto] eher, lieber; vielmehr
poche [pɔʃ] *f* Tasche
poêle [pwal] *m* Ofen
poids [pwa] *m* Gewicht
poignée [pwaɲe] *f* (Hand-)Griff
point [pwɛ̃] *m* Punkt; **à point** [a pwɛ̃] *(gekocht)* gar
pointe [pwɛ̃t] *f* Spitze
pointu, e [pwɛ̃ty] spitz
pointure [pwɛ̃tyr] *f (Schuhe)* Größe
poire [pwar] *f* Birne
poison [pwazõ] *m* Gift
poisson [pwasõ] *m* Fisch
poissonnier [pwasɔne] *m* Fischhändler
poli, e [pɔli] höflich
politesse [pɔlitɛs] *f* Höflichkeit
politique [pɔlitik] *f* Politik
pompiers [põpje] *m pl* Feuerwehr
portail [pɔrtaj] *m* das Tor
porte [pɔrt] *f* Tür; **porte d'entrée** [pɔrtə dɑ̃tre] *f* Haustür; **porte de la maison/de l'immeuble** [pɔrtə də la mɛzõ/də limœbl] *f* Haustür
porte-documents [pɔrtdɔkymɑ̃] *m* Aktenmappe
portefeuille [pɔrtəfœj] *m* Brieftasche
portemanteau [pɔrtmɑ̃to] *m* Kleiderhaken
porte-monnaie [pɔrtmɔnɛ] *m* Geldbeutel
porter [pɔrte] tragen
poser [poze] hinlegen
positif, -ive [pozitif, pozitiv] positiv
position [pozisjõ] *f* Stellung
posséder [pɔsede] besitzen
possession [pɔsɛsjõ] *f* Besitz
possibilité [posibilite] *f* Möglichkeit
possible [pɔsibl] möglich; **rendre possible** [rɑ̃drə pɔsibl] ermöglichen
poste [post] *f* Post; **poste (de radio)** [pɔstə (də radjo)] *m* Radioapparat
potable [pɔtabl] trinkbar
poterie [pɔtri] *f* Tonwaren
poubelle [pubɛl] *f* Mülltonne
poudre [pudr] *f* Pulver
poupée [pupe] *f* Puppe
pour [pur] für; *(Grund)* aus; **être pour** [ɛtrə pur] dafür sein; **pour cette raison** [pur sɛt rɛzõ] aus diesem Grund; **pour ma part**[pur ma par] meinerseits; **pour cent** [pursɑ̃] Prozent
pourcentage [pursɑ̃taʒ] *m* Prozentsatz
pourparlers [purparle] *m pl* Verhandlung
pourquoi [purkwa] warum, weshalb; **c'est pourquoi** [sɛ purkwa] daher, deshalb
pourri, e [puri] faul, verdorben
pourrir [purir] schlecht werden, verderben
pourtant [purtɑ̃] jedoch, doch
pousser [puse] stoßen; drücken, schieben; *(Pflanzen)* wachsen
poussière [pusjɛr] *f* Staub
pouvoir [puvwar] können; dürfen
pratique [pratik] *f* Praxis; *adj* praktisch; **peu pratique** [pø pratik] unpraktisch
pré [pre] *m* Wiese
précaution [prekosjõ] *f* Vorsicht
précision [presizjõ] *f* Genauigkeit; **précisions** [presizjõ] *f pl* nähere Angaben
préférence [preferɑ̃s] *f* Vorzug
préférer [prefere] vorziehen, lieber haben

premier, -ière [prəmje, prəmjɛr] erste(r, -s); **de premier ordre** [də prəmjer‿ɔrdr] erstklassig; **le premier venu** [lə prəmjɛ vny] jeder beliebige; **premiers secours** [prəmje skur] *m pl* Erste Hilfe; **premièrement** [prəmjɛrmɑ̃] erstens
prendre [prɑ̃dr] nehmen; wegnehmen; *(Verkehrsmittel)* benutzen; **prendre congé** [prɑ̃drə kõʒe] s. verabschieden, Abschied nehmen; **prendre note** [prɑ̃drə nɔt] notieren; **prendre part (à)** [prɑ̃dr par (a)] teilnehmen (an); **faire prendre** [fɛr prɑ̃dr] abholen lassen
préparer [prepare] vorbereiten; veranstalten; *(Essen)* zubereiten
près de [prɛ də] nahe bei; **à peu près** [a pø prɛ] etwa
prescription [prɛskripsjõ] *f* Vorschrift
présent, e [prezɑ̃, prezɑ̃t] anwesend; **être présent** [ɛtrə prezɑ̃] dasein; **à présent** [a prezɑ̃] jetzt
présentation [prezɑ̃tasjõ] *f* Vorstellung
présenter [prezɑ̃te] vorstellen, vorzeigen
préservatif [prezɛrvatif] *m* Kondom
presque [prɛsk] beinahe, fast
pressé, e [prɛs] eilig; **être pressé, e** [ɛtrə prɛse] es eilig haben
prêt, e [prɛ, prɛt] bereit; fertig
prêter [prɛte] *(jdm)* leihen
prétexte [pretɛkst] *m* Vorwand
prêtre [prɛtr] *m* Priester
preuve [prœv] *f* Beweis, Zeichen
prévenir qn [prevənir kɛlkɛ̃] jdn verständigen
prier [prije] beten
prière [prijɛr] *f* Gebet
principal, e [prɛ̃sipal] *adj* hauptsächlich; **principalement** [prɛ̃sipalmɑ̃] *adv* hauptsächlich
priorité [prijɔrite] *f* Vorrang; Vorfahrt
privé, e [prive] privat
prix [pri] *m* Preis; **prix d'entrée** [pri dɑ̃tre] *m* Eintrittspreis
probabilité [prɔbabilite] *f* Wahrscheinlichkeit
probable(ment) [prɔbablə(mɑ̃)] wahrscheinlich
procession [prɔsɛsjõ] *f* Prozession
prochainement [prɔʃɛnmɑ̃] demnächst
proche [prɔʃ] nahe
procuration [prɔkyrasjõ] *f* Vollmacht
procurer [prɔkyre] verschaffen, beschaffen, besorgen
produire [prɔdɥir] erzeugen; **se produire** [sə prɔdɥir] s. ereignen
produit [prɔdɥi] *m* Erzeugnis, Produkt
profession [prɔfɛsjõ] *f* Beruf
profond, e [prɔfõ, prɔfõd] tief
programme [prɔgram] *m* Programm
progrès [prɔgrɛ] *m* Fortschritt
projet [prɔʒɛ] *m (Absicht)* Plan
promenade [prɔmnad] *f* Spaziergang; **faire une promenade** [fɛr yn prɔmnad] einen Spaziergang machen
se promener [sə prɔmne] spazierengehen
promesse [prɔmɛs] *f* Versprechen
promettre [prɔmɛtr] versprechen
prononcer [prɔnõse] aussprechen
prononciation [prɔnõsjasjõ] *f* Aussprache
proposer [prɔpoze] vorschlagen; anbieten, bieten
proposition [prɔpozisjõ] *f* Vorschlag
propre [prɔpr] sauber, frisch; eigen
propriétaire [prɔprijetɛr] *m* Eigentümer, Besitzer
propriété [prɔprijete] *f* Eigentum, Besitz; Landgut
prospectus [prɔspɛktys] *m* Prospekt
protection [prɔtɛksjõ] *f* Schutz
protéger [prɔteʒe] beschützen
protester [prɔtɛste] protestieren, schimpfen
prouver [pruve] beweisen
proviseur [prɔvizœr] *m (Gymnasium)* Direktor
provisions [prɔvizjõ] *f pl* Vorrat
provisoire [prɔvizwar] *adj* provisorisch, vorübergehend; **à titre provisoire** [a titrə prɔvizwar] *adv* provisorisch; **provisoirement** [provizwarmɑ̃] *adv* vorläufig
proximité [prɔksimite] *f* Nähe
prudent, e [prydɑ̃, prydɑ̃t] vorsichtig
public [pyblik] *m* Publikum
public, -ique [pyblik] öffentlich
publicité [pyblisite] *f* Reklame
puer [pye] stinken
puissant, e [pɥisɑ̃, pɥisɑ̃t] gewaltig

Q

qualité [kalite] *f* Qualität; Eigenschaft
quand [kɑ̃] *(zeitlich)* als, wenn; *(Frage)* wann
quantité [kɑ̃tite] *f* Menge
quart [kar] *m* Viertel; **un quart d'heure** [ɛ̃ kar dœr] eine Viertelstunde

quartier [kartje] *m* Stadtteil
que [kə] *(Frage prn)* was; *(Vergleich)* als; wie; *conj* daß; **ne ... que** [nə kə] *(nicht früher als)* erst
quel/le [kɛl] was für ein/eine ... ?
quelque chose [kɛlkə ʃoz] etwas
quelque part [kɛlkə par] irgendwohin
quelques [kɛlkə] einige, ein paar
quelqu'un [kɛlkɛ̃] jemand
se quereller [sə kərɛle] s. zanken
qu'est-ce que [kɛs‿kə] was; **Qu'est-ce qui est arrivé?** [kɛs‿ki ɛt‿arive] Was ist geschehen?
question [kɛstjõ] *f* Frage
quitter [kite] verlassen; ausziehen; **quitter le pays** [kite lə pei] ausreisen

R

raccourci [rakursi] *m (Weg)* Abkürzung
raconter [rakõte] erzählen
radio [radjo] *f* Radio
rafraîchissement [rafrɛʃismɑ̃] *m* Erfrischung
raide [rɛd] steil
raison [rɛzõ] *f* Grund; Vernunft, Verstand; **avoir raison** [avwar rɛzõ] recht haben
raisonnable [rɛzɔnabl] vernünftig
randonné, faire de la ~ pédestre [fɛr də la rɑ̃dɔne pedɛstr] wandern
rapide [rapid] *adj* schnell, rasch; **rapidement** [rapidmɑ̃] *adv* rasch
rappeler qc à qn [raple kɛlkə ʃoz a kɛlkɛ̃] jdn an etw erinnern
rapporter [rapɔrte] melden, berichten; zurückbringen
rare [rar] *adj* selten; **rarement** [rarmɑ̃] *adv* selten
raser [raze] rasieren
rater [rate] verfehlen
ravi, e [ravi] entzückt
ravissant, e [ravisɑ̃, ravisɑ̃t] bezaubernd; entzückend
rayon [rɛjõ] *m* Strahl
réaliser [realize] verwirklichen
réalité [realite] *f* Wirklichkeit
réception [resɛpsjõ] *f* Empfang; Aufnahme
recevoir [rəsəvwar] bekommen, erhalten, empfangen
récipient [resipjɑ̃] *m* Behälter, Gefäß
réclamation [reklamasjõ] *f* Beanstandung; **faire une réclamation** [fɛr yn reklamasjõ] reklamieren
réclamer [reklame] verlangen, fordern
récolte [rekɔlt] *f* Ernte
recommandation [rəkɔmɑ̃dasjõ] *f* Empfehlung
recommander [rəkɔmɑ̃de] empfehlen
récompense [rekõpɑ̃s] *f* Belohnung
récompenser [rekõpɑ̃se] belohnen
reconnaissant, e [rəkɔnɛsɑ̃, rəkɔnɛsɑ̃t] dankbar
reconnaître [rəkɔnɛtr] erkennen
rectifier [rɛktifje] richtigstellen
reçu [rəsy] *m* Quittung; **faire un reçu** [fɛr ɛ̃ rəsy] quittieren
recueillir [rəkœjir] (auf)sammeln
récupérer [rekypere] wiederbekommen
réduction [redyksjõ] *f* Ermäßigung
réel, le [reɛl] wirklich
se référer à [sə refere a] s. beziehen auf
refuser [rəfyze] ablehnen, zurückweisen; **refuser de** [rəfyze də] s. weigern
regard [rəgar] *m* Blick
regarder [rəgarde] betrachten, ansehen; schauen; zuschauen
région [reʒjõ] *f* Gegend
régler [regle] erledigen; regeln; **régler une affaire** [regle yn‿afɛr] eine Angelegenheit erledigen
regret [rəgrɛ] *m* Bedauern
regretter [rəgrɛte] bedauern
régulier, -ière [regylje, regyljɛr] *adj* regelmäßig; **régulièrement** [regyljɛrmɑ̃] *adv* regelmäßig
se réjouir [sə reʒwir] s. freuen; **se réjouir à l'avance de** [sə reʒwir‿a lavɑ̃s də] s. freuen auf
relation [rəlasjõ] *f* Verbindung
relier [rəlje] verbinden
religieuse [rəliʒjøz] *f* Nonne, Ordensschwester
remarquer [rəmarke] bemerken, merken; **faire remarquer** [fɛr rəmarke] *(sagen)* bemerken
rembourser [rɑ̃burse] zurückzahlen
remède [rəmɛd] *m* (Heil-)Mittel
remercier (qn) [rəmɛrsje (kɛlkɛ̃)] (jdm) danken
remettre [rəmɛtr] übergeben, abgeben, überbringen; **remettre à plus tard** [rəmɛtr‿a ply tar] aufschieben, verschieben
remise [rəmiz] *f* Rabatt
remplacer [rɑ̃plase] ersetzen
remplir [rɑ̃plir] füllen
remuer [rəmye] bewegen
rencontre [rɑ̃kõtr] *f* Bekanntschaft

A/Z

rencontrer [rɑ̃kɔ̃tre] begegnen, treffen
rendez-vous [rɑ̃devu] *m* Verabredung; **se donner rendez-vous** [sə dɔne rɑ̃devu] s. verabreden
rendre [rɑ̃dr] wiedergeben, zurückgeben; abgeben; *(Geld)* herausgeben; **rendre possible** [rɑ̃drə pɔsibl] ermöglichen; **rendre visite à qn** [rɑ̃dr vizit‿a kɛlkɛ̃] jdn besuchen
rénover [renove] erneuern
renseignement [rɑ̃sɛɲmɑ̃] *m* Auskunft; **prendre des renseignements** [prɑ̃dr de rɑ̃sɛɲmɑ̃] Auskunft einholen
se renseigner [sə rɑ̃seɲe] s. erkundigen
renvoyer [rɑ̃vwaje] wegschicken
réparation [reparasjɔ̃] *f* Reparatur
réparer [repare] reparieren; *(Schaden)* ersetzen
répartir [repartir] verteilen
répartition [repartisjɔ̃] *f* Verteilung
repas [rəpa] *m* Essen, Mahlzeit
répéter [repete] wiederholen
répliquer [replike] erwidern
répondre [repɔ̃dr] antworten; **répondre à** [repɔ̃dr a] beantworten
réponse [repɔ̃s] *f* Antwort
repos [rəpo] *m* Ruhe
se reposer [sə rəpoze] s. ausruhen
repousser [rəpuse] *(zeitlich)* verschieben
représentation [rəprezɑ̃tasjɔ̃] *f (Theater)* Vorstellung
repriser [rəprize] flicken
réserver [rezɛrve] vorbestellen, reservieren; *(Platz)* buchen; **réserver une place** [rezɛrve yn plas] einen Platz belegen
résistant, e [resistɑ̃, resistɑ̃t] haltbar
résoudre [rezudr] lösen
respecter [rɛspɛkte] beachten
responsable [rɛspɔ̃sabl] verantwortlich; zuständig
ressembler [rəsɑ̃ble] gleichen
ressort [rəsor] *m (elastisch)* Feder
restant, e [rɛstɑ̃, rɛstɑ̃t] übrig
restaurant [rɛstorɑ̃] *m* Restaurant
reste [rɛst] *m* Rest
rester [rɛste] bleiben, übrigbleiben
résultat [rezylta] *m* Ergebnis
se rétablir [sə retablir] s. erholen
rétablissement [retablismɑ̃] *m* Erholung
retard [rətar] *m* Verspätung; **être en retard** [ɛtr‿ɑ̃ rətar] s. verspäten
retenir [rətənir] einbehalten; *(Platz)* buchen; **retenir qc** [rətənir kɛlkə ʃoz] s. etw merken
se retirer [sə rətire] s. zurückziehen
retour [rətur] *m* Rückkehr; Rückfahrt; Heimreise; **de retour** [də rətur] zurück
retourner [rəturne] zurückfahren, zurückgehen
retraite [rətrɛt] *f* Pension
rêve [rɛv] *m* Traum
réveil [revɛj] *m* Wecker
réveillé, e [revɛje] wach
réveiller [reveje] (auf)wecken; **se réveiller** [sə reveje] aufwachen
revendication [rəvɑ̃dikasjɔ̃] *f* Forderung
revenir [rəvnir] wiederkommen, zurückkehren
rêver [rɛve] träumen
revoir [rəvwar] wiedersehen
rez-de-chaussée [red ʃose] *m* Erdgeschoß
riche [riʃ] reich
richesse [riʃɛs] *f* Reichtum
rideau [rido] *m* Vorhang
ridicule [ridikyl] lächerlich
rien, (ne ...) ~ [(nə ...) rjɛ̃] nichts; **rien que** [rjɛ̃ kə] nichts als
rire [rir] lachen
risque [risk] *m* Risiko
rivage [rivaʒ] *m (Meer)* Ufer
rive [riv] *f (Fluß)* Ufer
rivière [rivjɛr] *f* Fluß
robinet [rɔbinɛ] *m* Wasserhahn
rocher [rɔʃe] *m* Fels
rond, e [rɔ̃, rɔ̃d] rund
ronfler [rɔ̃fle] schnarchen
roseau [rɔzo] *m* Schilf
rôti [rɔti] *m* Braten
rôtir [rɔtir] braten
route [rut] *f (Straße)* Weg; Landstraße; **en cours de route** [ɑ̃ kur də rut] unterwegs
ruban [rybɑ̃] *m* das Band
rue [ry] *f* Straße; **dans la rue** [dɑ̃ la ry] auf der Straße
rusé, e [ryze] schlau

S

sa [sa] *poss prn* seine, ihre
sac [sak] *m* Sack; Beutel, Tüte; **sac à dos** [sak a do] *m* Rucksack; **sac à main** [sak‿a mɛ̃] *m* Handtasche; **sac de montagne** [sak də mɔ̃taɲ] *m* Rucksack
sachet [saʃɛ] *m (kleine)* Tüte

A/Z

saint, e [sɛ̃, sɛ̃t] heilig
saisir [sɛzir] ergreifen
saison [sɛzõ] *f* Jahreszeit, Saison; **hors saison** [ɔr sɛzõ] außerhalb der Saison
salaire [salɛr] *m* Lohn
sale [sal] schmutzig
saleté [salte] *f* Schmutz
salle [sal] *f* Saal, Halle
salon de thé [salõd te] *m* Café
saluer [salye] grüßen, begrüßen
Salut! [saly] hallo!, tschüß
sans [sɑ̃] ohne; **sans aucun doute** [sɑ̃z‿okɛ̃ dut] zweifellos, ohne Zweifel; **sans importance** [sɑ̃z‿ɛ̃portɑ̃s] unwichtig
santé [sɑ̃te] *f* Gesundheit; **bonne santé** [bɔn sɑ̃te] *f* Wohlbefinden; **en bonne santé** [ɑ̃ bɔn sɑ̃te] gesund
satisfait, e [satisfɛ, satisfɛt] befriedigt
sauter [sote] springen
sauvage [sovaʒ] wild
sauver [sove] retten
savoir [savwar] Wissen; wissen; *(gelernt haben)* können
savourer [savure] genießen
scorpion [skɔrpjõ] *m* Skorpion
sculpture [skyltyr] *f (Bildnerei)* Plastik
sec, sèche [sɛk, sɛʃ] trocken; *(Wein)* herb
sécher [seʃe] trocknen
second, e [səgõ, səgõd] zweite(r, -s)
seconde [səgõd] *f* Sekunde
secret, secrète [səkrɛ, səkrɛt] *adj* geheim; heimlich; **en secret** [ɑ̃ səkrɛ] *adv* heimlich; **tenir secret** [tənir səkrɛ] verheimlichen
sécurité [sekyrite] *f* Sicherheit
séjour [seʒur] *m* Aufenthalt
séjourner [seʒurne] s. aufhalten
sélectionner [selɛksjõne] aussuchen
self-service [sɛlfsɛrvis] *m* Selbstbedienung
selon moi [səlõ mwa] nach meiner Meinung
semaine [səmɛn] *f* Woche; **dans une semaine** [dɑ̃z‿yn səmɛn] in einer Woche; **pendant la semaine** [pɑ̃dɑ̃ la səmɛn] wochentags; **par semaine** [par səmɛn] *adv* wöchentlich
semblable [sɑ̃blabl] ähnlich
sembler [sɑ̃ble] scheinen
sens [sɑ̃s] *m* Sinn
sentier [sɑ̃tje] *m* Pfad, Weg
sentiment [sɑ̃timɑ̃] *m* Gefühl
sentir [sɑ̃tir] fühlen; riechen
séparé, e [separe] getrennt
séparer [separe] trennen
sérieux, -euse [serjø, serjøz] ernst
sermon [sɛrmõ] *m* Predigt
serpent [sɛrpɑ̃] *m* Schlange
serrure [sɛryr] *f (Tür)* Schloß
service [sɛrvis] *m* Dienst; Gefallen; Bedienung
servir [sɛrvir] dienen; bedienen, servieren; **se servir** [sə sɛrvir] *(sich bedienen)* zugreifen
seul, e [sœl] einzig; allein, einsam
seulement [sœlmɑ̃] nur; *(nicht früher als)* erst
sévère [sevɛr] streng
sexe [sɛks] *m* Sex
si [si] *(Bedingung)* wenn; ob; **si!** doch
siège [sjɛʒ] *m* Sitz
sifflet [siflɛ] *m* Pfeife
signal [siɲal] *m* Signal
signalement [siɲalmɑ̃] *m* Personalien
signature [siɲatyr] *f* Unterschrift
signe [siɲ] *m* Zeichen; **faire signe** [fɛr siɲ] winken
signer [siɲe] unterschreiben
signification [siɲifikasjõ] *f (Sinn)* Bedeutung
signifier [siɲifje] bedeuten; heißen
silence [silɑ̃s] *m* Schweigen
silencieux, -euse [silɑ̃sjø, silɑ̃sjøz] schweigend
s'il te plaît [sil tə plɛ] *(du)* bitte
s'il vous plaît [sil vu plɛ] *(Sie)* bitte
simple [sɛ̃pl] einfach
sinon [sinõ] *(Gegensatz)* sonst
situation [sityasjõ] *f* Lage
snack [snak] *m* Schnellimbiß
société [sɔsjete] *f* Gesellschaft
sœur [sœr] *f* Schwester
soif [swaf] *f* Durst; **avoir soif** [avwar swaf] durstig sein
soigner [swaɲe] behandeln
soigneusement [swaɲøzmɑ̃] sorgfältig
soin [swɛ̃] *m* Sorgfalt
soir [swar] *m* Abend; **ce soir** [sə swar] heute abend; **le soir** [lə swar] am Abend
soirée [sware] *f* Abend; Party
soit [swat] meinetwegen
sol [sɔl] *m* Boden
soldes [sɔld] *m pl* Ausverkauf
soleil [solɛj] *m* Sonne
solennel, le [sɔlanɛl] feierlich
solide [sɔlid] *(haltbar)* fest
solitaire [sɔlitɛr] einsam
sombre [sõbr] dunkel
somme [sɔm] *f* Summe

A/Z

sommeil [sɔmɛj] *m* Schlaf
sommet [sɔmɛ] *m* Gipfel, Spitze; Höhepunkt
son [sõ] *m* Klang
son [sõ] *poss prn* sein, ihr
sonner [sɔne] klingeln, läuten; *(Uhr)* schlagen
sonnette [sɔnɛt] *f* Klingel
sorte [sɔrt] *f* Sorte
sortie [sɔrti] *f* Ausgang; **sortie (d'autoroute)** [sɔrti (dɔtorut)] *f* Ausfahrt
sortir [sɔrtir] hinausgehen; ausgehen
souche [suʃ] *f* Kontrollabschnitt
souci [susi] *m* Sorge; **se faire du souci pour** [sə fɛr dy susi pur] s. sorgen um
se soucier de [sə susje də] s. kümmern um
soucieux, -euse [susjø, susjøz] besorgt
soudain [sudɛ̃] plötzlich
souffle [sufl] *m* Atem
soûl, e [su, sul] betrunken
soulever [sulve] heben
soupçon [supsõ] *m* Verdacht
source [surs] *f* Quelle
sous [su] unter
sous-vêtements [suvɛtmɑ̃] *m pl* Unterwäsche
soutien [sutjɛ̃] *m* Unterstützung
souvenir [suvnir] *m* Andenken
se souvenir [sə suvnir] s. erinnern
souvent [suvɑ̃] oft
spécial, e [spesjal] speziell; eigenartig
spectacle [spɛktakl] *m* Aufführung, Veranstaltung
spectateur [spɛktatœr] *m* Zuschauer
sport [spɔr] *m* Sport
stade [stad] *m* Sportplatz
station balnéaire [stasjõ balneɛr] *f* Badeort
Stop! [stɔp] Halt!
stupide [stypid] blöd(e)
succès [syksɛ] *m* Erfolg
succursale [sykyrsal] *f* Filiale
sucré, e [sykre] süß
Sud [syd] *m* Süden; **au sud de** [o syd də] südlich von
suffire [syfir] (aus)reichen
suffisamment [syfizamɑ̃] genug
Suisse [sɥis] *f* Schweiz; *m* Schweizer; **Suissesse** [sɥisɛs] *f* Schweizerin
suivant, e [sɥivɑ̃, sɥivɑ̃t] nächste(r, -s)
suivre [sɥivr] folgen, befolgen
sujet [syʒɛ] *m* Gesprächsgegenstand, Thema
superflu, e [sypɛrfly] überflüssig, unnötig
supplémentaire [syplemɑ̃tɛr] zusätzlich
supporter [sypɔrte] ertragen; vertragen
supposer [sypɔze] vermuten, annehmen
supposition [sypozisjõ] *f* Vermutung, Annahme
supprimer [syprime] *(aufheben)* abstellen
sur [syr] auf
sûr, e sicher, zuverlässig; **pas sûr, e** [pa syr] unsicher
sûrement [syrmɑ̃] bestimmt, sicher
surpris, e [syrpri, syrpriz] überrascht
surtout [syrtu] besonders
surveiller [syrvɛje] bewachen, aufpassen (auf)
suspendre [syspɑ̃dr] aufhängen
sympathique [sɛ̃patik] sympathisch
syndicat d'initiative [sɛ̃dika dinisjativ] *m* Verkehrsamt

T

ta [ta] deine
tabac [taba] *m* Tabak
table [tabl] *f* Tisch
tableau [tablo] *m (Gemälde)* Bild
tache [taʃ] *f* Fleck(en)
taille [taj] *f (Kleidung)* Größe
se taire [sə tɛr] schweigen
talon [talõ] *m (Scheck)* Abschnitt; *(Schuh)* Absatz
tampon [tɑ̃põ] *m* Stempel
tante [tɑ̃t] *f* Tante
tard [tar] spät; **plus tard** [ply tar] später
tas, un ~ de [ɛ̃ ta də] eine Menge
taux de change [tod ʃɑ̃ʒ] *m* (Wechsel-)Kurs
taxi [taksi] *m* Taxi
te [tə] dich, dir
teinte [tɛ̃t] *f (Farbe)* Ton
teinturerie [tɛ̃tyrəri] *f (Geschäft)* Reinigung
tel, le [tɛl] solch, solche
téléphoner [telefɔne] telefonieren, anrufen
témoignage [temwaɲaʒ] *m* Zeugnis
témoin [temwɛ̃] *m* Zeuge
tempête [tɑ̃pɛt] *f* Sturm

temps [tɑ̃] *m* Zeit; Wetter; **à temps** [a tɑ̃] *adv* rechtzeitig; **avec un temps pareil** [avɛk‿ɛ̃ tɑ̃ parɛj] bei diesem Wetter; **de temps en temps** [də tɑ̃zɑ̃tɑ̃] von Zeit zu Zeit; **en ce temps-là** [ɑ̃ stɑ̃la] damals; **en même temps** [ɑ̃ mɛm tɑ̃] gleichzeitig; **pendant un certain temps** [pɑ̃dɑ̃ ɛ̃ sɛrtɛ̃ tɑ̃] eine Zeitlang
tendre [tɑ̃dr] *(geben)* reichen
tendre [tɑ̃dr] *(weich)* zart; zärtlich
tenir [tənir] halten; **être tenu de** [ɛtr təny də] verpflichtet sein
terminer [tɛrmine] beenden; **se terminer** [sə tɛrmine] ablaufen; enden
terrain [tɛrɛ̃] *m* Gelände; **terrain de sport** [tɛrɛ̃ də spɔr] *m* Sportplatz
terre [tɛr] *f* Erde; Land
tiers [tjɛr] *m* Drittel
timbre [tɛ̃br] *m* Briefmarke
timide [timid] schüchtern
tirer [tire] ziehen; schießen
tissu [tisy] *m* Gewebe
toi [twa] du; dich; **à toi** [a twa] dir
tomber [tɔ̃be] fallen, stürzen; **tomber malade** [tɔ̃be malad] krank werden; **tomber goutte à goutte** [tɔ̃be gut a gut] tropfen
tome [tɔm] *m* der Band
ton [tɔ̃] *m* Ton
ton [tɔ̃] dein
tort, avoir ~ [avwar tɔr] unrecht haben
tôt [to] früh; **plus tôt** [ply to] früher
total, faire le ~ **de** [fɛr lə tɔtal də] zusammenrechnen
toucher [tuʃe] berühren
toujours [tuʒur] immer, stets
tour [tur] *m* Tour
touriste [lə/la turist] *m/f* Tourist/in
tourne-disque [turnədisk] *m* Plattenspieler
tourner [turne] wenden; **tourner à droite/à gauche** [turne a drwat/a goʃ] nach rechts/links einbiegen
tousser [tuse] husten
tout, toute [tu, tut] ganz; alles; **tous, toutes** [tus, tut] alle; **tous les jours** [tu le ʒur] alle Tage; **toutes les deux heures** [tut le døz‿œr] alle zwei Stunden
tout [tu] *adv* ganz; **tout à coup** [tut‿a ku] plötzlich; **tout d'un coup** [tu dɛ̃ ku] auf einmal; **tout droit** [tu drwa] geradeaus; **tout près** [tu prɛ] dicht dabei; **tout de suite** [tud sɥit] gleich, sofort
toxique [tɔksik] giftig
trace [tras] *f* Spur
traduire [tradɥir] übersetzen
traitement [trɛtmɑ̃] *m* Behandlung
trajet [traʒɛ] *m* Strecke; Fahrt
tranche [trɑ̃ʃ] *f (Brot)* Scheibe
tranquillité [trɑ̃kilite] *f (seelisch)* Ruhe
transit, en ~ [ɑ̃ trɑ̃zit] auf der Durchreise
transmissible [trɑ̃smisibl] übertragbar
transpirer [trɑ̃spire] schwitzen
transporter [trɑ̃spɔrte] transportieren, befördern
travail [travaj] *m* Arbeit
travailler [travaje] arbeiten
travailleur, -euse [travajœr, travajøz] fleißig
travers, à ~ [a travɛr] quer durch
traversée [travɛrse] *f* Durchfahrt, Überfahrt
traverser [travɛrse] überqueren
trempé, e [trɑ̃pe] durchnäßt, naß
très [trɛ] sehr
tribunal [tribynal] *m (Justiz)* Gericht
triste [trist] traurig
troisième [trwazjɛm] dritte(r, -s); **troisièmement** [trwazjɛmmɑ̃] drittens
tromper [trɔ̃pe] betrügen; **se tromper** [sə trɔ̃pe] s. irren, s. täuschen
trompeur, -euse [trɔ̃pœr, trɔ̃pøz] *(betrügerisch)* falsch
trop [tro] zuviel, zu sehr; *(mit adj)* zu
trou [tru] *m* Loch
trouble [trubl] *(Flüssigkeit)* trüb
trouver [truve] finden; **se trouver** [sə truve] liegen
tu [ty] du
tube [tyb] *m* Tube
tunnel [tynɛl] *m* Tunnel
tuyau [tɥijo] *m* Schlauch, Rohr; Tip
typique (de) [tipik (də)] typisch (für)

U

un, une [ɛ̃, yn] ein(e); **un/une et demi** [ɛ̃/yn e dmi] anderthalb
unique [ynik] einzigartig
urgent, e [yrʒɑ̃, yrʒɑ̃t] dringend
usage [lyzaʒ] *m* Gebrauch
usine [lyzin] *f* Fabrik
usuel, le [yzɥɛl] gebräuchlich
utile [ytil] nützlich, zweckmäßig
utiliser [ytilize] benutzen, gebrauchen

V

vacances [vakɑ̃s] *f pl* Ferien; Urlaub; **en vancances** [ɑ̃ vakɑ̃s] in Ferien
vache [vaʃ] *f* Kuh
valable [valabl] gültig; **être valable** [ɛtrə valabl] gelten
valeur [valœr] *f* Wert; **avoir beaucoup de valeur** [avwar bokud valœr] viel sein wert; **sans valeur** [sɑ̃ valœr] wertlos
validité [validite] *f* Gültigkeit
valise [valiz] *f* Koffer; **faire sa valise** [fɛr sa valiz] *(Koffer)* einpacken, pakken
variable [varjabl] *(Wetter)* unbeständig
varié, e [varje] *(abwechslungsreich)* bunt
vendre [vɑ̃dr] verkaufen
venir [vənir] kommen
vente [vɑ̃t] *f* Verkauf; **ventes** [vɑ̃t] *f pl (Verkauf)* Absatz; **en vente** [ɑ̃ vɑ̃t] erhältlich
ver [vɛr] *m* Wurm
verglas [vɛrgla] *m* Glatteis
vérifier [verifje] nachprüfen
véritable [veritabl] *adj* eigentlich
vérité [verite] *f* Wahrheit
verre [vɛr] *m* (Trink-)Glas
verrou [vɛru] *m* Riegel
vers [vɛr] *(räumlich)* in Richtung auf, gegen; *(zeitlich)* gegen, um; **vers le bas** [vɛr lə ba] abwärts; **vers le haut** [vɛr lə o] nach oben
vertige [vɛrtiʒ] *m* Schwindel(gefühl); **pris de vertige** [pri də vɛrtiʒ] schwindlig
vêtements [vɛtmɑ̃] *m pl* Kleidung
vexation [vɛksasjɔ̃] *f* Beleidigung
vexer [vɛkse] beleidigen
viande [vjɑ̃d] *f* Fleisch
vide [vid] leer
vie [vi] *f* Leben
vieux, vieil, vieille [vjø, vjɛj, vjɛj] alt
vif, vive [vif, viv] lebhaft
vigne [viɲ] *f* Weinberg
vigoureux, -euse [vigurø, vigurøz] kräftig
villa [vila] *f* Villa
village [vilaʒ] *m* Dorf
ville [vil] *f* Stadt
virage [viraʒ] *m* Kurve
virée [vire] *f (Spaziergang)* Bummel
virer [vire] *(Geld)* überweisen
visible [vizibl] sichtbar
visite [vizit] *f* Besuch; **rendre visite à qn** [rɑ̃dr vizit‿a kɛlkɛ̃] jdn besuchen
visiter [vizite] besichtigen
vite [vit] *adv* schnell, rasch
vitesse [vitɛs] *f* Geschwindigkeit; Schnelligkeit; *(Auto)* Gang
vitre [vitr] *f (Fenster)* Scheibe
vitrine [vitrin] *f* Schaufenster
vivant, e [vivɑ̃, vivɑ̃t] lebend
vivre [vivr] leben
voir [vwar] sehen; besichtigen
voisin, e [vwazɛ̃, vwazin] *m/f* Nachbar/in
voiture [vwatyr] *f* Wagen, Auto
voix [vwa] *f* Stimme
voler [vɔle] fliegen; stehlen
volonté [vɔlɔ̃te] *f* Wille; **à volonté** [a vɔlɔ̃te] nach Belieben
volontiers [vɔlɔ̃tje] gern
volt [vɔlt] *m* Volt
voter [vɔte] *(Politik)* wählen
votre [vɔtr] euer
vouloir [vulwar] wollen; mögen; **vouloir dire** [vulwar dir] heißen, bedeuten
vous [vu] euch, Sie; **à vous** [a vu] euch
voyage [vwajaʒ] *m* Reise, Fahrt; **voyage organisé**[vwajaʒ ɔrganize] *m* Reisegesellschaft; **en voyage** [ɑ̃ vwajaʒ] auf der Reise
voyager [vwajaʒe] reisen
voyageur, -euse [vwajaʒœr, vwajaʒøz] *m/f* der, die Reisende
vrai, e [vrɛ] wahr; echt, wirklich; **être vrai, e** [ɛ̃trɛ vrɛ] *(richtig sein)* stimmen; **à vrai dire** [a vrɛ dir] *adv* eigentlich
vraiment [vrɛmɑ̃] *adv* wirklich
vue [vy] *f* Sicht; Ansicht; Aussicht, Blick
vulgaire [vylgɛr] ordinär, gemein

W

W.-C. [vese] *m pl* Toilette
watt [vwat] *m* Watt

Y

y [i] dorthin
yeux [jø] *m pl* Augen